구약인물설교

II

Old Testament
preaching

 차 례

구약인물 설교 (Ⅱ)

구약인물 설교집

아 간 / 6
아달랴 / 12
아 담 / 18
아도니야 / 24
아 론 / 30
아마샤 / 36
아모스 / 42
아브넬 / 48
아브라함 / 54
아비가일 / 60
아비멜렉 / 66
아비새 (압새) / 72
아비아달 / 78

아 사 / 84
아 셀 / 90
아하스 / 96
아 합 / 102
아히도벨 / 108
아히야 / 114
안 나 / 120
압살롬 / 126
야 곱 / 132
에 녹 / 138
에브라임 / 144
에 서 / 150
에스겔 / 156
에스더 / 162

에스라 / 168　　　　　우리아 / 294

엘가나 / 174　　　　　웃시야 / 300

엘 리 / 180　　　　　이드로 / 306

엘리사 / 186　　　　　이사야 / 312

엘리야 / 192　　　　　이 삭 / 318

여로보암 / 198　　　　이 새 / 324

여호람 / 204　　　　　이세벨 / 330

여호수아 / 210　　　　이스마엘 / 336

예레미야 / 216　　　　이스보셋 / 342

예 후 / 222　　　　　입 다 / 348

오바댜 / 228　　　　　잇사갈 / 354

옷니엘 / 234　　　　　하 만 / 360

요게벳 / 240　　　　　하 와 / 366

요 나 / 246　　　　　학 개 / 372

요나단 / 252　　　　　헤 만 / 378

요셉 (야곱의 아들) / 258　호세아 / 384

요시야 / 264　　　　　훌 / 390

요아스 / 270　　　　　히 람 / 396

요 압 / 276　　　　　히스기야 / 402

요 엘 / 282　　　　　힐기야 / 408

욥 / 288

머릿말

하나님께서는 신, 구약 성경에 나타난 인물들의 믿음과 언행심사를 통해서 우리들에게 신앙적인 교훈을 깨닫게 하셨습니다. 그들이 하나님을 경외하는 자들이든지 아니면 우상숭배를 하는 자들이든지 간에 그들의 삶 자체가 바로 설교말씀입니다. 때문에 우리들은 그들의 삶을 통해서 하나님께서 원하시는 뜻과 금하시는 말씀을 깨닫고 올바른 신앙생활을 하게 되는 것입니다.

또한 하나님께서는 이 성경의 인물들을 통해서 우리 신앙인들이 하나님을 어떻게 믿고 그분의 명령에 어떻게 순종하며 주신 사명에 어떻게 충성해야 하는지에 대해서도 교훈하시고 계십니다.

이 설교는 필자가 당시대의 역사나 문화 등을 심도 있게 연구하여 작성된 것이 아니고 필자가 섬기는 교회에서 성도들에게 교훈중심으로 설교한 내용들을 모은 것입니다. 그러므로 독자들께서 어떤 교리학적 사상이나 고고학적인 면에서 관찰하고 검증하시기보다 한 목회자가 사랑하는 성도들에게 교훈을 주어 올바르게 양육하기 위해 작성된 설교라는 사실을 이해해주시기 바랍니다.

끝으로 부족한 종과 지난 40년간을 한마디의 불평함도 없이 묵묵히 한결같이 동행해주신 당회원들과 성도들께 감사드립니다. 그리고 이 책이 나오기까지 수고해주신 임은옥 권사님과 교정에 힘써주신 박정기 전도사님, 출판해주신 선교횃불의 김수곤 사장님께 감사드립니다.

2016년 12월 25일

선린교회 목양실에서

김 요 셉 목사

 아 간

[수 7:8-15]

주여 이스라엘이 그의 원수들 앞에서 돌아섰으니 내가 무슨 말을 하오리이까 가나안 사람과 이 땅의 모든 사람들이 듣고 우리를 둘러싸고 우리 이름을 세상에서 끊으리니 주의 크신 이름을 위하여 어떻게 하시려 하나이까 하니 여호와께서 여호수아에게 이르시되 일어나라 어찌하여 이렇게 엎드렸느냐 이스라엘이 범죄하여 내가 그들에게 명령한 나의 언약을 어겼으며 또한 그들이 온전히 바친 물건을 가져가고 도둑질하며 속이고 그것을 그들의 물건들 가운데에 두었느니라 그러므로 이스라엘 자손들이 그들의 원수 앞에 능히 맞서지 못하고 그 앞에서 돌아섰나니 이는 그들도 온전히 바친 것이 됨이라 그 온전히 바친 물건을 너희 중에서 멸하지 아니하면 내가 다시는 너희와 함께 있지 아니하리라 너는 일어나서 백성을 거룩하게 하여 이르기를 너희는 내일을 위하여 스스로 거룩하게 하라 이스라엘의 하나님 여호와의 말씀에 이스라엘아 너희 가운데에 온전히 바친 물건이 있나니 너희가 그 온전히 바친 물건을 너희 가운데에서 제하기까지는 네 원수들 앞에 능히 맞서지 못하리라 너희는 아침에 너희의 지파대로 가까이 나아오라 여호와께 뽑히는 그 지파는 그 족속대로 가까이 나아올 것이요 여호와께 뽑히는 족속은 그 가족대로 가까이 나아올 것이요 여호와께 뽑히는 그 가족은 그 남자들이 가까이 나아올 것이며 온전히 바친 물건을 가진 자로 뽑힌 자를 불사르되 그와 그의 모든 소유를 그리하라 이는 여호와의 언약을 어기고 이스라엘 가운데에서 망령된 일을 행하였음이라 하셨다 하라

아간(아갈, 아골)의 이름은 '근심'이란 뜻입니다. 아간은 유다 족속인 갈미의 아들이었습니다. 그는 이스라엘이 여리고 성을 정복했을 때에 포획한 전리품들을 일부 훔침으로 인해 이스라엘을 곤경에 빠지게 한 자였습니다. 때문에 그는 당시의 관습에 따라 골짜기에 끌려가서 돌에 맞아 처형되었습니다. 사람들은 나중에 그곳에 아간의 이름을 붙여서 아골 골짜기라고 불렀습니다. 그는 탐욕에 의한 한 순간의 잘못으로 인해 나라를 힘들게 하고 자신을 비참하게 만든 참으로 안타까운 사람이었습니다.

1. 그의 범죄 행위

첫째로 이스라엘이 여리고를 점령했습니다.

여호와께서 여호수아에게 "…보라 내가 여리고와 그 왕과 용사들을 네 손에 넘겨 주었으니 너희 모든 군사는 그 성을 둘러 성 주위를 매일 한 번씩 돌되 엿새 동안을 그리하라 제사장 일곱은 일곱 양각 나팔을 잡고 언약궤 앞에서 나아갈 것이요 일곱째 날에는 그 성을 일곱 번 돌며 그 제사장들은 나팔을 불 것이며 제사장들이 양각 나팔을 길게 불어 그 나팔 소리가 너희에게 들릴 때에는 백성은 다 큰 소리로 외쳐 부를 것이라 그리하면 그 성벽이 무너져 내리리니 백성은 각기 앞으로 올라갈지니라"(수 6:2-5)고 지시하셨습니다. 이에 여호수아가 여호와께서 지시하신 대로 순종하여 여리고 성을 함락시키고 정복했습니다(수 6:6-21).

둘째로 전리품에 대한 명령이 있었습니다.

하나님께서는 "이 성과 그 가운데에 있는 모든 것은 여호와께 바치…"(수 6:17)라고 명령하셨습니다. 또한 "너희는 온전히 바치고 그 바친 것 중에서 어떤 것이든지 취하여 너희가 이스라엘 진영으로 바치는 것이 되게 하여 고통을 당하게 되지 아니하도록 오직 너희는 그 바친 물건에 손대지 말라"(수 6:18)고 하셨습니다. 그리고 "은금과 동철 기구들은 다 여호와께 구별될 것이니 그것을 여호와의 곳간에 들일지니라"(수 6:19)고 명령하셨습니다. 다시 말하면 여호와께서는 이스라엘 백성들에게 여리고 성의 모든 생명은 죽이고 물건은 여호와의 곳간에 들이라고 하셨습니다. 그것은 바로 하나님께서 가나안의 첫 성인 여리고 성과의 전쟁에서 승리케 하셨음을 고백하는 차원에서 첫 전투에서 얻은 것이기에 하나님께 드린다는 의미가 있습니다.

셋째로 전리품을 착취했습니다.

아간은 전리품에 대한 탐욕에 사로잡혀서 여호와께서 전리품에 대해 착취하지 말라고 엄하게 경고하셨음에도 불구하고 여호와의 말씀을 어기고 전리품을 착취해갔습니다(수 7:1). 그것은 바로 하나님의 명령에 대한 불순종의 죄를 범한 것이었습니다(수 6:18). 그렇습니다. 부패한 우리 인간의 탐욕은 언제나 이렇게 불순종하게 합니다. 또한 하나님께서는 "이스라엘이 범죄하여 내가 그들에게 명령한 나의 언약을 어겼으며 또한 그들이 온전히 바친 물건을 가져가고 도둑질하며 속이고 그것을 그들의 물건들 가운데에 두었느니라"(수 7:11)고 하셨습니다. 이 세상에서 가장 나쁜 사람은 자신의 유익을 위해 약속을 저버리는 사람입니다. 그러므로 우리는 그 어떤 이유로도 하나님과의 약속은 어길 수 없습니다. 생명을 걸고 반드시 지켜야 합니다.

사랑하는 성도 여러분!
인생의 승패는 하나님께 달려있습니다. 그러므로 하나님이 지시하시는 대로만 살아야 합니다. 또한 하나님께서 명령하신 것은 철저하게 지켜야 합니다. 그리고 그 어떤 이유로도 탐욕에 빠져 남의 것을 탐하지 말고 성실하게 살아가시기 바랍니다.

2. 이스라엘의 실패

첫째로 아이성과의 전투에서 패배했습니다.
여호수아는 여리고성을 함락시킨 후에 다음 점령 목표인 아이성에 대해 정탐꾼을 보냈습니다(수 7:2). 이에 정탐하고 돌아온 자들이 여호수아에게 "...백성을 다 올라가게 하지 말고 이삼천 명만 올라가서 아이를 치게 하소서 그들은 소수이니 모든 백성을 그리로 보내어 수고롭게 하지 마소서"(수 7:3)라고 보고했습니다. 이에 정탐꾼들의 보고를 받은 여호수아는 약 삼천 명쯤 되는 군사를 아이성으로 보내어 싸우게 했습니다. 그러나 그들은 실패하고 말았습니다. 아이성보다 훨씬 더 큰 여리고성을 점령할 때에는 한 사람도 상하지 않고 승리했는데 작은 아이성과의 전투에서는 삼십육 명이나(수 7:5) 죽음을 당했습니다. 문제는 그로 인해 이스라엘 백성들이 무서워서 벌벌 떨고 있었다는 것입니다(수 7:5).

둘째로 여호수아의 실수 때문이었습니다.
여호수아가 아이성에 정탐꾼을 보내기 전에 아이성과의 전투를 어떻게 해야 할 것인지 먼저 하나님께 기도했어야 했습니다. 그런데 여호수아는 인간적인 생각으로 정탐꾼을 보냈습니다. 그렇습니다. 우리들이 이 세상을 살아갈 때에 그 어떤 것도 기도보다 우선 할 수 없습니다. 급하면 급하기 때문에 실수하지 않기 위해 전능하신 하나님께 더 기도해야 합니다. 일이 어려우면 어려울수록 더 잘하기 위해 기도해야 합니다. 또한 정탐꾼의 말을 듣고 아이성을 우습게 여기고 삼천 명의 군사만 보낸 것이었습니다. 그렇습니다. 교만은 패망의 원인입니다. 그리고 이스라엘의 범죄였습니다. 하나님께서는 이스라엘 사람인 아간이 범죄했음에도 불구하고 이스라엘이 범죄했다고 하셨습니다(수 7:11). 왜냐하면 아간의 범죄는 단순한 한 개인적인 차원의 범죄가 아니라 이스라엘 공동체의 범죄였습니다. 그렇습니다. 바로 나 하나가 잘못하면 온 가족과 교회가 고통을 당합니다. 그러므로 한 교회 성도로서의 나 한 사람의 책임은 대단히 중요합니다.

셋째로 이스라엘이 회개했습니다.
아이성과의 전투에서 실패한 여호수아는 "...옷을 찢고 이스라엘 장로들과 함께 여호와의 궤 앞에서 땅에 엎드려 머리에 티끌을 뒤집어 쓰고 저물도록..."(수 7:6) 회개했습니다. 그리고 그는 여호와께 구원을 호소했습니다(수 7:7-9). 이에 여호와께서 여호수아에게 "일어나라 어찌하여 이렇게 엎드렸느냐"(수 7:10)고 말씀하시고 이스라엘이 아이성과의 전투에서 패배하게 된 원인을 말씀해주셨습니다(수 7:11,12). 다시 말하면 이스라엘이 하나님께 범죄하여 하나님의 명령을 어기고 여호와께 바쳐진 물건을 훔쳤기 때문이라고 말씀하셨습니다. 한 마디로 이스라엘이 아이성에서 실패하게 된 원인은 이스라엘의 죄 때문이었습니다. 때문에 여호수아와 이스라엘 장로들이 회개한 것이었습니다.

사랑하는 성도 여러분!
우리 모두는 이 세상의 그 어떤 것보다도 하나님만 믿고 의지합시다. 또한 모든 것을 믿음으로 심사숙고하게 행합시다. 그리고 나 자신부터 바로 서서 이 세상을 유익하게 하는 아름답고 값진 삶을 살아야겠습니다.

3. 하나님의 응답

첫째로 아간의 범죄를 드러내셨습니다.
하나님께서는 이스라엘이 왜 아이성 전투에서 실패했는지 영문을 모르고 울부짖었으며 회개하는 여호수아의 기도를 들으시고 응답하셨습니다. 그리고 여호수아에게 범인을 찾는 방법을 구체적으로 가르쳐 주셨습니다. 그것은 바로 제비뽑기로 범인을 색출하는 방법이었습니다. 그래서 여호수아는 먼저 한 지파를 뽑았고 그 뽑힌 지파 중에서 한 족속을 뽑았으며 그 족속 중에서 한 가족을, 그 가족 중에서 한 개인을 뽑았습니다(수 7:14-18). 그런데 정확하게 아간이 뽑혔습니다. 때문에 여호수아는 아간에게 자백하기를 원했고 그는 더 이상 자신의 범죄를 숨기지 못하고 "내가 노략한 물건 중에 시날산의 아름다운 외투 한 벌과 은 이백 세겔과 그 무게가 오십 세겔 되는 금덩이 하나를 보고 탐내어 가졌나이다 보소서 이제 그 물건들을 내 장막 가운데 땅 속에 감추었는데 은은 그 밑에 있나이다"(수 7:21)라고 했습니다. 이에 여호수아가 사자들을 보내어 아간이 숨겨놓은 물건을 가져오게 하여 그의 범죄 행위를 모든 사람들에게 밝히 드러내었습니다.

둘째로 아간이 일가와 함께 처형당했습니다.
"여호수아가 이스라엘 모든 사람과 더불어 세라의 아들 아간을 잡고 그 은과 그 외투와 그 금덩이와 그의 아들들과 그의 딸들과 그의 소들과 그의 나귀들과 그의 양들과 그의 장막과 그에게 속한 모든 것을 이끌고 아골 골짜기에 가서…네가 어찌하여 우리를 괴롭게 하였느냐 여호와께서 오늘 너를 괴롭게 하시리라 하니 온 이스라엘이 그를 돌로 치고 물건들도 돌로 치고 불사르고 그 위에 돌무더기를 크게 쌓았"(수 7:24-26)습니다. 그 곳 이름을 바로 아간(아골)의 이름을 따서 아골 골짜기라고 했습니다. 한 인간의 잘못으로 인해 한 일가가 완전히 소멸되고 불행의 자취까지 남기게 되었습니다.

셋째로 이스라엘을 승리케 하셨습니다.
하나님께서는 아간과 그의 일가족을 완전히 처형시키고 돌무덤을 이루게 되자 극렬한 분노를 그치셨습니다(수 7:26). 그리고 여호수아에게 "두려워하지 말라 놀라지 말라 군사를 다 거느리고 일어나 아이로 올라가라 보라 내가 아이 왕과 그의 백성과 그의 성읍과 그의 땅을 다 네 손에 넘겨 주었으니 너는 여리고와 그 왕에게 행한 것같이 아이와 그 왕에게 행하되 오직 거기서 탈취할 물건과 가축은 스스로 가지라 너는 아이성 뒤에 복병을 둘지니라"(수 8:1,2)고 구체적으로 작전까지 지시해주셨습니다. 그리하여 여호수아는 아이 왕과 거민을 완전히 진멸시키고 노획한 물건은 모두다 하나님께 드렸습니다(수 8:3-27). 하나님은 언제나 우리들을 다시 회복케 하시는 참으로 좋으신 분이십니다.

사랑하는 성도 여러분!
우리들의 범죄는 하나님 앞에 반드시 드러나게 됩니다. 그러므로 철저하게 회개해야 합니다. 또한 나 하나 때문에 가족과 이웃이 고통 당하는 일이 없어야 합니다. 그리고 변함 없이 우리를 사랑하시고 복 주시는 하나님께 최선을 다해 충성해야겠습니다.

 # 아달랴

[대하 23:12-15]

아달랴가 백성들이 뛰며 왕을 찬송하는 소리를 듣고 여호와의 전에 들어가서 백성에게 이르러 보매 왕이 성전 문 기둥 곁에 섰고 지휘관들과 나팔수들이 왕의 곁에 모셔 서 있으며 그 땅의 모든 백성들이 즐거워하여 나팔을 불며 노래하는 자들은 주악하며 찬송을 인도하는지라 이에 아달랴가 그의 옷을 찢으며 외치되 반역이로다 반역이로다 하매 제사장 여호야다가 군대를 거느린 백부장들을 불러내어 이르되 반열 밖으로 몰아내라 그를 따르는 자는 칼로 죽이라 하니 제사장의 이 말은 여호와의 전에서는 그를 죽이지 말라 함이라 이에 무리가 그에게 길을 열어 주고 그가 왕궁 말문 어귀에 이를 때에 거기서 죽였더라

> 이 세상에는 빛과 어둠이 있고 의와 불의가 있으며 선과 악이 있습니다. 마찬가지로 인생도 아름답게 살다가 간 사람이 있고 추하게 살다가 간 사람도 있습니다. 가정도 마찬가지입니다. 오늘 본문의 아달랴 가정은 그녀의 조부로부터 아버지, 남편, 아들에 이르기까지 대대로 악을 전수하여 하나같이 모두 다 하나님과 원수가 되는 악한 삶을 살다가 모두 다 불행한 삶의 최후를 맞았습니다. 참으로 안타까운 가문이었습니다.

1. 악을 행함

첫째로 가장 악한 왕가의 후손이었습니다.

아달랴의 가계를 보면 그 조상들이 다 악했습니다. 그의 할아버지 오므리는 원래 이스라엘 엘라왕의 군대장관이었으나 엘라왕의 신복이었던 시므리가 엘라왕을 모반하여 쳐죽임으로 인해 이스라엘 백성들이 진에서 곧바로 그를 왕으로 세웠습니다(왕상 16:15,16). 그런데 성경은 그 오므리 왕은 "여

호와 보시기에 악을 행하되 그 전의 모든 사람보다 더욱 악하게 행하여 느밧의 아들 여로보암의 모든 길로 행하며 그가 이스라엘에게 죄를 범하게 한 그 죄 중에 행하여 그들의 헛된 것들로 이스라엘의 하나님 여호와를 노하시게 하였더라"(왕상 16:25,26)고 하셨습니다. 또한 그녀의 아버지 아합왕은 이 세상에서 가장 악한 이세벨과 결혼하여 부부가 다같이 하나님을 배반하고 바알을 섬겼으며 그들의 부도덕한 종교행위를 반대하는 여호와의 선지자를 많이 죽였습니다(왕상 18:4). 다시 말하면 아달랴는 불행한 가정에서 태어났습니다.

둘째로 여호와 보시기에 악을 행했습니다.
아달랴는 그의 어머니 이세벨의 영향을 받아 여호와를 배반하고 광적으로 바알을 숭배했습니다. 참으로 악한 여자였습니다. 그런데 그녀가 유다 여호람왕의 왕비가 된 것은 이스라엘의 아합왕과 유다의 여호사밧왕이 아람과의 전쟁에서 연합을 위해 화친에서 비롯된 것이었습니다(왕상 22:1-4). 그러나 그것은 바로 이스라엘의 죄악이 유다에 퍼지게 되는 무서운 결과를 가져왔습니다. 그러므로 부모된 우리들은 자녀들을 하나님의 말씀과 신실한 믿음으로 잘 양육하여야 합니다. 그러므로 이유 여하를 막론하고 부모된 우리들의 잘못된 것이 자녀들에게 전달되는 불행한 일들이 없어야겠습니다.

셋째로 아들에게 악을 행하도록 했습니다.
아달랴는 자신의 아들인 아하시야를 꾀어 악을 행하게 하였(대하 22:1-3)습니다. 때문에 아하시야의 성장배경은 지극히 불경건 했습니다. 그의 부친 여호람은 아주 잔인한 폭군이었고 그의 모친 아달랴는 우상숭배자로서 자신의 아들인 아하시야까지 꾀어 범죄하게 하였으니 그 얼마나 비참한 가정의 환경입니까? 아하시야왕에게 이러한 악한 가정의 배경을 가지게 한 것은 그의 조부 여호사밧이 하나님의 율법을 어기고 우상주의자인 이스라엘의 아합 왕과 사돈관계를 맺은 데서 기인되었습니다. 그러므로 우리들은 "삼가 바리새인과 사두개인들의 누룩을 주의하라"(마 16:6)고 하신 예수님의 말씀을 마음에 두고 악과 접촉되지 않도록 삼가 주의해야 합니다. 그렇습니다. 술 먹지 않으려면 술친구들과 가까이하지 말아야 합니다. 도박하지 않으려면 도박꾼들을 가까이 하지 말아야 합니다. 악한 짓을 하지 않으려면 악한 자들과 같이 하지 말아야 합니다.

사랑하는 성도 여러분!
우리 때부터라도 좋은 가계가 이루어지게 합시다. 또한 이유 여하를 막론하고 하나님을 영화롭게 하는 삶을 삽시다. 그리고 모든 이들에게 선행을 보여주는 멋진 삶을 사시기 바랍니다.

2. 유다의 여왕

첫째로 아하시야왕이 죽었습니다.
아하시야는 성경에 동명이인이 두 명이 있는데 자칫 잘못하면 혼동하기 쉽습니다. 왜냐하면 하나는 북이스라엘의 아합과 이세벨의 아들로서 이스라엘의 왕인 아하시야가 있고(왕상 22:40-53), 또 하나는 남유다의 여호람과 아달랴의 아들로서 유다의 왕인 아하시야가 있습니다(왕하 8:25,26; 대하 22:1-6). 여기에서 말씀하고자 하는 사람은 유다의 여호람과 아달랴의 아들인 아하시야왕입니다. 이 아하시야는 모친인 아달랴의 영향을 받아 이스라엘의 아합과 같이 악을 행했습니다(대하 22:2-4). 그는 북왕국 이스라엘의 요람왕과 동맹하여 아람 왕 하사엘과 길르앗에서 전투를 벌였습니다. 그런데 전투 중에 북이스라엘의 요람 왕이 아람군에 의해 부상을 입게되었습니다(대하 22:5).

때에 여호와께서는 예후에게 기름을 부어 반란을 일으켜 요람왕을 죽이고 이스라엘의 왕이 되게 하셨습니다. 그런데 남왕국 아하시야왕은 그것도 모르고 부상당한 북이스라엘의 요람왕을 문병하러 갔다가 아하시야와 그의 형제들도 모두 다 예후에게 죽임을 당했습니다(대하 22:7-9). 바로 아합과 이세벨의 영향을 받은 북왕국 이스라엘 요람왕과 남왕국 유다의 아하시야왕이 둘 다 하나님께서 세우신 예후에 의해 모두 다 제거된 것이었습니다.

둘째로 유다 집의 왕의 씨를 진멸했습니다.
아달랴는 자기 아들 아하시야가 이스라엘 왕 요람의 병 문안 갔다가 예후에 의해 죽임을 당하자 유다 집의 왕의 씨를 모두 다 진멸했습니다(대하 22:10). 다시 말하면 자기 아들 아하시야의 뒤를 이어 왕위를 계승할 자격이 있는 자들인 아하시야의 아들들이요 자기의 손자들을 모두 다 죽인 것이었습니다. 그녀는 자신이 유다의 왕권을 잡기 위해 자신의 친손자들을 다 죽인 짐승과 같은 여자였습니다. 아달랴의 이러한 악행은 다윗에 대한 하나님의 언약을 이루지 못하도록 방해하는 사탄의 전략이었습니다. 그러나 하나님께서는 사탄의 악한 계획을 아시고 여호람 왕의 딸이요 제사장 여호야다의 아내인 여호사브앗(여호세바)을 통해서 아하시야의 아들 중에서 다윗의 왕위를 계승하도록 하기 위해 요아스를 하나님의 성전에 6년 동안이나 숨기셔서 그가 7세가 되던 해에 유다의 왕으로 세우셨습니다(대하 22:11-23:11). 참으로 우리 하나님은 위대하십니다.

셋째로 유다의 유일한 여왕이었습니다.
아달랴는 자기 아버지 집인 북왕국 이스라엘의 아합의 집 사람들이 예후에 의해 몰살당하자 자신의 생명에 대한 위태함을 느끼고 자신이 유다의 왕이 됨으로써 자신의 생명을 지키려고 한 것이었습니다. 아하시야의 아들이요 아달랴의 손자인 요아스가 하나님의 전에서 육년 간 숨어 있는 동안에 아달랴가 유다를 다스렸습니다. 그녀는 유다 역사상 유일한 여자 왕이었습니다.

사랑하는 성도 여러분!
하나님을 배신하고 우상을 섬기며 악을 행하는 자는 반드시 멸망하게 되어 있습니다. 또한 그 어떤 이유로도 사탄에 이용되는 불행한 일이 없어야겠습니다. 그리고 비정상적인 방법으로 얻은 것은 그것 때문에 반드시 불행하게 된다는 것을 깨달아야겠습니다.

3. 비참한 종말

첫째로 아달랴가 학정을 펼쳤습니다.
예후에 의해 자신의 고향인 북왕국 이스라엘 아합의 아들인 요람 왕가가 예후에 의해 몰살당했다는 소식을 들은 아달랴는 남왕국 유다에서 피의 숙청을 단행했습니다. 그것도 바로 자신의 친손자들이었습니다. 사탄은 바로 악한 아달랴를 통해서 다윗의 왕가를 끊어 버리려고 했던 것입니다. 그녀는 유다를 통치하는 육년 동안 학정을 펼치면서 바알의 종교를 확장시켰습니다. 그녀는 자신의 어머니 이세벨이 북왕국 이스라엘에서 행했던 악을 본받아 남왕국 유다에서 그대로 행했습니다. 참으로 그녀와 같은 여자는 이 세상에 다시 나타나서는 안 될 것입니다.

둘째로 여호야다가 반란을 일으켰습니다.
제사장 여호야다는 아하시야의 어린 아들 요아스를 성전에 숨겨두었다가 요아스가 7세 되던 해에 그 동안 치밀하게 계획했던 반란을 일으켰습니다. 그는 아달랴의 학정에 의해 고통을 당하고 있던 족장들과 군대의 지휘관들 그리고 레위인들을 예루살렘에 모으고 다윗의 후손인 요아스를 유다의 왕으로 세우기 위해 거사를 일으켰습니다(대하 23:1-6). 그는 레위 사람들에게 병기를 주어 "왕을 호위하며 다른 사람이 성전에 들어오거든 죽이고 왕이 출입할 때에 경호"(대하 23:7)하도록 했습니다. 레위 사람들과 유다의 무리들은 모두 다 여호야다의 명령대로 따랐습니다(대하 23:8-10). 그들은 요아스를 호위하고 그에게 면류관을 씌워 율법을 주고 왕으로 세웠고 여호야다와 그 아들들이 요아스에게 기름을 붓고 왕의 만세를 불렀습니다(대하 23:11).

셋째로 아달랴는 비참하게 죽었습니다.
참으로 상상할 수 없는 거사였습니다. 이에 아달랴가 백성들이 뛰며 왕을 찬송하는 소리를 듣고 여호와의 전에 들어가서 백성에게 이르러보니 왕이 성전 문 기둥 곁에 섰고 지휘관들과 나팔수들이 왕의 곁에 모셔 서있으며 백성들이 즐거워하여 나팔을 불고 노래하는 자는 주악하며 찬송을 인도하는 것을 보고 옷을 찢으면서 "반역이로다 반역이로다"(대하 23:13)라고 외쳤습니다. 이에 제사장 여호야다가 군대를 거느린 백부장에게 명하여 반열 밖으로 몰아내게 하고 성전을 떠나 왕궁 말문 어귀에 이르자 거기서 그녀를 죽였습니다(대하 23:14,15). 이로써 하나님을 배신하고 바알을 섬기며 많은 사람을 죽인 악녀 아달랴의 생은 끝났습니다.

사랑하는 성도 여러분!
우리는 그 어떤 일이 있어도 남에게 악을 행하지 맙시다. 또한 언제나 선한 일에 사용됩시다. 그리고 가장 아름다운 인생을 가꾸어 가는 멋진 삶을 사시기 바랍니다.

 # 아 담

[창 1:24-29]

하나님이 이르시되 땅은 생물을 그 종류대로 내되 가축과 기는 것과 땅의 짐승을 종류대로 내라 하시니 그대로 되니라 하나님이 땅의 짐승을 그 종류대로, 가축을 그 종류대로, 땅에 기는 모든 것을 그 종류대로 만드시니 하나님이 보시기에 좋았더라 하나님이 이르시되 우리의 형상을 따라 우리의 모양대로 우리가 사람을 만들고 그들로 바다의 물고기와 하늘의 새와 가축과 3)온 땅과 땅에 기는 모든 것을 다스리게 하자 하시고 하나님이 자기 형상 곧 하나님의 형상대로 사람을 창조하시되 남자와 여자를 창조하시고 하나님이 그들에게 복을 주시며 하나님이 그들에게 이르시되 생육하고 번성하여 땅에 충만하라, 땅을 정복하라, 바다의 물고기와 하늘의 새와 땅에 움직이는 모든 생물을 다스리라 하시니라 하나님이 이르시되 내가 온 지면의 씨 맺는 모든 채소와 씨 가진 열매 맺는 모든 나무를 너희에게 주노니 너희의 먹을 거리가 되리라

> 하나님께서는 우리 인간들이 살아가는 데에 불편함이 없도록 모든 것들을 완전하게 구비해 놓으시고 그 곳에서 살도록 하셨습니다. 그러므로 아담은 하나님께서 최초로 만드신 사람으로서 우리 인간들이 상상할 수 없는 큰 축복을 받은 사람입니다. 그러나 사탄의 유혹으로 인하여 하나님의 명령을 어기고 선악을 알게 하는 나무의 열매를 따먹음으로 인해 인류에게 가장 비참한 고통을 안겨준 불행한 사람이 되었습니다. 그러므로 우리 성도들은 언제나 우리 인생의 첫발을 잘 디뎌야 하며 삶의 과정에서도 변함 없이 주님만 따라가야 합니다.

1. 하나님이 천지만물을 창조하셨습니다.

첫째로 천지만물을 창조하셨습니다.

하나님께서는 다섯 째 날까지 이 세상의 천지만물을 말씀으로 창조하셨습니다(요 1:3). 또한 그 모든 것들을 친히 다스리시고 주관하시는 전능자십니다. 그러므로 하나님께서는 천지만물의 주재자시며 근원자가 되십니다. 그래서 성경은 이 세상의 모든 것들이 다 하나님으로부터 나와서 유지되고 결국은 하나님께로 돌아간다고 하셨습니다(롬 11:36). 하나님께서 이 세상의 천지만물을 창조하신 것은 우리 인간들로 하여금 불편없이 살 수 있도록 배려해주신 것입니다. 그러므로 우리 모두는 항상 창조주 하나님께 감사 만만하는 삶을 살아야 합니다. 그리고 이 세상 천지만물을 아름답게 관리하고 지켜야 할 책임과 의무가 있습니다.

둘째로 흙으로 사람을 만드셨습니다.
하나님께서는 우리 인간들이 이 세상에서 불편없이 살아갈 수 있도록 완전 무결하게 환경을 조성하신 다음 여섯째 날에 "흙으로 사람을 지으시고 생기를 그 코에 불어넣으시니 사람이 생령이..."(창 2:7) 되었습니다. 때문에 아담이란 말은 히브리어로 '붉은 흙'이란 뜻을 가지고 있습니다. 그래서 아담은 육신의 부모가 없습니다. 그러나 아담 이후의 모든 인간은 다 아담의 후손으로 이 세상에 태어났습니다.

셋째로 하나님의 형상과 모양으로 만드셨습니다.
성경은 "하나님이 이르시되 우리의 형상을 따라 우리의 모양대로 우리가 사람을 만들고 그들로 바다의 물고기와 하늘의 새와 가축과 온 땅과 땅에 기는 모든 것을 다스리게 하자 하시고 하나님이 자기 형상 곧 하나님의 형상대로 사람을 창조하시되 남자와 여자를 창조하시고"(창 1:26,27)라고 말씀하셨습니다. 여기에서의 '형상'이란 말의 히브리 원어 '첼렘'의 뜻은 '그림자'라는 말입니다. 다시 말하면 인간은 '하나님의 그림자'라는 것입니다. 이 그림자는 실체가 있을 때에만 존재합니다. 그러므로 우리 인간의 존재 자체는 곧 하나님의 존재에 대한 증거인 것입니다. 또한 '모양' 이란 말의 히브리 원어 '떼무트'는 '닮다' 라는 말의 '따마' 에서 유래된 말로서 '유사하다' 는 말입니다. 다시 말하면 실체는 같지 않지만 비슷한 데가 있다는 것입니다. 그렇습니다. 우리 인간은 육체가 있기 때문에 하나님과 같지는 않습니다. 그러나 하나님은 영이시며 우리 인간도 영적인 존재이기 때문에 유사한 면이 있습니다. 그러므로 하나님의 형상과 모양으로 지음받은 우리 모두는 언제나 하나님께 감사만 해야 합니다.

사랑하는 성도 여러분!
우리들을 위해 이 세상 만물들을 창조해 주신 하나님께 감사 만만 하는 삶을 삽시다. 또한 나 자신은 흙으로 지어진 나약한 존재라는 사실을 알고 늘 겸손한 마음을 가지고 삽시다. 그리고 하나님의 형상과 모양으로 지음받은 사람으로서 항상 자부심을 가지고 사시기 바랍니다.

2. 하나님의 명령을 어기고 범죄했습니다.

첫째로 이 세상을 위임받았습니다.
하나님께서는 아담과 하와를 만드시고 "그들에게 복을 주시며 하나님이 그들에게 이르시되 생육하고 번성하여 땅에 충만하라, 땅을 정복하라, 바다의 물고기와 하늘의 새와 땅에 움직이는 모든 생물을 다스리라 ...내가 온 지면의 씨 맺는 모든 채소와 씨 가진 열매 맺는 모든 나무를 너희에게 주노니 너희의 먹을 거리가 되리라"(창 1:28,29)고 하셨습니다. 이 말씀은 바로 하나님께서 우리 인간들에게 이 세상 전체를 잘 관리하여 하나님의 영광을 위해 사용하도록 위임하신 것입니다. 또한 이 세상 전체를 삶의 터전으로 삼고 자신 있게 살라는 명령인 것입니다. 그리고 이 세상의 모든 것들을 취하여 식물로 삼도록 하셨습니다. 당시에는 인간들에게 채식만 허용되었으나 노아 홍

수 이후에 육식이 허락되었습니다(창 9:1-3). 그러나 우리 인간은 오직 하나님의 영광을 위하여 살 것을 요구하셨습니다.

둘째로 사탄의 유혹을 받아 범죄했습니다.

여호와 하나님께서는 아담에게 이 세상의 모든 것을 다 위임하셨지만 "...선악을 알게 하는 나무의 열매는 먹지 말라 네가 먹는 날에는 반드시 죽으리라"(창 2:16,17)고 금하셨습니다. 그리고 아담 혼자 사는 것이 좋지 않다고 생각하시고 그를 돕는 배필로 하와를 만들어 주시고 가정을 이루어 함께 살도록 하셨습니다(창 2:18-25). 그런데 어느 날 간교한 뱀이 하와에게 접근하여 "...하나님이 참으로 너희에게 동산 모든 나무의 열매를 먹지 말라 하시더냐"(창 3:1)고 물었습니다. 이에 하와는 "동산 중앙에 있는 나무의 열매는 하나님의 말씀에 너희는 먹지도 말고 만지지도 말라 너희가 죽을까 하노라 하셨느니라"(창 3:3)고 말했습니다. 이 말을 들은 뱀이 다시 하와에게 "…너희가 결코 죽지 아니하리라 너희가 그것을 먹는 날에는 너희 눈이 밝아져 하나님과 같이 되어 선악을 알 줄을 하나님이 아심이니라"(창 3:4,5)고 거짓말로 유혹했습니다. 뱀의 유혹을 받은 하와가 "그 나무를 본즉 먹음직도 하고 보암직도 하고 지혜롭게 할 만큼 탐스럽기도 한 나무인지라 여자가 그 열매를 따먹고 자기와 함께 있는 남편에게도 주매 그도 먹..."(창 3:6)었습니다. 이것이 바로 최초의 인간인 아담의 범죄였습니다.

셋째로 하나님의 심판을 받았습니다.

뱀의 유혹을 받아 하나님의 명령을 어기고 선악을 알게 하는 열매를 따먹은 아담과 하와는 "눈이 밝아져 자기들이 벗은 줄을 알고 무화과나무 잎을 엮어 치마로 삼았..."(창 3:7)습니다. 그런데 그들이 동산에서 하나님의 음성을 듣고 하나님의 낯을 피하여 동산나무 사이에 숨었습니다. 때에 하나님께서는 아담에게 "…네가 어디 있느냐"(창 3:9)고 부르셨습니다. 이에 아담은 "내가 동산에서 하나님의 소리를 듣고 내가 벗었으므로 두려워하여 숨었나이다"(창 3:10)라고 했습니다. 하나님께서는 아담에게 "…내가 네게 먹지 말라 명한 그 나무 열매를 네가 먹었느냐"(창 3:11)고 물으셨습니다. 이에 아담은 하나님께서 배필로 주신 여자가 먹으라고 해서 먹었었다고 하와에게 책임을 전가했습니다. 그리고 하와는 뱀이 꾀므로 먹었다고 뱀에게 책임을 전가했습니다. 여기에서 우리는 자신이 분명히 잘못했음에도 불구하고 언제나 다른 사람에게 책임을 전가시키는 비열한 인간의 속성을 보게 됩니다. 때문에 하나님께서는 뱀에게는 "…모든 짐승보다 더욱 저주를 받아 배로 다니고 살아 있는 동안 흙을 먹을지니라"(창 3:14)고 저주하셨습니다. 또한 여자에게는 잉태하는 고통과 해산하는 수고와 함께 남편의 다스림을 받을 것이라고 하셨습니다. 그리고 아담에게는 땅이 너로 인하여 저주를 받고 너는 종신토록 수고하여야 그 소산을 먹으리라고 하셨습니다. 다시 말하면 하나님의 명령을 어긴 모두가 다 심판을 받았습니다.

사랑하는 성도 여러분!
우리 모두 하나님께서 맡기신 이 세상을 아름답게 관리하고 잘 지킵시다. 또한 사탄의 유혹을 철저하게 물리칩시다. 그리고 우리들이 이 세상을 살아가는 동안은 언제나 칭찬받는 삶을 살아야겠습니다.

3. 범죄의 대표자가 되었습니다.

첫째로 온 인류가 다 범죄자가 되었습니다.
인류의 조상인 아담의 범죄로 인해 이 세상의 모든 인간들은 다 범죄자가 되었습니다. 그의 범죄로 인해 하나님과의 관계가 파괴되었습니다. 인간과의 관계가 파괴되었습니다. 이 세상과의 관계가 파괴되었습니다. 때문에 아담 이후의 인간은 다 아담의 원죄로 인해 모두 죄인이 되었습니다. 안타까운 일입니다. 그러므로 우리 모두는 언제나 성실하게 살아야 합니다.

둘째로 인류를 죄와 저주, 사망에 처하게 했습니다.
아담의 원죄로 인해 이 세상에 태어나는 모든 인간은 다 죄와 저주, 멸망에 처하게 했습니다. 우리는 깨달아야 합니다. 첫째 아담은 우리들을 죄와 저주, 멸망에 처하게 했지만 둘째 아담 예수 그리스도는 대속의 십자가를 지심으로 우리들을 죄와 저주, 멸망에서 건져주셨습니다. 그러므로 이 세상의 모든 인간은 다 반드시 예수 그리스도를 구주로 믿어야 합니다.

셋째로 하나님께서 가죽옷을 입혀주셨습니다.
아담과 하와는 범죄 전에는 부끄러움과 수치를 몰랐습니다. 그러나 범죄와 더불어 나타난 현상으로 자신들이 벌거벗음에 대한 수치를 알게 되었습니다. 그런데 하나님께서는 아담과 하와에게 가죽옷을 입혀 주셨습니다. 이 가죽은 동물을 죽여야만 얻을 수 있습니다. 그것은 바로 범죄한 우리 인류를 위해 대속 제물이 되셔서 십자가에서 보혈을 흘리신 예수님을 예표한 것입니다. 그러므로 구원받은 우리들은 구원주가 되시는 예수 그리스도를 널리 전파해야 합니다.

사랑하는 성도 여러분!
우리들은 나로 인해 다른 사람이 죄를 범하는 일이 없도록 합시다. 또한 나 때문에 다른 사람이 손해를 보거나 아픔을 당하는 일이 없어야 합니다. 그리고 우리들도 이웃의 부끄러움이나 아픔을 감싸줄 수 있는 넉넉한 삶을 살아야겠습니다.

 # 아도니야

[왕상 1:1-10]

다윗 왕이 나이가 많아 늙으니 이불을 덮어도 따뜻하지 아니한지라 그의 시종들이 왕께 아뢰되 우리 주 왕을 위하여 젊은 처녀 하나를 구하여 그로 왕을 받들어 모시게 하고 왕의 품에 누워 우리 주 왕으로 따뜻하시게 하리이다 하고 이스라엘 사방 영토 내에 아리따운 처녀를 구하던 중 수넴 여자 아비삭을 얻어 왕께 데려왔으니 이 처녀는 심히 아름다워 그가 왕을 받들어 시중들었으나 왕이 잠자리는 같이 하지 아니하였더라 그 때에 학깃의 아들 아도니야가 스스로 높여서 이르기를 내가 왕이 되리라 하고 자기를 위하여 병거와 기병과 호위병 오십 명을 준비하니 그는 압살롬 다음에 태어난 자요 용모가 심히 준수한 자라 그의 아버지가 네가 어찌하여 그리 하였느냐고 하는 말로 1)한 번도 그를 섭섭하게 한 일이 없었더라 아도니야가 스루야의 아들 요압과 제사장 아비아달과 모의하니 그들이 따르고 도우나 제사장 사독과 여호야다의 아들 브나야와 선지자 나단과 시므이와 레이와 다윗의 용사들은 아도니야와 같이 하지 아니하였더라 아도니야가 에느로겔 근방 소헬렛 바위 곁에서 양과 소와 살찐 송아지를 잡고 왕자 곧 자기의 모든 동생과 왕의 신하 된 유다 모든 사람을 다 청하였으나 선지자 나단과 브나야와 용사들과 자기 동생 솔로몬은 청하지 아니하였더라

> 사람들은 무엇이나 자신이 원하는 대로 될 수 있다고 착각하고 마음대로 삽니다. 그러나 이 세상은 모두가 다 하나님의 섭리 하에 달려있습니다. 그러므로 성공적인 삶을 살려고 하면 범사에서 하나님의 뜻에 순종하는 삶을 살아야 합니다. 아도니야는 동명이인이 세 명입니다. 이 시간에는 다윗의 아들인 아도니야에 대해서 말씀드리겠습니다.

1. 다윗의 아들

첫째로 다윗왕의 넷째 아들이었습니다.

아도니야는 다윗이 통일 이스라엘의 왕이 되기 전 유다 지파의 왕으로 있을 때에 헤브론에서 학깃을 통해서 낳은 넷째 아들이었습니다(삼하 3:4; 대상 3:2). 다윗이 통치한 유다는 계속 강성하여 사울 왕가를 무너뜨리고 통일 이스라엘의 왕이 되었습니다. 이스라엘의 왕자였습니다. 다시 말하면 그는 어렸을 때부터 왕궁이라는 특별한 환경 속에서 왕자로서 남부러울 것 없이 귀하게 자랐습니다. 때문에 그는 왕자로서 특권의식이나 자부심도 대단했을 것입니다. 그는 당시대의 최고의 왕인 다윗의 왕자였으니 대단한 신분의 사람이었습니다.

둘째로 꾸중을 듣지 않고 자랐습니다.

성경은 그에 대해서 "그는 압살롬 다음에 태어난 자요 용모가 심히 준수한 자라 그의 아버지가 네가 어찌하여 그리 하였느냐고 하는 말로 한 번도 그를 섭섭하게 한 일이 없었더라"(왕상 1:6)고 하셨습니다. 이 말씀은 바로 그가 출생 이후로 다윗왕으로부터 꾸중이나 책망을 들어본 적이 없음을 의미하고 있는 것입니다. 여기에서 우리는 그에 대해 두 가지로 추론해 볼 수 있습니다. 하나는 그의 용모와 풍채가 뛰어났고 근엄하며 똑똑한 사람이었을 것이라는 점입니다. 때문에 그가 다윗왕의 사랑을 받았을 것입니다. 다른 하나는 다윗왕이 그를 무조건적으로 감싸고 사랑했을 것이라는 점입니다. 왜냐하면 그가 나중에 아버지가 엄연히 살아 계시는 데도 불구하고 아버지의 뜻과는 상관없이 성급하게 왕이 되려고 한 것이나 아버지의 후궁인 아비삭을 아내로 삼으려고 한 것을 보면 매우 교만하고 상식이 없다는 것을 알 수 있습니다.

셋째로 장자가 되었습니다.

그가 다윗왕의 넷째 아들로 태어났음에도 불구하고 큰아들 암논은 자신의 이복 동생인 압살롬의 친누이요, 자신의 이복 여동생인 다말을 욕보인 것 때문에 압살롬에 의해 죽임을 당했습니다(삼하 13:1-39). 또한 다윗의 둘째 아들인 길르압(대상 3:1에서는 다니엘로 불렀음)은 젊어서 죽은 것 같습니다. 왜냐하면 다윗의 장자인 암논과 셋째 아들 압살롬이 죽은 후에 넷째 아들인 아도니야가 장남으로 기록되었기 때문입니다(왕상 1:5-10). 그리고 다윗의 셋째 아들 압살롬은 아버지인 다윗왕을 축출하고 자신이 왕이 되려고 반란을 일으켰다가 다윗의 군대 장관인 요압에 의해 비참하게 죽임을 당했습니다(삼하 18:6-15). 때문에 아도니야가 장자가 되었습니다.

사랑하는 여러분!
우리들이 어떠한 환경에서 태어났느냐는 대단히 중요합니다. 그러나 그보다도 더 중요한 것은 나 자신이 어떻게 사느냐 입니다. 또한 이유 여하를 막론하고 절대로 교만과 허영에 사로잡힌 삶을 살지 맙시다. 그리고 언제나 주어진 이름과 직분에 걸 맞는 가치 있는 삶을 살아야겠습니다.

2. 범죄 행위

첫째로 다윗이 노쇠했습니다.
이스라엘 역사 가운데서 하나님의 사랑을 가장 많이 받았고 민족의 존경을 받았던 다윗이었지만 흐르는 세월과 함께 늙어서 노쇠했습니다. 당시 그의 나이는 70세였습니다. 그가 30세에 왕위에 올라 헤브론에서 7년 반, 예루살렘에서 33년을 다스렸기 때문입니다(대상 29:26-30). 그가 블레셋의 골리앗과 싸웠을 때를 생각하면 세월의 무상함을 느끼게 됩니다. 그는 이제 이불을 덮어도 몸이 따뜻하지 않았습니다(왕상 1:1). 때문에 신하들이 아비삭이라는 동녀를 구하여 다윗을 시중들게 했으나 동침할 수도 없었습니다(왕상 1:2-4). 이제 그의 힘 모두가 다 소진되었습니다. 그의 사역 초기에는 장인인 사울에게 쫓겨다녔습니다. 왕이 된 후에는 영토확장을 위해 수많은 전투를 벌였습니다. 또한 밧세바의 사건으로 큰 홍역을 치렀습니다. 그리고 아들 압살롬의 반란으로 왕궁을 떠나 또다시 도피생활을 했습니다. 때문에 그의 심신은 완전히 지쳐 있는 상태였습니다.

둘째로 아도니야가 왕위를 노렸습니다.
다윗이 노쇠하자 실제적으로 다윗의 장남이 된 아도니야에게는 많은 사람들이 모여들었습니다. 왜냐하면 그가 다윗의 뒤를 이어 이스라엘의 왕이 될 것이라고 생각했기 때문입니다. 이에 아도니야는 마음이 교만해져서 자신이 다윗왕을 제거하고 왕위를 찬탈하려고 반역을 일으켰습니다. 아도니야의 반역에 주도적으로 가담한 자들은 그 동안 다윗의 군대장관이었던 요압과 제사장으로서 다윗의 도피시절에 함께 했던 아비아달이었습니다(왕상 1:7). 참으로 의리가 없고 믿을 수 없는 악한 사람들이었습니다.

셋째로 반역에 실패했습니다.
하나님께서는 나단 선지자를 세워 아도니야의 음모를 분쇄하고 솔로몬을 왕으로 추대하는 일을 하도록 하셨습니다. 하나님의 계획은 다윗의 뒤를 이어 아도니야가 왕이 될 것이라는 인간들의 생각과는 전혀 달랐습니다. 다시 말하면 혈통적인 장남도 아니었고 압살롬이나 아도니야처럼 외모가 준수하고 잘 생긴 사람도 아니었습니다. 더욱이 반역을 일으켜 물리적으로 왕위를 찬탈하려는 자도 아니었습니다. 하나님께서 예정하시고 섭리하신 자였습니다. 나단은 아도니야의 반역 소식을 접하고 솔로몬의 모친인 밧세바와 협의하여 밧세바로 하여금 다윗왕을 만나게 했습니다(왕상 1:14). 이에 밧세바가 다윗왕을 만나 아도니야의 반역을 고하고 왕과의 이전의 약속을 상기시키고 아도니야가 왕이 될 경우 자신과 솔로몬은 물론 다윗의 신복들이 모두다 죽게 될 것이라 말했습니다. 그래서 다윗이 즉석에서 솔로몬을 왕으로 지명하고 제사장 사독과 선지자 나단으로 하여금 기름을 부어 왕으로 세우도록 했습니다(왕상 1:15-39). 때문에 아도니야의 반역은 수포로 돌아갔습니다.

사랑하는 여러분!
인생은 누구나 다 죽게 됩니다. 그러므로 살아있을 때에 주님의 일에 최선을 다해야 합니다. 또한 그 어떤 이유로도 서로 간의 신의를 버리고 배신하는 불행한 자가 되지 맙시다. 그리고 언제나 인간적인 욕심을 버리고 믿음으로 하나님의 뜻에 순종하는 삶을 사시기 바랍니다.

3. 처형 당함

첫째로 제단 뿔을 붙잡았습니다.
자신이 이스라엘의 왕이 된 줄로 착각하고 있던 아도니야에게 솔로몬의 즉위 소식이 알려지자 아도니야와 함께 했던 자들은 다 도망갔습니다(왕상 1:49). 그리고 그는 자신의 목숨을 잃을 것을 두려워하여 성전에 가서 재단 뿔을 붙잡았습니다. 이 제단 뿔은 번제단의 네 모퉁이에 뾰족하게 나와 있는 것으로서 도피성과 같이 죄인이 피할 수 있는 처소였습니다. 그가 제단 뿔을 잡는 것은 자신이 다윗과 솔로몬을 반역한 죄에 대해 용서받기 위해서였습니다. 그는 제단 뿔을 붙잡고 "…솔로몬 왕이 오늘 칼로 자기 종을 죽이지 않겠다고 내게 맹세하기를 원한다"(왕상 1:51)고 했습니다. 솔로몬왕은 이 소식을 전달받고 "그가 만일 선한 사람일진대 그의 머리털 하나도 땅에 떨어지지 아니하려니와 그에게 악한 것이 보이면 죽으리라 하고"(왕상 1:52) 사람을 보내어 그를 제단에서 이끌어 내리니 그가 와서 솔로몬왕께 절하므로 집으로 돌려보냈습니다. 다시 말하면 솔로몬왕은 자신의 목숨이 두려워 제단 뿔을 붙잡은 아도니야를 용서한 것이었습니다.

둘째로 아비삭을 아내로 삼고자 했습니다.

다윗은 40년간 통치를 끝내고 이 세상을 떠나자 솔로몬이 뒤를 이어 나라를 다스렸습니다. 그런데 아도니야는 아버지의 마지막 후궁이었던 아비삭을 사랑하여 자신의 아내로 삼기를 원했습니다. 때문에 그는 솔로몬의 어머니인 밧세바에게 가서 솔로몬왕에게 자기 대신 부탁해 달라고 했습니다(왕상 2:13-17). 참으로 그는 어쩔 수 없는 타락한 인간이었습니다. 자신의 반역한 죄를 용서하고 살려달라고 애걸한 지가 얼마 되었다고 이런 악한 요청을 할 수 있을까요. 바로 우리들의 모습을 보는 것 같습니다.

셋째로 브나야를 통해 처형당했습니다.

아도니야의 부탁을 받은 밧세바는 솔로몬왕을 찾아가 "청하건대 수넴 여자 아비삭을 아도니야에게 주어 아내로 삼게 하소서"(왕상 2:21)라고 부탁했습니다. 이에 솔로몬 왕은 "…어찌하여 아도니야를 위하여 수넴 여자 아비삭을 구하시나이까 그는 나의 형이오니 그를 위하여 왕권도 구하옵소서 그뿐 아니라 제사장 아비아달과 스루야의 아들 요압을 위해서도 구하옵소서"(왕상 2:22)라고 말하고는 곧바로 브나야를 보내어 아도니야를 처형했습니다(왕상 2:25). 그리고 아도니야의 반역에 가담했던 다윗의 군대장관 요압도 죽이고 제사장 아비아달은 죽이지는 않고 면직하여 유배 보냈습니다. 그리고 하나님께서는 솔로몬의 왕위를 더욱 견고케 하셨습니다.

사랑하는 여러분!

누구든지 제단 뿔을 붙잡으면 살 수 있습니다. 그러므로 주님의 제단에 나아와 기도합시다. 또한 죄와 저주, 멸망에서 건져주신 주님께 감사하고 더욱 충성합시다. 절대로 아도니야처럼 추해지지 맙시다. 그리고 밧세바처럼 어리석은 자가 되지 말고 마땅히 구할 것을 하나님께 아뢰는 멋진 성도들이 되시기 바랍니다.

 # 아 론

[출 32:1-6]

　　백성이 모세가 산에서 내려옴이 더딤을 보고 모여 백성이 아론에게 이르러 말하되 일어나라 우리를 위하여 우리를 인도할 신을 만들라 이 모세 곧 우리를 애굽 땅에서 인도하여 낸 사람은 어찌 되었는지 알지 못함이니라 아론이 그들에게 이르되 너희의 아내와 자녀의 귀에서 금 고리를 빼어 내게로 가져오라 모든 백성이 그 귀에서 금 고리를 빼어 아론에게로 가져가매 아론이 그들의 손에서 금 고리를 받아 부어서 조각칼로 새겨 송아지 형상을 만드니 그들이 말하되 이스라엘아 이는 너희를 애굽 땅에서 인도하여 낸 너희의 신이로다 하는지라 아론이 보고 그 앞에 제단을 쌓고 이에 아론이 공포하여 이르되 내일은 여호와의 절일이니라 하니 이튿날에 그들이 일찍이 일어나 번제를 드리며 화목제를 드리고 백성이 앉아서 먹고 마시며 일어나서 뛰놀더라

> 　　아론은 말 잘하고 똑똑한 사람이었으며, 종교적으로는 대제사장이라는 최고의 지도자였습니다. 또한 맡은 바 직무를 성실히 감당한 자였습니다. 그러나 백성들의 잘못된 성화에 굴복하여 금송아지를 만드는 무서운 죄를 범했으며 지도자인 모세를 비난하기까지 했습니다. 바로 한순간에 분별력을 잃어버린 것입니다. 그러므로 우리들은 본문 말씀을 통해서 우리 인생의 시작부터 살아가는 과정이나 이 세상을 떠나는 그 순간까지 변함없이 믿음으로 살아가겠다는 아름다운 결단을 가져야겠습니다.

1. 아론의 직임

첫째로 모세의 조력자였습니다.

　그는 하나님의 종 모세를 보좌하는 조력자였습니다. 그는 능변가로서 말에

재능이 부족한 모세의 대변자가 되어 바로 앞에 서서 이스라엘 백성들을 출애굽 시키는 일을 도왔습니다. 하나님께서 모세를 지도자로 세워 이스라엘 구원의 주역이 되게 하시고 아론으로 하여금 모세를 보좌하게 하셨습니다(출 7:1). 또한 그는 모세의 많은 직무들을 분담하는 동역자였습니다. 그렇습니다. 하나님의 일은 앞서서 일하는 지도자도 중요하지만 그 지도자가 일할 수 있도록 뒤에서 숨어 뒷받침해주고 밀어주는 사람은 더욱 중요합니다. 하나님께서는 오히려 그런 사람들을 더욱더 귀하게 여기시고 축복하십니다.

둘째로 대제사장이었습니다.
애굽을 떠난 이스라엘에게는 종교적인 직무를 수행하는 제사장이 필요했습니다. 제사장은 하나님의 일꾼으로서 하나님과 사람 사이의 중보자로서 화해의 역할을 했습니다. 특히 대제사장은 이스라엘 백성 중에서 제일 거룩한 자요 백성들의 최고 종교지도자였습니다. 그런데 모세는 하나님의 명을 받아 회중들이 보는 앞에서 아론의 머리 위에 관유를 부어 대제사장으로 세웠습니다(출 29:1-9). 모세가 아론의 머리 위에 관유를 부은 것은 그가 백성을 대표하여 하나님과 백성 사이에서 중보자가 되었음을 의미합니다.

셋째로 직무를 잘 감당했습니다.
모세의 대변자요, 조력자였던 아론은 언제나 모세의 수족과 같이 움직였습니다. 그의 입은 모세의 입이 되어 모세가 시키는 대로 전했습니다. 그는 모세를 철저하게 믿고 신뢰하며 순종했습니다. 모세와 아론으로 인하여 분노한 바로가 이스라엘을 학대함으로 인해 이스라엘 백성들이 모세와 아론을 비난하고 심지어는 죽이려고까지 했습니다. 그러나 아론은 한마디의 불평도 없이 끝까지 모세를 보필했습니다. 그는 언제나 동생 모세가 시키는 대로 겸손히 순종했습니다. 그는 끝까지 성실하게 도왔습니다. 뿐만 아니라 그는 자식들을 잃는 아픔 속에서도 슬픔을 참고 묵묵히 제사장의 사명을 잘 감당했습니다. 그렇습니다. 하나님의 일은 이유 여하를 불문하고 최선을 다해 열심히 해야 합니다.

사랑하는 여러분!
우리들도 하나님의 일에 최선을 다해 열심히 협력하는 조력자가 되어야 합니다. 또한 우리들도 만인 제사장으로 모든 사람들을 위해 기도하는 삶을 살아야겠습니다. 그리고 이유 여하를 막론하고 맡은 바 사명을 끝까지 완수하는 전천후 사명자들이 되시기 바랍니다.

2. 아론의 특권

첫째로 하나님의 영광을 보았습니다.
대제사장으로 세움 받은 아론은 모세와 자신의 두 아들 나답과 아비후와 이스라엘 장로 칠십 인과 함께 시내산에 올라가서 하나님의 영광을 보았습니다(출 24:9,10). 범죄한 아담 이후의 인간은 죄와 허물로 인하여 멸망할 수밖에 없는 존재들이기 때문에 거룩하신 하나님을 직접 목격할 수 없었습니다. 만약에 죄 많은 인간이 하나님을 직접 목격했다고 하면 죽음에 처하게 되었습니다. 그런데 하나님께서 모세와 아론의 두 아들 나답과 아비후, 칠십 인의 장로들은 이스라엘 백성들을 인도해야 할 영적인 지도자들이었기 때문에 하나님의 영광을 목격할 수 있도록 특별히 배려하신 것이었습니다. 이것은 구약시대에 있어서는 특별한 하나님의 은혜요 축복이었습니다. 그러나 예수 그리스도를 구주로 믿고 구원받은 사람은 누구나 다 하나님의 영광을 직접 볼 수 있습니다.

둘째로 백성을 축복하는 자였습니다.
대제사장으로 세움 받은 아론은 하나님과 백성 간의 중보자로서 백성들의 죄악을 용서받을 수 있도록 하나님께 피의 제사를 드렸습니다. 그로 인해 백성들은 죄에서 용서받았습니다. 또한 아론은 백성들을 위해 하나님께 축복을 기원했습니다. 그래서 성경은 제사장들에게 하나님의 백성들을 축복하도록 축복기도의 내용까지도 구체적으로 가르쳐주셨습니다(민 6:22-26). 이것은 오직 제사장들만이 가지는 권한이었습니다. 그러나 예수 그리스도를 구주로 믿고 구원받은 신약시대의 모든 성도들은 다 만인 제사장으로서 누구든지 모든 사람들을 위해 축복할 수 있습니다. 그러므로 우리 모두는 엄청난 특권을 가진 자들입니다.

셋째로 지성소를 출입할 수 있었습니다.
이 지성소는 하나님께서 대제사장과 만나는 장소로 지정하신 곳으로서 구별된 장소였습니다(출 26:33; 레 16:2). 이 지성소에는 만나를 담은 금 항아리와 아론의 싹 난 지팡이와 십계명 돌판이 들어있는 언약궤가 놓여 있었습니다. 여기에서 만나는 하나님께서 광야에서 이스라엘 민족에게 내려주신 양식으로서 생명의 떡인 예수 그리스도를 예표합니다. 또한 제사장의 표징인 아론의 싹 난 지팡이는 예수 그리스도의 중보적 사역을 의미합니다. 그리고 십계명의 돌판은 예수 그리스도께서 곧 율법의 완성자이심을 나타내는 것입니다. 그런데 이 지성소는 하나님이 임재하여 계시는 곳으로서 아무나 들어갈 수 없었습니다. 대제사장만이 일년에 단 한번 대속죄일(7월 10일)에 백성들의 죄를 대속할 때만 들어갔습니다. 그런데 아론은 이 지성소를 출입할 수 있는 특권을 가지고 있었습니다. 그러나 예수 그리스도를 구주로 믿고 구원받은 우리 모두는 언제든지 하나님과 대면하여 직고할 수 있습니다.

사랑하는 여러분!
우리 모두는 언제든지 하나님의 영광을 볼 수 있는 자들입니다. 또한 이 세상의 모든 사람들을 축복할 수 있는 권한을 가졌습니다. 그리고 우리 하나님과 항상 대면하여 직고할 수 있는 특권을 가졌습니다. 자부심을 가지고 담대하게 살아가시기 바랍니다.

3. 아론의 범죄

첫째로 금송아지를 만들었습니다.

모세는 율법과 계명을 기록한 돌판을 주시겠다는 하나님의 명령을 받고 시내산에 올라가서 사십 주야를 하나님과 함께 했습니다(출 24:12-18). 모세가 시내산에 올라간 지가 오래되었으나 아무런 연락도 없고 내려오지 않자 산 아래 있던 이스라엘 백성들은 참지 못하고 불평하기 시작했습니다. 그들은 모세가 하나님의 명령에 의해 특별한 목적을 가지고 산에 올라간 것도 알고 있었습니다. 그럼에도 불구하고 기다리지 못하고 불평했습니다. 모세에 대한 불평은 점점 커져서 하나님에 대한 불평으로까지 확대되었습니다. 그리고 그들은 아론을 협박했습니다(출 32:1). 왜냐하면 모세가 부재중일 때에는 언제나 아론과 훌이 지도자였기 때문입니다(출 24:14). 이에 백성들의 위협에 굴복한 아론은 "너희의 아내와 자녀의 귀에서 금 고리를 빼어 내게로 가져오라"(출 32:2)고 하여 각도로 송아지 형상을 만들었습니다(출 32:4). 그리고 이스라엘 백성들은 "이는 너희를 애굽 땅에서 인도하여 낸 너희의 신이로다"(출 32:4下)라고 하면서 그 앞에 번제를 드리고 잔치를 벌였습니다(출 32:6). 참으로 무서운 범죄행위였습니다. 이것은 바로 부패한 인간들의 요구에 의한 결과였습니다.

둘째로 백성들을 핑계했습니다.

하나님께서는 산 아래 있는 이스라엘 백성들의 패역함을 아시고 "모세에게 이르시되 너는 내려가라 네가 애굽 땅에서 인도하여 낸 네 백성이 부패하였도다...내가 그들에게 진노하여 그들을 진멸하고 너를 큰 나라가 되게 하리라"(출 32:7-10)고 하셨습니다. 하나님의 진노하심에 모세는 이스라엘 민족을 위해 하나님께 중보기도를 드렸습니다. 이에 하나님께서는 이스라엘에 대한 진멸의 뜻을 돌이키시고 화를 내리지 않으셨습니다(출 32:11-14). 모세는 시내산에서 내려와 십계명을 던져버리고 금송아지를 불살라 가루로 만들어 물에 타서 이스라엘 백성들에게 마시게 했습니다(출 32:15-20). 그리고 아론에게 "이 백성이 당신에게 어떻게 하였기에 당신이 그들을 큰 죄에 빠지게 하였느냐"(출 32:21)라고 책망하자 아론은 "내 주여 노하지 마소서 이 백성의 악함을 당신이 아나이다"(출 32:22)라고 백성들을 핑계하면서 백성들이 만들어달라고 해서 금을 거두어 불 속에 던졌더니 송아지가 되어 나왔다고 거짓말까지 하면서 변명했습니다(출 32:23, 24). 참으로 비겁한 사람이었습니다.

셋째로 모세를 비방했습니다.
아론은 그 동안 모세를 잘 도왔습니다. 그런데 어느 날 모세가 구스 여인과 결혼한 것을 가지고 모세를 비방했습니다(민 12:1,2). 그러나 그들이 모세를 비방한 이유는 모세의 지도권에 대한 반발이었습니다. 그것은 바로 하나님이 세우신 지도자의 권위에 대한 도전이요, 불순종이며 자신들의 본분을 망각한 무서운 범죄행위였습니다.

사랑하는 여러분!
우리들의 생애에서 그 무엇도 하나님보다 더 사랑하는 것은 있을 수 없습니다. 또한 자신의 잘못에 대해 핑계하고 변명하는 악을 행치 맙시다. 그리고 절대로 남을 비방하는 불행한 일이 없어야겠습니다.

 아마샤

[대하 25:25-28]

이스라엘 왕 요아하스의 아들 요아스가 죽은 후에도 유다 왕 요아스의 아들 아마샤가 십오 년 간 생존하였더라 아마샤의 이 외의 처음부터 끝까지의 행적은 유다와 이스라엘 열왕기에 기록되지 아니하였느냐 아마샤가 돌아서서 여호와를 버린 후로부터 예루살렘에서 무리가 그를 반역하였으므로 그가 라기스로 도망하였더니 반역한 무리가 사람을 라기스로 따라 보내어 그를 거기서 죽이게 하고 그의 시체를 말에 실어다가 그의 조상들과 함께 유다 성읍에 장사하였더라

> 아마샤(여호아스)는 남왕국 유다의 9대 왕으로서 29년간 유다를 통치했습니다. 그는 비교적 정직하고 착했으며 백성들을 위해 선정을 베풀었습니다. 그는 염곡에서 에돔과 싸울 때에도 선지자의 권면을 듣고 하나님의 도우심만 믿고 의지하여 큰 승리를 이루기도 했습니다. 그러나 그가 온전한 믿음으로 행하지는 않았습니다. 시작은 잘 하였지만 끝까지 잘 가지 못하고 나중에 교만해져서 우상을 도입하여 섬기고 선지자를 배척하고 협박하는 등 타락하여 결국에는 비참한 종말을 맞았습니다.

1. 유다 통치

첫째로 정직한 왕이었습니다.

아마샤는 유다 왕 중에서 비교적으로 정직한 왕이었습니다(대하 25:2). 유다의 역대 왕들 중에서는 아사왕(왕상 15:11)과 아마샤가 여호와 보시기에 정직하게 행했다고 칭찬 받은 인물이었습니다. 하나님께서는 언제나 정직한 자를 원하시고 기뻐하시며 복주십니다. 성경은 "여호와께서 보시기에 정직

하고 선량한 일을 행하라 그리하면 네가 복을 받고 그 땅에 들어가서 여호와께서 모든 대적을 네 앞에서 쫓아내시겠다고 네 조상들에게 맹세하신 아름다운 땅을 차지하리니 여호와의 말씀과 같으니라"(신 6:18,19)고 하셨습니다. 한마디로 여호와 앞에 정직한 자는 복을 받고 승리하게 됩니다.

둘째로 선정을 베풀었습니다.
요아스가 모반자들에 의해 죽은 다음 그의 아들인 아마샤가 왕위에 올라 나라를 안정시킨 다음에는 곧바로 모반하여 자신의 아버지를 죽인 자들을 모두 다 죽였습니다(왕하 12:20,21; 대하 24:25). 그것은 바로 그들이 여러 가지 방면으로 아마샤의 통치행위를 계속 방해했기 때문이었습니다. 그러나 아마샤는 재판을 공정히 하여 모반자들의 자녀들은 죽이지 않았습니다. 그것은 바로 그가 모세의 율법을 지키기 위함이었습니다(신 24:16; 왕하 14:3-6; 대하 25:4). 또한 그는 백성들이 하나님을 섬기면서 평안히 살 수 있도록 최선을 다했습니다. 때문에 불안정했던 유다 정국은 안정을 되찾았고 국력은 크게 신장되었습니다. 이에 하나님께서도 남왕국 유다에 큰 복을 내리셨습니다. 그렇습니다. 한 가정이나 조직, 국가는 지도자 한 사람이 어떠하느냐에 따라서 완전히 달라집니다.

셋째로 하나님의 사람에게 순종했습니다.
아마샤는 에돔과 싸우기 위해 유다 사람을 모으고 여러 족속을 따라 천부장과 백부장을 세우고 이십 세 이상의 사람들을 계수하여 군사 30만을 소집했습니다. 또한 그것도 부족해서 은 일백 달란트로 북왕국 이스라엘에서 큰 용사 십만 명을 용병으로 불렀습니다(대하 25:5,6). 그런데 "어떤 하나님의 사람이 아마샤에게 나아와서 이르되 왕이여 이스라엘 군대를 왕과 함께 가게하지 마옵소서 여호와께서는 이스라엘 곧 온 에브라임 자손과 함께 하지 아니하시나니 왕이 만일 가시거든 힘써 싸우소서 하나님이 왕을 대적 앞에 엎드러지게 하시리이다 하나님은 능히 돕기도 하시고 능히 패하게도 하시나이다"(대하 25:7,8)라고 북왕국 이스라엘 군대와 같이 전쟁터에 가지 말라고 권면했습니다. 이에 아마샤는 하나님의 사람의 말을 듣고 북왕국 이스라엘 용병들을 모두 다 이스라엘로 돌려보냈습니다. 그리고 하나님의 사람의 지시대로 자기 나라의 병사들만 데리고 전쟁터에 나아가서 대승을 거두었습니다(대하 25:11). 그것은 바로 아마샤가 하나님의 사람이 권하는 말을 순종했기 때문이었습니다. 그렇습니다. 전쟁의 승패는 하나님께 달려있습니다. 그러므로 성공적인 인생을 살려고 하면 반드시 하나님의 뜻대로 살아야 합니다.

사랑하는 여러분!
우리들도 항상 정직하고 아름답게 삽시다. 또한 언제나 다른 사람을 선대하고 평안케 합시다. 그리고 하나님의 사람을 통해서 주시는 말씀에 무조건 순종하여 때마다 일마다 승리하는 복된 삶을 사시기 바랍니다.

2. 타락과 범죄

첫째로 우상을 섬겼습니다.
아마샤는 에돔 자손과의 전투에서 승리하고 돌아오면서 세일 자손의 우상들을 가져다가 자기의 신으로 세우고 그 앞에 경배하며 분향했습니다(대하 25:14). 아마샤의 이러한 행위는 바로 하나님의 사랑과 은혜에 대한 배신이요, 무서운 범죄행위였습니다. 왜냐하면 그가 에돔 자손과 싸워서 이긴 것은 모두가 다 전능하신 하나님의 도우심 때문이었습니다. 그런데 감사하기는커녕 교만하여 자기 자신이 잘해서 이긴 줄로 착각하고 교만에 빠진 것이었습니다. 또한 하나님께서 가장 싫어하시고 가증히 여기서는 세일 자손의 우상들을 가져다가 자기의 신으로 세우고 그것을 숭배했습니다. 그는 참으로 하나님 앞에 무서운 죄를 범한 것이었습니다. 그래서 사람은 성공 이후에 더 조심해야 합니다.

둘째로 선지자의 책망을 거절했습니다.
하나님께서는 범죄한 아마샤에게 선지자를 보내어 그의 우상숭배에 대해 "...저 백성의 신들이 그들의 백성을 왕의 손에서 능히 구원하지 못하였거늘 왕은 어찌하여 그 신들에게 구하나이까"(대하 25:15)라고 책망하셨습니다. 그것은 바로 하나님께서 아직도 아마샤를 사랑하시기 때문에 그를 회개시켜서 바르게 세우시기 위함이었습니다. 그럼에도 불구하고 아마샤는 선지자에게 "우리가 너를 왕의 모사로 삼았느냐 그치라 어찌하여 맞으려 하느냐..."(대하 25:16上)고 오히려 협박했습니다. 이것은 바로 하나님에 대한 정면 도전이요, 무서운 범죄행위였습니다. 때문에 선지자는 그에게 "왕이 이 일을 행하고 나의 경고를 듣지 아니하니 하나님이 왕을 멸하시기로 작정하신 줄 아노라"(대하 25:16下)고 아마샤에 대한 무서운 징벌을 선언했습니다. 참으로 불행한 일이었습니다.

셋째로 북왕국 이스라엘에게 패했습니다.
이스라엘 병사들은 아마샤가 자신들을 다시 용병으로 불렀다가 전쟁에 참여시키지 않고 다시 이스라엘로 돌려보낸 데에 대한 앙심을 품고 사마리아까지 돌아갔다가 다시 돌이켜 유다를 공격하여 많은 재물을 약탈하고 유다 사람 삼천 명을 죽였습니다. 그러나 그들의 본심은 돌려보낸 데에 대한 앙심이 아니라 실제적으로는 유다에 있는 물질에 대한 욕심 때문이었습니다. 그들은 유다의 군사들이 에돔과의 전투를 위해 전쟁터에 나갔기 때문에 그 기회를 적기로 알고 유다 성읍을 침공하여 물질을 약탈해 간 것이었습니다. 그들은 아마샤 왕으로부터 전쟁터에 나가지도 않고 일백 달란트의 거금을 받았음에도 불구하고 재물에 대한 탐욕을 가지고 유다를 공격한 것이었습니다. 하나님의 은혜로 에돔과의 전쟁에서 승리한 아마샤는 인간적인 생각으로 북왕국 이스라엘의 요아스와 대결하여 크게 패했습니다.

사랑하는 여러분!
우리는 그 어떤 이유로도 우상숭배 할 수 없습니다. 또한 언제나 인도자의 말에 순종하는 삶을 삽시다. 그리고 절대로 교만하지 맙시다. 그리하여 언제나 하나님의 사랑 안에 거하는 복된 자들이 되시기 바랍니다.

3. 불행한 종말

첫째로 북왕국 이스라엘 군에 사로 잡혀갔습니다.
에돔과의 전쟁에서 승리한 아마샤는 교만하여 북왕국 이스라엘의 요아스 왕에게 사자를 보내어 대결하자고 요구했습니다(왕하 14:8; 대하 25:17). 이에 요아스는 "레바논 가시나무가 레바논 백향목에게 전갈을 보내어 이르기를 네 딸을 내 아들에게 주어 아내로 삼게 하라 하였더니 레바논 들짐승이 지나가다가 그 가시나무를 짓밟았느니라 네가 에돔 사람을 쳐서 피하였으므로 마음이 교만하였으니 스스로 영광을 삼아 왕궁에나 네 집으로 돌아가라 어찌하여 화를 자취하여 너와 유다가 함께 망하고자 하느냐"(왕하 14:9,10; 대하 25:18,19)고 비유를 들면서 아마샤의 전쟁 제의를 말렸습니다. 그러나 아마샤는 요아스의 권면을 거부하고 전쟁을 일으켰다가 이스라엘 군에게 사로 잡혀갔습니다. 그렇습니다. 교만은 패망의 원인이 됩니다.

둘째로 예루살렘이 훼파 되었습니다.

북왕국 이스라엘의 요아스 군대는 예루살렘 성벽을 허물고 여호와의 전과 왕궁 곳간에 있는 금은과 모든 기명들을 탈취하고 또 사람들을 사로잡아 사마리아로 돌아갔습니다(왕하 14:14; 대하 25:23,24). 다시 말하면 우상을 섬기고 교만했던 아마샤와 남왕국 유다 백성들은 북왕국 이스라엘에게 철저하게 유린당했습니다.

셋째로 비참하게 죽임을 당했습니다.

아마샤는 이스라엘과의 전투에서 패하고 포로로 잡혀갔지만 죽음을 당하지는 않았습니다. 아마도 북왕국 이스라엘의 요아스가 남왕국 아마샤가 같은 동족이라는 이유로 죽이지 않았든지 아니면 아마샤의 영향력이 전혀 문제될 것이 없다고 과소 평가하여 살려두었을 것입니다. 그런데 그가 포로에서 석방되어 예루살렘으로 다시 돌아왔습니다. 그러나 그의 왕권이나 통치력은 전혀 힘을 발휘하지 못했고 백성들의 존경도 받지 못했습니다. 때문에 모반자들이 반란을 일으켰고 아마샤는 예루살렘에 있지 못하고 라기스로 도망갈 수밖에 없었습니다. 그런데 모반자들이 라기스까지 찾아가서 그를 죽였습니다(대하 25:27). 이 모두는 다 그가 하나님을 배신하고 우상을 섬겼으며 주의 종을 학대하고 불순종했기 때문입니다.

사랑하는 여러분!

우리 모두는 조금도 교만함이 없도록 합시다. 또한 나로 인해 가정이나 교회가 어려운 일을 당하는 일이 없도록 합시다. 그리고 천국 가는 그 날까지 아름답게 쓰임 받는 복된 삶을 사시기 바랍니다.

# 아모스

[암 5:1-15]

이스라엘 족속아 내가 너희에게 대하여 애가로 지은 이 말을 들으라 처녀 이스라엘이 엎드러졌음이여 다시 일어나지 못하리로다 자기 땅에 던지움이여 일으킬 자 없으리로다 주 여호와께서 이와 같이 말씀하시되 이스라엘 중에서 천 명이 행군해 나가던 성읍에는 백 명만 남고 백 명이 행군해 나가던 성읍에는 열 명만 남으리라 하셨느니라 여호와께서 이스라엘 족속에게 이와 같이 말씀하시기를 너희는 나를 찾으라 그리하면 살리라 벧엘을 찾지 말며 길갈로 들어가지 말며 브엘세바로도 나아가지 말라 길갈은 반드시 사로잡히겠고 벧엘은 비참하게 될 것임이라 하셨나니 너희는 여호와를 찾으라 그리하면 살리라 그렇지 않으면 그가 불 같이 요셉의 집에 임하여 멸하시리니 벧엘에서 그 불들을 끌 자가 없으리라 정의를 쑥으로 바꾸며 공의를 땅에 던지는 자들아 묘성과 삼성을 만드시며 사망의 그늘을 아침으로 바꾸시고 낮을 어두운 밤으로 바꾸시며 바닷물을 불러 지면에 쏟으시는 이를 찾으라 그의 이름은 여호와시니라 그가 강한 자에게 갑자기 패망이 이르게 하신즉 그 패망이 산성에 미치느니라 무리가 성문에서 책망하는 자를 미워하며 정직히 말하는 자를 싫어하는도다 너희가 힘없는 자를 밟고 그에게서 밀의 부당한 세를 거두었은즉 너희가 비록 다듬은 돌로 집을 건축하였으나 거기 거주하지 못할 것이요 아름다운 포도원을 가꾸었으나 그 포도주를 마시지 못하리라 너희의 허물이 많고 죄악이 무거움을 내가 아노라 너희는 의인을 학대하며 뇌물을 받고 성문에서 가난한 자를 억울하게 하는 자로다 그러므로 이런 때에 지혜자가 잠잠하나니 이는 악한 때임이니라 너희는 살려면 선을 구하고 악을 구하지 말지어다 만군의 하나님 여호와께서 너희의 말과 같이 너희와 함께 하시리라 너희는 악을 미워하고 선을 사랑하며 성문에서 정의를 세울지어다 만군의 하나님 여호와께서 혹시 요셉의 남은 자를 불쌍히 여기시리라

> 지금 우리의 현실은 당시 아모스 시대의 유다와 이스라엘이 타락된 현상과 똑같습니다. 지도자들의 타락이요, 가진 자들에 의해 가난하고 힘없는 자가 무시받고 있습니다. 죄가 없어도 돈 없으면 재판에서 이길 수 없습니다. 그래서 돈 없는 것이 죄입니다. 한 사

> 람의 인격이나 지도력과는 상관없이 돈이 현대의 리더십이 되어 있습니다. 사치와 연락은 극에 달했습니다.

1. 이스라엘의 선지자

첫째로 평범한 사람이었습니다.

아모스(짐진 자 또는 짐꾼이란 뜻)는 남왕국 유다 출신으로서 양을 치는 목자요, 뽕나무를 재배하는 농부였으며, 자신이 생산한 양털을 시장에 내다 파는 상인이기도 했습니다. 다시 말하면 그는 아주 평범한 사람이었습니다. 그는 선지학교에서 훈련을 받은 적도 없었습니다. 그러나 하나님의 부르심을 받고 선지자가 되어 남왕국 출신임에도 불구하고 주로 북왕국 이스라엘에서 예언활동을 했습니다. 또한 유다를 비롯해서 다메섹과 가사, 두로와 에돔, 암몬과 모압 등의 죄악과 그들에게 임할 심판과 성취에 대해서도 예언했습니다(암 1:1-15). 그렇습니다. 남녀노소, 빈부귀천, 유무식, 지위고하를 막론하고 누구든지 예수 그리스도를 구주로 믿고 구원받은 사람은 모두 다 왕직과 제사장직은 물론 선지자직도 소유한 사람들입니다. 그러므로 우리들은 왕처럼 이 세상을 다스리며 살아야 하고 모든 문제를 하나님께 직고할 수 있으며 복음을 전파할 수 있습니다.

둘째로 선민이 크게 번성했습니다.

아모스가 예언활동을 했던 당시의 시대적인 상황을 보면 유다와 이스라엘이 모두 다 활발하게 번성했던 시기였습니다(왕하 14:23-29). 왜냐하면 그 동안 이스라엘을 지배하고 있던 다메섹이 앗수르의 공격을 받아 점령되었기 때문에 다메섹에서 자유로울 수가 있었습니다. 또한 다메섹을 점령한 앗수르가 무능한 후계자들에 의해 나라가 약화되어 이스라엘을 간섭할 겨를이 없었습니다. 때문에 주변국들의 소강상태로 인해 유다와 이스라엘의 국력이 크게 신장되었고 사회적으로도 안정되었으며 경제적으로도 큰 성장을 가져왔습니다.

셋째로 신앙적으로는 타락되었습니다.

하나님만 섬기던 유다와 이스라엘이 정치적으로 안정되고 경제적으로 부강해지자 하나님을 섬기는 일을 게을리 하고 세상 연락에 빠졌으며 여호와 하나님을 배신하고 바알 우상을 받아들였습니다. 경제성장과 함께 그들의 신앙은 하나님으로부터 점점 더 멀어져 갔고 그들에게서 선민의 모습을 전혀 찾아볼 수 없었습니다. 유다는 이스라엘처럼 공개적으로 하나님을 떠나지는 않았습니다. 그러나 하나님의 율법을 멸시하고 지키지 않았으며 또한 우상을 숭배하던 조상들의 나쁜 습관을 그대로 본받았습니다(암 2:4). 그리고 이스라엘은 완전히 하나님을 버린 상태였습니다. 참으로 선민이라고 부르기에는 너무나도 부끄러운 타락이었습니다.

사랑하는 여러분!

비록 우리들이 남들보다 더 잘나지도 못했고 뛰어나지 않지만 우리들도 크게 쓰임 받을 수 있습니다. 또한 우리들도 성공할 수 있습니다. 보다 더 잘 살 수 있습니다. 그리고 우리 모두는 이 세상과 사탄을 이기고 언제나 승리의 삶을 살 수 있습니다.

2. 이스라엘의 타락

첫째로 지도자들이 타락했습니다.

그들은 가난한 자를 학대했습니다. 아모스는 공의의 선지자로서 정의감에 불타서 가난한 자들의 것을 착취한 지도자들을 책망했습니다. 당시의 이스라엘은 공의가 완전히 땅에 떨어진 상태였습니다. 재판장들은 자신의 이익을 위해 뇌물을 받고 악인을 죄 없다 하고 의인을 정죄했으며 빚을 갚지 못하는 가난한 자들을 돈을 받고 종으로 팔았습니다(암 2:6). 또한 그들은 과부나

고아와 같은 불쌍한 자들의 티끌 같은 재산까지도 탐냈습니다(암 2:7). 그들은 조그만 이익을 위해서도 양심을 팔아버렸습니다. 사악한 모습에서 우리들이 이 세상을 앞으로 어떻게 살아가야 할 것인가에 대한 새로운 각오를 가져야 하겠습니다. 그러므로 구원받은 우리 성도들은 언제나 하나님 앞에서 공의롭게 살아야 합니다. 나보다 더 부족하고 가난하며 어려운 이웃들을 겸손과 사랑으로 섬기는 아름다운 삶을 살아야 합니다. 또한 그들은 공금을 유용했습니다. 이스라엘 지도자들은 탐욕의 노예가 되어 죄를 범한 자들에게서 벌금으로 받은 공금을 자신들의 육욕을 위해 탕진했습니다. 그들은 전당 잡은 옷을 입고 성전에서 뒹굴기도 하고 심지어는 술을 마시기까지 했습니다(암 2:8). 그들의 타락상은 이미 인간의 상상을 초월했습니다. 그들은 공과 사를 분별하지 못했습니다. 율법에 대해서는 안중에도 없었습니다. 율법에 의하면 가난한 사람들의 옷을 전당잡았을 때에는 밤이 되기 전에 그 사람에게 되돌려 주어야 했습니다(출 22:25; 신 24:12). 당시 이스라엘의 지도자들은 인면수심의 악한 자들이었습니다. 그렇습니다. 탐욕은 일만 악의 뿌리입니다. 그리고 사치와 향락에 빠졌습니다. 성경은 당시의 지도자들에게 "너희는 흉한 날이 멀다 하여 포악한 자리로 가까워지게 하고 상아 상에 누우며 침상에서 기지개 켜며 양 떼에서 어린 양과 우리에서 송아지를 잡아서 먹고 비파 소리에 맞추어 노래를 지절거리며 다윗처럼 자기를 위하여 악기를 제조하며 대접으로 포도주를 마시며 귀한 기름을 몸에 바르면서 요셉의 환난에 대하여는 근심하지 아니하는 자로다"(암 6:3-6)라고 말씀하셨습니다. 다시 말하면 그들은 극도로 나태한 자들로서 심판 날을 생각하지 못하고 날마다 무위도식하는 악한 자들이었습니다. 또한 그들은 쾌락을 하나님보다 더 사랑하는 불쌍한 자들이었습니다(딤후 3:4). 그리고 하나님의 제단에서 거룩하게 사용되는 성물들을 자신의 쾌락의 도구로 사용하는 신앙 양심이 완전히 마비 되어버린 참으로 사악한 자들이었습니다.

둘째로 백성들도 타락했습니다.

이스라엘 백성들의 타락도 지도자들과 마찬가지였습니다. 상부상조의 아름다운 미덕은 그 어디에서 찾아볼 수 없었습니다. 오직 이기적이고 탐욕적인 삶의 자세만 난무했습니다. 그동안 성스럽게 생각했던 월삭과 안식일(초하루 예배와 주일예배)에 대한 사모함과 간절함이 점점 더 희미해갔습니다. 그러다가 그들은 월삭과 안식일에 대해서까지도 부담을 느끼고 "너희가 이르기를 월삭이 언제 지나서 우리가 곡식을 팔며 안식일이 언제 지나서 우리가 밀을 내게 할꼬 에바를 작게 하고 세겔을 크게 하여 거짓 저울로 속이며 은으로 힘없는 자를 사며 신 한 켤레로 가난한 자를 사며 찌꺼기 밀을 팔자 하는도다"(암 8:5,6)고 했습니다. 다시 말하면 돈벌이에는 양심을 속이고 수단과 방법을 가리지 않았습니다.

셋째로 그 어디에도 소망이 없었습니다.
이스라엘의 지도자들이나 백성들의 행위를 보면 이스라엘의 정치, 경제, 사회, 문화, 종교 그 어디에도 소망이 없습니다.

사랑하는 여러분!
우리 모두 넘치는 부요의 축복을 받읍시다. 그리하여 힘들고 어려운 이웃을 풍성하게 도우며 삽시다. 또한 철저히 구별하여 언제, 어디서나, 항상 존경받는 삶을 삽시다. 그리고 자신을 쳐서 복종시키고 경건하고 아름다운 삶을 사는 복된 삶을 사시기 바랍니다.

3. 공의의 선지자

첫째로 이스라엘의 죄에 대해 책망했습니다.
공의의 선지자인 아모스는 "너희는 벧엘에 가서 범죄하며 길갈에 가서 죄를 더하며 아침마다 너희 희생을, 삼일마다 너희 십일조를 드리며 누룩 넣은 것을 불살라 수은제로 드리며 낙헌제를 소리내어 선포하려무나 이스라엘 자손들아 이것이 너희가 기뻐하는 바니라 주 여호와의 말씀이니라"(암 4:4,5)고 이스라엘 백성들의 우상 숭배에 대해 책망했습니다. 다시 말하면 이스라엘은 이방신 상을 섬긴 것만이 아니라 형식이고 의식적인 신앙생활을 했습니다. 이에 대해 아모스는 아주 강하게 이스라엘을 책망했습니다.

둘째로 부패한 지도자들을 책망했습니다.
이스라엘은 국가가 전반적으로 부패되어 있었습니다. 때문에 아모스는 먼저 이스라엘의 정치지도자들의 부패를 책망했습니다. 그들의 잘못된 재판과 통치행위를 책망했습니다. 부정과 부패를 책망했습니다. 또한 자신을 제거하기 위해 모함으로 거짓 보고한 아마샤에게 분개했습니다(암 7:14-17). 이에 아마샤는 남유다 출신의 아모스가 북이스라엘에서 예언하는 것은 불법이니 유다 땅으로 가라고 했습니다. 그는 참으로 야비하고 불행한 사람이었습니다. 그러나 그것은 아모스를 비난한 것이 아니라 하나님에 대한 비난이요 도전행위로서 무서운 죄악이었습니다.

셋째로 이스라엘의 멸망에 대해 예언했습니다.
아모스 선지자는 마지막으로 이스라엘의 멸망을 선포했습니다. 그는 성전이 무너질 것이라고 했습니다(암 9:1-7). 이 하나님의 심판은 절대로 피할 수 없다고 했습니다. 결국은 아모스의 예언대로 북왕국 이스라엘은 B.C. 722년에 앗수르에 의해 멸망했고, 남왕국 유다는 B.C. 586년에 바벨론에 의해 멸망당했습니다. 바로 아모스의 이스라엘에 대한 예언은 그대로 성취되었습니다.

사랑하는 여러분!
우리 모두 민족적으로 지은 죄를 철저히 회개합시다. 하나님께서 이 민족을 긍휼히 여기시고 살리실 것입니다. 또한 우리들도 믿음으로 삽시다. 하나님께서 크게 축복하실 것입니다. 그리고 멸망해 가는 이 세상 사람들에게 아모스처럼 담대하게 복음을 선포합시다. 놀라운 역사가 일어날 것입니다.

 # 아브넬

[삼하 3:6-11]

사울의 집과 다윗의 집 사이에 전쟁이 있는 동안에 아브넬이 사울의 집에서 점점 권세를 잡으니라 사울에게 첩이 있었으니 이름은 리스바요 아야의 딸이더라 이스보셋이 아브넬에게 이르되 네가 어찌하여 내 아버지의 첩과 통간하였느냐 하니 아브넬이 이스보셋의 말을 매우 분하게 여겨 이르되 내가 유다의 개 머리냐 내가 오늘 당신의 아버지 사울의 집과 그의 형제와 그의 친구에게 은혜를 베풀어 당신을 다윗의 손에 내주지 아니하였거늘 당신이 오늘 이 여인에게 관한 허물을 내게 돌리는도다 여호와께서 다윗에게 맹세하신 대로 내가 이루게 하지 아니하면 하나님이 아브넬에게 벌 위에 벌을 내리심이 마땅하니라 그 맹세는 곧 이 나라를 사울의 집에서 다윗에게 옮겨서 그의 왕위를 단에서 브엘세바까지 이스라엘과 유다에 세우리라 하신 것이니라 하매 이스보셋이 아브넬을 두려워하여 감히 한 마디도 대답하지 못하니라

> 이 세상에서 사용되는 언어 중에서 가장 중요하고 아름다운 단어가 있다고 하면 바로 신뢰라는 단어일 것입니다. 하나님과 우리 인간과의 관계도 신뢰가 중요합니다. 하나님을 전적으로 믿고 신뢰하는 자가 바로 믿음 좋은 성도입니다. 또한 너와 나의 관계에서 변함없이 신뢰할 수 있는 자가 성실한 사람입니다. 물질도 마찬가지입니다. 믿고 쓸 수 있는 것이 좋습니다. 그런데 오늘 본문의 아브넬은 우리들이 전혀 신뢰할 수 없는 변절자의 전형적인 모습을 보여주고 있습니다.

1. 사울의 측근

첫째로 사울왕의 측근이었습니다.

아브넬은 사울의 숙부인 넬의 아들로서 사울과는 사촌간이었습니다(삼상

14:50,51). 성경은 "사울이 이스라엘 왕위에 오른 후에 사방에 있는 모든 대적 곧 모압과 암몬 자손과 에돔과 소바의 왕들과 블레셋 사람들을 쳤는데 향하는 곳마다 이겼고 용감하게 아말렉 사람들을 치고 이스라엘을 그 약탈하는 자들의 손에서 건졌더라"(삼상 14:47,48)고 하셨습니다. 다시 말하면 당시 사울왕의 위세는 대단했습니다. 그런데 그러한 사울왕과 사촌간으로서 최측근이었다는 것은 그가 대단한 배경을 가지고 있었다는 것입니다. 그러나 우리는 전지전능하신 하나님의 최측근인 자녀가 되었다는 사실을 감사해야 할 것입니다.

둘째로 사울왕의 군대장관이었습니다.

그는 사울왕이 블레셋을 정벌할 당시에 이스라엘 군대의 최고의 책임자인 군대장관이었습니다. 그는 이스라엘의 군대장관으로서 이스라엘 군을 총지휘했을 뿐만 아니라 사울왕을 그림자처럼 따라 다니면서 신변을 경호했습니다. 그는 사울이 다윗을 죽이려고 추적했을 때에도 사울과 함께 동행했었습니다. 때문에 그는 의전시에도 언제나 사울왕의 바로 옆자리에 앉았습니다(삼상 20:25). 한마디로 아브넬의 권력은 어느 누가 넘볼 수 없을 정도로 아주 막강했습니다. 그러나 우리 모든 성도들은 하나님의 자녀요, 일꾼들입니다. 그러므로 우리 모두는 자신감을 가지고 하나님의 일에 충성해야 합니다.

셋째로 아사헬을 죽였습니다.

다윗의 누이인 스루야에게는 요압과 아비새, 아사헬이라는 세 아들들이 있었습니다. 그들은 모두 다 다윗의 사람들로서 다윗에게 충성했습니다. 그들은 다윗을 죽이려고 하는 사울왕을 죽이려고까지 했습니다(삼상 26:6-8). 그러나 다윗은 그들에게 "죽이지 말라 누구든지 손을 들어 여호와의 기름부음 받은 자를 치면 죄가 없겠느냐"(삼상 26:9)고 만류했습니다. 당시 북왕국 이스라엘의 사울가와 남왕국 다윗가의 싸움은 아주 치열했습니다. 그 당시에 사울가의 군대장관은 아브넬이었고, 다윗가의 군대장관은 요압이었으며 아비새와 아사헬이 함께 했습니다. 그런데 아브넬이 요압에게 한편에서 열두 명씩 선출하여 결투를 벌이자는 제안으로 대결하여 요압측이 이겼습니다. 이에 의기양양해진 아사헬이 아브넬을 죽이기 위해 그에게 쏜살같이 달려갔습니다. 이에 아브넬은 그와 대결하는 것을 원치 않고 그러지 말라고 타일렀으나 막무가내로 달려들자 아브넬이 들노루 같이 빠른 아사헬을 창으로 배를 찔러 죽였습니다(삼하 2:12-23). 참으로 그는 뛰어난 용사였습니다.

사랑하는 여러분!
우리는 만군의 여호와 하나님의 측근입니다. 또한 이 세상 만물을 다스리시고 주관하시는 하나님의 자녀들입니다. 그리고 이 세상을 정복케 하시는 성령님과 함께 하여 늘 승리하시기 바랍니다.

2. 하나님을 대적

첫째로 사울이 자살해 죽었습니다.
사울왕이 블레셋과의 길보아 전투에서 패하여 세 아들을 잃고 자신도 중상을 당하게 되자 무기를 든 자에게 "네 칼을 빼어 그것으로 나를 찌르라 할례 받지 않은 자들이 와서 나를 찌르고 모욕할까 두려워하노라 하나 무기를 든 자가 심히 두려워하여 감히 행하지 아니하는지라 이에 사울이 자기의 칼을 뽑아서 그 위에 엎드러"(삼상 31:4)져 죽었습니다. 사울이 블레셋과의 전투에서 패할 수밖에 없었던 것은 먼저 그가 하나님의 명령에 불순종하고 악을 행했기 때문이었습니다. 또한 그동안 다윗을 색출하고 추격하느라 쓸데없는 일에 많은 국력을 낭비했기 때문이었습니다. 바로 거기에서 전력의 열세를 가져왔습니다. 다시 말하면 지도자의 불신앙과 죄악으로 말미암아 국력이 쇠하여져서 패하게 된 것입니다.

둘째로 하나님의 뜻에 불순종했습니다.

사울왕과 그의 세 아들이 죽게 되자 아브넬은 사울의 넷째 아들인 이스보셋을 데리고 요단강 건너 마하나임으로 가서 그 곳에서 다윗이 속한 유다 지파를 제외한 나머지 지파들을 다스릴 왕으로 추대했습니다(삼하 2:8, 9). 그것은 바로 사울왕가를 계속 유지시키기 위한 것이 아니라 이스보셋을 명목상 왕으로 세워놓고 자신의 기득권을 유지하면서 절대 권력자로 행세하기 위해서였습니다. 그러나 그것은 하나님의 뜻을 거스르는 불순종의 죄악이었습니다. 왜냐하면 하나님께서는 불순종의 사울을 제거하시고 다윗을 이스라엘의 왕으로 세우실 것을 작정하셨기 때문입니다. 이러한 사실을 그도 이미 익히 알고 있었습니다(삼하 2:10). 그럼에도 불구하고 그는 이스보셋을 이스라엘의 왕으로 추대했습니다. 이것은 바로 하나님에 대한 정면 도전이요 대적 행위였습니다.

셋째로 패역자로 전락했습니다.

아브넬은 이스보셋을 명목상 이스라엘의 왕으로 세워놓고 실권은 자신이 쥐고 나라를 완전히 흔들고 있었습니다. 그는 사울가와 다윗가가 서로 싸우는 틈을 타서 자신의 세력을 계속 키워나갔습니다(삼하 3:6). 그는 이제 무서운 것도 없고 겁나는 것도 없었습니다. 때문에 자신이 섬기던 사울왕의 애첩이었던 리스바와 통간하기도 했습니다(삼하 3:7). 이 사실을 안 이스보셋이 "네가 어찌하여 내 아버지의 첩과 통간하였느냐"(삼하 3:7下)고 책망하자 아브넬을 이스보셋의 말을 분히 여기고 "내가 유다의 개 머리냐 내가 오늘 당신의 아버지 사울의 집과 그의 형제와 그의 친구에게 은혜를 베풀어 당신을 다윗의 손에 내주지 아니하였거늘 당신이 오늘 이 여인에게 관한 허물을 내게 돌리는도다"(삼하 3:8)라고 자신의 범죄 행위를 정당화 시키는 아주 악한 인간이었습니다.

사랑하는 여러분!
우리의 생명은 하나님의 것입니다. 그러므로 사는 날까지 최선을 다해 열심히 살아야 합니다. 또한 추하고 더러운 나 자신을 포기하고 하나님의 말씀에 철저하게 순종해야 합니다. 그리고 이유 여하를 막론하고 변함 없이 충성하는 전천후 사명자들이 되시기 바랍니다.

3. 비참한 말로

첫째로 배신자였습니다.
먼저 그는 자신의 군주였던 사울왕을 배신했습니다. 그가 사울왕의 최측근이요 왕을 보필하는 군대장관으로서 충성을 다해 왔던 사람입니다. 그런데 자신이 섬기던 왕의 애첩을 취한다는 것은 그가 바로 자신의 군주였던 사울왕에 대한 무서운 배신행위입니다. 또한 그는 자신이 추대한 이스보셋 왕을 배신했습니다. 이스보셋이 자신의 아버지 사울왕의 애첩을 아브넬이 취한 것에 대해 책망하자 그는 이스보셋을 협박하기까지 했습니다. 그러나 이스보셋은 아브넬이 무서워서 한 말도 대답하지 못했습니다(삼하 3:11). 그리고 그는 자기가 지키던 나라까지도 배신하고 자신이 모셨던 두 왕을 배신한 참으로 배은망덕한 인간이었습니다.

둘째로 다윗 편에 가담했습니다.
아브넬은 자신이 모셨던 사울왕과 이스보셋을 배신하고 이스라엘의 군사보다 우위에 있는 유다의 다윗왕에게 가담했습니다. 왜냐하면 더 늦기 전에 다윗에게 가담해야 자신의 생명도 지키고 정치적인 입지를 확보한다고 생각했기 때문입니다. 그리고 그는 이스라엘 장로들에게 "아브넬이 이스라엘 장로들에게 말하여 이르되 너희가 여러 번 다윗을 너희의 임금으로 세우기를 구하였으니 이제 그대로 하라 여호와께서 이미 다윗에 대하여 말씀하시기를 내가 내 종 다윗의 손으로 내 백성 이스라엘을 구원하여 블레셋 사람의 손과 모든 대적의 손에서 벗어나게 하리라 하셨음이니라"(삼하 3:17,18)고 말하고 모두가 다 다윗왕을 따를 것을 촉구했습니다. 그는 이스라엘 장로들과 베냐민 지파들을 설득시킨 다음 이십 명의 부하들을 데리고 다윗에게 보고하고 충성을 맹세했습니다(삼하 3:19-21). 참으로 간사한 기회주의자였습니다. 그러나 이로 통일 이스라엘의 기초가 이루어지게 되었습니다.

셋째로 요압에게 살해되었습니다.
다윗의 군대장관이었던 요압이 전쟁터에서 돌아왔을 때에 이스라엘의 아브넬이 다윗에게 와서 융숭한 대접을 받고 돌아갔다는 소식을 들었습니다. 이 소식을 들은 요압은 즉시 다윗에게로 가서 다윗왕이 아브넬을 위해 잔치를 베풀고 환대해준 것에 대해 거칠게 항의했습니다. 왜냐하면 우선 아브넬은 그 동안 사울과 함께 다윗을 죽이려고 찾아다녔던 자였기 때문입니다. 또한 자기의 동생인 아사헬을 죽인 자이기도 했기 때문입니다. 그리고 아브넬이 자기와 경쟁자가 되어 자신의 지위를 위협하게 될 것이라는 판단 때문이었습니다. 그리하여 아브넬은 얼마 후 요압에 의해 비참하게 죽었습니다(삼하 3:27-30). 바로 이것이 배신자의 종말인 것입니다.

사랑하는 여러분!
하나님은 어제나 오늘이나 영원토록 변함이 없으십니다. 우리들도 변함없이 하나님만 섬깁시다. 또한 이유 여하를 막론하고 주님께만 충성합시다. 그리고 하나님의 사랑 안에서 영생복락을 누리는 값진 삶을 사시기 바랍니다.

 # 아브라함

[창 12:1-3]

여호와께서 아브람에게 이르시되 너는 너의 고향과 친척과 아버지의 집을 떠나 내가 네게 보여 줄 땅으로 가라 내가 너로 큰 민족을 이루고 네게 복을 주어 네 이름을 창대하게 하리니 너는 복이 될지라 너를 축복하는 자에게는 내가 복을 내리고 너를 저주하는 자에게는 내가 저주하리니 땅의 모든 족속이 너로 말미암아 복을 얻을 것이라 하신지라

> 아브라함은 노아의 아들인 셈의 후손으로서 우상숭배가 성행했던 갈대아 우르에서 데라의 아들로 태어나 사래와 결혼하여 가정을 이루었습니다. 그는 자신의 동생이요 롯의 아버지인 하란이 죽자 그는 자신의 식구들을 이끌고 하란으로 이사했습니다. 그런데 하나님께서 그의 아버지 데라가 죽은 후에 부르시고 가나안에 이주하여 살도록 하심으로 최초의 히브리인이 되면서 이스라엘 민족의 시조가 되었습니다. 그 때 당시 그의 나이는 75세였습니다. 그리하여 그는 열국의 아비가 되었습니다.

1. 부름 받은 자

첫째로 너의 고향 친척 아버지 집을 떠나라고 하셨습니다.

아브람이 태어난 갈대아 우르와 하란을 포함한 메소포타미아 지방은 하나님을 떠난 우상 숭배자들이 살던 곳이었습니다. 때문에 하나님께서 아브람에게 우상의 도시에서 죄악된 관습에 젖어 있는 고향 땅을 떠나라고 하셨습니다. 또한 갈대아 지방에는 셈의 후손들이 많이 거주했습니다. 다시 말하면 그는 그 곳에서 일가친척들과 함께 서로 믿고 의지하면서 안일한 삶을 살아

왔을 것입니다. 그래서 하나님께서는 우상을 섬기는 관습에 젖어 있는 일가친척들과도 깨끗하게 청산하고 믿음으로 새로운 삶을 살도록 하기 위해 부르신 것이었습니다. 그리고 그 동안 살아왔던 인간적이고 현세적인 모든 것들을 포기하고 하나님을 따르라는 것이었습니다. 바로 아브람을 깨끗하게 구별하여서 선민 이스라엘의 시조로 삼기 위함이셨습니다. 그런데 우리 하나님께서는 죄와 허물로 인하여 멸망할 수밖에 없는 우리들을 하나님의 자녀 삼아주셨으니 참으로 감사할 뿐입니다.

둘째로 내가 네게 지시할 땅으로 가라고 하셨습니다.
하나님께서는 아브람에게 그가 가야 할 장소나 방향을 구체적으로 가르쳐 주시지도 않으시고 무조건 떠나라고 하셨습니다. 그럼에도 불구하고 아브람은 자신이 나아갈 바(목적지)를 알지 못했으나 하나님의 말씀에 순종하여 무조건 고향 땅과 일가친척을 떠났습니다(히 11:8). 그것은 바로 그 동안 아브람 자신이 이루어 놓은 모든 삶의 터전과 재산은 물론 누리고 있던 기득권과 평화로운 삶을 모두 포기하고 이제 미지의 세계에서 새로운 삶을 시작하라고 말씀하신 것이었습니다. 그 땅은 바로 젖과 꿀이 흐르는 가나안 땅이었습니다. 그렇습니다. 우리들이 영원히 살면서 안식을 누릴 땅은 이 땅이 아니라 바로 천국입니다.

셋째로 자손의 번성을 약속하셨습니다.
아브람에게 "너의 고향과 친척과 아버지의 집을 떠나 내가 네게 보여줄 땅으로 가라"(창 12:1)고 말씀하신 하나님께서는 이제 "내가 너로 큰 민족을 이루고 네게 복을 주어 네 이름을 창대하게 하리니 너는 복이 될지라"(창 12:2)고 하셨습니다. 그런데 문제는 그 당시의 아브람은 75세의 노인으로서 이미 늙은 몸이었으며 아들이 없었다는 것입니다(창 15:1,2). 다시 말하면 그가

'큰 민족'을 이룰 만한 아무런 근거가 없었다는 것입니다. 오히려 인간적으로 보면 전혀 불가능했습니다. 그럼에도 불구하고 그는 하나님의 약속을 그대로 믿고 순종했습니다(창 15:5,6). 때문에 하나님께서는 아브람을 복이 되게 하셨습니다.

사랑하는 여러분!
우리들도 우상을 섬기던 우리 조상들의 전통과 세속적인 삶의 자세에서 벗어납시다. 또한 하나님께서 지시하신 말씀을 따라 믿음으로 천국을 사모하는 삶을 삽시다. 그리고 하나님께서 우리들에게 주신 복을 모든 사람들에게 나누어주는 삶이 되시기 바랍니다.

2. 믿음의 사람

첫째로 하나님의 말씀에 즉시 순종했습니다.
아브람은 하나님께서 "너의 고향과 친척과 아버지의 집을 떠나 내가 네게 보여줄 땅으로 가라"(창 12:1)고 하셨을 때에 그는 어디로 가야 할 바를 알지 못했지만 즉시로 떠났습니다(히 11:8). 또한 사랑하는 애첩 하갈과 아들 이스마엘을 하나님께서 내보내라고 말씀하셨을 때에도 조금도 지체하지 않고 "아침에 일찍이 일어나 떡과 물 한 가죽 부대를 가져다가 하갈의 어깨에 메워 주고 그 아이를 데리고 가게..."(창 21:14)했습니다. 그리고 하나님께서 그가 백세에 낳은 이삭을 번제로 드리라고 하셨을 때에도 그는 곧바로 이삭을 데리고 모리아산으로 가서 이삭을 묶어 장작더미 위에 올려놓고 잡으려고 했습니다(창 22:1-10). 참으로 그는 인류 역사에서 전무후무한 순종의 사람이었습니다.

둘째로 신실한 믿음의 사람이었습니다.

아브라함의 믿음은 모든 믿는 자들의 뿌리가 되어 믿음의 조상이라는 칭호를 받고 있습니다. 때문에 신약성경이 아브라함과 더불어 시작됩니다(마 1:1-2). 그의 믿음은 하나님 제일주의였습니다. 그는 하나님께서 말씀하시면 언제나 그대로 믿고 따랐습니다. 그렇습니다. 진정한 신앙인은 언제나 말씀대로 믿고 따릅니다. 또한 그는 열심히 제단을 쌓았습니다. 그는 가나안에서도 헤브론에서도 모리아산에서도 어디든지 그의 발길이 미치는 곳에서는 반드시 제단을 쌓고 제사를 드렸습니다(창 12:7,8, 13:4,18). 우리들도 이유 여하를 막론하고 반드시 예배에 성공해야 합니다. 그리고 그는 철저하게 십일조를 드렸습니다. 아브라함은 제사장인 멜기세덱에게 십일조를 드렸습니다(창 14:18-20). 이에 멜기세덱은 "...천지의 주재이시요 지극히 높으신 하나님이여 아브람에게 복을 주옵소서"(창 14:19)라고 축복했습니다.

셋째로 평화의 사람이었습니다.

하나님의 은혜로 애굽에서 많은 재산을 얻은 아브람은 조카 롯을 데리고 가나안으로 돌아왔으나 롯과 함께 살만한 땅이 여의치 않았습니다. 아브람과 롯은 재산이 많이 불어났습니다. 때문에 아브람의 목자들과 롯의 목자들이 자꾸만 부딪치게 되었습니다(창 13:1-7). 그동안 의가 좋았던 삼촌과 조카 사이가 소유의 증가로 인해 화목에 이상이 생기게 되었습니다. 이에 "아브람이 롯에게 이르되 우리는 한 친족이라 나나 너나 내 목자나 네 목자나 서로 다투게 하지말자 네 앞에 온 땅이 있지 아니하냐 나를 떠나가라 네가 좌하면 내가 우하고 네가 우하면 나는 좌하리라"(창 13:8,9)고 했습니다. 자신이 키운 조카였지만 기득권을 주장하지 않고 양보했습니다. 참으로 그는 평화의 사람이었습니다.

사랑하는 여러분!

우리들도 하나님의 말씀에 무조건 순종하는 삶을 삽시다. 또한 언제나 변함 없는 신실한 믿음으로 예배드리는 성도들이 됩시다. 그리고 언제나 모든 이들과 평화를 이루는 성숙한 신앙인들이 되시기 바랍니다.

3. 복 받은 사람

첫째로 그리스도의 조상이 되었습니다.

아브람은 한평생 동안 나그네 생활을 하면서 많은 고난을 겪었습니다. 그는 기근으로 인해 애굽으로 피신하는 나약함을 보이기도 하고 자기 아내에게 누이라고 속이도록 주문하는 비겁함도 보였습니다(창 20:1-13). 또한 하나님께서 분명히 약속하신 후손을 기다리지 못하고 첩을 얻는 조급함을 보이기도 했습니다. 한마디로 그는 평범한 사람이었습니다. 그러나 하나님께서는 말씀대로 믿고 순종하며 열심으로 예배드리고 충성하는 아브람의 이름을 아브라함(열국의 아버지)으로, 그의 아내 사래는 사라(여주인)로 이름까지 고쳐주셨습니다(창 17:1-16). 그리고 그들에게 자손의 번성을 약속하신 대로 아브라함이 백세에 이삭을 낳게 하여 선민의 시조가 되게 하셨습니다. 또한 가장 중요한 것은 인류의 구원주가 되시는 예수 그리스도가 그의 후손으로 이 세상에 오신 것입니다. 그것은 바로 이 세상에 태어난 인간으로서는 가장 큰 복을 받은 것입니다. 때문에 아담의 원죄를 지고 이 세상에 태어난 모든 인간들은 반드시 예수 그리스도를 구주로 믿어야 구원을 받습니다(요 3:16). 그러므로 우리들도 이 예수 그리스도를 이 세상의 모든 사람들에게 널리 증거하여 그들로 예수 그리스도를 구주로 구원받게 하는 복된 사람들이 되어야겠습니다.

둘째로 건강과 장수의 복을 받았습니다.

성경은 그가 "나이가 많아 늙었고..."(창 24:1)라고 하셨습니다. 하나님께서는 그를 건강하게 하시고 장수하는 복을 주셨습니다. 우리 인간들에게 있어서는 뭐니뭐니해도 건강과 장수가 최고의 복입니다. 내 몸이 아프면 그 누구도 소용없고 그 무엇도 소용이 없습니다. 지위, 명예, 권세가 소용없습니다. 땅도, 집도, 금은보화도 소용없습니다. 다시 말하면 나 없는 이 세상의 그 어떤 것도 소용이 없습니다. 때문에 성경은 한 생명이 천하보다 귀하다(마 16:26)고 하셨습니다. 그러므로 우리들도 아브라함처럼 건강과 장수하는 복을 받아 맡겨주신 인류 구원의 사명에 최선을 다해야겠습니다.

셋째로 범사에 복을 받았습니다.

그런데 하나님께서 그의 삶 전체를 의롭게 하시고 믿음의 아버지가 되게 하셨으며 그의 범사에 복을 주셨습니다(창 24:1). 또한 물질의 복도 많이 받았습니다(창 13:2). 우리들이 예수 그리스도를 구주로 믿고 구원받은 하나님의 백성이 되었다고 할지라도 우리들이 육신을 입고 이 세상에서 사는 동안 이 물질이 반드시 필요합니다. 그러므로 우리들도 아브라함처럼 잘 믿어 승리하는 복된 삶을 살아야겠습니다.

사랑하는 여러분!

우리들도 열심히 복음을 전하여 영적 자녀를 많이 생산 해야겠습니다. 또한 하나님의 사랑 가운데서 건강과 장수의 복을 누리시기 바랍니다. 그리고 범사가 형통하며 풍성한 물질의 복도 많이 받아 누리시기 바랍니다.

 # 아비가일

[삼상 25:32-35]

다윗이 아비가일에게 이르되 오늘 너를 보내어 나를 영접하게 하신 이스라엘의 하나님 여호와를 찬송할지로다 또 네 지혜를 칭찬할지며 또 네게 복이 있을지로다 오늘 내가 피를 흘릴 것과 친히 복수하는 것을 네가 막았느니라 나를 막아 너를 해하지 않게 하신 이스라엘의 하나님 여호와의 살아 계심을 두고 맹세하노니 네가 급히 와서 나를 영접하지 아니하였더면 밝는 아침에는 과연 나발에게 한 남자도 남겨 두지 아니하였으리라 하니라 다윗이 그가 가져온 것을 그의 손에서 받고 그에게 이르되 네 집으로 평안히 올라가라 내가 네 말을 듣고 네 청을 허락하노라

> 아비가일은 갈렙 족속의 후손으로서 용모가 아름답고 총명한 여인으로서 신앙심 또한 깊었습니다. '아버지는 기쁨이시다'라는 그녀의 이름처럼 그녀는 언제, 어디서나, 항상 아름답고 명랑한 삶을 살았습니다. 그녀는 성경에 나타난 가장 사랑스럽고 아름다운 여성 중의 하나입니다. 우리들도 아비가일과 같이 항상 아름다운 삶을 살아야겠습니다. 오늘의 말씀을 통해서 우리들의 삶을 다시 한 번 점검하고 새롭게 변화되는 기회가 되었으면 좋겠습니다.

1. 사악한 나발의 아내

첫째로 나발은 탐욕의 노예였습니다.

나발(어리석은 자란 의미)은 갈멜 근처의 넓은 들판에서 양 삼천 마리와 염소 일천 마리 등을 방목하면서 살아가는 대단한 부자였습니다(삼상 25:1,2). 그러나 그는 물질에 대한 탐욕이 너무 지나쳐 인간미가 전혀 없는 사악한 사람이었습니다(삼상 25:3). 그렇습니다. 이 탐욕에 사로잡힌 인간은 자신의 욕

망을 채우기 위해 수단과 방법을 가리지 않고 자신이 할 수 있는 온갖 짓을 다 행합니다. 다른 사람을 생각하고 배려하는 자세가 전혀 없습니다. 오직 자기 밖에 모릅니다. 때문에 그들이 바로 이 사회를 악하게 하고 힘들게 하는 자들입니다. 그러므로 우리 성도들은 이유 여하를 막론하고 이 탐욕에서 벗어나 성도다운 가치 있는 삶을 살아야겠습니다.

둘째로 나발은 난폭하고 완고했습니다.

그의 성품은 아주 거칠고 난폭했습니다. 다시 말하면 융통성이 전혀 없고 아주 꽉 막혀서 대화가 전혀 통하지 않는 고집불통 이었습니다. 그는 오직 자기 밖에 몰랐으며 다른 사람이 없었습니다. 언제나 자기 생각만 옳았습니다. 다른 사람의 언행심사는 일체 인정하지 않았습니다. 모두가 다 잘못되고 나쁘다고 생각했습니다. 때문에 대화가 전혀 통하지 않는 참으로 답답한 사람이었습니다. 한마디로 도저히 상대할 수 없는 악한 사람이었습니다. 그런데 아비가일이 그런 사람의 아내로 살았으니 그 얼마나 답답했을 것인가에 대해 가히 짐작이 갑니다. 우리 모두는 이러한 완악함과 완고함을 깨끗하게 버려야 합니다.

셋째로 나발은 그의 행사가 악했습니다.

그가 행하는 것을 그 어느 것 하나도 제대로 된 것이나 옳은 것이 하나도 없었습니다. 매사가 다 경우에 맞지 않고 이치에 어긋나는 짓만 했습니다. 사사건건이 미운 짓만 했고 혐오감만 주었습니다. 언제, 어디서나 일을 그르치고 분위기를 망쳤으며, 평화를 깨뜨리는 참으로 힘든 사람이었습니다. 때문에 터놓고 이야기할 만한 친구 하나 없이 언제나 혼자일 수밖에 없는 불쌍한 인간이었습니다. 그런데 아비가일은 그 동안 그러한 나발과 함께 별무리 없이 가정을 잘 꾸려왔습니다. 그런 면에서 볼 때에 아비가일이 참으로 지혜롭고 훌륭한 여자이었다는 것을 가히 짐작할 수 있습니다.

사랑하는 여러분!
우리 모두 그 어떠한 육신적인 탐욕이라고 할지라도 미련 없이 깨끗하게 버립시다. 또한 절대로 완고한 삶을 살지 맙시다. 그리고 모든 일들을 하나님의 말씀을 따라 살아갑시다. 그리하여 늘 승리하는 복된 삶을 사시기 바랍니다.

2. 다윗의 요청을 거절한 나발

첫째로 나발이 다윗의 은혜를 입었습니다.
다윗이 블레셋과의 전쟁에서 승리하고 개선하자 여인들이 이스라엘 모든 성에서 나와서 노래하며 춤추며 소고와 경쇠를 가지고 "사울이 죽인 자는 천천이요 다윗은 만만이로다"(삼상 18:7)라고 환영했습니다. 이에 사울왕이 다윗을 시기하여 죽이려고 했습니다. 때문에 다윗은 사울을 피해 육백 명의 일행과 함께 예루살렘을 떠나 바란 광야로 도망하여 유랑생활을 했습니다. 그리하여 나발의 목장이 있는 갈멜 근처에 머물게 되었습니다(삼상 25:1). 그러나 다윗은 나발과 그의 소유에는 일체 손해를 끼치는 일이 없을 것이라고 약속하고 그대로 지켰습니다(삼상 25:6-8). 때문에 그 동안 계속적으로 나발의 양들을 약탈해가던 베두인들로부터 보호받고 안전하게 지낼 수 있었습니다(삼상 25:7). 한마디로 나발은 다윗의 은혜를 많이 받은 사람이었습니다.

둘째로 다윗이 나발에게 도움을 요청했습니다.
많은 일행을 이끌고 망명 중이었던 다윗은 식량이 다 떨어지게 되었습니다. 때문에 그는 식량을 구하기 위해 그동안 자신들의 은혜를 입고 안전하게 목장을 운영해 온 나발이 잔치를 벌이고 양털을 깎는다는 소식을 듣고 열 명의 소년들에게 "...너희는 갈멜로 올라가 나발에게 이르러 내 이름으로 그에게 문안하고... 너는 평강하라 네 집도 평강하라 네 소유의 모든 것도 평강하라 네게 양 털 깎는 자들이 있다 함을 이제 내가 들었노라 네 목자들이 우리와 함께 있었으나 우리가 그들을 해하지 아니하였고 그들이 갈멜에 있는 동안에 그들의 것을 하나도 잃지 아니하였나니 네 소년들에게 물으면 그들이 네게 말하리라 그런즉 내 소년들이 네게 은혜를 얻게 하라 우리가 좋은 날에 왔은즉 네 손에 있는 대로 네 종들과 네 아들 다윗에게 주기를 원하노라 하더라 하라"(삼상 25:5-8)고 했습니다. 한마디로 절박한 식량의 위기에 처한 다윗이 나발에게 간절한 마음으로 도움을 청한 것이었습니다.

셋째로 나발이 다윗의 요청을 거절했습니다.

다윗이 정중한 자세로 열 소년들을 나발에게 보내어 도움을 요청했습니다. 그런데 나발은 다윗이 보낸 소년들에게 "...다윗은 누구며 이새의 아들은 누구냐 요즈음에 각기 주인에게서 억지로 떠나는 종이 많도다 내가 어찌 내 떡과 물과 내 양 털 깎는 자를 위하여 잡은 고기를 가져다가 어디서 왔는지도 알지 못하는 자들에게 주겠느냐 한지라"(삼상 25:10,11)고 아주 냉정하게 거절했습니다. 그는 그동안 다윗의 일행을 통해서 많은 은혜를 받았음에도 불구하고 피난 중에 있는 다윗을 우습게 여기고 거절한 것이었습니다. 참으로 배은망덕한 사람이었습니다.

사랑하는 여러분!

우리 모두는 다 하나님의 은혜로 오늘 이 시간까지 살아오고 있습니다. 또한 우리의 가족과 이웃, 사회의 도움을 받았습니다. 그러므로 항상 하나님의 은혜에 대해 감사하고 함께 살아가는 모든 이들에게 고마운 마음을 가져야 합니다. 그리고 힘이 닿는 대로 최선을 다해 서로 도와가면서 살아가는 멋진 삶을 사시기 바랍니다.

3. 지혜로운 아비가일

첫째로 분노한 다윗이 나발을 공격했습니다.

다윗은 나발이 자신의 정중한 도움 요청에도 불구하고 냉정하게 거절했다는 소년들의 보고를 듣고 자신도 칼을 차고 일행 중 사백 명으로 하여금 칼을 차게 하고 이백 명은 진지의 소유물을 지키게 한 다음 나발을 공격하러 갈멜로 올라갔습니다(삼상 25:13,14). 그는 "내가 이 자의 소유물을 광야에서 지켜 그 모든 것을 하나도 손실이 없게 한 것이 진실로 허사라 그가 악으로 나의 선을 갚는도다 내가 그에게 속한 모든 남자 가운데 한 사람이라도 아침까지 남겨 두면 하나님은 다윗에게 벌을 내리시고 또 내리시기를 원하노라 하였더라"(삼상 25:21,22)고 나발의 가족은 물론 모든 자들을 완전히 몰살시켜 버릴 것을 굳게 각오하고 공격을 시작했습니다.

둘째로 다윗의 공격을 막아냈습니다.

한 소년이 아비가일에게 그동안 다윗의 일행이 자신들의 보호자들이 되어 주었기 때문에 양 떼들을 잘 키울 수 있었다는 사실을 상기시켰습니다(삼상 25:15,16). 그런데 그러한 다윗의 절박한 요청을 나발이 거절함으로 인해 다윗의 군대가 공격해 오고 있다고 말하고 그에 대해 대처할 것을 주문했습니다. 이에 아비가일은 분노를 품고 공격해오는 다윗의 마음을 달래기 위해 급히 많은 음식을 만들어가지고 나귀에 싣고 다윗에게로 갔습니다(삼상 25:18-20). 아비가일은 독기를 품고 공격해 오는 다윗을 산 호젓한 곳에서 만나자 급히 나귀에서 내려서 다윗의 발 앞에 엎드려 "...내 주여 원하건대 이 죄악을 나 곧 내게로 돌리시고 여종에게 주의 귀에 말하게 하시고 이 여종의 말을 들으소서 원하옵나니 내 주는 이 불량한 사람 나발을 개의치 마옵소서 그의 이름이 그에게 적당하니 그의 이름이 나발이라 그는 미련한 자니이다 여종은 내 주께서 보내신 소년들을 보지 못하였나이다"(삼상 25:24-25)라고 용서를 빌었습니다. 이에 다윗은 아비가일을 자기에게 보내신 하나님을 찬양하고 그녀의 지혜를 칭찬한 다음 공격을 멈추고 돌아섰습니다.

셋째로 다윗의 아내가 되었습니다.
다윗의 칭찬을 받은 아비가일은 평안한 마음으로 집에 돌아왔습니다. 그런데 나발은 그것도 모른 체 왕의 잔치같은 큰 잔치를 차리고 만취가 되어서 기뻐하고 있었습니다. 이러한 모습에 기가 막힌 아비가일은 아무 말도 하지 않고 아침까지 있다가 나발이 술에서 깨자 긴박했던 그 동안의 사실을 설명해 주었습니다. 아비가일의 말을 들은 나발은 충격을 받고 몸져누워 있다가 열흘 만에 이 세상을 떠났습니다(삼상 25:36-38). 이 소식을 들은 다윗은 자신이 나발을 죽이지 않게 하신 하나님께 감사하고 전령들을 보내어 아비가일을 데려다가 자신의 아내로 삼았습니다(삼상 25:39-42). 이제 그녀는 하나님이 주신 지혜로 다윗의 공격을 막아내고 왕후가 되는 영광까지 얻게 되었습니다.

사랑하는 여러분!
이유 여하를 막론하고 분노하며 남을 공격하는 것은 하나님께서 원치 않으십니다. 또한 우리들도 아비가일처럼 지혜를 모아 남을 선대하는 삶을 살아야 합니다. 그리고 하나님의 사랑과 은혜로 장래가 창대한 삶을 이루시기 바랍니다.

# 아비멜렉

[삿 9:50-54]

아비멜렉이 데베스에 가서 데베스에 맞서 진 치고 그것을 점령하였더니 성읍 중에 견고한 망대가 있으므로 그 성읍 백성의 남녀가 모두 그리로 도망하여 들어가서 문을 잠그고 망대 꼭대기로 올라간지라 아비멜렉이 망대 앞에 이르러 공격하며 망대의 문에 가까이 나아가서 그것을 불사르려 하더니 한 여인이 맷돌 위짝을 아비멜렉의 머리 위에 내려 던져 그의 두개골을 깨뜨리니 아비멜렉이 자기의 무기를 든 청년을 급히 불러 그에게 이르되 너는 칼을 빼어 나를 죽이라 사람들이 나를 가리켜 이르기를 여자가 그를 죽였다 할까 하노라 하니 그 청년이 그를 찌르매 그가 죽은지라

> 성경에는 아비멜렉이란 이름을 가진 동명이인이 네 명이 있습니다. 고대의 그랄 왕이 있고, 그랄에 거한 블레셋 왕이 있으며, 기드온이 세겜의 첩을 통해 낳은 아들이 있고, 아비아달의 아들로 다윗 때의 제사장이었던 사람이 있습니다. 오늘 이 시간에는 기드온의 아들로서 세겜에서 왕이 되었으나 한 여인이 던진 맷돌 윗 짝에 맞아 골이 깨져죽은 불행한 아비멜렉에 대해 논하고자 합니다.

1. 세겜의 왕이 됨

첫째로 기드온의 아들이었습니다.

기드온(여룹바알이라고도 함)은 많은 아내와 첩들을 통해서 많은 자녀들을 두었는데 그 중에서도 아비멜렉은 그가 세겜의 첩을 통해서 낳은 아들이었습니다. 기드온의 본래 집은 오브라였는데(삿 6:11). 자신의 첩을 세겜에 두었다는 것은 그가 첩을 각처에 두었을 가능성이 있습니다(삿 8:31). 아비멜렉은 자신이 서자인 것에 대해 항상 불만을 가지고 있었습니다. 원래 하나님

께서는 일부일처제를 세우셨습니다(창 2:18; 고전 7:25-38). 그런데 타락한 이스라엘 백성들이 이방인들의 일부다처제를 받아들였습니다. 성경은 이미 일부다처제로 인한 가정의 문제점들을 보여주셨습니다. 아브라함이 사라와 하갈의 갈등으로 고민했고(창 16장-18장), 오늘날까지도 중동전쟁이 계속되고 있습니다. 야곱의 가정이 레아와 라헬의 갈등으로 불화가 있었습니다(창 30:1-24). 다윗의 가정도 큰 고통을 당했습니다.

둘째로 형제지간에 암투가 있었습니다.
당시 기드온은 특별히 왕과 다름없는 권력을 가지고 있었습니다. 때문에 기드온이 죽자 이스라엘은 다시 우상숭배에 빠져 바알들을 섬기고 하나님을 배신했습니다(삿 8:33-35). 또한 기드온의 아들들 사이에서는 이스라엘에 대한 통치권을 둘러싸고 권력투쟁이 벌어졌습니다. 때문에 아비멜렉이 왕위를 찬탈하기 위해 어머니가 있는 세겜으로 내려가 음모를 꾸몄습니다. 그는 혈연관계를 내세우며 동조할 것을 호소했습니다(삿 9:1). 또한 그는 자기 아버지를 여룹바알(기드온)이라고 부르면서 종교적인 이유로 아버지를 배반하도록 했습니다. 왜냐하면 기드온을 여룹바알이라고 한 것은 그가 바알을 대적하여 바알의 단을 훼파한 공로로 붙여진 이름이기 때문이었습니다(삿 6:32). 다시 말하면 그는 종교적인 이유를 들어서 세겜 사람들로 하여금 자기 아버지와 자기 형제들에 대해 반감을 일으키도록 유도했습니다(삿 9:2). 아비멜렉의 충동에 넘어간 세겜 사람들은 바알 신전의 은 70개를 아비멜렉에게 주어 거사를 행하도록 했고, 그는 그 돈으로 폭력배를 사서 자기 형제들 70인을 반석에서 죽였습니다(삿 9:4-6).

셋째로 세겜의 왕이 되었습니다.
아비멜렉은 요담을 제외한 모든 형제들을 죽인 다음 곧바로 세겜의 상수리나무 아래서 왕으로 즉위했습니다. 그는 아버지 기드온과는 달리 스스로 교만하여 하나님의 통치하심을 무시하고 형제들을 살해하고 왕위에 오른 악한 자였습니다. 그러나 하나님께서 세우지 않으신 삶이나 권력, 집은 견고할 수 없습니다. 때문에 죽음을 모면한 요담이 세겜 사람들이 아비멜렉을 세겜의 왕으로 삼은 것이 백해무익하다고 말했습니다.

사랑하는 여러분!
우리 모두는 말씀대로 살아갑시다. 그 어떤 이유로도 가족관계를 복잡하게 만들지 맙시다. 또한 언제나 형제지간에 우애가 돈독한 삶을 삽시다. 그리고 나 자신보다는 서로를 위하여 상대를 세워주는 멋진 삶을 사시기 바랍니다.

2. 백성에게 버림받음

첫째로 하나님께서 악한 영을 보내셨습니다.
하나님께서는 한 사람이 범죄했을 때에 즉시 심판하지 않으시고 언제나 그가 회개할 수 있는 기회를 주십니다. 때문에 하나님의 뜻을 저버리고 악한 방법으로 정권을 잡은 아비멜렉이었지만 3년이란 기간 동안 이스라엘을 통치할 수 있도록 기다리신 것입니다(삿 9:22). 그것은 하나님의 자비하심을 나타내신 것입니다(롬 2:4). 그러나 끝까지 회개하지 않자 하나님께서는 악한 영을 보내시어 세겜 사람들로 하여금 아비멜렉을 배반하도록 하셨습니다(삿 9:23). 그것은 바로 범죄한 아비멜렉과 세겜 사람들에 대한 하나님의 심판이 시작된 것이었습니다. 그렇습니다. 하나님께서는 자신을 배신하고 무죄한 자들의 피를 흘리고도 회개치 않는 아비멜렉과 세겜 사람들의 죄는 반드시 심판하십니다(잠 6:17; 신 32:35). 그러므로 우리들은 언제나 지은 죄를 즉시 회개하고 새로운 삶을 살아야 합니다.

둘째로 세겜 사람들에게 배신을 당했습니다.

하나님께서 보내신 악령의 영향을 받은 세겜 사람들은 아비멜렉을 미워하며 반역하기 시작했습니다. 세겜 사람들의 반역에 앞장 선 사람은 가알이었습니다. 그들은 산꼭대기에 사람을 매복하여 아비멜렉을 엿보게 하고 그 길을 지나가는 자들을 다 겁탈하게 했습니다(삿 9:25). 또한 포도를 거두어다가 짜서 연회를 베풀고 신당에 들어가서 먹고 마시며 아비멜렉을 저주했습니다(삿 9:27). 또한 가알은 "에벳의 아들 가알이 이르되 아비멜렉은 누구며 세겜은 누구기에 우리가 아비멜렉을 섬기리요 그가 여룹바알의 아들이 아니냐 그의 신복은 스불이 아니냐 차라리 세겜의 아버지 하몰의 후손을 섬길 것이라 우리가 어찌 아비멜렉을 섬기리요 이 백성이 내 수하에 있었더라면 내가 아비멜렉을 제거하였으리라 하고 아비멜렉에게 이르되 네 군대를 증원해서 나오라 하니라"(삿 9:28,29)고 대적하기까지 했습니다. 바로 아비멜렉에게 정면 도전한 것이었습니다.

셋째로 세겜 성이 멸망했습니다.

가알을 중심한 세겜 사람들의 반역에 대해 세겜 성읍의 장관인 스불이 듣고 사자를 아비멜렉에게 비밀이 보내어 "…에벳의 아들 가알과 그의 형제들이 세겜에 이르러 그 성읍이 당신을 대적하게 하니 당신은 당신과 함께 있는 백성과 더불어 밤에 일어나 밭에 매복하였다가 아침 해 뜰 때에 당신이 일찍 일어나 이 성읍을 엄습하면 가알 및 그와 함께 있는 백성이 나와서 당신을 대적하리니 당신은 기회를 보아 그에게 행하소서 하니"(삿 9:30-33)라고 보고 했습니다. 이에 아비멜렉은 세겜 성을 포위하고 매복해 있다가 세겜 성을 취하고 가알과 함께한 사람들을 죽이고 그 성에 소금을 뿌렸습니다(삿 9:43-45). 그것은 바로 세겜 성의 땅이 불모지로 황폐화되어 다시는 사람이 거주하지 못하도록 저주를 내린 행위였습니다(시 107:34). 또한 신당에 숨어 있는 세겜 망대의 사람들까지도 불태워 죽였습니다(삿 9:46-49). 참으로 잔인한 복수극이었습니다.

사랑하는 여러분!
우리 모두는 언제나 하나님께서 원하시는 아름다운 삶을 삽시다. 또한 그 어떤 일에도 하나님이나 사람을 배신한 불행한 삶을 살지 맙시다. 그리고 하나님의 사랑과 은혜로 영원히 잘 되는 복을 누리시기 바랍니다.

3. 비참한 최후

첫째로 데베스를 공략했습니다.
자신을 배신하고 저주한 세겜 성을 도륙한 아비멜렉은 이제 세겜 족을 도와 자신에게 대적했던 데베스를 응징하기 위해 출정했습니다. 그는 세겜 성보다 훨씬 작았던 데베성을 아주 쉽게 공략할 수 있었습니다(삿 9:50). 하지만 그는 그것에 만족하지 아니하고 그 성에서 가장 견고하게 세워졌다는 망대 위에 올라가 저항하고 있는 잔존세력들을 완전히 소탕하기 위해 망대에 불을 지르려고 했습니다. 이제 그는 무서운 것이 없었습니다. 모든 것들이 다 자기 뜻대로 되는 줄로 착각했습니다. 때문에 만일에 있을 데베스 사람들의 공격에 대해서는 전혀 의식하지 않고 자신만만하게 성문에 다가섰습니다. 그러나 그의 비극은 바로 거기에서 일어났습니다.

둘째로 여인이 던진 맷돌 짝에 맞아 죽었습니다.
아비멜렉이 데베스의 망대에 불을 놓기 위해 망대 문 앞에 이르렀을 때에 망대 위에 있던 한 여인이 맷돌 윗짝을 아비멜렉의 머리 위에 던짐으로 그는 두개골이 깨졌습니다(삿 9:53). 중상을 입은 아비멜렉은 "자기의 무기를 든 청년을 급히 불러 그에게 이르되 너는 칼을 빼어 나를 죽이라 사람들이 나를 가리켜 이르기를 여자가 그를 죽였다 할까 하노라..."(삿 9:54)고 했습니다. 이에 청년이 그를 찌르자 그는 곧 죽었습니다. 안타까운 것은 그는 자신의 죄로 인해 하나님의 징계를 받아 죽어가면서도 자신의 악행에 대해서는 회개할 줄 모르고 허탄한 세상의 체면에만 급급했다는 것입니다.

셋째로 주신 교훈이 있습니다.
아비멜렉은 세겜을 응징하고 이어 데베스를 거의 정복함으로서 모든 것들이 자기의 뜻대로 되어간다고 생각했을 것입니다. 이와 같이 악인들이 때로는 번성하고 승승장구하는 것처럼 보일 때도 있습니다. 그러나 이 세상 역사상 궁극적으로 악인이 승리한 적은 한번도 없습니다. 또한 사특한 자들의 최후는 비참할 수밖에 없습니다. 계속 승승장구하던 아비멜렉이 차마 자신이 데베스의 망대에서 여인이 던진 맷돌 윗짝에 의해 두개골이 깨져서 죽을 것이라는 것은 꿈에도 상상하지 못했을 것입니다. 그러나 하나님을 배신하고 우상을 섬기며 악을 행하는 자는 반드시 징벌하신다는 사실입니다.

사랑하는 여러분!
우리 인간은 하나님의 도우심이 없이는 한시도 살아갈 수 없는 심히 약한 존재라는 사실을 늘 기억하고 살아야 합니다. 또한 사악한 인간은 하나님께서 반드시 징벌하신다는 사실입니다. 그리고 우리 인간은 매순간을 하나님께 맡기고 늘 섬기고 헌신하는 겸손한 삶을 살아야 합니다.

# 아비새 (압새)

[삼하 21:15-17]

블레셋 사람이 다시 이스라엘을 치거늘 다윗이 그의 부하들과 함께 내려가서 블레셋 사람과 싸우더니 다윗이 피곤하매 1)거인족의 아들 중에 무게가 삼백 세겔 되는 놋 창을 들고 새 칼을 찬 이스비브놉이 다윗을 죽이려 하므로 스루야의 아들 아비새가 다윗을 도와 그 블레셋 사람을 쳐죽이니 그 때에 다윗의 추종자들이 그에게 맹세하여 이르되 왕은 다시 우리와 함께 전장에 나가지 마옵소서 이스라엘의 등불이 꺼지지 말게 하옵소서 하니라

> 아비새는 다윗의 이복누이 스루야의 아들로서 요압과 아사헬의 형제였습니다. 그는 다윗이 사울 왕에게 쫓기던 때부터 다윗을 따르면서 변함없이 끝까지 충성을 다한 믿음직한 사람이었습니다. 그는 강력한 적군 블레셋으로부터 다윗을 구하였으며 죽음을 무릅쓰고 블레셋 군대를 충돌하고 지나 베들레헴 성문 곁 우물물을 길어다가 다윗에게 주기도 했습니다. 한마디로 다윗에게 있어서는 최고의 충성된 신하였습니다.

1. 의분의 사람이었습니다.

첫째로 아사헬의 원수를 갚으려 했습니다.

그는 자신의 동생인 아사헬이 사울의 군대장관 아브넬에 의해 죽임을 당하자 아사헬의 원수를 갚기 위해 형인 요압과 함께 전의를 잃은 아브넬을 끝까지 추격하여 기브온에서 대승을 거두었습니다. 그 때에 요압과 아비새의 군대는 19명의 전사자가 발생했고 아브넬의 군대는 360명이 전사했습니다(삼하 2:30,31). 요압과 아비새의 의분에 의한 용기는 대단했습니다. 그러나 그들은 전의를 잃은 아브넬이 자신들이 서로 같은 민족임을 상기시키면서 휴

전을 요청하자 아브넬의 제의를 받아들이고 군대를 철수했습니다(삼하 2:24-29). 다시 말하면 요압과 아비새는 의분의 사람들이었으며 동족 상쟁의 비극을 생각하여 휴전하는 아름다운 인정을 나타내기도 했습니다.

둘째로 잠든 사울을 죽이려 했습니다.

사울은 도망한 다윗이 광야 앞 하길라산에 숨어있다는 정보를 입수하고 이스라엘에서 택한 사람 삼천 명과 함께 십 황무지로 내려가서 광야 앞 하길라산 길가에 진치고 있었습니다. 때에 황무지에 있었던 다윗도 그 사실을 알고 즉시 탐정을 보내어 사울의 군대가 진치고 있는 것을 확인한 결과 사울과 군대장관 아브넬이 머무는 것을 보았는데 사울이 진영 가운데 누웠고 백성들은 그를 둘러 진치고 있는 것을 확인했습니다(삼상 26:1-5). 이에 다윗은 아비멜렉과 요압, 아비새에게 "...누가 나와 더불어 진영에 내려가서 사울에게 이르겠느냐"(삼상 26:6)고 물었습니다. 이에 세 사람 중에서도 아비새가 "...내가 함께 가겠나이다"라고 쾌히 대답했습니다. 그래서 다윗은 아비새와 함께 사울의 진지에 잠입하여 "사울이 진영 가운데 누워 자고 창은 머리 곁 땅에 꽂혀 있고 아브넬과 백성들은 그를 둘러 누웠"(삼상 26:7)는 것을 보았습니다. 이것을 본 아비새가 다윗에게 "하나님이 오늘 당신의 원수를 당신의 손에 넘기셨나이다 그러므로 청하오니 내가 창으로 그를 찔러서 단번에 땅에 꽂게 하소서 내가 그를 두 번 찌를 것이 없으리이다"(삼상 26:8)라고 자신이 사울을 죽이도록 허락해 줄 것을 요청했습니다.

셋째로 다윗을 저주한 시므이를 죽이려 했습니다.

다윗이 압살롬의 반란으로 인해 왕궁을 떠나 피난길에 오르자 시므이가 다윗왕과 신하들을 향해 돌을 던지면서 "...피를 흘린 자여 사악한 자여 가거라 가거라 사울의 족속의 모든 피를 여호와께서 네게로 돌리셨도다 그를 이어서 네가 왕이 되었으나 여호와께서 나라를 네 아들 압살롬의 손에 넘기셨도다 보라 너는 피를 흘린 자이므로 화를 자초하였느니라 하는지라"(삼하 16:7,8)고 했습니다. 이에 아비새가 다윗왕에게 "...이 죽은 개가 어찌 내 주 왕을 저주하리이까 청하건대 내가 건너가서 그의 머리를 베게 하소서"(삼하 16:9)라고 시므이를 죽이려고 했습니다. 한마디로 그는 급한 성격을 가진 의분의 사람이었습니다. 다시 말하면 사람들은 보통 자신들의 기분이나 감정, 이해득실에 따라서 분을 내고 행동합니다. 그러나 아비새는 달랐습니다.

사랑하는 여러분!
우리들도 형제와 이웃을 위해 겸손히 섬길 수 있어야 합니다. 또한 우리 주 예수 그리스도를 위해서는 죽음도 불사하는 담대한 용기도 있어야 합니다. 그리고 범사에서 자신을 죽이고 온유함을 나타내야 합니다. 이것이 바로 그리스도의 정신입니다.

2. 충성스러운 신하였습니다.

첫째로 시종이 여일하게 충성했습니다.
아비새는 다윗이 사울왕에게 쫓겨날 때에도 다윗을 따랐습니다(삼상 19:8-26:25). 일반적인 상식으로는 왕이 죽이려고 하는 사람을 따른다고 하는 것은 상상할 수 없습니다. 그럼에도 불구하고 그는 쫓겨나는 다윗을 따라나섰습니다. 성공하고 출세하여 잘나가고 있는 사람이 아닌 그것도 막강한 권력을 가진 왕에게 쫓겨 도망하는 사람을 따른다는 것은 대단한 의리요, 충성인 것입니다. 또한 사울왕의 군대를 정복하고 이스라엘의 왕으로 즉위한 다윗은 이제는 자신의 아들인 압살롬이 반란을 일으켰습니다. 이에 다윗은 아들과 싸우면서 많은 사람들의 인명이 희생되는 것을 원치 않고 왕궁을 떠나 피난을 떠났습니다. 이 때에도 아비새는 다윗과 함께 했습니다(삼하 16:9-11). 당시의 상황을 보면 모두가 압살롬 편에 쏠려있었습니다. 때문에 모든 면에서 볼 때에 이제 다윗 왕의 시대는 완전히 끝났다고 생각되는 때였습니다. 그럼에도 불구하고 아비새는 다윗을 따라 함께 피난길을 떠났습니다. 참으로 충성스러운 신하였습니다. 우리들도 그렇게 주님을 따라야 할 것입니다.

둘째로 다윗의 환궁을 위해 세바를 죽였습니다.

압살롬의 군대를 제압한 다윗은 마하나임으로부터 예루살렘에 귀환하게 되었습니다. 그러나 다윗왕의 환궁을 둘러싸고 유다 지파와 다른 지파들 간에 분쟁이 생겨나게 되었습니다. 이 틈을 이용하여 베냐민 사람 세바가 반란을 일으켜 유다 지파들을 제외한 모든 이스라엘 지파들로 하여금 다윗을 반역하도록 했습니다. 이에 유다 지파를 제외한 온 이스라엘 사람들이 다윗을 따르지 않고 세바를 따랐습니다(삼하 20:1,2). 이 때에도 다윗왕은 아비새를 불러서 이 일을 처리하도록 지시했습니다(삼하 20:6-22). 한마디로 그는 훌륭한 작전참모였습니다.

셋째로 노년의 다윗왕을 위기에서 구했습니다.

다윗의 노년에 블레셋과의 전투가 벌어졌습니다. 때문에 다윗은 신복들과 함께 전쟁터에 나아가 싸웠습니다. 그런데 이것이 웬일입니까? 다윗이 예전과 같지 않았습니다. 그렇게 믿음이 좋고 용감한 다윗이었지만 너무나도 쉽게 피곤해 하고, 쉽게 지쳐버렸습니다. 이것을 본 블레셋 사람으로서, 삼백 세겔이나 되는 놋창을 들고 새 칼을 찬 이스비브놉이 다윗을 죽이려고 했습니다(삼하 21:15,16). 때에 바로 아비새가 그 블레셋 사람을 쳐서 죽였습니다(삼하 21:17). 그는 참으로 훌륭한 다윗의 충성스러운 신하였습니다.

사랑하는 여러분!

우리들도 시종이 여일하게 끝까지 충성하는 일꾼들이 되어야 합니다. 또한 하나님의 일에 귀하게 쓰임 받는 핵심 일꾼들이 되어야 합니다. 그리고 원죄를 지고 멸망해 가는 불신 영혼들을 구원하는 멋진 사명자들이 되시기 바랍니다.

3. 대단한 용장이었습니다.

첫째로 블레셋 사람 삼백 명을 죽였습니다.

아비새는 브나야와 또 다른 익명의 한 사람과 함께 블레셋 사람 삼백 명을 죽였습니다. 세 명의 용사가 블레셋 사람 삼백 명을 죽였다고 하는 것은 그들이 싸움에 능한 대단한 용장들이었다는 사실을 알 수 있습니다. 그렇습니다. 우리들도 하나님의 자녀들입니다. 하나님의 자녀는 전능하신 여호와의 능력으로 살아갑니다. 때문에 우리 성도들은 그 어떤 것도 무서워하거나 두려워할 필요가 없습니다. 비록 우리들이 심히 부족하고 연약한 존재들이지만 예수 그리스도의 이름으로 사탄과 이 세상을 이길 수 있습니다. 예수님의 이름으로 고난과 질병을 이길 수 있습니다. 범죄의 유혹과 핍박을 이길 수 있습니다. 그러므로 우리들도 아비새와 같이 이 세상을 자신 있게 살아가야겠습니다.

둘째로 에돔 사람 만 팔천 명을 죽였습니다.

"스루야의 아들 아비새가 소금 골짜기에서 에돔 사람 만 팔천명을 쳐죽인지라"(대상 18:12)고 하셨습니다. 그러나 본절과 병행구절인 사무엘하 8장 13절에서는 아비새가 아닌 다윗이 에돔 사람 만 팔천을 죽인 것으로 기록하고 있습니다. 이에 대해 혹자는 다윗이 원정을 나간 사이에 에돔이 이스라엘을 침략하자 아비새의 지휘를 받은 군사들이 에돔 사람 만 팔천을 죽인 것으로 이해하고 있습니다. 때문에 이 세상의 모든 전쟁은 하나님께 달려 있습니다. 그러므로 전능하신 하나님께서 우리와 함께 하시기만 하면 이 세상에서 무서울 것이 없습니다. 그렇습니다. 우리 모두는 전능하신 하나님의 자녀들입니다.

셋째로 블레셋의 거인 이스비브놉을 죽였습니다.

블레셋의 거인으로서 삼백 세겔이나 되는 놋창을 들고 새 칼을 찬 이스비브놉이 다윗왕을 죽이려고 하자 아비새가 다윗을 도와 그 거인을 쳐죽였습니다(삼하 21:16,17). 참으로 그의 용맹은 우리들이 상상할 수 없는 무서운 용장이었습니다. 이 광경을 목도한 다윗의 용사들이 다윗에게 "…왕은 다시 우리와 함께 전장에 나가지 마옵소서 이스라엘의 등불이 꺼지지 말게 하옵소서"(삼하 21:17)라고 왕을 지극히 생각하는 충성스러운 말을 했습니다. 그는 다윗의 적들에 대해서는 아주 용맹스럽고 혹독하게 다스렸습니다. 그러므로 우리들도 이 세상과 사탄의 유혹에 대해서는 아주 혹독하게 무찌르는 믿음의 용장들이 되어야겠습니다.

사랑하는 여러분!

우리는 모두가 다 하나님의 자녀들이요, 천국의 백성들입니다. 그러므로 하나님의 자녀다운 자부심을 가지시기 바랍니다. 또한 전능하신 하나님을 믿고 언제나 강하고 담대하시기 바랍니다. 그리고 사탄에게 잡혀 있는 불신 영혼들을 어서 빨리 구원하는 멋진 사명자들이 되시기 바랍니다.

 # 아비아달

[삼하 15:24-29]

보라 사독과 그와 함께 한 모든 레위 사람도 하나님의 언약궤를 메어다가 하나님의 궤를 내려놓고 아비아달도 올라와서 모든 백성이 성에서 나오기를 기다리도다 왕이 사독에게 이르되 보라 하나님의 궤를 성읍으로 도로 메어 가라 만일 내가 여호와 앞에서 은혜를 입으면 도로 나를 인도하사 내게 그 궤와 그 계신 데를 보이시리라 그러나 그가 이와 같이 말씀하시기를 내가 너를 기뻐하지 아니한다 하시면 종이 여기 있사오니 선히 여기시는 대로 내게 행하시옵소서 하리라 왕이 또 제사장 사독에게 이르되 네가 선견자가 아니냐 너는 너희의 두 아들 곧 네 아들 아히마아스와 아비아달의 아들 요나단을 데리고 평안히 성읍으로 돌아가라 너희에게서 내게 알리는 소식이 올 때까지 내가 광야 나루터에서 기다리리라 하니라 사독과 아비아달이 하나님의 궤를 예루살렘으로 도로 메어다 놓고 거기 머물러 있으니라

> 아비아달은 사울과 다윗시대의 대제사장으로서 놉의 제사장 아히멜렉(아비멜렉)의 아들이었습니다. 사울은 아히멜렉이 다윗을 도왔다는 이유로 아히멜렉을 비롯하여 제사장 팔십 오인을 자신의 목자장이었던 도엑을 시켜서 살해할 때에 아비아달은 혼자 성전에 있다가 다윗에게 도피하여 다윗에 의해 사독과 함께 제사장이 되었습니다. 그러나 그가 아도니야의 모반에 가담함으로 인해 솔로몬이 왕위를 계승할 때에 그의 제사장직의 박탈과 함께 추방당한 끝이 좋지 않은 사람이었습니다.

1. 다윗의 충신

첫째로 사울의 칼을 피한 자였습니다.

다윗이 사울의 칼을 피해 놉으로 피신하여 아히멜렉 제사장에게 가서 먹을

것과 무기를 요청하여 떡을 대접받고(삼상 21:1-6) 골리앗이 쓰던 칼까지 제공받았습니다(삼상 21:9). 그런데 그 상황을 목격한 사울의 목자장이었던 도엑(삼상 21:7)이 사울에게 "…이새의 아들이 놉에 와서 아히둡의 아들 아히멜렉에게 이른 것을 내가 보았는데 아히멜렉이 그를 위하여 여호와께 묻고 그에게 음식도 주고 블레셋 사람 골리앗의 칼도 주더이다"(삼상 22:9,10)라고 보고했습니다. 이에 사울은 "아히멜렉아 네가 반드시 죽을 것이요 너와 네 아비의 온 집도 그러하리라"(삼상 22:16)하고 도엑을 시켜 제사장 팔십 오 명과 제사장들의 성읍인 놉의 남녀와 아이들과 젖 먹는 자들과 소와 나귀와 양들을 모두 다 죽였습니다(삼상 22:18,19). 그런데 아히멜렉의 아들들 중에서 아비아달만이 유일하게 화를 면했습니다.

둘째로 다윗의 보호를 받았습니다.

아히멜렉이 다윗에게 떡과 골리앗의 칼을 준 연고로 제사장들과 함께 사울에게 호출 받았을 때에 아비아달은 성막에 혼자 남아 있었던 것으로 추측할 수 있습니다. 왜냐하면 사울의 지시를 받은 도엑이 제사장들을 학살하는 위급한 상황 속에서도 그가 에봇을 갖고 도주했기 때문입니다(삼상 23:6). 아비아달은 사울의 손에서 벗어나기 위해 곧바로 다윗에게 피신했습니다. 그것은 바로 그가 이스라엘의 왕인 사울의 손으로부터 보호받는 길은 사울의 손이 미치지 못하는 다윗의 수중으로 피하는 길밖에 없다고 생각했기 때문이었습니다. 그의 예상대로 다윗은 자신에게 피신해온 아비아달에게 "…네 아버지 집의 모든 사람 죽은 것이 나의 탓이로다 두려워하지 말고 내게 있으라 내 생명을 찾는 자가 네 생명도 찾는 자니 네가 나와 함께 있으면 안전하리라 하니라"(삼상 22:22,23)고 그를 보호해 주었습니다.

셋째로 다윗의 동역자였습니다.

다윗의 은혜를 입은 아비아달은 평생 동안 다윗에게 충성했습니다. 아비아달은 하나님의 뜻이 다윗에게 있음을 알고 에봇을 놉에서 가져다가 다윗에게 주었습니다(삼상 23:6-9). 이 에봇은 대제사장이 흉패 밑에 입는 앞치마 같은 것이었습니다(출 28장). 그런데 아비아달이 가지고 온 에봇 속에는 우림과 둠밈(제사장이 하나님의 뜻을 알고자 할 때에 뽑는 것으로서 둘 중 하나는 가와 부가 표시되어 있었습니다)이 들어 있었습니다. 여기에서 다윗과 아비아달의 관계는 힘들고 어려울 때에 함께 동고동락하는 아름다운 관계임을 볼 수 있습니다. 때문에 다윗은 아비아달의 보호자가 되어주었고 아비아달은 사울왕에게 쫓겨다니는 다윗에게 하나님의 뜻을 전하는 아주 중요한 역할을 감당했습니다(삼상 30:7). 우리들도 다윗과 아비아달처럼 진리를 위해 함께 수고하는 아름다운 동역자가 되어야겠습니다(요삼 1:8). 그것이 바로 하나님을 기쁘시게 하는 일이요, 주님의 사역을 감당하는 일꾼들의 본분입니다.

사랑하는 여러분!
이 세상이 제 아무리 악해도 우리들의 마땅한 안식처가 되시는 주님 안에 거하면 안전합니다. 또한 우리들도 위기에 처한 자들을 지키고 보호해주는 성숙한 삶을 살아야겠습니다. 그리고 서로 간에 신뢰를 가지고 하나님의 일에 최선을 다해야겠습니다.

2. 다윗의 제사장

첫째로 다윗이 이스라엘의 왕이 되었습니다.
그동안 죄 없는 다윗을 죽이기 위해 군사력을 낭비한 사울 왕가는 블레셋과의 전투에서 참패를 당하여 사울왕과 함께 그의 아들들이 죽었고 이스보셋만 남게 되었습니다(삼상 31:2-6). 이것은 바로 하나님의 징계에 의한 것이었습니다. 이에 다윗은 사울 왕가의 몰락으로 인해 헤브론에서 유다의 왕으로 즉위했습니다(삼하 2:1-5). 다윗의 유다는 하나님의 은혜로 계속 강성해져 갔습니다(삼하 3:1). 그러나 사울 왕가는 계속 쇠하여져서 사울왕의 마지막 핏줄이었던 이스보셋마저도 죽게 되었습니다. 이에 이스라엘 지파 약 34만 1천 명에 이르는 용사들과 장관들이 헤브론에 있는 다윗에게 나아와(대상 12:23-40) 유다와 이스라엘의 왕이 되어줄 것을 요청했습니다. 그리하여 다윗은 통일 이스라엘의 왕으로 추대되었습니다(삼하 5:3-5). 그리하여 다윗은 30세에 왕이 되어 40년 간 이스라엘을 치리하여 강성대국을 이루었습니다.

둘째로 다윗에 의해 제사장으로 세움 받았습니다.

완전한 통일 이스라엘의 왕이 된 다윗은 법궤를 예루살렘으로 옮겨왔고 아비아달은 다윗의 제사장이 되었습니다(삼상 23:6). 이 때의 다윗의 제사장은 사독과 아비아달이었습니다. 그들은 다윗의 공동 제사장으로서 사독은 법궤를 담당하고 아비아달은 에봇을 가지고 다윗에게 하나님의 신탁에 대한 전임무를 맡아왔음을 보여주고 있습니다. 뿐만 아니라 그의 아들까지도 제사장으로 세움 받았습니다(삼하 8:17). 그렇습니다. 예수 그리스도를 끝까지 믿고 신뢰하면서 그분의 뜻을 귀하게 여기고 순종하며 충성한다고 하면 하나님께서 반드시 승리케 하실 것입니다.

셋째로 다윗이 어려울 때마다 도왔습니다.

아비아달은 다윗이 어려울 때마다 그를 도왔습니다. 그는 다윗의 아들 압살롬이 다윗을 반역할 때도 도왔습니다. 또한 그는 아히도벨의 모반에 대해서도 다윗에게 알렸습니다(삼하 15:34-36). 그렇습니다. 사람이 어려울 때에 힘이 되어주는 사람이 믿음의 사람이요, 좋은 사람입니다. 하나님께서 우리 인류가 범죄하여 죄와 저주로 인하여 멸망 받을 수밖에 없게 되었을 때에 독생자를 보내셨습니다. 또한 우리 주님께서는 자기 자신이 대속의 십자가를 지심으로 우리들을 구원하셨습니다. 그러므로 우리들도 우리의 이웃이 힘들고 어려울 때에는 즉시 도울 수 있는 넉넉한 믿음과 사랑의 사람이 되어야겠습니다.

사랑하는 여러분!
오늘 이 시간이 비록 힘들다고 할지라도 마음 아파하지 마시고 다윗처럼 믿고 의지합시다. 또한 우리들도 하나님의 영광을 위해 최선을 다해 맡겨진 사명을 감당해야겠습니다. 그리고 힘들고 어려운 자들을 최선을 다해 도울 줄 아는 아름다운 삶을 사시기 바랍니다.

3. 다윗과 달리한 말년

첫째로 아도니야의 모반을 지지했습니다.
다윗의 노년에 또 하나의 반역이 나타났습니다. 그 반역의 주모자는 다윗의 원수가 아닌 바로 사랑하는 아들인 아도니야였습니다. 다윗은 넷째 아들인 아도니야를 무척 사랑했습니다. 그는 용모가 심히 준수한 자로서 다윗에게 단 한번도 꾸중을 들어본 적이 없는 아들이었습니다(왕상 1:5, 6). 그가 다윗의 왕위를 찬탈하기 위해 음모를 꾸몄습니다. 그런데 다윗의 군대장관이었던 요압과 다윗의 제사장이었던 아비아달이 다윗이 나이가 들어 늙게 되자 다윗이 더 이상 왕의 자리를 지키지 못할 것으로 알고 왕위찬탈 음모를 꾸민 아도니야를 지지했습니다. 참으로 안타까운 일이었습니다. 그렇습니다. 이 세상에서 믿을 수 있는 사람은 하나도 없습니다. 그러므로 우리 성도들은 오직 주님만 믿고 의지해야 합니다.

둘째로 제사장 직분을 빼앗겼습니다.

아도니야의 반란에도 불구하고 다윗은 솔로몬을 이스라엘의 3대왕으로 세웠습니다. 왕으로 즉위한 솔로몬은 다윗의 유언을 따라 즉시 대대적인 숙청을 단행했습니다. 그 첫 번째 대상이 바로 제사장 아비아달이었습니다. (왕상 2:27)그것은 바로 나라를 올바로 세우기 위해서는 영적 지도자의 부패를 척결해야 된다고 생각했기 때문이었습니다. 그는 그동안 다윗의 보호를 받았고 다윗에 의해 제사장으로 세움 받은 자로서 그동안 다윗 왕가에 충성했습니다. 그러나 갑자기 변질되어 아도니야의 음모에 가담했습니다. 때문에 솔로몬은 아비아달의 제사장 직분을 박탈했습니다(왕상 2:26, 27). 그러나 솔로몬은 그가 다윗왕에게 충성했던 것을 생각하고 죽이지는 않았습니다.

셋째로 아나돗으로 유배당했습니다.

아비아달은 엘리 계통으로 이어져 내려오던 제사장 중 마지막 제사장이었습니다. 바로 엘리 가문의 제사장이 끊어지게 된 것이었습니다(삼상 2:27-36). 솔로몬은 아비아달의 제사장직만 박탈시킨 것이 아니라 그를 그의 고향 땅 아나돗으로 유배시켰습니다. 그리고 사독으로 하여금 아비아달을 대신하여 제사장직을 감당하게 했습니다(왕상 2:35). 그러나 기름부음 받지 않은 요압은 처형시켰습니다(왕상 2:33, 34). 우리는 여기에서 깨달아야 합니다.

사랑하는 여러분!

우리는 이유 여하를 막론하고 배신하는 일이 없어야겠습니다. 또한 더욱이 맡은 바 사명을 잘 감당하지 못해서 직분을 빼앗기지 말아야 합니다. 그리고 우리는 그 어떤 일이 있어도 유배되거나 처형되는 불행한 일이 없어야겠습니다.

 아 사

[대하 14:1-8]

아비야가 그의 조상들과 함께 누우매 다윗 성에 장사되고 그의 아들 아사가 대신하여 왕이 되니 그의 시대에 그의 땅이 십 년 동안 평안하니라 아사가 그의 하나님 여호와 보시기에 선과 정의를 행하여 이방 제단과 산당을 없애고 주상을 깨뜨리며 아세라 상을 찍고 유다 사람에게 명하여 그 조상들의 하나님 여호와를 찾게 하며 그의 율법과 명령을 행하게 하고 또 유다 모든 성읍에서 산당과 태양상을 없애매 나라가 그 앞에서 평안함을 누리니라 여호와께서 아사에게 평안을 주셨으므로 그 땅이 평안하여 여러 해 싸움이 없은지라 그가 견고한 성읍들을 유다에 건축하니라 아사가 일찍이 유다 사람에게 이르되 우리가 우리 하나님 여호와를 찾았으므로 이 땅이 아직 우리 앞에 있나니 우리가 이 성읍들을 건축하고 그 주위에 성곽과 망대와 문과 빗장을 만들자 우리가 주를 찾았으므로 주께서 우리 사방에 평안을 주셨느니라 하고 이에 그들이 성읍을 형통하게 건축하였더라 아사의 군대는 유다 중에서 큰 방패와 창을 잡는 자가 삼십만 명이요 베냐민 중에서 작은 방패를 잡으며 활을 당기는 자가 이십팔만 명이라 그들은 다 큰 용사였더라

> 아사는 솔로몬 왕이 죽고 나라가 이스라엘과 유다로 갈라진 후에 르호보암과 아비야의 뒤를 이어 유다의 제3대 왕으로 즉위했습니다. 당시 사회는 영적으로 타락하여 우상숭배가 만연하였고 윤리와 도덕은 땅에 떨어져 있었으며 사회 악은 극도로 팽배해 있었습니다. 그는 여호와 보시기에 선과 정의를 행하고 이방제단과 산당을 없이하였으며 백성들에게 하나님을 구하고 율법과 명령을 따라 행하도록 선정을 펼쳤습니다. 그러나 그도 종국에는 타락하여 삶을 아름답게 마무리하지 못하고 불행한 자로 생을 마감했습니다.

1. 개혁을 단행했습니다.

첫째로 종교를 개혁했습니다.

솔로몬이 통치말기에 이방 여인들의 유혹을 받아 우상을 숭배함으로 인해 아사가 유다의 왕으로 즉위할 시에는 우상숭배사상이 이미 유다의 전 지역에 만연되어 있었습니다. 이에 아사 왕은 즉위하자마자 곧바로 종교개혁을 단행했습니다. 그는 그동안 르호보암과 아비야(아비얌)의 후원으로 이룩한 이방종교의 우상들을 폐하고 그들의 보물들을 몰수하여 하나님께 드렸습니다(왕상 15:15). 그의 종교개혁은 외적으로는 이방의 산당과 우상 자체를 파괴하였으며 내적으로는 모든 백성들로 하여금 살아 계신 하나님을 믿고 율법의 명령을 지켜 행하도록 했습니다(대하 14:4). 때문에 하나님께서 아사와 유다를 평안케 하셨습니다(대하 14:5,6). 그의 종교개혁은 아주 성공적이었습니다. 우리들도 자신의 언행심사와 삶의 자세를 아름답게 개혁해 나아가야 하겠습니다.

둘째로 인정에 매이지 않았습니다.

아사의 어머니는 마아가로서 압살롬(아비살롬)의 딸이었습니다(왕상 15:2-10). 그녀는 가나안 사람들이 풍요의 신으로 믿는 아세라상을 만들어 우상으로 세우고 경배하도록 했습니다. 이에 아사는 마아가가 자기 어머니임에도 불구하고 그녀를 태후의 위에서 폐하고 그녀가 만든 모든 우상들을 찍어서 기드론 시냇가에서 불살랐습니다(왕상 15:13; 대하 15:16). 다시 말하면 아사왕은 종교를 개혁하면서 인정에 매이지 않고 자기 어머니까지도 태후의 자격을 박탈하는 과감함을 보였습니다. 이것은 바로 아사왕이 자신의 가정에서부터 우상을 깨끗하게 정리한 것이었습니다. 그렇습니다. 먼저 나 자신과 가정이 새롭게 되어야 교회와 사회를 바르게 섬길 수 있습니다.

셋째로 사회 질서를 바로 잡았습니다.

당시의 유다는 윤리와 도덕이 땅에 떨어져 있었으며 사회악은 극에 달해있었습니다. 당시는 전쟁이 치열한 환난의 때로서 성읍들이 완전히 무너지고 서로가 물고 뜯는 아주 악한 때였습니다. 때문에 백성들의 삶은 물론 출입하는 것까지도 불안한 시대였습니다. 이에 여호와께서 보시기에 "...선과 정의를 행..."(대하 14:2)하는 아사는 과감하게 사회를 개혁하고 질서를 잡았습니다. 또한 남색 하는 자들과 사회질서를 어지럽히는 자들을 모두 다 나라 밖으로 추방했습니다. 그리고 각 분야에서 나타나는 악의 요소들을 완전히 제거했습니다. 그렇습니다. 우리들도 주님이 원치 않으시는 악이 우리들의 언행 심사에 깃들어 있다고 하면 아주 과감하게 척결해야겠습니다. 그리하여 우리 하나님이 원하시는 복된 삶을 이루어가시기 바랍니다.

사랑하는 여러분

우리들의 신앙생활에서 비성경적인 요소가 있다고 하면 과감하게 척결합시다. 또한 그 어떤 인정과 사정에 매여서 하나님을 서운케 하는 불행한 자들이 되지 맙시다. 그리고 이 세상을 새롭게 변화시키는 멋진 삶을 사시기 바랍니다.

2. 나라를 견고케 했습니다.

첫째로 성읍을 건설하고 성곽을 쌓았습니다.

아사가 즉위하여 곧바로 종교를 개혁하고 사회질서를 확립시켰습니다. 하나님께서 아사왕의 개혁을 보시고 십 년 동안 유다에 평화롭게 살 수 있는 복을 주셨습니다(대하 14:1-6). 그러나 아사왕은 거기에 안주하지 않고 계속해서 나라를 견고케 하는 정책을 폈습니다. 평안의 시기를 연락의 기회로 삼지 않고 아름답게 선용했습니다. 땅에 성읍을 건축하고 그 주위에 성곽을 쌓고 망대를 세웠으며 문과 빗장을 만들었습니다. 우리들도 이와 같이 건강하고 평화로울 때에 보다 더 나은 내일과 혹시나 있을 줄 모르는 만약의 일에 대해 철저하게 준비할 줄 아는 지혜로운 삶을 살아야겠습니다. 모든 일에서 철저히 할수록 좋습니다. 초대교회 때에도 교회가 평화를 누리면서 든든하게 세워져갔고 성도들의 수가 날마다 더해 갔습니다(행 9:31). 우리들도 우리의 인생과 가정, 교회를 아름답게 잘 세워나가야 합니다.

둘째로 국방력을 강화했습니다.
아사왕은 성곽을 쌓는데 그치지 않고 국방력을 강화시켰습니다. 당시 아사왕의 군대는 "유다 중에서 큰 방패와 창을 잡는 자가 삼십만 명이요 베냐민 중에서 작은 방패를 잡으며 활을 당기는 자가 이십팔만 명이라 그들은 다 큰 용사였더라"(대하 14:8)고 했습니다. 바로 오십 팔만이라는 대 군대를 거느렸습니다. 그는 자신에게 주어진 시간과 환경, 물질을 아주 적절하게 잘 관리하고 선용할 줄 아는 참으로 멋진 사람이었습니다. 그렇습니다. 우리는 언제나 지금 이 시간에 열심히 일해야 합니다. 바로 오늘 최선을 다해 충성해야 합니다. 그래야 성공과 승리가 있고 보다 더 나은 내일이 있습니다.

셋째로 전쟁에서 승리했습니다.
구스 사람 세라가 군사 백만 명과 병거 삼백 승을 거느리고 유다를 공격했습니다(대하 14:9-15). 이에 아사왕은 "여호와여 힘이 강한 자와 약한 자 사이에는 주밖에 도와 줄 이가 없사오니 우리 하나님 여호와여 우리를 도우소서 우리가 주를 의지하오며 주의 이름을 의탁하옵고 이 많은 무리를 치러 왔나이다 여호와여 주는 우리 하나님이시오니 원하건대 사람이 주를 이기지 못하게 하옵소서"(대하 14:11)라고 하나님께 즉시 기도했습니다. 여기에서 우리는 아사왕이 먼저 자신의 연약함을 하나님 앞에 겸손히 인정했다는 것을 알 수 있습니다. 그렇습니다. 하나님께서는 언제나 겸손한 자를 도우십니다. 때문에 교만은 패망의 원인이 됩니다. 또한 그는 만군의 여호와 하나님께 기도했다는 것입니다. 하나님께서는 우리의 기도를 들어주십니다. 그러므로 기도해야 삽니다. 기도하는 자의 자식은 망하는 법이 없습니다. 때문에 하나님께서는 아사왕의 기도를 들으시고 아사왕과 유다 사람 앞에서 구스 사람들을 쳐서 패하게 하셨습니다(대하 14:12). 그렇습니다. 전쟁의 승리는 하나님께 달려있습니다.

사랑하는 여러분!
지금 이 시간에 보다 더 나은 내일을 위해 성곽을 쌓고 망대를 세웁시다. 또한 기도와 말씀, 성령으로 철저하게 무장합시다. 그리고 겸손히 기도하여 때마다 일마다 승리하는 능력자들이 되시기 바랍니다.

3. 불행한 종말을 맞았습니다.

첫째로 신앙이 나태해졌습니다.
아사가 왕위에 오른지 10년 동안 전쟁이 없었습니다. 또한 구스와의 전쟁에서 크게 승리한 후 오랜 세월 동안 평화를 누리게 되었습니다. 백성들의 전폭적인 지지와 존경을 받게 되었습니다. 이에 그는 유다의 승리와 부요, 평강이 하나님의 은혜라는 사실을 깨닫지 못하고 자신이 나라를 잘 다스렸기 때문이라고 착각하기 시작했습니다. 때문에 그는 이제 하나님을 찾지도 않고 하나님의 말씀을 들으려고 하지도 않았습니다(대하 16:7). 그렇습니다. 우리 인간은 언제나 이렇게 모든 것들이 잘 되고 평안하며 여유가 생기게 되면 타락하기 쉽습니다. 그러므로 우리는 언제나 잘 될 때에 하나님의 은혜에 감사하고 주의해야 합니다.

둘째로 선지자를 무시했습니다.
북왕국 이스라엘은 벧엘에 금송아지 우상을 세우고 예루살렘 성전 중심의 여호와 종교를 대체하려고 했습니다. 그러나 북왕국에 사는 신실한 성도들이 절기 때만 되면 예루살렘에서 예배하기 위해 유다를 찾았습니다. 때문에 당시 북왕국 이스라엘의 왕이었던 바아사가 라마에 군사기지를 세우고 북왕국 이스라엘 백성들로 하여금 남왕국 유다로 내려가지 못하게 했습니다(대하 16:1,2). 이때에 아사왕은 아람왕 벤하닷에게 뇌물을 주고 도움을 청하여 라마에 군사기지를 건축하려던 북왕국 이스라엘을 물리쳤습니다(대하 6:1-5). 아사왕이 북왕국 이스라엘을 격퇴했다고 기뻐하고 있을 때에 하나님은 선지자 하나니를 그에게 보내어 하나님께 기도하지 않고 아람왕에게 도움을 청한 것에 대해 책망하셨습니다(대하 16:7-9). 이에 아사왕은 회개하기는커녕 오히려 진노하고 하나니 선지자를 투옥시켰습니다(대하 16:10). 그러나 그것은 바로 선지자들을 통해서 당신의 사역을 감당하시는 하나님을 무시하는 행위였습니다.

셋째로 백성들을 학대했습니다.
그가 유다 왕으로 처음 즉위했을 때에는 그토록 믿음이 좋았고 아주 겸손했습니다. 또한 종교를 개혁하고 사회기강을 새롭게 확립했습니다. 그리고 성읍들을 건축하고 국방력을 키우는 등 최선을 다하여 선정을 펼쳤습니다. 그러나 하나님의 은혜로 왕위에 올라 나라가 태평성대의 시대를 열어가자 자신도 모르게 교만하여 타락했습니다. 때문에 그는 발에 병이 들어 심한 고통을 받았습니다. 그러나 그는 하나님께 기도하지 않고 의원을 구했습니다(대하 16:12). 그러나 그는 낫지 못하고 즉위한지 사십일 년에 죽었습니다.

사랑하는 여러분!
우리는 그 어떠한 이유로도 신앙생활에서 나태한 일이 있어서는 안 됩니다. 또한 하나님의 일꾼들을 무시하는 어리석은 죄를 범치 맙시다. 그리고 시종이 여일한 가치 있는 삶을 사시기 바랍니다.

 아 셀

[신 33:24-25]

아셀에 대하여는 일렀으되 아셀은 아들들 중에 더 복을 받으며 그의 형제에게 기쁨이 되며 그의 발이 기름에 잠길지로다 네 문빗장은 철과 놋이 될 것이니 네가 사는 날을 따라서 능력이 있으리로다

> 아셀은 야곱이 레아의 여종인 실바를 통해서 낳은 일곱째 아들이었습니다. 야곱은 나이가 많아 자신의 임종이 가까워 오자 아들들을 불러 놓고 각자에 대해 예언을 했습니다. 그런데 아셀에게는 그에게 나는 먹을 것은 기름진 것이라고 하면서 매우 풍족함을 누릴 것이라고 예언했습니다. 그는 다섯 명의 자녀를 두고 있었으며 아셀 지파를 이루기도 했습니다. 우리들도 하나님의 사랑과 은혜로 계속 번성하여 하나님의 뜻을 온전히 이루어드리는 멋진 삶을 살아야겠습니다.

1. 야곱의 예언

첫째로 풍성한 먹을 것의 복이었습니다.

야곱은 아셀에게 "아셀에게서 나는 먹을 것은 기름진 것이라..."(창 49:20)고 했습니다. 이 예언은 후에 아셀 지파가 갈멜산에서 베니게에 이르는 전 지역을 차지함으로 성취되었습니다. 이곳은 지중해 해변 지역으로서 땅이 기름지고 소산이 풍부했습니다. 이것은 바로 아셀의 후손들이 비옥한 땅에서 풍족한 생활을 하게 될 것임을 예언한 것이었습니다. 실제로 아셀 지파가 분배받은 땅은 지중해 연안지역의 땅으로서 다른 지파들이 분배받은 땅보다는 상대적으로 비옥한 땅이었기 때문에 풍성한 먹을 것들을 거둘 수 있었습니

다. 다른 지파들이 얻은 가나안 땅의 중심부나 산악지대와는 전혀 달랐습니다. 야곱의 아셀에 대한 축복의 예언은 모세도 마찬가지로 비슷한 예언을 했습니다(신 33:24). 그렇습니다. 하나님의 뜻은 어느 시대나 상황에 상관없이 분명하게 역사하십니다.

둘째로 왕의 수라상을 차리었습니다.
아셀 지파가 "...왕의 수라상을 차리로다"(창 49:20)라는 말씀은 아셀 지파의 위치와 관련해서 생각해봐야 합니다. 아셀 지파는 팔레스틴의 최북방 연안지역으로서 이방 나라인 두로는 물론 시돈과 인접해 있었습니다. 때문에 자연히 교역이 활발해졌고 부요도 이루게 되었습니다. 또한 그들의 풍부한 물질로 이방 나라의 왕까지도 공치하는 결과를 가져왔습니다. 그러는 와중에 그들은 자연히 동족인 이스라엘 백성들과의 관계가 자연히 소홀해 질 수밖에 없었습니다. 여기에서 우리들은 한 가지 교훈을 얻어야 합니다. 아셀 지파가 풍성한 물질의 복과 비옥한 땅, 무역하기 좋은 지역에서 물질적인 부요를 누리는 동안에 이스라엘 백성들과의 관계가 멀어졌다는 것입니다. 그렇습니다. 우리가 육을 입고 있는 동안에는 이 세상에서 살 수밖에 없습니다. 그러나 이 세상 것에 빠져서 하나님과 멀어지는 불행한 결과를 가져오는 일이 없어야겠습니다.

셋째로 아셀 지파를 이룰 것이라는 것입니다.
아셀은 결혼하여 4남 1녀를 두었습니다. 그런데 그의 후손들이 계속 번성하여 이스라엘의 열두 지파들 중에 하나인 아셀 지파를 이루었습니다. 그런데 그 지파는 대단히 번성했습니다. 아셀이 이스라엘의 한 지파를 이루었다는 것은 참으로 크신 하나님의 은혜요, 큰 축복이었습니다. 이것은 바로 그들이 어느 지파보다도 큰 축복을 받았음을 보여주고 있는 것입니다.

사랑하는 여러분

하나님께서는 이미 우리들에게 영육적으로 풍성한 복을 주셨습니다. 날마다 감사합시다. 또한 그 어떠한 일이 있어도 이 세상 것을 멀리하고 주님과 함께 합시다.

2. 모세의 유언

첫째로 아셀이 받을 복이었습니다.

모세는 아셀 지파에 대해 예언하기를 "아셀은 아들들 중에 더 복을 받으며 그의 형제에게 기쁨이 되며 그의 발이 기름에 잠길지로다"(신 33:24)라고 했습니다. 먼저 자식이 많은 복이었습니다. 당시에는 이 세상에서의 가장 큰 복이 바로 자식이 많은 것이었습니다. 때문에 시편 기자는 "자식들은 여호와의 기업이요 태의 열매는 그의 상급이로다"(시 127:3)라고 말했습니다. 모세의 예언대로 아셀 지파는 광야에서도 다른 지파들보다 더 번성했습니다. 민수기에 나타난 제1차 인구조사에서는 아셀 지파 수가 4만 1천 5백 명이었습니다. 그런데 제2차 인구조사 때에는 5만 3천 4백 명으로 증가했었습니다. 그동안 두 번의 인구조사에서 이스라엘의 다른 지파들은 거의 변함이 없었습니다. 오히려 줄어든 지파도 있었습니다. 그런데 아셀 지파만 유일하게 1만 2천 명이 증가했습니다. 또한 형제들의 기쁨이 될 것이라고 했습니다. 이것은 아셀 지파의 풍요함을 통해서 다른 사람들에게 도움을 준다는 것이었습니다. 이 예언과 같이 실제로 훗날에 솔로몬 왕은 아셀 지파의 기업인 갈멜 평원에서 나는 곡식으로 두로 왕 히람에게 공급한 적이 있었습니다(왕상 5:11). 그리고 그 발이 기름에 잠길 것이라고 했습니다. 이것은 바로 아셀 지파가 다른 지파들보다도 기름진 옥토를 받게 될 것이라는 것입니다. 이 예언은 그대로 이루어졌습니다(수 19:24-31).

둘째로 풍성한 물질의 복이었습니다.

아셀 지파에 대한 야곱이나 모세의 예언은 한결같이 아셀 지파가 기름진 토지로 인해 풍성한 물질적인 복을 누리게 될 것이라고 했습니다. 이 예언대로 아셀 지파가 거한 땅이 토질적으로 다른 지역보다 훨씬 더 기름진 옥토는 아니었습니다. 그러나 그들이 거하게 될 땅은 해안이 가까운 곳이었습니다. 때문에 무역과 해양산업의 발달로 인해 물질적인 풍요함을 누릴 수 있었습니다. 이러한 예언은 야곱이 아셀에게 한 예언과 똑같았습니다. 그렇습니다. 하나님의 예언은 어제나 오늘이나 영원토록 변치 않고 그대로 시행됩니다.

셋째로 삶의 터전의 견고함이었습니다.

모세는 아셀에 대해 "네 문빗장은 철과 놋이 될 것이니..."(신 33:25)라고 했습니다. 이것은 아셀 지파의 지경이 견고해짐으로 인해 적의 침략으로부터 안전하게 보호받을 것이라는 것이었습니다. 실로 모세의 예언과 같이 아셀 지파가 거주하게 될 서부해안지역은 그 입지가 대체적으로 좋은 땅이었음에도 불구하고 외부의 침입을 받는 일이 많지 않았습니다. 왜냐하면 당시 근동지방의 전쟁은 대부분이 가나안 지역의 중심부인 유대지방을 취하려는 것이었습니다. 때문에 해안 지역으로서 변방인 그곳은 외침을 받는 일이 거의 없었습니다. 그러므로 아셀 지파의 삶의 터전은 자연히 문빗장을 굳게 닫은 견고한 성읍이 될 수밖에 없었습니다. 그렇습니다. 하나님께서 지키시고 보호하시면 이 세상의 그 무엇도 해칠 수 없습니다.

사랑하는 여러분!

우리들의 번성으로 인해 주님의 몸 된 교회와 이 사회를 더욱 복되게 하는 충성된 삶을 살아야겠습니다. 또한 우리들이 축복 받아 우리의 이웃들을 기쁘게 해야겠습니다. 그리고 우리들의 삶을 견고케 하여 맡은 바 사명을 잘 감당하는 능력 있는 삶을 사시기 바랍니다.

3. 이스라엘의 한 지파로서의 역할

첫째로 가나안의 족속 중에 거했습니다.

아셀 지파가 분배받아 살고 있던 지역은 모두 다 갈멜산 북쪽 연안지역이었습니다. 이곳 거주민들은 다른 지역의 가나안 사람들과는 달리 아주 커다란 세력을 지니고 있었습니다. 그런데 문제는 아셀 지파가 그 땅의 거주민인 가나안 사람들 가운데 거주한 것이었습니다(삿 1:31,32). 앞서의 에브라임 지파와 스불론 지파는 모두 다 가나안 거주민들을 완전히 쫓아내지 못했지만 그들이 장악하고 주도권을 가지고 살았습니다. 그러나 아셀과 납달리 지파는 오히려 가나안 사람 가운데 거주한 것으로 기록되어 있습니다. 다시 말하면 가나안 사람들의 주도권 하에서 그들 속에 끼어 사는 나약한 삶을 살았습니다. 참으로 안타까운 일이었습니다. 우리들도 마찬가지입니다. 우리 성도들이 이 세상 속에 묻혀서 세상 사람에게 이끌려 살아가는 불행한 자가 아니라 이 세상을 주도적으로 다스리고 정복하는 능력 있는 삶을 살아야겠습니다.

둘째로 가나안 족속을 쫓아내지 못했습니다.

여호수아가 가나안 땅을 정복한 것은 전체적인 팔레스틴 지역을 이스라엘 수중에 들어가게 했다는 것입니다. 그러나 이스라엘의 각 지파들이 분배받은 땅에는 아직도 그 지역의 가나안 원주민들이 자리하고 있었습니다. 때문에 각 지파들은 자신들이 분배 받은 땅에 사는 원주민들을 쫓아내든지 정복하는 것은 모두가 다 그들의 몫이었습니다. 그런데 아셀 지파는 자신들이 분배받은 땅의 가나안 원주민을 쫓아내지 못했습니다. 그리고 그들과 함께 살았습니다(삿 1:31,32). 그것은 바로 하나님의 명령에 불순종하는 무서운 죄악이었습니다. 그러므로 우리들은 철저하게 우리 속에서 이 세상 것을 추방해야 합니다.

셋째로 이스라엘의 한 지파로서의 역할을 봅시다.
아셀 지파는 여사사인 드보라와 바락이 가나안 왕 야빈과 벌인 전쟁에 참여하지 않았습니다. 성경은 그에 대해 "아셀은 해변에 앉으며 자기 항만에 거주하도다"(삿 5:17下)라고 책망했습니다. 그것은 바로 형제가 고난을 당하고 있는데도 자신들이 살고 있는 땅이 전쟁터가 되지 않음으로 인해 방관하는 아주 이기적인 자세인 것입니다. 그러나 기드온 사사 때에는 기드온의 부름을 받고 미디안을 치는 전쟁에 참여하여 승리케 했습니다(삿 6:35). 그리고 히스기야의 종교개혁에도 참여했습니다. 참으로 귀한 일이었습니다. 아셀 지파는 드보라 전쟁 때에는 방관했으나 늦게나마 깨닫고 이스라엘의 한 지파로서의 사명을 감당했습니다.

사랑하는 여러분!
우리 모두는 이 세상과의 철저한 구별된 삶을 삽시다. 또한 이 세상을 다스리고 주관하는 능력 있는 삶을 삽시다. 그리고 하나님의 백성으로서의 사명을 철저하게 감당하시기 바랍니다.

 # 아하스

[왕하 16:1-4]

르말랴의 아들 베가 제십칠년에 유다의 왕 요담의 아들 아하스가 왕이 되니 아하스가 왕이 될 때에 나이가 이십 세라 예루살렘에서 십육 년간 다스렸으나 그의 조상 다윗과 같지 아니하여 그의 하나님 여호와께서 보시기에 정직히 행하지 아니하고 이스라엘의 여러 왕의 길로 행하며 또 여호와께서 이스라엘 자손 앞에서 쫓아내신 이방 사람의 가증한 일을 따라 자기 아들을 불 가운데로 지나가게 하며 또 산당들과 작은 산 위와 모든 푸른 나무 아래에서 제사를 드리며 분향하였더라

> 아하스는 요담의 아들이요, 히스기야의 부친으로서 20세에 유다의 12대 왕이 되어 16년 간 통치했습니다. 앗수르 비문에는 그의 이름이 '여호아하스'라고 쓰여 있다고 합니다. 그런데 전해오는 말에 의하면 그가 하나님을 지독하게 배신했기 때문에 여호와를 뜻하는 '여호'를 빼고 그냥 '아하스'라고 불렀다고 합니다. 그 후부터 '아하스'란 이름이 일반적으로 통용되었습니다. 그는 호세아, 미가, 이사야 선지자의 예언을 들으면서도 하나님을 믿지 않고 우상을 섬겼으며 아들을 몰록에게 제물로 드리는 악을 행한 자였습니다.

1. 부실한 인격

첫째로 다윗과 같지 않았습니다.

열왕기 기자는 아하스왕이 "...그의 조상 다윗과 같지 아니하여.."(왕하 16:2)라고 다윗왕과 비교했습니다. 북왕국 이스라엘의 왕들이 여로보암과 비교해서 평가되었듯이 남왕국 유다의 열왕들도 다윗과 비교되어 평가를 받았

습니다. 여로보암은 바알 산당을 짓고 우상을 섬겼으며 자신만이 아니라 백성들까지도 강제로 섬기게 하는 아주 악한 왕이었습니다. 그러나 다윗은 하나님을 경외하고 율법의 규례에 따라 살았습니다. 그의 믿음은 아주 견고했습니다. 그 어떠한 상황에서도 하나님에 대한 믿음은 변함이 없었습니다. 다시 말하면 여로보암은 불신앙의 길을 걸어왔고 다윗은 신앙의 삶을 살았기 때문에 하나님께서 보실 때에 여로보암은 악하게 보셨고 다윗은 선하게 보셨습니다. 하나님께서는 언제나 그 사람이 어떤 길을 걷느냐에 따라서 그에 대해 심판하시고 거기에 합당한 축복과 저주를 내리십니다. 그런데 아하스는 여로보암과 같이 하나님을 경외하지 않고 우상을 섬겼습니다. 그러므로 우리들은 다윗과 같이 사나 죽으나 하나님만을 섬기고 그분의 뜻대로 살아야 합니다.

둘째로 정직하지 못했습니다.

다윗은 "나의 하나님이여 주께서 마음을 감찰하시고 정직을 기뻐하시는 줄을 내가 아나이다 내가 정직한 마음으로 이 모든 것을 즐거이 드렸사오며..." (대상 29:17)라고 했습니다. 또한 다윗은 "하나님이여 내 속에 정한 마음을 창조하시고 내 안에 정직한 영을 새롭게 하소서"(시 51:10)라고 간절히 기도했습니다. 하나님은 거짓말을 하실 수 없는 분이십니다. 그러나 사탄은 거짓의 영입니다. 때문에 사탄은 에덴동산에서 거짓말로 하와를 유혹하여 범죄하게 했습니다(창 3:1-5). 그래서 사탄은 거짓의 아비입니다. 다시 말하면 정직하지 못한 인간은 하나님의 사랑을 받을 수 없고 사람들의 존경과 신뢰도 받을 수 없습니다. 그러므로 우리들은 언제나 정직한 삶을 살아야 합니다.

셋째로 악한 열왕의 길로 행했습니다.

여기에서 아하스가 "이스라엘 열왕의 길"로 행했다는 것은 느밧의 아들 여로보암과 아합처럼 우상을 섬기고 악행을 범했다는 것입니다. 특히 그는 "바알들의 우상을 부어 만들고 또 힌놈의 아들 골짜기에서 분향하고 여호와께서 이스라엘 자손 앞에서 쫓아내신 이방 사람들의 가증한 일을 본받…"(대하 28:2,3)기까지 했습니다. 북이스라엘과 남유다의 역대 왕들 중에서 하나님을 믿는 신앙과 우상을 섬기는 이방 종교와의 혼합을 가져온 자가 바로 아합왕이었습니다(왕상 16:30-32). 그런데 아하스도 역시 이러한 혼합의 죄를 범했습니다(왕하 16:14,18). 우리들은 그 어떤 이유로도 이러한 혼합주의에 빠질 수 없습니다. 우리들은 이유 여하를 막론하고 생사를 걸고 우리 하나님만 섬겨야 할 것입니다.

사랑하는 여러분

우리 모두는 위대한 신앙의 열조들을 본받아 신실한 신앙인으로 살아갑시다. 또한 언제나 정직한 삶을 삽시다. 그리고 길이요, 진리요, 생명이 되시는 주님만 따라 갑시다. 그리하여 하나님께 영광 돌리는 복된 삶을 사시기 바랍니다.

2. 범죄행위

첫째로 몰록에게 아들을 바쳤습니다.

이 몰록(몰렉)은 암몬 사람들이 섬기는 우상이었습니다. 그런데 솔로몬이 나이가 늙어 분별력이 없게 되자 이방인 출신 왕비들이 솔로몬을 유혹하여 암몬 사람들의 우상인 몰록을 받아들이게 했습니다. 이에 솔로몬은 그 왕비들을 위해 예루살렘 성 앞 산인 힌놈의 골짜기에 있는 도벳에 산당을 지어주고 그들로 하여금 자신의 신인 몰록에게 분향하여 제사하게 했습니다(왕상 11:4-8). 이것이 솔로몬이 말년에 극도로 타락하여 하나님을 배신한 결정적인 범죄 행위였습니다. 이 몰록 우상의 특징은 어린아이들을 산 제사로 드리는 것이었습니다. 그런데 아하스는 자신의 아들을 몰록에게 제물로 바쳤습니다(왕하 16:3). 그는 정상인으로서는 도저히 상상할 수 없는 참으로 악한 죄를 저질렀던 것입니다.

둘째로 앗수르왕을 두려워했습니다.
아하스는 앗수르 왕에게 "...나는 왕의 신복이요 왕의 아들이라 이제 아람 왕과 이스라엘 왕이 나를 치니 청하건대 올라와 그 손에서 나를 구원하소서 하고 아하스가 여호와의 성전과 왕궁 곳간에 있는 은금을 내어다가 앗수르 왕에게 예물로 보냈더니"(왕하 16:7,8)했습니다. 그는 한 나라의 왕이었음에도 불구하고 앗수르 왕에게 자신을 비하하여 나는 '왕의 신하' 요 '왕의 아들' 이라고까지 했습니다. 자기 자신이 유다의 왕이기를 스스로 포기하고 앗수르 왕의 종속이 되어 이스라엘 왕과 아람 왕의 손에서 구원해 달라고 아첨하는 참으로 비굴한 왕이었습니다. 이것은 바로 천지의 주재가 되시는 전능하신 하나님을 믿지 않고 썩어질 수밖에 없는 세상의 권력을 의지하는 것으로서 무서운 불신앙이요, 크나큰 범죄행위였습니다.

셋째로 이방신의 제단을 모방했습니다.
아하스가 아람과의 전쟁에서 앗수르 왕의 도움으로 다메섹을 물리치고 전쟁을 끝냈습니다. 다메섹은 원래 아람의 성읍이었는데 앗수르가 점령하여 앗수르의 성읍으로 편입되었습니다. 그 때 아하스는 앗수르 왕을 만나기 위해 다메섹에 갔다가 그 곳의 우상 제단을 보고 앗수르 왕에게 아첨하기 위해 그 제단의 구조와 제도의 양식을 그려 제사장 우리아에게 보내 예루살렘 성전 안에 있는 제단을 그대로 본을 떠서 만들도록 했습니다(왕하 16:10-13). 그리고 그는 하나님의 전 기구들의 위치를 임의대로 바꾸었습니다. 예루살렘 성전은 하나님의 명령에 의해 하나님이 원하시는 양식대로 만들어졌습니다(출 25:40). 또한 기구들의 위치도 성경말씀대로 배치되었습니다. 그런데 아하스는 자신이 끌어들인 우상을 위해 자기 마음대로 제단을 고치고 성전에 배치된 기물까지도 임의로 다 옮겼습니다(왕하 16:14-16). 그것은 바로 아하스가 여호와 앞에 무서운 죄를 범한 것이었습니다.

사랑하는 여러분!
우리 모두는 이유 여하를 막론하고 오직 하나님만 섬깁시다. 또한 언제, 어디서나 항상 하나님의 자녀다운 당당함을 가지고 자신 있게 삽시다. 그리고 이 세상 끝 날까지 변함 없이 하나님의 일에 충성하는 멋진 성도들이 되시기 바랍니다.

3. 깨닫지 못함

첫째로 국가적인 큰 희생을 당했습니다.
하나님께서는 하나님을 배신하고 우상을 섬기며 성전의 제단을 훼손시킨 아하스를 징치하셨습니다(왕하 16:5). 아람과 이스라엘의 동맹군은 유다를 공격하여 하루 동안에 유다의 용사들을 12만 명이나 죽였고 20만 명을 사마리아로 사로잡아 갔으며 많은 재물을 약탈해갔습니다. 뿐만 아니라 에브라임(이스라엘의 별명)의 용사 시그리는 왕의 아들 마아세야와 궁내대신 아스리감과 총리대신 엘가나를 죽였습니다. 이 모두는 다 아하스가 하나님을 버리고 우상을 섬긴 대가로 주어진 것이었습니다(대하 28:6-8). 참으로 말할 수 없는 엄청난 국가적인 손실을 가져왔습니다. 그렇습니다. 하나님을 섬기지 않고 우상을 섬기는 자들의 결국은 이렇게 큰 아픔인 것입니다.

둘째로 하나님께서 긍휼을 베푸셨습니다.

우상을 섬긴 아하스에게 무서운 심판을 내리신 하나님께서는 유다 백성들에게 긍휼을 베푸셨습니다. 그것은 바로 선지자 오뎃을 북이스라엘에 보내셔서 동족인 남유다 백성들을 잔인하게 살육하고 포로로 삼은 것이 잘못되었다는 사실을 깨우치게 하셨습니다. 따라서 북이스라엘은 선지자 오뎃을 통해서 포로들을 남유다로 돌려보냈습니다. 이러한 모습은 참으로 감동적이었습니다. 이것은 바로 이스라엘의 온전한 회복에 대한 증표가 될 뿐만 아니라 모든 성도들이 화해하며 하나가 될 것을 상징적으로 보여주신 것입니다.

셋째로 앗수르에 의해서도 냉대 당했습니다.

아하스의 범죄로 인해 유다를 징계하셨던 하나님께서는 당신의 백성들에 대한 사랑 때문에 다시 긍휼을 베푸셔서 북이스라엘에 잡혀간 포로들을 귀환시켜 주셨습니다. 그러므로 아하스는 그동안의 죄악을 회개하고 하나님께 속히 돌아왔어야 했습니다. 그러나 그는 정신을 차리지 못하고 여호와를 경외하기는커녕 계속해서 사람들을 의지했습니다. 그는 에돔과 블레셋이 유다를 침범하자 앗수르 왕에게 뇌물을 주면서 도움을 요청했습니다. 그러나 앗수르 왕은 돕기는커녕 계속 냉대하고 구박하기까지 했습니다(대하 28:16-21). 때문에 도움을 얻기는커녕 오히려 손해만 봤습니다.

사랑하는 여러분!

그 어떤 이유로도 나 때문에 가정과 교회, 사회가 어려움을 당하는 일이 없도록 합시다. 또한 하나님께서 우리들의 죄를 용서하시고 긍휼을 베푸실 때에 어서 회개하고 주께로 돌이킵시다. 그리고 도울 힘이 없는 이 세상이나 인간을 의지하지 말고 오직 주님만 믿고 의지하는 신앙인이 되시기 바랍니다.

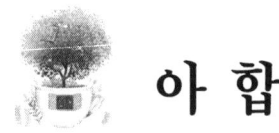 # 아 합

[왕상 16:29-33]

유다의 아사 왕 제삼십팔년에 오므리의 아들 아합이 이스라엘의 왕이 되니라 오므리의 아들 아합이 사마리아에서 이십이 년 동안 이스라엘을 다스리니라 오므리의 아들 아합이 그의 이전의 모든 사람보다 여호와 보시기에 악을 더욱 행하여 느밧의 아들 여로보암의 죄를 따라 행하는 것을 오히려 가볍게 여기며 시돈 사람의 왕 엣바알의 딸 이세벨을 아내로 삼고 가서 바알을 섬겨 예배하고 사마리아에 건축한 바알의 신전 안에 바알을 위하여 제단을 쌓으며 또 아세라 상을 만들었으니 그는 그 이전의 이스라엘의 모든 왕보다 심히 이스라엘 하나님 여호와를 노하시게 하였더라

> 북이스라엘 왕국의 7대 왕인 아합은 사마리아를 북이스라엘 왕국의 수도로 만든 오므리 왕의 아들이었습니다. 그는 인간적으로는 아주 유능하고 정열적인 사람이었습니다. 그는 온 아람인들을 물리치고 승리하여 북왕국 이스라엘을 다메섹 국경지대까지 확장했습니다. 그로 인해 그의 명성은 대단했고 상아로 만든 궁전에 살 정도로 특별한 부귀영화를 누렸습니다. 그러나 시돈 왕 엣바알의 딸인 이세벨과 결혼한 다음 하나님을 배신하고 베너게 신인 바알 우상의 극렬한 신자로 변질되었습니다. 때문에 선지자 엘리야의 책망을 받기도 했습니다. 그는 결국 하나님의 진노에 의해 아람과의 전쟁터에서 화살을 맞고 전사했습니다.

1. 사악한 사람

첫째로 하나님을 배신한 악한 왕이었습니다.

하나님께서 아합이 엘리야의 책망을 듣고 "...옷을 찢고 굵은 베로 몸을 동이고 금식하고 굵은 베에 누우며 또 풀이 죽어 다니더라..."(왕상 21:27)고 했

는데 이것을 보시고 그의 시대에 재앙을 내리지 않으시고 그의 아들의 시대에 내리시겠다(왕상 22:29)고 하신 것을 보면 원래는 그가 하나님을 믿었다는 것을 알 수 있습니다. 그런데 그가 북왕국의 수도인 사마리아 성 안에 바알의 신당을 건축하고 바알을 위하여 단을 쌓았으며 아세라 목상을 만들었습니다. 그리하여 북왕국 이스라엘 백성 전체를 죄악의 구렁텅이로 빠지게 했습니다. 이것이 바로 아합이 이전의 모든 왕들보다도 더욱 악하다고 한 내용입니다. 다시 말하면 이전까지의 왕들이 여로보암의 악을 답습했다고 하면 아합은 하나님을 배신하고 백성들까지도 바알을 숭배하도록 했다는 것입니다(왕상 16:30). 또한 여기에서 우리가 한가지 깨달아야 할 것은 부모의 신앙자세가 후손에게까지 영향을 미친다는 것입니다.

둘째로 이세벨에게 충동되었습니다.

아합이 그렇게 악한 왕으로 전락하게 된 것은 바로 이세벨과의 결혼 때문이었습니다. 그래서 성경은 "예로부터 아합과 같이 그 자신을 팔아 여호와 앞에서 악을 행한 자가 없음은 그를 그의 아내 이세벨이 충동하였음이라"(왕상 21:25)고 했습니다. 다시 말하면 아합이 하나님을 배신하고 바알 우상을 섬기면서 전례없이 악한 왕으로 전락된 것은 그의 아내 이세벨의 영향을 받았기 때문이라는 것입니다. 그러므로 우리들은 그 어떤 경우에도 악의 영향을 받아서는 절대로 안 됩니다. 오직 하나님의 영향만 받아야 합니다.

셋째로 거짓 선지자들의 예언을 믿었습니다.

아람 왕 벤하닷이 북왕국 이스라엘의 아합왕과의 전투에서 패하고 자신이 사로잡히자 전에 자기의 부친이 이스라엘에게서 빼앗은 도시들을 모두다 반환할 것을 조건으로 북왕국 이스라엘의 아합왕과 평화조약을 맺고 풀려났습니다(왕상 20:34). 그런데 그 후에 벤하닷이 그 조약과 관련된 길르앗 라못을 반환하지 않았습니다. 때문에 아합이 전쟁할 것을 생각하고 여호사밧에게 동맹할 것을 요구했습니다(왕상 22:1-4). 이에 여호사밧은 아합에게 먼저 여호와의 말씀이 어떠하신지 물어 보라고 요구했습니다(왕상 22:5). 아합의 요구로 여호사밧은 약 사백 명의 선지자들에게 "...내가 길르앗 라못에 가서 싸우랴 말랴..."(왕상 22:6上; 대하 18:5上)라고 묻자 그들은 "...올라가소서 주께서 그 성읍을 왕의 손에 넘기시리이다"(왕상 22:6下; 대하 18:5下)라고 대답했습니다. 당시 북왕국 이스라엘은 아합의 주도 아래 우상을 숭배하고 있었기 때문에 이스라엘에서 공적으로 선지자의 사역을 활동하고 있는 자들은 모두가 다 타락한 자들로서 아합의 비위를 맞추는 거짓 선지자들이었습니다. 때문에 하나님의 뜻과는 전혀 다른 거짓 예언을 했습니다. 그러나 그는 거짓 선지자들의 예언을 그대로 믿고 전쟁터에 나갔습니다.

사랑하는 여러분
하나님께서 오늘의 나에게 제일 좋은 환경을 주셨다고 생각하고 감사하며 삽시다. 또한 이유 여하를 막론하고 남에게 부담주는 요구를 하지 맙시다. 그리고 우리들의 생애에서 남에게 상처를 주고 손해를 끼치는 불행한 일이 없어야겠습니다.

2. 탐욕의 사람

첫째로 나봇의 포도원을 탐했습니다.
그는 솔로몬 이후로는 최고의 지위와 권세, 명예와 부를 누렸습니다. 그러나 그것에 만족하지 않고 왕궁 옆에 있는 나봇의 포도원을 탐했습니다. 그는 나봇에게 "...네 포도원이 내 왕궁 곁에 가까이 있으니 내게 주어 채소밭을 삼게 하라 내가 그 대신에 그보다 더 아름다운 포도원을 네게 줄 것이요 만일 네가 좋게 여기면 그 값을 돈으로 네게 주리라"(왕상 21:2)고 후한 조건을 제시했습니다. 바로 자신의 권력으로 선량한 백성의 포도밭을 강제로 뺏으려고 한 것이었습니다. 그는 남이 갖지 못한 것들을 누구보다도 더 많이 가지고 있음에도 불구하고 남의 것을 빼앗고자하는 탐욕의 노예였습니다.

둘째로 나봇이 아합의 요청을 거절했습니다.
나봇은 당시 최고의 권력자인 아합왕의 후한 교환조건과 보상제의에도 불구하고 아주 단호하게 거절했습니다(왕상 21:3). 그것은 바로 하나님께서 "토지를 영구히 팔지 말 것은 토지는 다 내 것임이니라…"(레 25:23)고 말씀하셨기 때문이었습니다. 뿐만 아니라 자신에게 토지를 물려준 조상에 대한 후손으로서의 책임감 때문입니다(민 36:7-9). 마찬가지로 우리들도 하나님의 말씀대로 믿고 행하는 멋진 그리스도인들이 되어야겠습니다.

셋째로 나봇은 죽음도 불사했습니다.
당시의 왕들은 재판권도 가지고 있었습니다. 때문에 그들의 권세는 신적인 것으로서 사람들을 죽이고 살리는 것도 마음대로 했습니다. 그러나 그 누구도 이의를 제기하거나 항거할 수 없었습니다. 때문에 나봇이 절대권력자인 아합의 요구를 거절한 것은 죽음도 불사하는 담대한 믿음에서 비롯된 것이었습니다. 악한 이세벨은 나봇이 하나님과 아합을 저주했다는 누명을 씌워 죽이고 포도원을 빼앗아갔습니다(왕상 21:7-16). 그러므로 우리들도 이유여하를 막론하고 믿음의 지조를 굳게 지키는 자들이 되어야겠습니다. 그리고 오직 전능하신 하나님만 의지하고 그분의 뜻대로만 살아가야 하겠습니다.

사랑하는 여러분!
우리 모두는 이유 여하를 막론하고 오직 하나님만 섬깁시다. 또한 언제, 어디서나 항상 하나님의 자녀다운 당당함을 가지고 자신있게 삽시다. 그리고 이 세상 끝 날까지 변함없이 하나님의 일에 충성하는 멋진 성도들이 되시기 바랍니다.

3. 교만한 사람

첫째로 선지자 엘리야의 경고를 무시했습니다.

엘리야는 하나님을 배신하고 바알을 섬기며 악을 행하는 아합에게 "…내가 섬기는 이스라엘의 하나님 여호와께서 살아 계심을 두고 맹세하노니 내 말이 없으면 수년 동안 비도 이슬도 있지 아니하리라"(왕상 17:1)고 경고했습니다. 왜냐하면 당시 바알 숭배자들은 땅에 내리는 축복은 주로 바알로부터 주어진다고 생각했기 때문이었습니다. 다시 말하면 이 세상에 내리는 모든 축복은 생명이 없는 바알로부터 내리는 것이 아니라 전능하신 하나님의 은혜로 말미암는다는 것을 보여주기 위함이었습니다. 그러므로 아합은 엘리야의 경고를 귀담아 듣고 회개하며 순종해야 했습니다. 그러나 그는 엘리야의 경고를 듣지 않고 무시해 버렸습니다.

둘째로 선지자 미가야를 대적했습니다.

아합은 아람에게 빼앗긴 길르앗 라못을 다시 찾기를 원했습니다. 왜냐하면 그곳은 행정중심지로서나 군사 전략적으로도 아주 중요한 곳이기 때문이었습니다. 여호사밧왕은 사백 명의 선지자들이 "…올라가소서 주께서 그 성읍을 왕의 손에 넘기시리이다"(왕상 22:6)라고 전쟁에 참여하면 반드시 승리할 것이라고 권했으나 그들의 예언을 믿을 수가 없어 아합에게 "…이 외에 우리가 물을 만한 여호와의 선지자가 있지 아니하니이까"(왕상 22:7)라고 물었습니다. 이에 아합은 "…이믈라의 아들 미가야 한 사람이 있으니 그로 말미암아 여호와께 물을 수 있으나 그는 내게 대하여 길한 일은 예언하지 아니하고 흉한 일만 예언하기로 내가 그를 미워하나이다…"(왕상 22:8)라고 했습니다. 이에 여호사밧은 "왕은 그런 말씀을 마소서"(왕상 22:8下)라고 말하고 강청하여 미가야의 예언을 듣게 했는데 사백 명의 선지자들과는 달리 아합이 전쟁에서 죽게 되리라는 것이었습니다(왕상 22:14-17,28; 대하 18:27). 바로 패전을 예언했습니다. 이에 아합은 분노하여 미가야를 투옥시켰습니다(왕상 22:26,27).

셋째로 미가야의 예언대로 죽었습니다.
아합과 여호사밧은 하나님이 세우신 선지자 미가야의 예언을 믿지 않고 길르앗 라못의 전쟁터로 갔습니다(대하 18:28). 아합왕은 꾀를 내어 여호사밧 왕에게는 이스라엘 왕복을 입히고 자기는 변장하고 군중으로 들어갔습니다. 이것은 바로 아합이 미가야의 예언에 대한 두려움을 가지고 자기가 아람군의 표적이 되지 않기 위한 것이었습니다. 그런데 이것이 웬일입니까? 아람 왕은 군사들에게 "오직 이스라엘 왕하고만 싸우라"(대하 18:30下)고 명령했습니다. 때문에 이스라엘의 왕복을 입은 여호사밧이 가장 큰 위험에 노출되었습니다. 그러나 하나님께서는 그를 보호하시고 아합왕은 우연히 쏜 화살을 맞고 죽었습니다(대하 18:30-34). 그렇습니다. 인간의 방법으로는 하나님의 뜻을 피할 수 없습니다.

사랑하는 여러분!
그 어떤 이유로도 주의 종들을 통해서 선포되는 하나님의 말씀을 무시하는 일이 없어야 합니다. 또한 하나님의 사람을 대적하는 악을 행치 맙시다. 그리고 언제나 하나님의 말씀만 따라 사시기 바랍니다.

아히도벨

[삼하 17:1-4]

아히도벨이 또 압살롬에게 이르되 이제 내가 사람 만 이천 명을 택하게 하소서 오늘 밤에 내가 일어나서 다윗의 뒤를 추격하여 그가 곤하고 힘이 빠졌을 때에 기습하여 그를 무섭게 하면 그와 함께 있는 모든 백성이 도망하리니 내가 다윗 왕만 쳐죽이고 모든 백성이 당신께 돌아오게 하리니 모든 사람이 돌아오기는 왕이 찾는 이 사람에게 달렸음이라 그리하면 모든 백성이 평안하리이다 하니 압살롬과 이스라엘 장로들이 다 그 말을 옳게 여기더라

> 아히도벨은 대단히 명석한 두뇌를 가진 자로서 정치력이 있는 아주 유능한 사람이었습니다. 그 당시에는 그와 견줄만한 사람이 전혀 없었습니다. 그는 다윗 왕의 특별한 신뢰를 받았던 뛰어난 모사였습니다. 그러나 그는 다윗에 대한 불만을 품고 결국에는 그를 배신하고 압살롬의 반란에 참여하여 다윗 정권을 붕괴시키기 위해 온갖 수단과 방법을 다 동원했습니다. 그러나 그는 자신의 뜻이 실현되지 못하자 결국에 가서는 실망한 나머지 고향으로 돌아가 스스로 목매달아 죽는 비참한 인생의 종말을 맞은 불행한 사람이었습니다.

1. 뛰어난 모사

첫째로 밧세바의 조부였습니다.

밧세바의 아버지는 다윗의 30인 용사 중 한 사람이었던 엘리암이었고 엘리암의 아버지가 바로 아히도벨이었습니다(삼하 11:3, 23:34). 그러므로 아히도벨은 밧세바의 할아버지가 됩니다. 그는 다윗보다는 훨씬 연장자였습니다. 그러나 다윗과는 가장 가까운 친구요, 모사였습니다. 여기에서 모사란

상담자란 뜻으로서 자문관이었다는 말입니다.

둘째로 뛰어난 모사꾼이었습니다.
성경은 "그 때에 아히도벨이 베푸는 계략은 사람이 하나님께 물어서 받은 말씀과 같은 것이라 아히도벨의 모든 계략은 다윗에게나 압살롬에게나 그와 같이 여겨졌더라"(삼하 16:23)고 했습니다. 다시 말하면 아히도벨의 모략은 대제사장이 하나님으로부터 계시받은 말씀처럼 다윗과 압살롬에게 지대한 영향력을 끼쳤다는 것입니다. 참으로 대단한 모사였습니다. 그런데 문제는 다윗에게 있어서는 하나님의 뜻을 따라 이스라엘을 통치하는 데에 많은 도움을 주었을는지 모르지만 압살롬에게 있어서는 그로 하여금 다윗을 맹렬히 반역하게 하고 흉악한 범죄를 저지르게 하는 촉진제 구실을 했다는 것입니다. 다시 말하면 아히도벨이 명석한 두뇌를 가지고 있었음에도 불구하고 그 두뇌를 악의 이용물로 사용했다는 것입니다. 그러므로 우리들은 언제, 어디서나 우리들의 언행심사가 하나님의 영광을 위해서 가치있게 사용되도록 해야겠습니다.

셋째로 다윗을 배신했습니다.
다윗의 셋째 아들인 압살롬은 용모가 준수한 미남으로서 다윗의 총애를 한 몸에 받고 자라왔습니다. 그런데 다윗의 장자요, 자신의 이복형인 암논에게 자신의 친동생인 다말이 강간을 당하자 암논을 죽였습니다. 그리고 그는 그술로 도망을 갔습니다. 그러나 다윗의 용서를 받고 다시 집으로 돌아왔습니다. 형들이 다 죽고 실질적인 다윗의 장자가 된 그는 그 때부터 왕위찬탈이라는 목표를 품고 자신의 세력을 계속 넓혀갔습니다. 또한 내부적으로 이미 병력까지 조직해 놓은 상태였습니다. 그리고 그는 다윗을 반역하고 헤브론에서 스스로 왕이 되었습니다. 바로 그 때에 다윗의 가장 가까운 친구요 조언자였던 아히도벨이 다윗을 배신하고 압살롬에게로 완전히 돌아섰습니다. 그가 그렇게 냉정하게 돌아설 수밖에 없었던 것은 자신과 그렇게 가까운 친구인 다윗이 자신의 손녀딸을 강간하고 아내로 빼앗아간 데 대한 원한이 마음속에 깔려있었기 때문이었을 것입니다. 그러므로 우리들은 절대로 남에게 해를 끼치는 일이 없어야겠습니다.

사랑하는 여러분
우리 모두는 하나님의 사랑 안에서 모든 사람들을 귀하게 여기는 아름다운 삶을 삽시다. 또한 하나님이 주신 지혜와 달란트를 주님의 영광만을 위해 사용합시다. 그리고 그 어떤 이유로도 우리들의 생에 있어서는 하나님과 사람을 배신하는 일이 결코 없어야겠습니다.

2. 반역에 가담

첫째로 압살롬의 반역에 가담했습니다.
압살롬이 왕이 되었다는 소문이 전국에 퍼지자 민심이 다 압살롬에게 쏠렸고 그로 인해 많은 사람들이 압살롬에게 몰려들었습니다. 때에 아히도벨은 오랜 친구로서 그 동안 열심히 자문해주었던 다윗을 배신하고 그의 아들인 압살롬의 반역에 적극적으로 동참했습니다(삼하 16:15). 그는 이제 그동안 다윗을 보좌했던 그 열심을 압살롬에게 쏟았습니다. 이에 사태의 심각성을 안 다윗은 압살롬의 난을 피해 그를 따르는 백성들과 함께 도피할 수밖에 없었습니다(삼하 16:13,14). 다윗은 자신과 그토록 친했던 아히도벨이 자신을 배신하고 압살롬의 반역에 가담했다는 소식을 접하고 "여호와여 원하옵건대 아히도벨의 모략을 어리석게 하옵소서"(삼하 15:31下)라고 기도했습니다.

둘째로 다윗의 후궁을 범하도록 권했습니다.

스스로 왕이 되어 예루살렘에 입성한 압살롬은 모사꾼인 아히도벨에게 왕권 유지를 위한 모략을 가르쳐 줄 것을 명했습니다. 이에 아히도벨은 압살롬에게 "...왕의 아버지가 남겨 두어 왕궁을 지키게 한 후궁들과 더불어 동침하소서 그리하면 왕께서 왕의 아버지가 미워하는 바 됨을 온 이스라엘이 들으리니 왕과 함께 있는 모든 사람의 힘이 더욱 강하여지리이다"(삼하 16:21)라고 조언해주었습니다. 다시 말하면 그렇게 해야 압살롬과 함께 있는 자들이 힘을 얻어서 왕을 보필하게 된다는 것이었습니다. 왜냐하면 고대에는 왕의 첩을 차지하는 것이 바로 왕위의 장악을 나타내는 것이었기 때문입니다(삼하 3:7). 또한 이것은 다윗과 압살롬이 화해할 수 있는 길을 완전히 차단하기 위한 것이기도 했습니다. 왜냐하면 다윗과 압살롬이 화해할 경우 자신이 처벌될 수밖에 없기 때문에 만일의 사태를 아예 원인부터 없애려는 악한 계략이었습니다. 그런데 압살롬은 아히도벨이 권하는 대로 많은 사람들이 보는 앞에서 그 부친의 후궁들과 동침했습니다(삼하 16:22). 참으로 상상할 수 없이 악한 패륜아였습니다.

셋째로 다윗을 기습하여 제거하려고 했습니다.

압살롬에게 부친의 후궁들을 범하도록 한 아히도벨은 이번에는 "...이제 내가 사람 만 이천 명을 택하게 하소서 오늘 밤에 내가 일어나서 다윗의 뒤를 추적하여 그가 곤하고 힘이 빠졌을 때에 기습하여 그를 무섭게 하면 그와 함께 있는 모든 백성이 도망하리니 내가 다윗 왕만 쳐죽이고 모든 백성이 당신께 돌아오게 하리니 모든 사람이 돌아오기는 왕이 찾는 이 사람에게 달렸음이라 그리하면 모든 백성이 평안하리이다"(삼하 17:1-3)라고 자신이 다윗을 제거하겠다고 했습니다. 그것은 압살롬을 생각해서가 아니라 자기 자신에 대해 어느 누구보다도 다윗이 잘 알고 있었기 때문에 두려운 마음에 다윗을 완전히 제거하고자 한 것이었습니다. 참으로 안타까운 인간이었습니다. 다윗은 자신을 죽이려고 하는 원수까지도 하나님께서 기름 부으신 자라는 것 때문에 사울을 해치지 않고 끝까지 목숨을 지켜주었습니다. 우리들도 남의 생명에 대한 존엄을 인정하고 귀하게 여겨야 합니다.

사랑하는 여러분!
우리는 그 어떤 일이 있어도 불의한 반역에 가담하는 일이 없어야 합니다. 또한 나 때문에 다른 사람들이 범죄하게 되는 불행이 없도록 합시다. 그리고 이유 여하를 막론하고 남을 해치는 악을 행하는 일이 없는 은혜로운 자들이 되시기 바랍니다.

3. 반역자의 결국

첫째로 그의 모략이 무시되었습니다.
아히도벨이 다윗을 제거하기 위한 군사전략의 모략을 압살롬과 이스라엘 장로들이 듣고 그 말을 옳게 여겼습니다(삼하 17:4). 아히도벨의 군사전략은 군사회의에서 만장일치로 합의를 보았습니다. 그런데 갑자기 압살롬이 후새의 말도 듣기를 원했습니다(삼하 17:5). 그리고 압살롬은 후새를 부르고 그에게 아히도벨이 내놓은 전략에 대한 의견이 타당한 것인지 물었습니다. 아마도 압살롬이 후새를 신임하고 있었던 것 같습니다. 그러나 후새는 충성된 다윗의 모사로서 피난길에 나선 다윗을 돕기 위해 압살롬에게 위장 투항한 자였습니다. 그는 다윗을 위해 죽음도 불사한 자였습니다. 때문에 하나님께서 후새의 모사에 지혜를 더하셨습니다. 후새는 아히도벨의 제안을 무모한 짓이라고 반격하면서 다윗과 그를 따르는 자들이 용사라는 사실을 주장했습니다. 또한 그들이 새끼 빼앗긴 곰처럼 격분하여 공격할 것이라고 했습니다(삼하 17:6-10). 그리고 자신의 모략을 압살롬에게 말했습니다(삼하 17:11-13). 압살롬과 이스라엘 사람들은 후새의 모략을 아히도벨의 모략보다 좋게 여겼습니다(삼하 17:14). 이것은 바로 모두가 다 하나님께서 다윗을 위해 주장하신 것이었습니다.

둘째로 실망하여 고향으로 돌아갔습니다.
아히도벨은 자신의 모략이 압살롬에게 채택되지 않고 후새의 모략이 채택되자 이제부터 후새가 압살롬의 사랑을 받게 되고 자신은 별 볼일 없는 사람으로 취급될 것이라고 생각하고 실망한 나머지 나귀를 타고 자신의 고향으로 돌아갔습니다(삼하 17:23). 그렇습니다. 하나님의 뜻을 거역한 악은 성공할 수 없습니다.

셋째로 목매달아 자살했습니다.
고향으로 돌아간 그는 모든 것을 정리하고 목매달아 자살했습니다(삼하 17:23). 아마도 그가 자살해 죽은 것은 최선을 다한 자신의 모략이 압살롬에 의해 거부되었기 때문에 압살롬에 대한 배신감을 느끼고 허탈감에 빠졌을 것입니다. 또한 자신의 명예가 손상된 것에 대한 수치심과 모욕감 때문이었을 것입니다. 그리고 이제 자신의 생명에 대한 위태로움을 느낀 나머지 스스로 목숨을 끊은 것이었습니다.

사랑하는 여러분!
진리가 아닌 것은 무시될 수밖에 없습니다. 그러므로 우리는 반드시 말씀대로 살아야 합니다. 또한 이 세상의 권력이나 물질은 믿고 의지할 만한 것이 못됩니다. 그리고 우리는 그 어떤 일이 있어도 자신의 목숨을 스스로 끊는 불행한 자들이 되지 맙시다.

 # 아히야

[왕상 11:29-33]

그 즈음에 여로보암이 예루살렘에서 나갈 때에 실로 사람 선지자 아히야가 길에서 그를 만나니 아히야가 새 의복을 입었고 그 두 사람만 들에 있었더라 아히야가 자기가 입은 새 옷을 잡아 열두 조각으로 찢고 여로보암에게 이르되 너는 열 조각을 가지라 이스라엘의 하나님 여호와의 말씀이 내가 이 나라를 솔로몬의 손에서 찢어 빼앗아 열 지파를 네게 주고 오직 내 종 다윗을 위하고 이스라엘 모든 지파 중에서 택한 성읍 예루살렘을 위하여 한 지파를 솔로몬에게 주리니 이는 그들이 나를 버리고 시돈 사람의 여신 아스다롯과 모압의 신 그모스와 암몬 자손의 신 밀곰을 경배하며 그의 아버지 다윗이 행함 같지 아니하여 내 길로 행하지 아니하며 나 보기에 정직한 일과 내 법도와 내 율례를 행하지 아니함이니라

> 아히야(여호와 안에 거한 형제란 뜻)는 성경에 동명이인이 9명이 있는데 그들 모두가 다 요직에 있는 인물들이었습니다. 그러나 오늘 이 시간에는 왕국 분열을 예언한 실로의 선지자에 대해서 말씀드리고자 합니다. 그는 에브라임의 성읍인 실로에서 태어났습니다. 실로는 여호수아 때로부터 사무엘 때까지 성소와 법궤가 있었던 곳으로서 이스라엘의 종교 중심지였습니다. 다시 말하면 아히야는 좋은 환경에서 태어나 성장한 사람으로서 불의와 타협하지 않고 하나님의 뜻을 올바르게 전한 아주 훌륭한 선지자였습니다.

1. 이스라엘의 분열을 예언

첫째로 솔로몬이 말년에 범죄했습니다.

솔로몬은 하나님이 주신 지위와 권세, 부귀와 영화에 감사할 줄 모르고 말년에 가서는 자신이 잘해서 그렇게 된 줄로 착각하고 교만해지기 시작했습

니다. 또한 육신의 정욕에 빠져서 하나님께서 금하신 이방 여인들을 사랑하여 아내 칠백 명과 첩 삼백 명 등 모두 천 명의 여인들을 거느렸습니다(왕상 11:1-3). 그런데 문제는 그들 모두가 다 하나님께서 통혼을 금지하신 이방 여인들이었다는 것입니다(출 34:12; 신 7:3). 그것은 바로 하나님의 명령을 정면으로 거역한 범죄 행위였습니다(잠 6:25; 신 17:17). 또한 그가 범한 죄 중에서 가장 큰 죄는 자신이 아내로 삼은 이방 여인들의 꾐에 빠져 하나님을 배신하고 우상을 숭배한 것이었습니다. 그리고 그는 극도로 타락하여 사치와 연락을 즐기고 백성들을 학대했습니다(전 2:4-8; 왕상 9:21). 때문에 그로 인해 국론이 분열되고 나라가 곤경에 처하게 되었습니다.

둘째로 이스라엘의 분열을 예언했습니다.

하나님께서는 아히야 선지자를 통해서 솔로몬의 범죄에 대한 심판으로 이스라엘이 분열하게 될 것을 예언하셨습니다. 아히야는 자신이 입은 새 옷을 잡아 열두 조각을 내고 솔로몬의 신하인 여로보암에게 "너는 열 조각을 가지라 이스라엘의 하나님 여호와의 말씀이 내가 이 나라를 솔로몬의 손에서 찢어 빼앗아 열 지파를 네게 주고 오직 내 종 다윗을 위하고 이스라엘 모든 지파 중에서 택한 성읍 예루살렘을 위하여 한 지파를 솔로몬에게 주리니 이는 그들이 나를 버리고 시돈 사람의 여신 아스다롯과 모압의 신 그모스와 암몬 자손의 신 밀곰을 경배하며 그의 아버지 다윗이 행함 같지 아니하여 내 길로 행하지 아니하며 나 보기에 정직한 일과 내 법도와 내 율례를 행하지 아니함이니라 그러나 내가 택한 내 종 다윗이 내 명령과 내 법도를 지켰으므로 내가 그를 위하여 솔로몬의 생전에는 온 나라를 그의 손에서 빼앗지 아니하고 주관하게 하려니와 내가 그의 아들의 손에서 나라를 빼앗아 그 열 지파를 네게 줄 것이요 그의 아들에게는 내가 한 지파를 주어서 내가 거기에 내 이름을 두고자 하여 택한 성읍 예루살렘에서 내 종 다윗이 항상 내 앞에 등불을 가지고 있게 하리라"(왕상 11:31-36)고 하셨습니다. 이것은 바로 이스라엘을 남북으로 분명하게 나누실 것을 말씀하신 것이었습니다.

셋째로 예언이 그대로 성취되었습니다.
솔로몬이 예루살렘에서 이스라엘을 사십 년 간 다스리고 죽게 되자 그의 아들 르호보암이 대신하여 왕이 되었습니다(왕상 11:42, 43). 그런데 문제는 열 지파가 르호보암의 강압정책에 반기를 들고 솔로몬의 칼을 피해 애굽으로 망명 가 있던 여로보암을 불러들여 이스라엘의 왕으로 세웠습니다(왕상 12:19-20). 이것은 바로 아히야 선지자의 예언이 그대로 성취된 것이었습니다.

사랑하는 여러분
우리 모두는 시종이 여일하게 변함이 없이 하나님만 섬기는 견고한 삶을 삽시다. 또한 그 어떠한 이유로도 분열의 원인이 되지 맙시다. 그리고 후손들에게 아름다운 복을 물려주는 복된 삶을 사시기 바랍니다.

2. 여로보암가의 패망을 예언

첫째로 여로보암이 범죄했습니다.
여로보암은 솔로몬이 예루살렘 성을 수축할 때에 감독자로 세웠던 자였습니다(왕상 9:15, 11:28). 그렇다고 하면 그가 하나님을 잘 믿는 사람이었다는 것입니다. 그런데 그가 북왕국 이스라엘의 왕이 되고 나서는 새로운 종교정책을 썼습니다. 왜냐하면 북왕국 이스라엘 사람들이 명절(유월절, 칠칠절, 초막절) 때만 되면 명절을 지키기 위해 국경을 넘어 남왕국의 예루살렘 성전으로 내려갔습니다. 이에 여로보암은 "만일 이 백성이 예루살렘에 있는 여호와의 성전에 제사를 드리고자 하여 올라가면 이 백성의 마음이 유다 왕 된 그들의 주 르호보암에게로 돌아가서 나를 죽이고 유다의 왕 르호보암에게로 돌아가리로다"(왕상 12:27)라고 위기감을 느꼈습니다. 때문에 그는 북왕국 이스라엘 사람들이 남왕국 유다의 예루살렘 성전으로 제사 드리러 가는 것을 막기 위해 두 개의 금송아지 우상을 만들어 하나는 북쪽 국경지대에 위치한 단에 두고, 하나는 남쪽 국경에 위치한 벧엘에 두었습니다. 그리고 그는 "이스라엘아 이는 너희를 애굽 땅에서 인도하여 올린 너희의 신들이라"(왕상 12:28下)고 말하고 그 금송아지 우상을 섬기도록 했습니다. 또한 제사장들을 자기 마음대로 세웠습니다. 모세의 율법에는 레위인들만이 제사장이 될 수 있었습니다(민 18:22, 23). 그런데 여로보암은 일반 사람들을 제사장으로 세워 단과 벧엘의 우상신전에 파송했습니다. 왜냐하면 여로보암에 의해 제사장직을 박탈당한 제사장들과 레위 지파 사람들이 신앙의 순결을 지키기 위해 모두 다 남왕국 유다로 이주했기 때문이었습니다(대하 11:13-15). 그리고 유대인들이 그토록 사모하고 진지하게 드리는 절기를 하나님께서 명하신 율례대로 지키지 않고 자기 마음대로 바꾸어 한 달씩 후로 미루어 본격적으로 우상을 숭배하도록 했습니다.

둘째로 아들이 죽었습니다.
여로보암이 자신의 아들이 병든지라 자기 아내에게 변장하고 아히야 선지자에게 가서 아이가 어떻게 될 것인지 물어보도록 했습니다. 왜냐하면 아히야가 나이 늙어 눈이 볼 수 없었기 때문이었습니다. 그러나 하나님께서는 아히야에게 여로보암의 처가 변장하고 올 것을 미리 알려주셨습니다(왕상 14:5). 때문에 아히야는 변장하고 들어오는 여로보암의 처에게 "여로보암의 아내여 들어오라 네가 어찌하여 다른 사람인 체하느냐"(왕상 14:6中)라고 책망하고 여로보암의 죄로 인해 그에게 속한 사내는 다 쓸어버리겠다고 했습니다. 아히야의 예언은 그대로 실현되어 병든 아이는 죽었습니다(왕상 14:7-18).

셋째로 가문이 완전히 몰락했습니다.

하나님을 배신하고 자신의 아성을 쌓기 위해 범죄한 여로보암의 가문의 아들은 그의 생전에 죽었고 그가 20년 간의 통치를 마치고 둘째 아들인 나답이 왕위를 물려받았으나 나답도 바아사의 쿠데타로 2년 만에 죽음으로 여로보암가는 이 세상에서 완전히 사라졌습니다(왕상 15:29,30). 그렇습니다. 하나님의 말씀은 일점일획도 변함없이 실현됩니다.

사랑하는 여러분!

우리 모두는 절대로 우상을 섬기는 어리석음을 범치 맙시다. 또한 나 자신의 잘못된 죄악 때문에 자손이 해를 당하는 일이 없도록 합시다. 그리고 자손대대로 계속 흥왕 하는 복을 누리시기 바랍니다.

3. 여로보암가의 패망 원인

첫째로 다윗과 같이 행하지 않았기 때문입니다.

하나님께서는 아히야를 통해 여로보암에게 "내가 그의 아들의 손에서 나라를 빼앗아 그 열 지파를 네게 줄 것이요 그의 아들에게는 내가 한 지파를 주어서 내가 거기에 내 이름을 두고자 하여 택한 성읍 예루살렘에서 내 종 다윗이 항상 내 앞에 등불을 가지고 있게 하리라 내가 너를 취하리니 너는 네 마음에 원하는 대로 다스려 이스라엘 위에 왕이 되되 네가 만일 내가 명령한 모든 일에 순종하고 내 길로 행하며 내 눈에 합당한 일을 하며 내 종 다윗이 행함 같이 내 율례와 명령을 지키면 내가 너와 함께 있어 내가 다윗을 위하여 세운 것 같이 너를 위하여 견고한 집을 세우고 이스라엘을 네게 주리라"(왕상 11:35-38)고 하셨습니다. 그러나 여로보암은 하나님의 말씀을 듣지 않고 솔로몬 왕조를 일시에 정복하기 위해 반역을 도모했습니다. 때문에 그는 솔로몬의 칼을 피해 애굽 왕 시삭에게 망명 가서 솔로몬이 죽을 때까지 기다릴 수밖에 없었습니다. 그러므로 우리들은 그 어떤 상황에서도 조급하게 굴지 말고 다윗처럼 차분하게 말씀대로 살아가야 합니다.

둘째로 하나님의 경고를 무시했기 때문입니다.
하나님께서 여로보암에게 북왕국의 열 지파를 다스리는 왕으로 삼아주셨습니다. 하나님의 은혜로 왕이 된 그는 마땅히 하나님을 경외하면서 선정을 펼쳤어야 했습니다. 그럼에도 불구하고 그는 왕위에 오르자마자 우상을 섬겼습니다. 하나님께서는 배은망덕한 그에게 선지자를 보내어 회개하고 돌이킬 것을 촉구하셨습니다(왕상 13:2,3). 그러나 그는 끝까지 하나님의 경고를 무시하고 듣지 않았습니다(왕상 13:33). 때문에 멸망 받을 수밖에 없었습니다(왕상 13:34). 그러므로 우리들은 하나님께서 우리들에게 주시는 말씀에 민감해야 합니다.

셋째로 하나님의 말씀은 반드시 실현됩니다.
하나님의 말씀은 지금 이 시간까지 일점일획도 어김없이 그대로 실현되고 있습니다. 그러므로 우리들은 하나님의 말씀을 철저히 지켜야 합니다. 또한 주님의 음성에 조용히 귀를 기울여야 합니다. 그리하여 늘 승리하는 복된 삶을 사시기 바랍니다.

사랑하는 여러분!
우리들도 다윗과 같이 사나 죽으나 우리 하나님만 믿읍시다. 또한 언제나 하나님의 말씀에 아멘으로 화답하고 순종합시다. 그리고 어제나 오늘이나 영원토록 변함없이 실현되는 하나님의 말씀을 믿고 자신 있게 사시기 바랍니다.

 안 나

[눅 2:36-39]

또 아셀 지파 바누엘의 딸 안나라 하는 선지자가 있어 나이가 매우 많았더라 그가 결혼한 후 일곱 해 동안 남편과 함께 살다가 과부가 되고 팔십사 세가 되었더라 이 사람이 성전을 떠나지 아니하고 주야로 금식하며 기도함으로 섬기더니 마침 이 때에 나아와서 하나님께 감사하고 예루살렘의 속량을 바라는 모든 사람에게 그에 대하여 말하니라 주의 율법을 따라 모든 일을 마치고 갈릴리로 돌아가 본 동네 나사렛에 이르니라

> 안나(은혜, 은총이란 뜻)는 결혼한 지 7년 만에 남편과 사별하고 나서 세상과 멀리하고 하나님의 성전에 들어가 금식과 기도로 경건한 삶을 살았습니다. 또한 그녀는 혼자된 지 84년 만에 예수님의 탄생을 맞이하게 되었습니다. 그리고 그녀는 중간시대의 여선지자로서 주님의 탄생을 이 세상에 널리 전파하는 영광을 누리게 되었습니다. 비록 이 세상적으로는 보잘것없는 여인이었지만 신앙 안에서의 그녀의 일생은 참으로 위대했습니다.

1. 형편

첫째로 남편과 사별한 과부였습니다.

아셀 지파 마누엘의 딸이었던 그녀는 결혼한 지 7년 만에 사별했습니다. 그러나 재혼하지 않고 84년 간이라는 기나긴 세월을 경건하게 산 믿음의 여인이었습니다(눅 2:36,37). 당시 이스라엘은 남성중심의 사회였습니다. 그래서 여성은 아예 인원수에도 계수 되지 않던 시대였습니다. 다시 말하면 그녀가 당시의 세상을 혼자 살아간다고 하는 것은 그렇게 쉬운 일이 아니었습니다. 그래서 성경은 "너는 과부나 고아를 해롭게 하지 말라"(출 22:22)고 하셨

습니다. 또한 절기 때에는 그들을 대접하고 같이 즐거워하라고 하셨습니다. 또한 "객이나 고아나 과부의 송사를 억울하게 하는 자는 저주를 받을 것이라…"(신 27:19)고 하셨습니다. 그러므로 우리 성도들은 돌보고 지켜주며 책임져줄 자가 없는 그들을 안타깝게 여기고 잘 돌봐주어야 합니다. 그것이 바로 우리 성도들이 마땅히 행해야 할 본분이요, 사명입니다.

둘째로 자식도 없었습니다.

그녀가 비록 혼자 되었다고 할지라도 남편의 피붙이인 어린 자식이라도 하나 있었다고 하면 그 자식에게 소망을 두고 키우면서 하루 하루를 살아갈 수 있었을 것입니다. 또한 자신도 조금 덜 외로웠을 것입니다. 그런데 그녀에게 그러한 어린 자식도 하나 없었으니 인간적인 면으로 생각해 볼 때에 그 어디를 봐도 희망이 없는 사람이었습니다. 한마디로 그녀는 참으로 힘들고 외로운 여인이었습니다. 그러므로 오늘 우리들은 잘났든지 못났든지 그래도 우리들의 피붙이인 자식이 있다는 것에 대해 하나님께 진심으로 감사하고 기뻐해야 할 것입니다. 그렇습니다. 우리들은 하나님의 축복을 많이 받은 참으로 행복한 사람들입니다.

셋째로 가난한 여인이었습니다.

제 아무리 혼자 산다고 해도 돈이 있으면 그런 대로 살아갈 수 있습니다. 그런데 돈까지 없으면 이 세상을 어떻게 살아가겠습니까? 사실 돈이 없으면 세상 사람들은 의지가 없다고 합니다. 때문에 사람들이 늙게 되면 돈에 대한 욕심이 더 생기고 자꾸만 움켜쥐려고 한다고 합니다. 또한 거기다가 나이까지 늙었습니다. 있는 것은 오직 오랜 세월 동안 고생하면서 견뎌온 연약한 육체뿐이었습니다. 때문에 신앙이 아닌 인간적인 입장으로만 생각한다고 하면 이렇게 보나 저렇게 보나 그 어떤 것 하나 기댈 수 있는 곳은 하나도 없는 참으로 보잘것없는 처절한 삶이었습니다. 그러나 그녀는 조금도 의기소침하거나 좌절하지 않았습니다. 세상을 원망하거나 자학하지도 않았습니다. 어느 누구에게 기대거나 누를 끼치지도 않았습니다. 그렇다고 해서 타락된 생활로 비뚤어진 길을 가지도 않았습니다. 그녀는 참으로 어려운 형편이었지만 아름답게 살았습니다.

사랑하는 여러분!
지금 여러분의 형편은 어떻습니까? 이 자리에 계신 여러분의 형편이 제 아무리 어렵다고 해도 안나 할머니와 같은 처지의 사람은 하나도 없을 것입니다. 때문에 우리들은 그 어떤 이유에서든지 낙심하거나 좌절할 수 없습니다. 더욱이 그 누구나 무엇을 원망할 수도 없습니다. 그러므로 우리들은 오늘 이 시간까지 인도하신 하나님께 날마다 감사 만만하면서 생동력 있는 삶을 살아야 할 것입니다.

2. 신앙

첫째로 한평생을 성전에서 살았습니다.
그토록 처절한 형편에 처해 있는 안나였지만 이 세상의 것을 바라보지 않고 하늘의 소망을 바라보고 살았습니다. 때문에 그녀는 이 세상의 모든 것을 포기하고 하나님의 성전을 떠나지 않는 성전중심의 삶을 살았습니다(눅 2:37). 다시 말하면 오직 하나님만 바라보고 살았습니다. 이것은 바로 그녀가 메시야를 대망하는 소망이 있었기 때문이었습니다. 이 소망이 그로 하여금 자신과 환경, 이 세상을 다스리고 극복하는 원동력이 되었습니다. 그토록 힘들고 어려운 형편이었지만 자학하거나 세상을 원망하지 않고 건실한 신앙의 삶을 산 것이었습니다. 그렇습니다. 기독교의 역사는 사랑의 역사요, 소망의 역사입니다. 구약성경은 구원주로 오실 예수님을 소망한 역사요, 신약성경은 구원주로 오신 예수님을 믿고 구원받은 성도들이 다시 오실 예수님을 소망하는 역사입니다. 그러므로 우리들도 안나 할머니와 같이 늘 성전중심의 삶을 살아야겠습니다.

둘째로 주야로 금식하며 기도했습니다.
  안나 할머니는 성전에서 무려 84세까지 긴 세월 동안 쉬임없이 주야로 금식하고 기도하면서 진실하고 경건한 삶을 살았습니다(눅 2:37). 당시 유대 사회의 조혼풍습에 비추어볼 때에 안나 할머니는 14세 전후에 결혼했을 것입니다. 만약에 그렇다고 하면 그 당시 84세라고 했으니 그토록 연로한 노인이었음에도 불구하고 성전을 떠나지 않고 변함 없이 금식하며 기도했다고 하는 것은 그의 하나님에 대한 신앙의 심지가 얼마나 견고했는지를 가히 짐작할 수 있습니다. 그녀는 오직 메시야 만이 자신과 이스라엘 민족의 가슴에 맺혀 있는 아픔을 풀어주고 위로해 주실 것이라는 확신을 가지고 있습니다. 그러므로 우리들도 그녀의 신앙을 본받아 주야로 금식하며 기도하는 열심 있는 신앙생활을 해야겠습니다. 또한 하나님의 큰사랑을 받은 우리들은 다시 오실 주님을 고대하면서 늘 깨어 있는 삶을 살아야겠습니다.

셋째로 충성 되이 섬기고 봉사했습니다.
  성경은 그녀가 성전에서 "주야로 금식하며 기도함으로 섬기더니"(눅 2:37)라고 하셨습니다. 금식과 기도는 주님의 몸된 성전에서 말없이 섬기고 봉사해야 할 자들의 필수적인 요소입니다. 왜냐하면 자신의 못된 기분과 감정을 죽이고 거친 혀를 잘 다스려야 하기 때문입니다. 또한 자신의 불완전한 지식과 경험을 포기하고 하나님의 말씀에 순종할 수 있습니다. 그리고 성령의 조명을 받아야 온전한 섬김과 봉사가 시종이 여일하게 잘 이루어질 수 있습니다. 그렇습니다. 자신을 부인하고 포기한 사람은 하나님께서 주시는 힘으로 주님의 일을 하기 때문에 중도에서 포기하지 않고 끝까지 잘 할 수 있습니다.

사랑하는 여러분!
주님의 전에서 한 날이 세상에서의 천 날보다 낫습니다. 언제나 성전과 함께 하는 신실한 신앙인들이 됩시다. 또한 주야로 금식하며 기도하여 능력 있는 신앙생활을 합시다. 그리고 나 자신을 포기하고 하나님이 주시는 힘으로 이 세상 끝 날까지 변함없이 충성하는 멋진 신앙인들이 되시기 바랍니다.

3. 증거

첫째로 중간시대의 여선지자였습니다.
이스라엘의 선지자들은 대부분이 남자들이었습니다. 그러나 구약에서는 미리암, 드보라, 훌다, 노아댜 등이며 신약에서는 빌립의 네 딸이 있었습니다. 그런데 안나는 구약과 신약의 중간시대에 특별하게 세움 받은 여선지자였습니다. 그것은 바로 아무나 누릴 수 없는 특별한 은혜요, 영예였습니다. 그 당시의 사회적인 상황을 보면 남편이 떠나가고 과부가 된 다음에는 '내 생애는 이제 완전히 끝났다' 고 생각하고 모든 것을 체념한 상태에서 은둔적인 삶을 살았습니다. 그러나 안나는 선지자로 세움 받아 하나님께 귀하게 쓰임 받은 멋진 사명자의 삶을 살았습니다.

둘째로 메시야이신 예수님을 만났습니다.
그녀는 동방박사도 아니었습니다. 예루살렘의 고명한 학자도 아니었습니다. 거룩한 옷을 입고 거룩한 체 하는 바리새인도 아니었습니다. 당시 세도가 당당했던 사두개인도 아니었습니다. 그런데 안나가 성전에 있을 때에 마리아가 아기 예수님을 안고 성전에 들어왔습니다. 때에 안나는 아기 예수를 보고 너무나 감격하여 하나님께 먼저 감사했습니다. 하나님께서는 무명의 불쌍한 여인인 자신을 선지자로 세우시고 자기에게 메시야이신 예수님을 만나게 해주셨기 때문이었습니다. 그는 자신이 본 아이가 하나님의 아들로서 장차 인류의 구속사역을 감당하실 분이라는 사실을 알고 감사 드렸습니다. 그렇습니다. 우리가 이 세상에서 받은 최고의 복은 예수 그리스도를 만난 것입니다.

셋째로 예수님을 증언했습니다.

안나는 "...예루살렘의 속량을 바라는 모든 사람에게 그에 대하여 말..."(눅 2:38)했습니다. 예루살렘은 정치, 경제, 사회, 문화, 종교적인 측면에서 이스라엘의 중심지였습니다. 따라서 여기에서의 예루살렘의 속량이란 이스라엘의 속량을 의미합니다. 다시 말하면 안나 선지자는 메시야를 대망하는 모든 유대인들에게 예수님을 널리 증언했습니다(눅 2:38). 이것은 바로 우리들의 사명입니다. 우리들도 인류의 구원주가 되시는 예수 그리스도를 이 세상의 모든 사람들에게 널리 전파하는 사명자들이 되어야겠습니다.

사랑하는 여러분!

부족하지만 우리들도 하나님께서 선택하여 구원하시고 일꾼으로 세우셨습니다. 또한 우리들은 예수 그리스도를 구주로 믿고 구원받은 사람들입니다. 그러므로 때를 얻든지 못 얻든지 열심히 전합시다. 그리하여 별처럼 빛나는 복된 삶을 사시기 바랍니다.

 # 압살롬

[삼하 15:1-12]

그 후에 압살롬이 자기를 위하여 병거와 말들을 준비하고 호위병 오십 명을 그 앞에 세우니라 압살롬이 일찍이 일어나 성문 길 곁에 서서 어떤 사람이든지 송사가 있어 왕에게 재판을 청하러 올 때에 그 사람을 불러 이르되 너는 어느 성읍 사람이냐 하니 그 사람의 대답이 종은 이스라엘 아무 지파에 속하였나이다 하면 압살롬이 그에게 이르기를 보라 네 일이 옳고 바르다마는 네 송사를 들을 사람을 왕께서 세우지 아니하셨다 하고 또 압살롬이 이르기를 내가 이 땅에서 재판관이 되고 누구든지 송사나 재판할 일이 있어 내게로 오는 자에게 내가 정의 베풀기를 원하노라 하고 사람이 가까이 와서 그에게 절하려 하면 압살롬이 손을 펴서 그 사람을 붙들고 그에게 입을 맞추니 이스라엘 무리 중에 왕께 재판을 청하러 오는 자들마다 압살롬의 행함이 이와 같아서 이스라엘 사람의 마음을 압살롬이 훔치니라 1)사 년 만에 압살롬이 왕께 아뢰되 내가 여호와께 서원한 것이 있사오니 청하건대 내가 헤브론에 가서 그 서원을 이루게 하소서 당신의 종이 아람 그술에 있을 때에 서원하기를 만일 여호와께서 반드시 나를 예루살렘으로 돌아가게 하시면 내가 여호와를 섬기리이다 하였나이다 왕이 그에게 이르되 평안히 가라 하니 그가 일어나 헤브론으로 가니라 이에 압살롬이 정탐을 이스라엘 모든 지파 가운데에 두루 보내 이르기를 너희는 나팔 소리를 듣거든 곧 말하기를 압살롬이 헤브론에서 왕이 되었다 하라 하니라 그 때 청함을 받은 이백 명이 압살롬과 함께 예루살렘에서부터 헤브론으로 내려갔으니 그들은 압살롬이 꾸민 그 모든 일을 알지 못하고 그저 따라가기만 한 사람들이라 제사 드릴 때에 압살롬이 사람을 보내 다윗의 모사 길로 사람 아히도벨을 그의 성읍 길로에서 청하여 온지라 반역하는 일이 커가매 압살롬에게로 돌아오는 백성이 많아지니라

> 압살롬은 다윗이 그술 왕 달매의 딸 마아가를 통해서 난 셋째 아들이었습니다. 그는 발바닥부터 정수리까지 흠이 없는 자로서 머리가 길고 용모가 준수한 멋진 사람이었습니다. 온 이스라엘 가운데 압살롬 같이 아름다움으로 크게 칭찬 받는 자가 없었습니다. 때문에 그는 다윗의 특별한 총애를 받았습니다.

1. 도피자

첫째로 암논이 다말을 겁탈했습니다.

암논은 다윗의 맏아들이었습니다(삼하 3:2). 그는 다윗의 여러 아들 중에서도 장남이었기 때문에 다윗왕의 특별한 관심과 사랑을 받았습니다. 때문에 그는 왕자로서 남부러울 것이 없는 삶을 살아왔습니다. 그런데 그가 압살롬의 친누이로서 자신의 배다른 누이 동생인 다말(성경에 엘의 아내 다말과 압살롬의 딸인 다말 등 세 사람이 있음)을 사랑하여 울화로 병이 났습니다(삼하 13:1,2). 이 사실을 안 암논의 친구인 요나답이 암논에게 "침상에 누워 병든 체하다가 네 아버지가 너를 보러 오거든 너는 그에게 말하기를 원하건대 내 누이 다말이 와서 내게 떡을 먹이되 내가 보는 데에서 떡을 차려 그의 손으로 먹여 주게 하옵소서 하라"(삼하 13:5)고 다윗에게 부탁하도록 했습니다. 그리하여 다윗왕이 사람을 보내어 다말에게 이르되 "네 오라버니 암논의 집으로 가서 그를 위하여 음식을 차리라"(삼하 13:7)고 했습니다. 이에 다말이 암논이 보는데서 음식을 만들어 먹이려 하자 겁탈했습니다(삼하 13:8-14).

둘째로 압살롬이 암논을 죽였습니다.

암논은 다말을 겁탈하고 나서는 전에 그녀를 사랑하던 감정보다도 훨씬 더 미워했습니다. 그리고 그녀를 자기 집에서 끌어내어 쫓아버렸습니다(삼하 13:15-7). 쫓겨난 다말은 재를 덮어쓰고 채색 옷을 찢고 손을 머리 위에 얹고 크게 울며 떠났습니다(삼하 13:18,19). 이것을 눈치챈 압살롬이 다말에게 "...누이야 지금은 잠잠히 있고 이것으로 말미암아 근심하지 말라..." (삼하 13:20)고 위로하고 자신의 집에서 지내도록 했습니다. 한동안 입을 다물고 묵묵히 기다리던 압살롬은 양털 깎는 잔칫날에 왕자들을 초청하여 암논에게 술을 취하게 한 다음 사환들로 하여금 암논을 쳐죽이게 했습니다. 이것을 보고 놀란 다른 왕자들은 각기 노새를 타고 다 도망갔습니다(삼하 13:23-29). 그렇습니다. 복수심은 이렇게 무섭고, 술취함 또한 이렇게 위험합니다.

셋째로 그술로 도망갔습니다.
압살롬이 암논만 죽였는데도 다윗에게는 압살롬이 왕자들을 모두 다 죽였다고 잘못 전달되었습니다. 이에 다윗은 심히 슬퍼하며 괴로워했습니다(삼하 13:30,31). 그러나 후에 요나답이 "…내 주여 젊은 왕자들이 다 죽임을 당한 줄로 생각하지 마옵소서 오직 암논만 죽었으리이다 그가 압살롬의 누이 다말을 욕되게 한 날부터 압살롬이 결심한 것이니이다 그러하온즉 내 주 왕이여 왕자들이 다 죽은 줄로 생각하여 상심하지 마옵소서 오직 암논만 죽었으리이다"(삼하 13:32,33)라고 잘못된 소식을 정정해 주었습니다. 아버지를 두려워한 압살롬은 곧바로 자신의 외할아버지인 그술 왕 암미훌의 아들 달매에게로 도피했습니다. 다윗은 암논이 죽은지 한 3년이 지나자 암논에 대한 슬픔은 가라앉고 마음이 압살롬에게 향하여 심히 그리워했습니다(삼하 13:37-39). 이것이 바로 자식을 생각하는 부모의 마음인 것입니다.

사랑하는 여러분!
암논처럼 악한 궤계로 남을 희생시키는 악한 자가 되지 맙시다. 또한 그 어떤 이유로도 살인 행위는 정당화 될 수 없습니다. 그리고 우리들도 다윗과 같이 다른 사람의 허물을 용서하는 넓은 마음을 가져야겠습니다.

2. 반역자

첫째로 요압이 계책을 꾸몄습니다.
다윗의 군대 장관이었던 요압은 다윗왕의 마음이 압살롬에게 있는 줄을 알고(삼하 14:1) 그술에 피신해 있던 압살롬이 예루살렘으로 무사히 귀환할 수 있도록 계책을 꾸몄습니다. 그의 계책은 아들을 그리워하는 다윗을 위해서가 아니라 다윗의 실질적인 장자로서 장차 이스라엘의 왕이 될지 모르는 압살롬에게 잘 보이기 위해 그의 귀환 계획을 추진했습니다(삼하 14:1). 요압은 드고아의 슬기 있는 여인 하나를 데려다가 그녀에게 "…상주가 된 것처럼 상복을 입고 기름을 바르지 말고 죽은 사람을 위하여 오래 슬퍼하는 여인 같이 하고 왕께 들어가서 그에게 이러이러하게 말하라고"(삼하 14:2-3) 다윗왕에게 말할 것을 구체적으로 알려주었습니다. 요압의 지시에 교묘한 화술로 다윗의 인간적인 약점을 이용하여 자신과 아들을 보호하겠다(삼하 14:4-11)는 약속을 받아낸 여인은 다윗왕에게 압살롬에 대한 용서를 요구했습니다(삼하 14:12-16). 그녀는 두 차례에 걸쳐 다윗에게 선처를 호소하여 성공을 거두고 이 일이 누구에 의해 이루어졌느냐고 묻는 다윗의 말에 요압에 의한 것이라는 사실을 실토했습니다(삼하 14:18-20). 이에 다윗왕은 요압에게 압살롬을 데려 올 것을 명하여 예루살렘으로 귀환시켰습니다. 그러나 압살롬은 왕 앞에 데려오지 못하게 하고 곧바로 자기 집으로 가게 했습니다(삼하 14:21-24). 이것은 바로 아들이기 때문에 안타까운 마음은 있었지만 진정한 용서가 아직 이루어지지 않았던 것 같습니다.

둘째로 다윗의 용서를 받았습니다.
요압을 통해서 다윗과 대면한 압살롬은 얼굴을 땅에 대어 절하는 예만 갖추었습니다. 그것은 바로 진실한 참회의 마음이 없었다는 것입니다. 그러나 다윗은 사랑하는 압살롬을 끌어안고 입을 맞추었습니다. 이것은 바로 용서와 화해의 입맞춤이요, 자식과 부모지간이 회복되는 입맞춤이었습니다. 이것이 바로 우리 하나님께서 우리들에게 보이신 사랑과 용서입니다.

셋째로 반역했습니다.
다윗왕을 알현하고 난 압살롬은 곧바로 반역을 준비했습니다. 그는 정탐꾼들을 이스라엘의 모든 지파 가운데 보내어 "...너희는 나팔 소리를 듣거든 곧 말하기를 압살롬이 헤브론에서 왕이 되었다 하라"(삼하 15:10)고 했습니다. 그의 음모는 매우 구체적이고 철저한 보안 속에서 추진되었습니다. 먼저 자신의 호위병들을 세우고 민심을 도둑질했습니다. 또한 그는 스스로 장로가 되어 성문 길 곁에 서서 왕에게 재판을 받으러 가는 자들을 가로챘습니다. 불의하게 재판하면서 아버지인 다윗왕을 매도했습니다. 참으로 은밀하게 진행된 반역이었습니다(삼하 15:1-6). 때문에 압살롬이 반역을 계획한지 4년이 지나 헤브론에서 그가 왕이 되는 대관식을 올리기까지 다윗이 그러한 사실을 전혀 눈치채지 못했습니다. 그는 헤브론에서 제사의식을 거행한다고 다윗을 속이고 스스로 왕이 되어 대관식을 거행했습니다. 그는 자신의 출생지로서 아는 사람이 많고 다윗에게 불만이 많았던 유다 지파의 거주지인 헤브론에서 대관식을 갖는 치밀함까지 보였습니다.

사랑하는 여러분!
자신의 이익을 위해 남을 악용하는 일을 하지 맙시다. 또한 우리들도 깨끗하게 용서하고 화해하는 멋진 삶을 삽시다. 그리고 이유 여하를 막론하고 반역하는 불행한 일이 없어야겠습니다.

3. 실패자

첫째로 다윗이 도피했습니다.
이스라엘의 민심이 반역자 압살롬에게로 다 돌아갔다는 보고를 들은 다윗은 압살롬의 칼을 피해 따르는 모든 가족들과 함께 왕궁을 떠나 도피했습니다(삼하 15:13-16). 그때에 신하들과 많은 백성들이 따랐습니다(삼하 15:17-23). 제사장과 레위인들도 법궤를 메고 따르려고 했습니다(삼하 15:24). 그러나 다윗왕은 제사장과 레위인들을 법궤와 함께 돌려보냈습니다. 왜냐하면 하나님의 임재의 상징인 언약궤를 정치적으로 이용할 수 없다는 그의 신앙 때문이었습니다. 또한 하나님께서 반드시 자신을 예루살렘의 왕궁으로 회복시킬 것이라는 믿음이 있었기 때문입니다(삼하 15:25,26). 그러나 아히도벨의 배신을 당하는 아픔도 겪었습니다.

둘째로 요압에 의해 죽임을 당했습니다.

다시 말하면 아버지와 아들 사이에 전쟁이 벌어졌던 것입니다(삼하 17:1-4). 다윗이 예루살렘의 왕궁을 떠나 피난길에 오르자 압살롬의 무리는 왕궁에 입성했습니다. 그리고 후새의 말대로 전열을 가다듬고 압살롬의 지휘 아래 다윗의 일행을 공격했습니다. 때에 다윗의 일행도 전투준비를 하고 압살롬의 무리와 에브라임 수풀에서 부딪쳤습니다. 부자가 서로 대적하는 참으로 안타까운 비극의 현장이었습니다. 그때에 압살롬이 탔던 노새가 큰 상수리나무 아래로 지날 때에 압살롬의 머리털이 나무에 걸려 그가 공중에 매달리게 되었습니다. 바로 그 때에 다윗의 군대장관인 요압이 그를 죽였습니다(삼하 18:9-15). 이로써 압살롬의 반역은 실패하고 그의 생은 비참하게 마감되었습니다.

셋째로 다윗을 슬프게 했습니다.
압살롬의 최후소식을 전해들은 다윗은 "...내 아들 압살롬아 내 아들 내 아들 압살롬아 차라리 내가 너를 대신하여 죽었더면 압살롬 내 아들아 내 아들아"(삼하 18:33)라고 슬퍼했습니다. 그는 하나님께도 범죄했고 동족상쟁의 주범이며 가정을 불행하게 했으며 아버지를 고통스럽게 했습니다. 다시 말하면 그는 하나님의 원수요, 나라의 역적이며, 불효자식이었습니다. 한마디로 불행한 자였습니다.

사랑하는 여러분!
그 어떤 이유로도 다른 사람을 힘들게 해치는 악한 자가 되지 맙시다. 또한 하나님께서 주신 연한을 행복하게 인생을 아름답게 마감하는 복된 삶을 삽시다. 그리고 부모에게 효도하고 주님의 몸된 교회에 충성하는 복된 삶을 사시기 바랍니다.

 # 야 곱

[창 25:19-26]

아브라함의 아들 이삭의 족보는 이러하니라 아브라함이 이삭을 낳았고 이삭은 사십 세에 리브가를 맞이하여 아내를 삼았으니 리브가는 밧단 아람의 아람 족속 중 브두엘의 딸이요 아람 족속 중 라반의 누이였더라 이삭이 그의 아내가 임신하지 못하므로 그를 위하여 여호와께 간구하매 여호와께서 그의 간구를 들으셨으므로 그의 아내 리브가가 임신하였더니 그 아들들이 그의 태 속에서 서로 싸우는지라 그가 이르되 이럴 경우에는 내가 어찌할고 하고 가서 여호와께 묻자온대 여호와께서 그에게 이르시되 두 국민이 네 태중에 있구나 두 민족이 네 복중에서부터 나누이리라 이 족속이 저 족속보다 강하겠고 큰 자가 어린 자를 섬기리라 하셨더라 그 해산 기한이 찬즉 태에 쌍둥이가 있었는데 먼저 나온 자는 붉고 전신이 털옷 같아서 이름을 에서라 하였고 후에 나온 아우는 손으로 에서의 발꿈치를 잡았으므로 그 이름을 1)야곱이라 하였으며 리브가가 그들을 낳을 때에 이삭이 육십 세였더라

> 히브리인들의 가족제도는 언제나 장자가 절대적인 특권을 누리게 되어 있습니다. 때문에 유대인들에게 있어서는 장자로 태어나는 것이 최고의 축복이었습니다. 그런데 야곱은 쌍둥이였음에도 불구하고 안타깝게도 차자로 태어났습니다. 다시 말하면 장자의 축복을 받을 만한 위치에 있지 못했습니다. 그러나 그는 이미 결정되어 버린 불리한 자신의 처지와 환경을 탓하거나 절망하지 않고 그 모든 어려운 환경들을 믿음과 끈기로 열심히 극복하고 결국은 축복의 조상이라고 일컬음을 받은 위대한 승리자요, 이스라엘의 열조가 되었습니다.

1. 출생 과정

첫째로 하나님께 간구하여 낳았습니다.

이삭은 그의 나이 사십 세에 리브가를 취하여 아내로 삼았습니다. 그런데 리브가가 잉태하지 못하므로 이삭이 리브가를 위하여 여호와께 기도했습니다. 여호와께서 그의 기도를 들으시고 리브가에게 잉태케 하심으로 인해 얻은 아들이 바로 야곱입니다(창 25:21). 아기를 낳지 못했던 한나도 간절히 기도하여 사무엘을 낳았습니다(삼상 1:1-28). 그런데 성경에 보면 하나님께 기도하여 얻은 인물들이 하나님의 구속사역에 귀하게 쓰임받은 것을 볼 수 있습니다. 그러므로 우리 성도들은 자녀의 잉태나 양육에 있어서 그 누구보다도 더 열심히 하나님께 기도해야 할 것입니다. 성경은 기도하는 부모의 자식들은 언제나 잘 된다고 말씀하셨습니다. 그렇습니다. 자녀들을 위한 최고의 선물은 기도입니다.

둘째로 선택받은 자였습니다.

자신의 태중에서 두 아이가 싸우는 것을 느낀 리브가는 "…내가 어찌할꼬…"(창 25:22)라고 여호와께 물었습니다. 이에 여호와께서는 "두 국민이 네 태중에 있구나 두 민족이 네 복중에서부터 나누이리라 이 족속이 저 족속보다 강하겠고 큰 자가 어린 자를 섬기리라"(창 25:23)고 말씀하셨습니다. 이 말씀은 바로 리브가의 뱃속에 있는 두 아이가 이 세상에서 태어나서도 두 족속을 이루면서 평생동안 경쟁관계로 지내지만 결국에 가서는 야곱이 승리하게 될 것을 말씀하신 것입니다. 다시 말하면 야곱은 리브가의 태 속에서부터 이미 하나님께서 지명하여 선택하시고 승리케 하셔서 섬김을 받는 사람이 되게 하시고 이스라엘의 열조로 세워주실 것을 약속하신 것입니다. 야곱은 참으로 귀한 축복을 받은 사람입니다.

셋째로 에서의 발꿈치를 잡고 태어났습니다.

리브가가 쌍둥이를 잉태하여 기한이 차서 해산하였을 때에 "먼저 나온 자는 붉고 전신이 털옷 같아서 이름을 에서라 하였고 후에 나온 아우는 손으로 에서의 발꿈치를 잡았으므로 그 이름을 야곱이라 하였…"(창 25:25,26)습니다. 여기에서 야곱이 형 에서의 발꿈치를 잡고 태어난 것은 에서와 야곱이 일생 동안 서로 간에 어떤 관계를 가지고 살아갈 것인지에 대해서 구체적으로 보여주신 것입니다. 이 말씀과 같이 에서와 야곱은 한 형제요, 특별히 쌍둥이였음에도 불구하고 평생토록 서로 경쟁하면서 원수처럼 살다가 나중에 가서야 서로 화해했습니다.

사랑하는 여러분!
우리 모두 자녀들을 위해서 열심히 기도합시다. 또한 우리 자신들이 심히 부족함에도 불구하고 만세 전부터 선택해주신 하나님께 감사드리고 자부심을 갖고 삽시다. 그리고 우리들도 경쟁하는 사회에서 살수밖에 없음을 깨닫고 언제나 전능하신 하나님만 믿고 의지하며 살아갑시다.

2. 쟁취하는 삶

첫째로 장자권을 쟁취했습니다.
장자가 가족의 대를 잇고 많은 몫의 유산을 받게 되는 사회에서 차자로 태어났지만 포기하지 않고 어떻게 하든지 장자권을 쟁취하려고 결심했습니다. 그러던 중 들에서 돌아온 에서가 야곱이 쑨 죽을 보고 "…내가 피곤하니 그 붉은 것을 내가 먹게 하라…"(창 25:30)고 했습니다. 이에 야곱은 기회를 잃지 않고 에서에게 "형의 장자의 명분을 오늘 내게 팔라"(창 25:31)하고 맹세를 요구했습니다. 야곱의 요구를 받은 에서는 "내가 죽게 되었으니 이 장자의 명분이 내게 무엇이 유익하리요"(창 25:32)라고 야곱이 요구한 대로 맹세한 다음 자신의 장자권을 하찮게 여기고 떡과 팥죽을 받고 야곱에게 팔아버렸습니다(창 25:33). 여기에서 우리가 생각해야 될 것은 그들은 무슨 매매계

약서를 쓰지도 않았고, 그냥 말로 판다고 맹세한 것입니다. 그런데 에서의 장자권은 에서의 맹세(말)대로 야곱에게 넘어갔습니다. 그렇습니다. 우리 인간은 입술의 열매를 먹고삽니다(잠 12:14). 그러므로 언제나 아름답고 긍정적인 말만 사용해야 합니다. 이 장자권은 대단히 중요합니다. 왜냐하면 먼저 이 장자권은 제사의 권한이 있었습니다. 당시 족장시대에는 장자에게만 제사의 권한이 있었기 때문입니다. 그러므로 우리는 이유 여하를 막론하고 하나님과 교제하는 예배를 소홀히 해서는 안 됩니다. 또한 이 장자권에는 메시야의 계보가 있었습니다. 때문에 아브라함과 이삭, 에서가 아니라 아브라함과 이삭, 야곱의 하나님이 되었습니다.

둘째로 이삭의 축복을 쟁취했습니다.

이삭이 나이 많아 눈이 어두워 잘 보이지 않을 때에 에서를 불러서 말하기를 "내가 이제 늙어 어느 날 죽을는지 알지 못하니 그런즉 네 기구 곧 화살통과 활을 가지고 들에 가서 나를 위하여 사냥하여 내가 즐기는 별미를 만들어 내게로 가져와서 먹게 하여 내가 죽기 전에 내 마음껏 네게 축복하게 하라"(창 27:2-4)고 했습니다. 이 소리를 들은 리브가가 야곱과 합작하여 에서가 사냥하러 간 사이에 염소 새끼로 별미를 만들어 떡과 함께 이삭에게 갖다 주어 먹고 마음껏 축복하게 했습니다(창 27:8-29). 이것은 바로 리브가와 야곱이 축복기도를 아주 중요하게 여겼기 때문입니다.

셋째로 외삼촌의 양을 쟁취했습니다.

에서의 칼을 피해 고향을 떠나온 야곱은 외삼촌인 라반에게 "나를 보내어 내 고향 나의 땅으로 가게 하시되 내가 외삼촌에게서 일하고 얻은 처자를 내게 주시어 나로 가게 하소서…"(창 30:25-26)라고 귀향을 허락해 줄 것을 요구했습니다. 그러나 라반은 그 동안 열심히 일하여 자신을 부자 되도록 한 야곱을 계속 붙잡아 두고 싶어서 야곱에게 "네 품삯을 정하라 내가 그것을 주리라"(창 30:28)고 했습니다. 이에 야곱은 양떼나 염소 중에서 아롱진 것과 점 있는 것 그리고 검은 것이 있으면 가려내어 자기 것이 되게 해달라고 했습니다. 왜냐하면 그래야 외삼촌의 소유와 자기의 소유가 분명하게 구별되기 때문이었습니다(창 30:32,33). 이에 라반의 허락을 받은 야곱은 그때부터 버드나무와 살구나무와 신풍나무의 푸른 가지를 취하여 그것들의 껍질을 벗겨 흰무늬를 내고 양 떼에게 향하게 하여 건강한 양들이 개천에 물을 먹으러 올 때에 그 물을 먹고 임신하게 하여 얼룩얼룩한 것과 점이 있고 아롱진 것을 낳게 했습니다(창 30:37-43). 그리하여 야곱은 자신의 양떼가 많아지게 했습니다. 바로 이것도 외삼촌 라반의 재산을 쟁취한 것이었습니다.

사랑하는 여러분!

이유 여하를 막론하고 장자권 즉 예배권을 뺏기는 일이 없도록 합시다. 또한 전능하신 하나님을 믿고 의지하는 삶을 삽시다. 그리고 열심히 노력하여 가정과 교회를 복되게 하는 삶을 사시기 바랍니다.

3. 승리의 삶

첫째로 결단의 기도를 드렸습니다.

에서의 장자권과 축복기도를 가로챈 야곱은 에서의 칼을 피해 집을 떠나야 했습니다(창 27:41-45). 그가 브엘세바를 떠나 하란으로 향하던 길에 해가 저물어 한 곳에서 한 돌을 취하여 베개로 삼고 누워 잤습니다(창 28:10, 11). 그런데 "또 본즉 하나님의 사자들이 그 위에서… 이르시되 나는 여호와니 너의 조부 아브라함의 하나님이요 이삭의 하나님이라 네가 누워 있는 땅을 내가 너와 네 자손에게 주리니 네 자손이 땅의 티끌 같이 되어 네가 서쪽과 동쪽과 북쪽과 남쪽으로 퍼져나갈지며 땅의 모든 족속이 너와 네 자손으로 말미암아 복을 받으리라 내가 너와 함께 있어 네가 어디로 가든지 너를 지키며 너를 이끌어 이 땅으로 돌아오게 할지라 내가 네게 허락한 것을 다 이루기까지 너를 떠나지 아니하리라…"(창 28:13-15)고 했습니다. 이에 야곱은 아침에 일찍 일어나 자신이 베개로 삼았던 돌을 세우고 그 위에 기름을 부은 다음 그곳 이름을 '벧엘' 이라고 했습니다. 그리고 그 곳에 하나님의 성전을 세우고 십일조를 드리겠다고 서원 했습니다(창 28:18-22). 또한 고향으로 돌아오는 길에는 얍복 강가에서 천사와 씨름하여 허벅지 관절이 어긋나는 결단의 기도를 했습니다(창 32:24,25).

둘째로 하란에서 거부가 되었습니다.
야곱은 외삼촌 라반의 집에서 머슴살이하면서 4명의 아내와 많은 자녀들을 얻게 되었습니다(창 29:18-35). 또한 많은 재산도 모으게 되었습니다(창 30:40-43). 고향을 떠나올 때에는 빈손이었지만 귀향할 때는 큰 부자가 되었습니다.

셋째로 이스라엘로 변화되었습니다.
야곱은 인간적으로 볼 때에 많은 약점이 있음에도 불구하고 열정적으로 살았기 때문에 그가 원하던 대로 장자권이 허락되었습니다. 또한 전능하신 하나님께서 끝까지 그와 함께 동행해주셨습니다. 그리고 가정적으로도 많은 자녀들과 물질의 복까지 주셨습니다. 뿐만 아니라 이제 속이는 자 야곱이 아니라 이스라엘이 되었습니다(창 32:26-28). 참으로 귀한 축복이요, 완전한 승리인 것입니다.

사랑하는 여러분!
우리도 결단의 기도를 드립시다. 또한 우리도 영육적으로 풍부한 삶을 살아야겠습니다. 그리고 우리의 생각과 언어, 행동과 삶의 자세가 새롭게 변화된 참된 그리스도인들이 되시기 바랍니다.

 # 에 녹

[창 5:21-24]

에녹은 육십오 세에 므두셀라를 낳았고 므두셀라를 낳은 후 삼백 년을 하나님과 동행하며 자녀들을 낳았으며 그는 삼백육십오 세를 살았더라 에녹이 하나님과 동행하더니 하나님이 그를 데려가시므로 세상에 있지 아니하였더라

> 아담의 7대손인 에녹(신임자, 바치다, 가르치다)은 동명이인이 두 명 있습니다. 하나는 가인의 아들이요, 또 하나는 아담의 7대손으로서 야렛의 아들인 에녹이 있습니다. 오늘 이 시간에는 야렛의 아들이요, 므두셀라의 아버지인 에녹에 대해서 말씀드리고자 합니다. 그는 65세 때부터 300년 간 하나님과 동행하며 하나님을 기쁘시게 한 사람입니다. 또한 그는 하나님과 동행하며 기쁘시게 하는 삶을 살다가 육신이 죽지 않고 승천한 사람입니다.

1. 하나님과 동행하는 삶을 살았습니다.

첫째로 사람은 사회적인 존재입니다.

다시 말하면 사람은 다른 사람과 유기적인 관계를 맺고 함께 살아가야 하는 존재입니다. 그러므로 나 자신이 누구를 만나서 관계를 맺고 살아가야 하는 것은 대단히 중요합니다. 왜냐하면 바로 거기에서 내 인생의 성공과 실패는 물론 행복과 불행이 결정되기 때문입니다. 그래서 사람은 그 무엇보다도 부모와 스승을 잘 만나야 하고 배우자와 친구를 잘 만나야 합니다. 한마디로 사람을 잘 만나는 것이 최고의 복입니다. 그러므로 우리들도 믿음과 은혜가 충만한 사람을 만나 좋은 영향을 받아 아름다운 삶을 살아가야 합니다. 또한 우리들도 좋은 사람이 되어 나를 만나고 관계하는 모든 사람들에게 하나님

의 사랑과 은혜를 전달하여 그들을 복되게 하는 은혜로운 사람들이 되어야 겠습니다.

둘째로 하나님과 동행했습니다.

우리 하나님은 자존자시요, 이 세상의 삼라만상을 창조하시고 친히 주관하시는 전능하신 분이십니다. 그러므로 이 세상을 살아가는 모든 인간은 다 하나님과 동행해야 합니다. 그런데 에녹은 그분과 동행했습니다(창 5:22). 때문에 그는 성공적인 삶을 살 수 있었습니다. 또한 우리들의 생사화복을 주관하십니다. 그러므로 피조물인 우리 인간이 그분과 동행한다는 것은 최고의 축복입니다. 여기에서 동행한다는 것은 하나님과 함께 걷는다는 뜻으로서 하나님을 믿고 의지하면서 그분의 뜻대로 산다는 것입니다. 성경에서 하나님과 동행했다고 기록한 사람은 에녹과 노아 두 사람뿐입니다. 그러므로 에녹은 이 세상 그 누구보다도 가장 큰 축복을 받은 사람입니다.

셋째로 하나님을 기쁘시게 했습니다.

성경은 "믿음으로 에녹은 죽음을 보지 않고 옮겨졌으니 하나님이 그를 옮기심으로 다시 보이지 아니하였느니라 그는 옮겨지기 전에 하나님을 기쁘시게 하는 자라 하는 증거를 받았느니라"(히 11:5)고 하셨습니다. 그러므로 에녹은 믿음이 있는 사람이었습니다. 왜냐하면 믿음이 없이는 하나님을 기쁘시게 할 수 없기 때문입니다(히 11:6). 신앙의 조상들은 모두가 다 믿음의 사람들이었습니다. 아벨은 믿음으로 가인보다 더 나은 제사를 드렸습니다. 노아는 믿음으로 방주를 지었습니다. 아브라함은 믿음으로 부르심에 순종했습니다(히 11:4-8). 그렇습니다. 하나님께서는 믿음의 사람을 기뻐하십니다. 그러므로 우리들도 믿음으로 하나님을 기쁘시게 하는 삶을 살아야 합니다.

사랑하는 여러분!

우리들도 믿음 좋은 사람이 되고 그러한 사람들과 함께 동행합시다. 또한 우리 인생들의 생사화복을 주관하시는 하나님과 늘 동행하는 삶을 삽시다. 그리고 우리들의 믿음과 삶을 통해 하나님을 기쁘시게 하는 복된 삶을 사시기 바랍니다.

2. 시종이 여일한 신앙의 사람이었습니다.

첫째로 삼백 년 동안 신앙을 잘 지켰습니다.

성경은 "에녹은 육십오 세에 므두셀라를 낳았고 므두셀라를 낳은 후 삼백 년을 하나님과 동행하며 자녀들을 낳았으며 그는 삼백육십오 세를 살았더라 에녹이 하나님과 동행하더니 하나님이 그를 데려가시므로 세상에 있지 아니하였더라"(창 5:21-24)고 하셨습니다. 다시 말하면 에녹은 삼백 년 동안 한결같이 자신의 신앙을 잘 지켰습니다. 그에게도 여러 가지로 많은 삶의 우여곡절이 있었을 것입니다. 그러나 그의 신앙은 조금도 흔들림이 없었습니다. 작심삼일인 우리 인간들이 본받아야할 참으로 귀한 신앙이었습니다. 그렇습니다. 그 어떤 경우에도 변함없이 심지가 견고한 신앙이 가장 값진 신앙입니다. 때문에 성경은 "주께서 심지가 견고한 자를 평강하고 평강하도록 지키시리니 이는 그가 주를 신뢰함이니이다"(사 26:3)라고 하셨습니다. 그러므로 우리들도 일평생 동안 심지가 견고하게 변함없이 신앙을 잘 지켜야 합니다.

둘째로 끝까지 사명을 감당했습니다.

성경은 "아담의 칠대 손 에녹이 이 사람들에 대하여도 예언하여 이르되 보라 주께서 그 수만의 거룩한 자와 함께 임하셨나니 이는 뭇 사람을 심판하사 모든 경건하지 않은 자가 경건하지 않게 행한 모든 경건하지 않은 일과 또 경건하지 않은 죄인들이 주를 거슬러 한 모든 완악한 말로 말미암아 그들을 정죄하려 하심이라 하였느니라 이 사람들은 원망하는 자며 불만을 토하는 자며 그 정욕대로 행하는 자라 그 입으로 자랑하는 말을 하며 이익을 위하여 아첨하느니라"(유 1:14-16)고 하셨습니다. 다시 말하면 에녹은 타락한 사람들에게 하나님의 심판과 정죄를 두려움이 없이 당당하게 전했습니다. 또한 홍수 이전의 구약시대 사람임에도 불구하고 앞으로 있을 주님의 재림까지도 예언했습니다. 참으로 훌륭한 사명자였습니다. 그렇습니다. 진정한 사명자는 그 어떤 경우에도 세상의 눈치를 살피거나 죽음을 두려워하지 않습니다. 그러므로 우리들도 그러한 정신을 가지고 사명을 감당해야겠습니다.

셋째로 변함 없이 하나님을 따랐습니다.

에녹은 육십오 세에 하나님을 만나 거듭난 사람이 되어 삼백 년 간을 하나님과 동행하면서 사명을 감당하다가 삼백육십오 세에 육신의 죽음을 맞지 않고 이 세상을 떠나 승천했습니다. 그것은 바로 그가 변함 없이 시종이 여일하게 하나님을 믿고 그분만 따랐기 때문이었습니다. 하나님께서 그가 죽음을 당하기 전에 미리서 데려가신 것은 이 세상 사람들이 상상할 수 없는 일이었습니다. 우리들도 에녹과 같이 변함없는 믿음으로 하나님을 잘 섬기다가 찬송을 부르면서 하늘나라에 가야겠습니다.

사랑하는 여러분!

우리들도 시종이 여일한 한결 같은 신앙인이 됩시다. 또한 맡은 사명을 이 생명 다하는 그 시간까지 변함 없이 잘 감당합시다. 그리고 하늘의 소망을 가지고 끝까지 주님을 따르다 주님께서 오라 하실 때에 찬송하며 갈 수 있는 멋진 신앙인들이 되시기 바랍니다.

3. 변함 없는 전천후 신앙인이었습니다.

첫째로 시대를 초월한 신앙인이었습니다.

유다는 악인의 심판에 대해 에녹의 예언을 들어 선포했습니다. 에녹은 "보라 주께서 그 수만의 거룩한 자와 함께 임하셨나니 이는 뭇 사람을 심판하사 모든 경건하지 않은 자가 경건하지 않게 행한 모든 경건하지 않은 일과 또 경건하지 않은 죄인들이 주를 거슬러 한 모든 완악한 말로 말미암아 그들을 정죄하려 하심이라 하였느니라 이 사람들은 원망하는 자며 불만을 토하는 자며 그 정욕대로 행하는 자라 그 입으로 자랑하는 말을 하며 이익을 위하여 아첨하느니라"(유 1:14-16)고 했습니다. 이 말씀을 보면 당시대가 얼마나 타락되고 더러운 시대였는가를 알 수 있습니다. 그러나 에녹은 그러한 시대와는 전혀 상관없이 자기 자신의 신앙을 정결하고 거룩하게 잘 지킨 신앙인이었습니다.

둘째로 환경을 초월한 신앙인이었습니다.

에녹의 주위에는 범죄하고 정욕대로 사는 사람들이 있었습니다(유 1:15). 또한 불평 불만이 가득했으며 서로 원망하며 싸우는 사람들도 많았습니다(유 1:16). 그리고 대부분의 사람들이 사도들의 말을 듣지 않고 불순종했으며 정욕대로 살면서 당을 짓고 악을 행했습니다(유 1:17-19). 때문에 유다가 에녹의 예언으로 백성들을 권고한 것이었습니다. 다시 말하면 에녹이 처한 환경이 그렇게 좋지 못했습니다. 그러나 에녹은 그러한 환경에 물들지 않고 자신의 신앙을 아주 순수하게 잘 지켰습니다. 그는 믿음직한 전천후 신앙인이었습니다. 우리는 하나님께서 주시는 능력으로 이 세상과 환경을 다스려 가는 멋진 신앙인들이 되어야겠습니다.

셋째로 죽음을 초월한 신앙인이었습니다.

본문의 창세기 5장을 보면 처음부터 끝까지 누가 누구를 낳았고 몇 세를 향수하고 죽었더라는 말씀뿐입니다(창 5:1-32). 다시 말하면 우리의 조상인 아담과 하와의 범죄로 말미암아 이 세상의 모든 인간들에게 사망이 왔음을 분명하게 보여주고 있습니다. 한마디로 육을 입고 이 세상에 태어난 모든 인간들은 모두 다 반드시 죽습니다. 이러한 인간의 죽음의 역사는 이 세상의 어느 누구도 변개할 수 없는 분명한 철칙이었습니다. 그런데 에녹은 이러한 철칙을 초월하고 죽음을 맛보지 않고 곧바로 승천했습니다(창 5:22-24). 그는 이 세상에서 사는 동안에도 이 세상의 영향을 받지 않고 하나님과 동행하면서 사명을 감당했습니다. 바로 죽음까지도 초월한 신앙인이었습니다. 성경에 보면 아담의 후손으로서 죄인으로 태어난 인간이 육신의 죽음을 당하지 않고 그대로 승천한 사람은 에녹과 엘리야 두 사람뿐입니다(창 5:24; 히 11:5; 왕하 2:11). 이들의 승천은 모두 다 죽음의 환경을 초월한 사람들이었습니다. 그들이 바로 예수 그리스도의 승천의 예표가 되었습니다.

사랑하는 여러분!
우리들도 타락한 이 시대를 초월한 신앙인이 되어야겠습니다. 또한 우리들이 처한 환경이 제 아무리 변화무쌍한 세상이라고 할지라도 자신을 잘 지켜갑시다. 그리고 이 세상 사람들의 상식을 초월하는 능력 있는 삶을 사시기 바랍니다.

 # 에브라임

[창 48:8-20]

이스라엘이 요셉의 아들들을 보고 이르되 이들은 누구냐 요셉이 그의 아버지에게 아뢰되 이는 하나님이 여기서 내게 주신 아들들이니이다 아버지가 이르되 그들을 데리고 내 앞으로 나아오라 내가 그들에게 축복하리라 이스라엘의 눈이 나이로 말미암아 어두워서 보지 못하더라 요셉이 두 아들을 이끌어 아버지 앞으로 나아가니 이스라엘이 그들에게 입맞추고 그들을 안고 요셉에게 이르되 내가 네 얼굴을 보리라고는 생각하지 못하였더니 하나님이 내게 네 자손까지도 보게 하셨도다 요셉이 아버지의 무릎 사이에서 두 아들을 물러나게 하고 땅에 엎드려 절하고 오른손으로는 에브라임을 이스라엘의 왼손을 향하게 하고 왼손으로는 므낫세를 이스라엘의 오른손을 향하게 하여 이끌어 그에게 가까이 나아가매 이스라엘이 오른손을 펴서 차남 에브라임의 머리에 얹고 왼손을 펴서 므낫세의 머리에 얹으니 므낫세는 장자라도 팔을 엇바꾸어 얹었더라 그가 요셉을 위하여 축복하여 이르되 내 조부 아브라함과 아버지 이삭이 섬기던 하나님, 나의 출생으로부터 지금까지 나를 기르신 하나님, 나를 모든 환난에서 건지신 여호와의 사자께서 이 아이들에게 복을 주시오며 이들로 내 이름과 내 조상 아브라함과 이삭의 이름으로 칭하게 하시오며 이들이 세상에서 번식되게 하시기를 원하나이다 요셉이 그 아버지가 오른손을 에브라임의 머리에 얹은 것을 보고 기뻐하지 아니하여 아버지의 손을 들어 에브라임의 머리에서 므낫세의 머리로 옮기고자 하여 그의 아버지에게 이르되 아버지여 그리 마옵소서 이는 장자이니 오른손을 그의 머리에 얹으소서 하였으나 그의 아버지가 허락하지 아니하며 이르되 나도 안다 내 아들아 나도 안다 그도 한 족속이 되며 그도 크게 되려니와 그의 아우가 그보다 큰 자가 되고 그의 자손이 여러 민족을 이루리라 하고 그 날에 그들에게 축복하여 이르되 이스라엘이 너로 말미암아 축복하기를 하나님이 네게 에브라임 같고 므낫세 같게 하시리라 하며 에브라임을 므낫세보다 앞세웠더라

> 에브라임(창성하다란 뜻)은 요셉의 둘째 아들로서 에브라임 족속의 시조입니다. 요셉이 애굽의 총리가 되었을 때에 온 제사장 보디베라의 딸인 아스낫에게서 낳은 둘째 아들이요, 므낫세의 동생

> 이었습니다. 므낫세와 에브라임은 야곱의 손자였으나 야곱이 그들을 자신의 아들들처럼 여기고 열두 지파에 들게 했습니다. 에브라임 지파는 북왕국의 지파들 중에서 가장 컸기 때문에 북왕국을 지칭할 때에 에브라임이라고 부르기도 했습니다.

1. 축복을 받았습니다.

첫째로 요셉의 둘째 아들이었습니다.

아버지 야곱의 사랑을 받았던 요셉은 이복 형들의 시기로 인해 애굽의 상인에게 노예로 팔렸습니다(창 37:28). 그는 보디발의 집에 종으로 신실하게 충성했지만 억울한 누명을 쓰고 투옥되었습니다(창 39:14-20). 그러나 신실한 그는 30세에 애굽의 총리가 되었습니다(창 41:41). 그는 그곳에서 온 제사장 보디베라의 딸인 아스낫과 결혼하여 장자인 므낫세(잊는다는 뜻)를 낳았고 둘째인 에브라임(창성하다, 이중의 풍작이란 뜻)을 낳았습니다. 자기를 노예로 팔아버린 형들이나 자기를 억울하게 누명을 씌워 투옥시킨 보디발의 아내에 대해서 일체의 원망도 하지 않고 언제, 어디서나, 항상 신실하게 살아온 요셉에게 하나님께서 풍성한 복을 주셨습니다.

둘째로 야곱(이스라엘)의 축복을 받았습니다.

애굽의 총리로서 아들을 낳은 그는 남부러울 것이 없는 사람이었습니다. 그러나 그는 하나님의 축복을 귀하게 생각하고 자신의 두 아들들을 야곱에게 데리고 가서 축복기도를 받게 했습니다. 그런데 야곱이 오른손으로는 에브라임을 향하게 하고 왼손으로는 므낫세를 향하게 하여 이끌어서 자기에게 나오게 한 다음 그들에게 손을 얹었습니다(창 48:8-14). 야곱의 오른손이 차자인 에브라임의 머리 위에 올려져 있는 것을 본 요셉이 기뻐하지 아니하고 아버지의 손을 들어 므낫세의 머리에 옮기고자 하여 "...아버지여 그리 마옵소서 이는 장자니 오른손을 그의 머리에 얹으소서"(창 48:18)라고 만류했으나 야곱은 "...내 아들아 나도 안다 그도 한 족속이 되며 그도 크게 되려니와 그 아우가 그보다 큰 자가 되고 그의 자손이 여러 민족을 이루리라"(창 48:19)고 에브라임을 므낫세보다 앞세워 후계자가 되게 했습니다. 바로 요셉의 의도와는 전혀 다른 선택이었습니다. 그러나 여기에서 우리가 한가지 생각해야 될 것은 이 세상의 모든 것들은 다 하나님의 주권에 의해서 선택된다는 것입니다. 그러므로 인간적인 생각이 하나님의 거룩한 뜻을 앞설 수 없습니다.

셋째로 장자의 복을 받았습니다.
에브라임은 분명히 차자로 태어났음에도 불구하고 이스라엘을 통한 하나님의 강권하심으로 형인 므낫세의 장자권을 이전 받았습니다. 이스라엘에서의 장자권은 일반적으로 장자를 통해서 내려왔습니다. 그러나 성경에 보면 특별한 예가 있습니다. 아브라함의 아들 이스마엘이 장자였으나 이삭이 장자권을 행사했습니다. 에서가 장자였으나 야곱이 실질적인 장자권을 행사했습니다. 요셉은 열한 번째 아들이었으나 장자권을 행사했습니다. 에브라임도 차자였으나 장자권을 이전 받았습니다. 여기에서 보면 이스마엘의 경우는 전통적인 면에서 문제가 있었고, 르우벤의 경우에는 장자권을 상실할 만한 이유가 있었습니다. 그러나 므낫세의 경우에는 순전히 하나님의 주권적인 섭리에 의한 것이었습니다.

사랑하는 여러분!
나 자신의 삶이 현재 제 아무리 힘들고 어려워도 요셉처럼 믿음으로 신실하게 삽시다. 하나님께서 반드시 큰 복을 주실 것입니다. 또한 하나님의 축복을 귀하게 여기고 사모하는 삶을 삽시다. 그리하면 큰 복을 받게 될 것입니다. 그리고 하나님의 주권적인 섭리에 무조건 순종하여 넘치는 복을 받으시기 바랍니다.

2. 모세의 예언대로 되었습니다.

첫째로 에브라임 지파의 시조가 되었습니다.

야곱은 요셉의 두 아들이며, 자신의 손자들인 에브라임과 므낫세를 자신의 아들처럼 대했습니다(창 48:1-6). 르우벤을 대신하여 장자의 위치에 선 요셉은 비록 그 자신이 열두 지파 중에는 들어가지 못했지만 장자에게 두 몫을 준다(신 21:17)는 전통에 따라 그의 두 아들이 각각 한 지파씩 형성했던 것입니다. 메시야의 약속은 비록 유다 지파로 넘어갔지만 장자의 명분은 요셉에게서 에브라임으로 이양되었습니다. 때문에 므낫세 다음에 나왔던 에브라임도 순서가 바뀌어 에브라임의 이름이 먼저 나오게 되었습니다. 그리하여 에브라임은 그때부터 에브라임 지파의 시조가 되었습니다.

둘째로 만만의 축복을 받았습니다.

모세가 요셉 지파를 축복하면서 "…에브라임의 자손은 만만이요 므낫세의 자손은 천천이로다"(신 33:17)라고 예언한 것은 에브라임 지파가 므낫세에 비하여 더 큰 권세와 권위를 지닐 것을 말한 것인데 이것은 바로 야곱의 축복과 밀접한 관계를 맺고 있습니다. 야곱은 "…그의 아우가 그보다 큰 자가 되고 그의 자손이 여러 민족을 이루리라"(창 48:19)고 예언했는데 모세의 예언도 야곱의 예언과 같은 맥락에서 이루어졌습니다. 그리하여 에브라임은 므낫세보다 더 크게 번성했습니다(창 48:16,19). 에브라임은 북왕국 이스라엘의 열 지파 중에서 제일 큰 지파가 되었습니다. 때문에 에브라임 지파는 북왕국 이스라엘을 대표하는 지파가 되었습니다. 그래서 선지자들은 북왕국 이스라엘을 일컬을 때에 에브라임이라고 했습니다(사 7:2; 호 4:17). 또한 그들은 제일 좋은 땅을 기업으로 분배받았습니다. 모세의 예언대로 에브라임은 만만의 복을 받았습니다. 그렇습니다. 하나님의 축복은 어떤 인위적인 것에 의해 결정되는 것이 아니라 오직 하나님의 선하시고 온전하신 뜻에 의해 이루어지는 것임을 보여주고 있는 것입니다. 그러므로 우리는 하나님의 구원계획에 대해 그 어떤 이의도 제기할 수 없습니다. 우리 성도들은 이와 같이 하나님의 주권에 의해 구원받았음을 잊지 말고 늘 감사하는 삶을 살아야할 것입니다.

셋째로 훌륭한 지도자를 배출했습니다.

에브라임 지파는 특별히 많은 지도자들을 배출했습니다. 모세의 후계자로서 이스라엘 민족을 가나안 땅으로 인도한 여호수아가 있습니다. 여자 사사요, 선지자인 드보라가 있으며 마지막 사사요, 최초의 선지요, 제사장인 사무엘이 있습니다. 북왕국 이스라엘의 초대왕인 여로보암도 있습니다. 이들 모두가 다 이스라엘 역사의 중심된 인물들이었습니다. 한 지파에서 지도자들이 많이 나왔습니다.

사랑하는 여러분!
우리들도 이 세상의 모든 사람들에게 신앙의 본을 보여 참된 이정표로 서 가야겠습니다. 또한 하나님의 마음에 맞는 사람들이 되어 야곱과 에브라임처럼 번성하는 복을 받아야겠습니다. 그리고 우리들의 후손들을 통해서 훌륭한 지도자들이 많이 배출되어야겠습니다.

3. 우월감에 빠진 지파였습니다.

첫째로 기드온에 대해 불만이 많았습니다.
에브라임은 차자였음에도 불구하고 장자인 므낫세의 장자권을 받았고 또한 풍성한 기업도 분배받았습니다. 그리고 훌륭한 지도자들도 많이 배출했습니다. 때문에 북왕국 이스라엘의 대표 지파가 되었습니다. 한마디로 인정받는 지파가 되었습니다. 그러므로 그들은 하나님께 감사하고 더욱 겸손히 섬기는 지파가 되었어야 했습니다. 그런데 그들은 오히려 다른 지파에 대한 상대적인 우월감을 가지고 교만해지기 시작했습니다. 에브라임 지파는 큰 지파로서 장자 지파임을 자랑했습니다. 그래서 다른 지파들이 자기 지파를 존중해 주기를 원했습니다. 그래서 사람은 은혜 받았을 때와 건강할 때와 모든 것들이 잘 될 때에는 물론 지위와 명예, 권세를 가졌을 때에 더욱 겸손히 자신을 되돌아보아야 합니다. 기드온이 미디안과 싸울 때에 에브라임은 참전하지 않았습니다. 그러나 기드온이 승리하게 되자 그들은 전쟁의 막바지에 참전했습니다. 그리고 기드온에게 자기들을 무시했다고 불만을 가지고 시비를 걸었습니다. 그러나 기드온은 겸손한 자세로 그들의 분노를 쉬게 했습니다.

둘째로 입다를 대적했습니다.
입다는 암몬 자손과의 전투에서 길르앗 지파와 므낫세 지파의 지원을 받아 승리했습니다. 이에 심기가 불편해진 에브라임은 입다에게 "네가 암몬 자손과 싸우러 건너갈 때에 어찌하여 우리를 불러 너와 함께 가게 하지 아니하였느냐 우리가 반드시 불로 너와 네 집을 사르리라"(삿 12:1)고 강하게 협박했습니다. 사실 그들은 입다가 이미 도움을 청했음에도 불구하고 응하지 않았던 것입니다(삿 12:2,3). 그럼에도 불구하고 그들은 괜히 시비를 걸었습니다. 그러나 입다의 경우는 기드온과 달리 강하게 대처했습니다.

셋째로 전쟁에서 대패했습니다.
입다는 원래 서자 출신으로서 불량배들과 어울리던 사람이었습니다. 그는 길르앗 사람들을 모아 자기를 협박한 에브라임과 전쟁을 일으켰습니다. 그리하여 에브라임 사람들을 색출하여 사만이천 명이나 되는 많은 사람을 죽였습니다(삿 12:6). 그들의 잘못된 우월감과 교만이 결국은 비참한 결과를 가져왔습니다. 그래서 "교만은 패망의 원인"입니다.

사랑하는 여러분!
그 어떤 이유로도 교만하지 말고 겸손히 섬기는 삶을 삽시다. 또한 절대로 다른 이에게 시비를 걸고 다투는 일이 없도록 합시다. 그리고 사람을 살리고 세우는 일에 쓰임 받는 값진 삶을 사시기 바랍니다.

 # 에 서

[창 27:41-45]

그의 아버지가 야곱에게 축복한 그 축복으로 말미암아 에서가 야곱을 미워하여 심중에 이르기를 아버지를 곡할 때가 가까웠은즉 내가 내 아우 야곱을 죽이리라 하였더니 맏아들 에서의 이 말이 리브가에게 들리매 이에 사람을 보내어 작은 아들 야곱을 불러 그에게 이르되 네 형 에서가 너를 죽여 그 한을 풀려 하니 내 아들아 내 말을 따라 일어나 하란으로 가서 내 오라버니 라반에게로 피신하여 네 형의 노가 풀리기까지 몇 날 동안 그와 함께 거주하라 네 형의 분노가 풀려 네가 자기에게 행한 것을 잊어버리거든 내가 곧 사람을 보내어 너를 거기서 불러오리라 어찌 하루에 너희 둘을 잃으랴

> 이 세상을 살아가는 사람들을 보면 힘들고 어려운 열악한 환경에서도 새로운 힘과 용기, 결단을 가지고 심기일전하여 인생을 성공적으로 살아가는 사람들이 있습니다. 반면에 어떤 사람은 남달리 좋은 환경에서도 정신을 차리지 못하고 계속 실패하는 삶으로 인생을 망쳐 버리는 사람들도 있습니다. 본문의 에서는 바로 후자와 같은 사람이었습니다. 오늘 이 시간을 통해서 나 자신의 현재의 자화상이 어떠한지 다시 한 번 점검해 보는 시간이 되어야겠습니다.

1. 사냥을 좋아했습니다.

첫째로 이삭이 늦게 얻은 아들이었습니다.

아브라함은 사라가 사망한 후에 이삭을 아람 족속 브두엘의 딸인 리브가와 결혼시켰습니다. 당시 이삭의 나이는 사십 세였습니다(창 25:20). 그런데 이삭과 리브가는 오랜 결혼 중에서도 자녀를 갖지 못했습니다. 때문에 이삭이 여호와께 간구하여 이십 년 만에 리브가가 잉태하여 낳은 아들이 바로 에서

였습니다. 다시 말하면 에서는 이삭이 육십 세에 낳은 늦둥이였습니다. 그렇습니다. 우리 하나님은 전지전능하신 하나님이십니다. 누구든지 믿음으로 기도하면 반드시 응답해 주십니다. 그러므로 우리 성도들은 열심히 기도하여 응답 받는 신앙생활을 해야겠습니다.

둘째로 쌍둥이 중에서 장남이었습니다.
이삭의 간절한 기도를 들으신 하나님께서는 리브가에게 쌍둥이를 잉태케 하셨습니다. 참으로 크신 은혜요, 축복이었습니다. 그런데 리브가의 태 속에 있는 아이들이 서로 싸웠습니다(창 25:22). 그것은 바로 잉태된 쌍둥이들이 서로 먼저 태어나려고 경쟁하는 것이었습니다. 그렇습니다. 인간은 이렇게 태어나면서부터 이 세상에서 경쟁하면서 사는 존재입니다. 그런데 에서와 야곱은 리브가의 배속에서부터 경쟁했습니다. 에서는 결국 이 경쟁에서 이기고 이삭과 리브가의 장남으로 태어났습니다. 이제 그는 아버지의 기업을 이을 자로 태어난 것이었습니다. 다시 말하면 그는 야곱과의 경쟁에서 승리한 것이었습니다.

셋째로 사냥을 좋아하는 들사람이었습니다.
에서는 태어날 때부터 붉고 전신이 털옷 같았습니다. 때문에 그 이름을 에서라고 했습니다(창 25:25). 그는 천성적으로 남자다운 면모를 가지고 있었으며 신체적 조건도 남자였습니다. 그가 하는 짓도 남자다웠습니다. 그는 늘 산과 들로 뛰어다니면서 사냥을 즐겼습니다. 그는 집에 있는 시간보다도 산과 들에 다니면서 사냥하는 시간이 훨씬 더 많았습니다. 그래서 성경은 그를 "...들사람이 되..."(창 25:27)고 라고 했습니다. 때문에 그는 이삭으로부터 신앙적인 교육을 받을 기회를 갖지 못했습니다. 그가 자신에게 주어진 장자권을 귀하게 생각하지 않고 팥죽 한 그릇에 팔아버리는 어리석은 죄를 범한 것이었습니다. 그렇습니다. 신앙 교육은 그 어떤 이유로도 소홀할 수 없습니다. 그러므로 우리 모두는 힘써 성경을 배우고 자녀들에게 열심히 신앙교육을 시켜야 합니다.

사랑하는 여러분!
기도는 문제해결의 열쇠입니다. 열심히 기도하여 풍성한 삶을 사시기 바랍니다. 또한 우리는 치열한 경쟁의 장이요, 싸움터인 이 세상에 던져졌습니다. 그러므로 이유 여하를 막론하고 반드시 승리의 삶을 살아야 합니다. 이 승리의 무기는 바로 믿음입니다. 그리고 무엇보다도 신앙생활을 최우선으로 여겨야 합니다. 그리하여 실패함이 없이 늘 성공하는 삶을 사시기 바랍니다.

2. 받은 축복을 지키지 못했습니다.

첫째로 장자의 명분을 팔았습니다.
고대 근동지방에서는 사람이나 짐승을 막론하고 초태생은 모두 다 신성하게 생각하는 관습이 있었습니다. 그래서 이스라엘에서는 장자를 하나님의 소유로 생각했습니다. 때문에 족장시대에는 족장이 하나님께 제사지내는 특권을 행사했습니다. 다시 말하면 예배권이 있었습니다. 이 얼마나 큰 축복입니까? 또한 장자는 집안의 가장이었습니다. 옛날 장자는 아버지 다음의 가장이었습니다. 아버지가 살아 계실 때에는 아버지가 집안의 가장 노릇을 했지만 유고시에는 장자가 아버지의 권위를 이어받아 가장 노릇을 했습니다. 그러므로 에서는 이삭의 대를 이어 가문을 이어 가야 할 가장이었습니다. 그리고 장자는 아버지의 이후에 가정을 이끌어 가야 할 막중한 사명이 있기 때문에 다른 자식들보다 갑절의 재산을 상속받을 자였습니다(신 21:17). 그런데 에서는 이 귀한 장자의 명분을 팥죽 한 그릇에 팔아버렸습니다(창 25:27-34).

여기에서 우리가 한 가지 생각해야 할 것은 먼저 믿은 우리 모두는 다 믿음의 장자들이므로 이유 여하를 막론하고 하나님의 소유답게 살아야 한다는 것입니다. 먼저 믿은 장자로서의 사명을 잘 감당해야 합니다. 그리고 주신 축복도 잘 관리하여 자손 대대로 계속 흥왕, 발전하는 축복을 받으시기 바랍니다.

둘째로 축복을 빼앗겼습니다.
축복은 하나님께서 주시는 행복과 번성입니다. 특히 유대인들은 이 세상의 모든 축복은 하나님의 것이며 하나님께서 내려주신다고 하는 확신을 가지고 있었습니다. 리브가가 자신이 사랑하는 야곱이 에서의 축복을 받도록 계략을 꾸민 것도 바로 야곱에게 하나님의 보호와 풍요가 임하기를 간절히 바랐기 때문이었습니다(창 27:5-29). 그래서 리브가와 야곱은 수단과 방법을 가리지 않고 눈이 어두운 이삭을 속이고 에서의 축복을 가로챈 것이었습니다. 그렇습니다. 축복을 받으려고 하면 리브가와 야곱처럼 철저히 준비하는 삶을 살아야 합니다(창 27:8,9). 또한 주어진 기회를 놓치지 않고 반드시 잡아야 합니다(창 27:10). 그리고 믿음으로 남다른 모험을 감행해야 합니다(창 27:19,20). 다시 말하면 축복을 받기 위한 적극적인 삶의 자세를 가져야 합니다. 그래서 천국은 빼앗는 자의 것이요, 침노하는 자의 것이라고 했습니다(마 11:12; 눅 16:16). 그런데 장자의 명분을 빼앗긴 에서는 자신이 이미 가지고 있던 그 귀한 축복도 빼앗겼습니다. 당시 에서가 받을 축복은 풍요한 삶에 대한 축복이요, 열국에 대한 지배권과 만민의 복이었습니다(창 27:27-29). 우리 모두는 이유 여하를 막론하고 이미 받은 복을 빼앗기지 말고 반드시 지켜야 합니다.

셋째로 방성대곡하는 후회의 생이었습니다.
팥죽 한 그릇에 장자권을 팔아 버린 에서는 축복까지도 빼앗겨버리자 방성대곡하며 울었습니다. 여기에서 방성대곡이란 매우 큰소리로 비통하게 울부짖는 것을 말합니다. 에서는 이삭의 축복기도를 받기 위해 수고한 모든 일들이 다 허사가 되어버렸기 때문이었을 것입니다. 이것은 회개의 통곡이 아니었습니다. 빼앗긴 축복에 대한 아쉬움과 울분의 통곡이었습니다. 그는 이제 회복의 기회마저도 없었습니다.

사랑하는 여러분!
먼저 믿는 자로서의 장자의 명분을 잘 지킵시다. 또한 그 어떤 이유로도 축복을 빼앗기지 맙시다. 그리고 우리들의 생애에 있어서 축복을 빼앗겨 버리고 후회하는 일이 없도록 하시기 바랍니다.

3. 부모의 근심거리였습니다.

첫째로 이방 여인들과 결혼했습니다.
아브라함은 가문의 순수함을 지키기 위해 가나안 여인들이 아닌 자신의 고향에 거하고 있는 여인들 중에서 이삭의 아내를 얻으려고 종을 자기 고향으로 보냈습니다(창 24:3,4). 그 후에 하나님께서도 모세를 통해 가나안 족속의 여인과는 결혼하지 말 것을 명령하셨습니다(신 7:3). 그것은 바로 가나안 족속이 섬기는 우상숭배에 빠져 하나님을 배신할 위험성이 있기 때문이었습니다. 그런데 에서는 부모의 동의나 승낙도 없이 가나안의 헷 족속의 아다와 히위 족속의 오홀리바마 그리고 이스마엘의 딸 바스맛을 취하여 아내로 삼았습니다(창 36:1-3). 때문에 이삭과 리브가는 에서의 불신앙적인 행위를 기뻐하지 않았습니다(창 26:34, 27:46). 바로 부모에게 걱정을 끼쳤습니다.

둘째로 동생을 죽이려고 했습니다.

야곱에게 장자권과 축복을 모두 빼앗겨버린 에서는 야곱을 미워하여 심중에 이르기를 "아버지를 곡할 때가 가까웠은즉 내가 내 아우 야곱을 죽이리라"(창 27:41)고 했습니다. 그는 아버지의 늙으심과 죽음이 가까워옴을 보고 안타까워하면서 슬퍼하는 것이 아니라 오히려 아버지가 죽기를 기다리고 그때를 기회로 삼아 동생을 죽이겠다는 악한 결심을 했습니다. 참으로 악한 계획이었습니다. 그러니 이삭과 리브가의 마음이 얼마나 아팠겠습니까? 에서는 이삭과 리브가의 걱정거리였습니다.

셋째로 동생과 헤어졌습니다.
동생 야곱을 죽이겠다는 에서의 끔찍한 말을 들은 리브가는 야곱에게 "…네 형 에서가 너를 죽여 그 한을 풀려 하니 내 아들아 내 말을 따라 일어나 하란으로 가서 내 오라버니 라반에게로 피신하여 네 형의 노가 풀리기까지 몇 날 동안 그와 함께 거주하라 네 형의 분노가 풀려 네가 자기에게 행한 것을 잊어버리거든 내가 곧 사람을 보내어 너를 거기서 불러오리라 어찌 하루에 너희 둘을 잃으랴"(창 27:42-45)고 야곱으로 하여금 집을 떠나 하란으로 도망가게 했습니다. 그리하여 그는 동생과 헤어져야 했습니다. 참으로 부모님의 마음을 아프게 한 불효자식이었습니다.

사랑하는 여러분!
결혼대상자의 최우선 순위는 믿음입니다. 그래야 부부가 함께 신앙생활을 잘 할 수 있습니다. 또한 우리는 그 어떤 이유로도 사람을 미워하거나 악한 일을 계획해서는 안 됩니다. 그리고 모든 사람들과 함께 하는 평화의 삶을 사시기 바랍니다.

 # 에스겔

[겔 1:1-3]

서른째 해 넷째 달 초닷새에 내가 그발 강 가 사로잡힌 자 중에 있을 때에 하늘이 열리며 하나님의 모습이 내게 보이니 여호야긴 왕이 사로잡힌 지 오 년 그 달 초닷새라 갈대아 땅 그발 강 가에서 여호와의 말씀이 부시의 아들 제사장 나 에스겔에게 특별히 임하고 여호와의 권능이 내 위에 있으니라

> 에스겔은 사독의 자손인 제사장 부시의 아들로 태어났습니다. 그는 유대인의 제사장으로서 4대 선지자 중의 한 사람이었습니다. 에스겔이란 이름의 뜻은 '하나님이 강하게 하심'이란 뜻을 가지고 있으며 주전 597년경 유다 왕 여호야긴과 함께 바벨론에 포로로 잡혀갔습니다. 그는 포로로 잡혀간지 5년이 되는 5월에 그발 강변 텔아빕에서 여호와의 말씀을 들었으며 큰 능력에 사로잡혀 하나님이 주시는 이상을 보았습니다. 그때부터 그는 목이 곧고 마음이 완악하여 우상을 숭배하며 악행을 저지르는 백성들에게 약 22년간 예언활동을 했습니다. 그는 예언을 통하여 장차 이스라엘이 회복된다는 것을 전함으로써 백성들에게 소망을 주었기 때문에 그를 소망의 선지자라고 부르기도 합니다.

1. 그가 소명받은 시기

첫째로 포로생활 중에 부름 받았습니다.

남왕국 유다는 북왕국 이스라엘이 멸망한 후에도 한참 동안 존속했습니다. 그러나 그들도 패역으로 인해 결국 바벨론에게 멸망당하고 말았습니다. 이와 같은 결과는 이미 예언된 것이었습니다. 솔로몬왕은 성전봉헌기도를 통해서 "...그들이 주께 범죄함으로 주께서 그들에게 진노하사 그들을 적국에

게 넘기시매 적국이 그들을 사로잡아 원근을 막론하고 적국의 땅으로 끌어간 후에 그들이 사로잡혀 간 땅에서 스스로 깨닫고 그 사로잡은 자의 땅에서 돌이켜 주께 간구하기를 우리가 범죄하여 반역을 행하며 악을 지었나이다 하며 자기를 사로잡아 간 적국의 땅에서 온 마음과 온 뜻으로 주께 돌아와서 주께서 그들의 조상들에게 주신 땅 곧 주께서 택하신 성읍과 내가 주의 이름을 위하여 건축한 성전 있는 쪽을 향하여 주께 기도하거든 주는 계신 곳 하늘에서 그들의 기도와 간구를 들으시고 그들의 일을 돌아보시오며"(왕상 8:46-49)라고 이미 예언했었습니다. 하나님께서는 유다의 멸망 직전에도 예레미야를 통해서 "여호와의 말씀이니라 …이 성읍이 바벨론 왕의 넘김이 될 것이요 그는 그것을 불사르리라"(렘 21:10)고 외쳤었습니다. 결국 유다는 바벨론에 의해 멸망하여 백성들과 함께 에스겔도 포로로 잡혀갔습니다. 그런데 하나님께서는 원래 제사장이었던 그를 다시 선지자로 선택하시고 예언의 사명을 맡기셨습니다(겔 1:1-3).

둘째로 혼란한 시대에 부름 받았습니다.
에스겔이 예언하던 시기는 그동안 강국이었던 앗수르가 멸망하고 애굽이 몰락하던 중이었으며 신흥 세력인 바벨론이 근동의 패권을 잡기 시작하던 때였습니다. 때에 바벨론의 느부갓네살에 의해 예루살렘 성이 함락되고 유다의 여호야긴왕은 백성들과 함께 바벨론으로 끌려갔습니다(왕하24:14-16). 에스겔은 이렇게 험난한 시기에 소명을 받았습니다.

셋째로 오늘의 세계도 마찬가지입니다.
이 시대는 지금 그 어느 때보다도 가장 큰 혼란에 빠져있습니다. 지구촌 전체가 천재지변으로 몸살을 앓고 있습니다. 지진과 난리가 여기저기에서 발생하고 있습니다. 자원은 고갈되고 온통 오염물질로 가득 차 있습니다. 끔찍한 전쟁과 테러들이 지구촌 전체에서 저질러지고 있습니다. 가난과 기근, 질병으로 인해 많은 사람들이 죽어가고 있습니다. 윤리와 도덕은 이미 땅에 떨어져 버렸습니다. 인격과 체면 따위는 아예 따지지 않습니다. 모두가 다 이기적이고 정욕적이며 향락적입니다. 간을 집에 보관하고 온 토끼처럼 모두가 다 양심을 빼놓고 삽니다. 참으로 안타까운 시대입니다. 그러므로 에스겔과 같은 사명자가 요구되는 시대입니다.

사랑하는 여러분!
우리들은 에스겔과 같이 힘들고 어려운 상황에서 부름 받았습니다. 또한 시대적으로 혼란한 때에 부름 받았습니다. 그러므로 에스겔처럼 믿음으로 강하게 무장하여 지구촌을 살리는 복된 삶을 살아야겠습니다.

2. 그가 감당한 사역

첫째로 선지자로 사역했습니다.
하나님께서는 원래 제사장이었던 그를 바벨론 포로기간 중에 선지자로 세우시고 이스라엘의 파수꾼이 되게 하셨습니다(겔 3:17). 선지자로 세움 받은 그는 하나님의 권능에 사로잡혀 22년 동안 예언활동을 열심히 감당했습니다. 그는 자신에게 임한 하나님의 말씀이 어떤 내용이든지 간에 가리지 않고 무조건 순종하여 최선을 다해 열심히 증언했습니다. 그는 하나님의 말씀을 입으로만 증언한 것이 아니라 실제적인 행동과 삶으로 증언했습니다. 그는 선지자로서 자신이 맡은 사명을 철두철미하게 감당하는 신실한 예언자였습니다.

둘째로 패역한 자들을 위한 사역이었습니다.

그는 그발 강가에서 포로들 중에 거하면서 예언활동을 했습니다. 하나님께서는 에스겔에게 "이 자손은 얼굴이 뻔뻔하고 마음이 굳은 자니라 내가 너를 그들에게 보내노니 너는 그들에게 이르기를 주 여호와의 말씀이 이러하시다 하라 그들은 패역한 족속이라 그들이 듣든지 아니 듣든지 그들 가운데에 선지자가 있음을 알지니라 인자야 너는 비록 가시와 찔레와 함께 있으며 전갈 가운데에 거주할지라도 그들을 두려워하지 말고 그들의 말을 두려워하지 말지어다 그들은 패역한 족속이라도 그 말을 두려워하지 말며 그 얼굴을 무서워하지 말지어다 그들은 심히 패역한 자라 그들이 듣든지 아니 듣든지 너는 내 말로 고할지어다"(겔 2:4-7)라고 말씀하셨습니다. 이 말씀대로 그가 하나님의 말씀을 전했을 때에 백성들은 그를 이적 행위의 반역자라고 박해하고 결박하여 투옥시키고 욕을 보이기까지 했습니다. 그러나 그는 끝까지 굴하지 않고 파수꾼으로서의 사명을 잘 감당했습니다.

셋째로 소망의 선지자였습니다.

에스겔은 바벨론의 포로로 잡혀가 시달리고 있는 포로들 가운데서 최선을 다해 사명을 감당했습니다. 그는 고달픈 포로 생활로 시달리고 있는 백성들에게 이스라엘의 회복에 대한 소망을 심어주었습니다. 그는 백성들의 범죄와 타락에도 불구하고 하나님께서 자신의 거룩한 이름을 위하여 이스라엘 민족을 바벨론의 포로에서 회복시키실 하나님의 사랑에 대해 증언했습니다. 그의 사역은 바벨론에 포로로 잡혀가 있는 유다 백성들에게 회복의 소망을 불어 넣어주고 그 일의 실현을 위해 열심히 기도하고 준비하도록 했습니다. 한마디로 그는 소망의 선지자였습니다.

사랑하는 여러분!

우리들도 에스겔처럼 맡은 바 사명을 철저히 감당하는 삶을 삽시다. 또한 패역한 이 시대를 향해 열심히 복음을 전파합시다. 그리고 삶의 목표를 잃어버리고 방황하는 현대인들에게 에스겔처럼 소망을 불어넣어 주는 멋진 사명자들이 되시기 바랍니다.

3. 그가 본 이상

첫째로 네 생물의 이상이었습니다.

그가 본 네 생물은 먼저 사람의 형상이었습니다(겔 1:4-14). 이 인간의 모습의 형상은 하나님의 지적인 성품을 나타낸 것이었습니다. 또한 사자 모습의 형상은 하나님의 위엄스러운 성품을 보여주고 있었습니다. 그리고 소 모습의 형상은 하나님의 자비로우시고 성실한 성품을 말해주는 것이었습니다. 더 나아가 독수리 모습의 형상은 하나님의 신속하시고 탁월하신 성품을 보여주는 것이었습니다. 이 환상을 통해서 하나님께서는 바벨론에 포로로 잡혀가 있는 이스라엘 백성들에 대한 구원의 계획을 구체적으로 보여주신 것이었습니다. 다시 말하면 자비로우신 하나님께서 전능하신 힘과 능력으로 신속하게 유다 백성들을 구원해주실 것을 미리 계시해주신 것이었습니다.

둘째로 네 바퀴의 이상을 보았습니다.

먼저 바퀴들 사방으로 가득 둘러 메운 눈이 있었습니다(겔 1:15-21). 이 눈은 하나님께서 포로된 유대 백성들을 감찰하시고 계신다는 것이었습니다. 그렇습니다. 하나님께서는 오늘 이 시간에도 불꽃같은 눈으로 이 세상 만물을 감찰하시고 계십니다. 그러므로 우리는 늘 신실하게 살아야 합니다. 또한 바퀴들이 자기 의지와 무관하게 신의 이끌림에 따라 이동했습니다. 이것은 바로 이 세상 역사가 전능하신 하나님의 섭리에 따라 진행된다는 것이었습니다. 한마디로 이 네 바퀴의 환상은 하나님의 전지전능하심을 보여준 것이었습니다.

셋째로 마른 뼈들의 이상을 보았습니다.
하나님께서는 계속해서 에스겔에게 마른 뼈들의 환상을 보여주셨습니다(겔 37:11). 이것은 바벨론에서 포로생활을 하던 유다 사람들의 영적 상태였고 현실이었습니다. 어쩌면 이것이 바로 오늘 이 시대의 현대인들의 모습일 것입니다. 오늘을 살아가는 현대인들의 모습을 보면 그들에게 인간다운 면을 전혀 찾아볼 수 없습니다. 정상인지, 비정상인지 아니면 인간인지, 짐승인지, 양심이 있는지 없는지 분간할 수 없습니다. 마른 뼈들이 가득히 쌓여있는 현장처럼 그저 삭막하기만 합니다. 슬픔과 절망으로 가득 차 있습니다. 그런데 하나님께서 에스겔에게 "그러므로 너는 대언하여 그들에게 이르기를 주 여호와께서 이같이 말씀하시기를 내 백성들아 내가 너희 무덤을 열고 너희로 거기에서 나오게 하고 이스라엘 땅으로 들어가게 하리라"(겔 37:12)고 전파하도록 하셨습니다. 참으로 이것은 축복이요, 기적의 환상이었습니다. 그리고 "내가 또 내 영을 너희 속에 두어 너희가 살아나게 하..."(겔 37:14)시겠다고 하셨습니다. 참으로 상상할 수 없는 큰 축복이었습니다. 그래서 하나님을 믿는 성도는 소망이 있습니다.

사랑하는 여러분!
전지전능하신 하나님께서 우리의 힘이 되십니다. 그러므로 우리는 두려움이 없습니다. 또한 우리 하나님께서 불꽃같은 눈으로 감찰하시고 늘 지켜주실 것입니다. 그리고 우리 소망이 되시는 하나님께서 때마다 일마다 승리케 하시고 큰 복으로 더 하실 것입니다.

 # 에스더

[에 4:13-17]

모르드개가 그를 시켜 에스더에게 회답하되 너는 왕궁에 있으니 모든 유다인 중에 홀로 목숨을 건지리라 생각하지 말라 이 때에 네가 만일 잠잠하여 말이 없으면 유다인은 다른 데로 말미암아 놓임과 구원을 얻으려니와 너와 네 아버지 집은 멸망하리라 네가 왕후의 자리를 얻은 것이 이 때를 위함이 아닌지 누가 알겠느냐 하니 에스더가 모르드개에게 회답하여 이르되 당신은 가서 수산에 있는 유다인을 다 모으고 나를 위하여 금식하되 밤낮 삼 일을 먹지도 말고 마시지도 마소서 나도 나의 시녀와 더불어 이렇게 금식한 후에 규례를 어기고 왕에게 나아가리니 죽으면 죽으리이다 하니라 모르드개가 가서 에스더가 명령한 대로 다 행하니라

> 바벨론 느부갓네살왕 때에 포로로 끌려갔던 유다 민족은 바벨론이 망하고 바사(페르시아) 왕국이 세워졌을 때에 대부분이 예루살렘으로 귀환했습니다. 그러나 귀국하지 않고 그곳에 남아서 정착해 살던 유대인들이 있었습니다. 유대인들은 저들이 어디에 정착해서 살든지 간에 그 나라에 동화되지 않고 선민의식을 가지고 모세의 율법을 지키면서 끝까지 유대인으로 살아갑니다. 때문에 바사 제국에 사는 유대인들이 위기에 처하게 되었던 것입니다.

1. 왕후가 됨

첫째로 열악한 환경에서 자랐습니다.

에스더는 원래 이름이 하닷사로서 베냐민 지파인 아비하일의 딸이었습니다. 그녀는 일찍이 부모를 잃고 사촌 오빠인 모르드개의 양육을 받았습니다. 그녀는 용모가 곱고 아름다웠으며 모르드개의 말에 절대 순종하는 착한 처녀였습니다. 그렇습니다. 우리가 어떠한 환경에 처해있느냐가 중요한 것이

아니라 지금 내가 현재 어떠한 의식구조와 어떠한 자세로 살고 있느냐가 훨씬 더 중요합니다. 그러므로 우리 모두는 나 자신이 제 아무리 어렵고 힘든 상황에 처해 있다고 할지라도 전능하신 하나님을 믿는 하나님의 자녀로서 자부심을 가지고 당당하게 살아가야겠습니다.

둘째로 와스디가 폐위되었습니다.
아하수에로 왕은 즉위 3년에 모든 관리와 신하들을 초청하여 180여일 동안이나 화려한 잔치를 열었습니다(에 1:1-8). 그리고 또 7일을 연장하여 잔치를 벌이다가 주흥이 일어나자 와스디 왕비의 아름다움을 자랑하고 싶어서 어전 내시에게 명하여 와스디를 잔치에 참여토록 했습니다(에 1:10,11). 당시 와스디 왕후도 왕궁에서 부녀들을 위하여 잔치를 베풀고 있었습니다(에 1:9). 그런데 왕후는 그 어떤 이유에서였는지 모르지만 왕의 명령을 전달한 내시의 말에 응하지 않았습니다(에 1:9-12). 이에 화가 난 왕은 "왕후 와스디가 내시가 전하는 아하수에로 왕의 명령을 따르지 아니하니 규례대로 하면 어떻게 처치할까"(에 1:15)라고 왕후의 불순종에 대해 박사들에게 물었습니다. 왕의 질문을 받은 일곱 박사들 중의 한 사람이었던 므무간이 왕에 대한 왕후의 불순종이 "…왕에게만 잘못했을 뿐 아니라 아하수에로왕의 각 지방의 관리들과 뭇 백성들에게도 잘못하였나이다"(에 1:16)라고 답했습니다. 이에 왕은 왕후 와스디를 즉시 폐위시켰습니다.

셋째로 에스더가 왕후가 되었습니다.
왕은 자신의 일시적인 기분과 감정으로 인해 왕후 와스디를 폐위시킨대 대해 깊이 생각했습니다(에 2:1). 이러한 왕의 심정을 눈치챈 신하들은 빨리 와스디를 대신할 수 있는 왕후를 세우도록 왕께 건의했습니다. 왜냐하면 만약에 와스디가 다시 왕후로 복귀하게 될 경우에는 자신들의 생명에 대한 위협을 느꼈기 때문이었습니다. 왕후를 간택하라는 왕의 명령에 따라 바사 제국의 각 지방에서 선발된 아름다운 처녀들이 수산궁에 몰려들었습니다. 그 중에는 유대인으로서 포로 신분인 에스더도 포함되어 있었습니다. 그런데 아하수에로왕이 그 많은 여자들 중에서 에스더를 사랑하므로 그녀의 머리에 왕관을 씌우고 와스디를 대신하여 왕후로 세웠습니다.

사랑하는 여러분!
나 자신의 처지가 제 아무리 열악하고 힘든 처지에 있다고 할지라도 하나님의 자녀답게 삽시다. 그 어떤 경우에도 서로를 힘들게 하는 부정적인 악을 행하지 맙시다. 그리고 순간적인 기분이나 감정 따라 살지 말고 항상 말씀대로 사시기 바랍니다.

2. 민족을 위한 결단

첫째로 하만이 흉계를 꾸몄습니다.
아하수에로 왕은 하만을 신임하여 바사 제국의 총리로 세웠습니다. 때문에 대궐문에 있는 모든 신하들이 왕의 명대로 하만이 대궐문을 출입할 때에 그에게 꿇어 절했습니다. 그러나 유대인인 모르드개는 하만에게 무릎을 꿇지도 않고 절하지도 않았습니다. 그는 왕의 신하들이 날마다 권했지만 듣지 않고 자신은 유대인이라는 사실을 말했습니다. 다시 말하면 자기는 유대인이기 때문에 하나님 외에는 그 누구에게도 무릎 꿇고 절하지 않겠다는 것이었습니다. 이에 왕의 신하들이 "...모르드개의 일이 어찌되나 보고자 하여 하만에게 전하였"(에 3:4)습니다. 보고를 받은 하만은 바사에 있는 모든 유다인 즉 모르드개의 민족을 다 멸하기로 결심했습니다(에 3:6). 그리고 그는 곧바로 아하수에로왕에게 "...한 민족이 왕의 나라 각 지방 백성 중에 흩어져 거하는데 그 법률이 만민의 것과 달라서 왕의 법률을 지키지 아니하오니 용납하는 것이 왕에게 무익하니이다"(에 3:8)라고 보고하여 유대 민족을 몰살하라는 명령을 받아냈습니다(에 3:10,11). 그리고 전국에 있는 유다인들을 죽이고 재산을 탈취하라고 전국의 각 지방에 왕의 조서를 반포했습니다(에 3:12-15).

둘째로 모르드개가 대성통곡했습니다.

하만의 흉계에 의해 전국 각 지방에 왕의 조서가 공포되자 모르드개가 "...옷을 찢고 굵은 베옷을 입고 재를 뒤집어쓰고 성중에 나가서 대성통곡"(에 4:1)했습니다. 이것은 바로 자신과 민족이 당한 죽음의 위기와 억울함을 하나님과 사람들에게 나타내기 위함이었습니다. 시녀를 통해서 이 소식을 전해들은 에스더가 안타깝게 여기고 입을 옷을 모르드개에게 보냈으나 그가 듣지 않자 내시인 하닥을 그에게 보내어 무슨 연고인지 사실을 확인하게 했습니다. 모르드개는 에스더에게 아하수에로왕에게 나아가서 동족을 위해 탄원하라고 요청했습니다(에 4:4-9).

셋째로 에스더가 죽음을 각오했습니다.

모르드개의 요청을 받은 에스더는 하닥을 통해서 누구든지 왕의 부름을 받지 않고 왕에게 나아가면 죽는 법이요 왕이 그에게 금규를 내밀어야 산다고 했습니다(에 4:11). 이에 모르드개는 하닥을 통해 "너는 왕궁에 있으니 모든 유다인 중에 홀로 목숨을 건지리라 생각하지 말라... 네가 왕후의 자리를 얻은 것이 이 때를 위함이 아닌지 누가 알겠느냐"(에 4:13,14)라고 다시 한번 촉구했습니다. 이에 에스더는 모르드개에게 수산에 있는 유다인들을 다 모아 자신을 위해 삼일 동안 금식해줄 것을 요청하고 자신이 왕궁의 "...규례를 어기고 왕에게 나아가리니 죽으면 죽으리이다"(에 4:16)라고 결단했습니다.

사랑하는 여러분!

우리 모두는 이유 여하를 막론하고 남을 해치는 악을 행치 맙시다. 또한 어렵고 힘들 때 전능하신 하나님께 부르짖어 기도합시다. 하나님께서 반드시 들어주실 것입니다. 그리고 하나님의 구원하심을 믿고 언제나 강하고 담대하게 사시기 바랍니다.

3. 에스더의 승리

첫째로 하나님께서 도우셨습니다.

에스더는 자신과 수산에 있는 유다인들의 금식이 끝나자 곧바로 예복을 입고 왕궁 안뜰 곧 어전 맞은 편에 들어가 섰습니다. 이것을 본 왕은 에스더를 보고 사랑스러워 금규를 그에게 내밀었습니다. 이에 에스더가 가까이 가서 금규 끝을 만지자 왕은 에스더에게 소원이 무엇이냐고 묻고 나라의 절반이라도 주겠다(에 5:1-3)고 했습니다. 이에 에스더는 왕을 위해 잔치를 베풀었으니 하만과 함께 참석케 했습니다(에 5:5-8). 에스더가 베푼 잔치에서 돌아온 왕은 잠이 오지 않자 신하로 하여금 궁중 실록을 읽게 했습니다. 그런데 거기에 문 지킨 왕의 두 내시가 왕을 모살하려 하는 것을 모르드개가 고발을 했으나 그에게 어떤 관작도 베풀지 않았음을 발견했습니다(에 6:1-3). 때마침 자신이 세운 나무에 모르드개를 달아 죽이는 것을 허락 받고자 왕궁에 온 하만에게 왕이 존귀케 하기를 기뻐하는 사람에게 어떻게 해야 되겠느냐고 물었습니다. 이에 하만은 그 사람이 바로 자신일 것으로 착각하고 그에게 왕복을 입히고 왕의 말을 태워서 성중거리로 다니면서 "왕이 존귀하게 하시기를 원하시는 사람에게는 이같이 할 것이라"(에 6:9)고 외치도록 하자고 했습니다. 이에 왕은 하만에게 그대로 빠짐 없이 모르드개에게 행하라고 명령하여 하만이 그대로 했습니다(에 6:10).

둘째로 에스더의 소원이 성취되었습니다.

에스더는 두 번째 잔치에서 왕에게 모르드개와 자신은 물론 바사 제국에 있는 모든 유다민들이 하만의 계략에 의해 죽임을 당하게 되었다(에 7:1-4)고 말하고 유다인 말살에 대한 조서를 취소해 달라고 했습니다. 그리하여 하만은 자신이 세운 장대에 달려 처형되었습니다. 그리고 아하수에로왕은 하만 대신에 모르드개를 제2인자로 세우고 모르드개와 에스더에게 원하는 대로 문서를 작성하여 왕의 인을 쳐서 각 지방에 보내게 하여 유다인 말살정책은 취소되었습니다.

셋째로 부림절이 제정되었습니다.

하만이 유다인들을 학살하기 위해 제비뽑기(부르)를 해서 정한 날이 바로 유대력으로 아달월(12월) 13일이었습니다. 이 날은 에스더가 금식하고 왕 앞에 나아간 것을 본받아 전 유다인들이 금식하는 날로 선포했습니다. 또한 에스더와 모르드개가 대적과 싸워 승리한 날이 13일과 14일이기 때문에 14일과 15일에는 유다인들이 모르드개의 날로 선포하고 아침부터 회당에 모여 에스더서를 봉독했습니다. 유다인들은 하나님의 은혜로 구원받은 이 날을 자손만대에 전하기 위해 부림절을 제정하고 찬송을 많이 부르고 무도회를 갖는 등 축제를 열었습니다. 그리고 가난한 자들을 위한 구제사업도 전개했습니다.

사랑하는 여러분!

모든 인생사는 반드시 전능하신 하나님의 도우심이 있어야 합니다. 또한 하나님의 역사 하심은 놀랍고도 놀랍습니다. 모든 것을 그분께 맡기십시오. 그리고 때마다 일마다 승리케 하시는 하나님께 감사드리면서 자신 있게 사시기 바랍니다.

 # 에스라

[스 7:1-10]

이 일 후에 바사 왕 아닥사스다가 왕위에 있을 때에 에스라라 하는 자가 있으니라 그는 스라야의 아들이요 아사랴의 손자요 힐기야의 증손이요 살룸의 현손이요 사독의 오대 손이요 아히둡의 육대 손이요 아마랴의 칠대 손이요 아사랴의 팔대 손이요 므라욧의 구대 손이요 스라히야의 십대 손이요 웃시엘의 십일대 손이요 북기의 십이대 손이요 아비수아의 십삼대 손이요 비느하스의 십사대 손이요 엘르아살의 십오대 손이요 대제사장 아론의 십육대 손이라 이 에스라가 바벨론에서 올라왔으니 그는 이스라엘의 하나님 여호와께서 주신 모세의 율법에 익숙한 학자로서 그의 하나님 여호와의 도우심을 입음으로 왕에게 구하는 것은 다 받는 자이더니 아닥사스다 왕 제칠년에 이스라엘 자손과 제사장들과 레위 사람들과 노래하는 자들과 문지기들과 느디님 사람들 중에 몇 사람이 예루살렘으로 올라올 때에 이 에스라가 올라왔으니 왕의 제칠년 다섯째 달이라 첫째 달 초하루에 바벨론에서 길을 떠났고 하나님의 선한 손의 도우심을 입어 다섯째 달 초하루에 예루살렘에 이르니라 에스라가 여호와의 율법을 연구하여 준행하며 율례와 규례를 이스라엘에게 가르치기로 결심하였었더라

> 에스라는 바벨론에서 출생한 스라야의 아들로서 아론의 16대 손이었습니다. 그는 모세의 율법에 익숙한 학자였습니다. 그는 하나님의 은혜를 입어 그가 왕에게 구하는 것은 다 허락 받는 특혜도 누렸습니다. 아닥사스다왕 때에 이스라엘 민족이 바벨론 포로에서 해방을 받자 그는 동족과 함께 귀국하여 민족의 죄에 대해 금식하며 회개하고 영적 부흥을 일으켰습니다. 그리고 이방인들과의 관계를 끊게 하여 나라를 바로 세운 위대한 지도자였습니다.

1. 하나님의 은혜를 입었습니다.

첫째로 신앙의 뿌리가 깊었습니다.

에스라의 조상들은 훌륭한 신앙인들이었습니다. 특별히 그가 대제사장 아론의 16대 손이라고 하는 것은 대단한 신앙의 뿌리를 가진 것이었습니다. 아론은 모세와 함께 이스라엘 민족을 애굽에서 이끌어 낸 훌륭한 정치지도자였으며, 대제사장으로서 최고의 종교지도자였습니다. 그러므로 에스라의 신앙의 뿌리는 자연히 깊을 수밖에 없었습니다. 그렇습니다. 뿌리가 깊은 나무가 비바람이나 가뭄에도 강합니다. 그러나 뿌리 깊지 않은 나무는 쉽게 쓰러지고 말라죽게 됩니다. 신앙도 마찬가지입니다. 신앙의 뿌리가 깊은 사람은 그 어떤 경우에도 낙심하거나 넘어지지 않습니다. 그러므로 우리는 신앙의 뿌리를 깊이 내려야 합니다.

둘째로 하나님의 은혜를 구했습니다.

에스라는 아닥사스다왕의 신임을 받는 사람이었습니다. 왕은 그를 신실하고 능력 있는 사람으로 인정했습니다. 또한 그가 모세의 율법에 대해서도 완전한 자로 알고 있었습니다. 때문에 그가 왕에게 무엇을 구하든지 대부분이 다 허락했습니다. 그리고 그를 예루살렘으로 귀환시켜 성전을 재건하고 백성들에게 율법을 가르치도록 명령했습니다. 이에 에스라는 하나님께 무사히 귀국할 수 있도록 기도했습니다. 그는 자신을 그토록 신임하는 왕이었지만 자신들의 귀향 길에 호위병을 동행시켜 보호해주도록 왕에게 어떤 인간적인 도움을 결코 요청하지 않았습니다. 그러한 인간적인 행위를 오히려 부끄러워하고 오직 하나님의 은혜만 구했습니다. 참으로 진실한 신앙인이었습니다. 우리들도 그러한 멋진 신앙인이 되어야겠습니다.

셋째로 하나님께서 인도해 주실 것을 믿었습니다.

에스라는 자신들의 귀환 길을 전능하신 하나님께서 잘 인도해주실 것을 확실하게 믿고 있었습니다. 때문에 그들은 그 어떤 인간적인 수단이나 군사적인 방법을 강구하지 않았습니다. 그 모든 것을 하나님께서 이루어 주실 것을 확실하게 믿고 나아갔습니다. 때문에 그들은 자신만만하게 귀환 길에 나선 것이었습니다. 그들은 정월 초하루에 바벨론을 떠나 5월 초하루에 그토록 사모하고 그리던 자신들의 고향인 예루살렘에 도착했습니다. 장장 4개월이라는 기나긴 여행길이었으나 전능하신 하나님의 은혜로 단 한번도 대적의 공격이나 경미한 사고도 없이 모두 다 무사히 안착할 수 있었습니다. 역시 에스라의 믿음대로 되었습니다. 우리들도 이러한 믿음을 가지고 제 아무리 험악한 이 세상이라고 할지라도 자신만만하게 살아가야 할 것입니다.

사랑하는 여러분!
우리들도 예수 그리스도의 터 위에 신앙의 뿌리를 깊이 내립시다. 또한 우리들도 육신을 입고 험악한 이 세상을 살아가는 동안에 사랑의 하나님께 우리 자신을 맡깁시다. 그리고 부족한 우리들을 끝까지 책임져주시는 전능하신 하나님을 믿고 자신 있게 살아가시기 바랍니다.

2. 결심의 사람이었습니다.

첫째로 율법을 연구하기로 결심했습니다.
에스라는 율법에 익숙한 학자임에도 불구하고 여호와의 율법을 연구하기로 결심했습니다. 여호와의 율법은 단순한 규칙이 아닙니다. 우리 성도들의 영적 양식이요, 이 세상을 살아가는 삶의 지침입니다. 그래서 성경은 "여호와의 율법은 완전하여 영혼을 소성시키며 여호와의 증거는 확실하여 우둔한 자를 지혜롭게 하며 여호와의 교훈은 정직하여 마음을 기쁘게 하고 여호와의 계명은 순결하여 눈을 밝게 하시도다"(시 19:7-8)라고 말씀하셨습니다. 그러므로 우리 성도들은 하나님의 말씀을 주야로 묵상하며 그 말씀이 주시는 교훈을 깨닫기 위해 최선을 다해야 합니다. 우리는 이 말씀을 통해서 하나님의 사랑을 깨닫고 우리 인간들의 죄악과 구원의 도리를 발견합니다. 또한 우리에게 주신 사명을 깨닫고 삶의 진리를 발견하게 됩니다. 그러므로 우리 모두는 언제, 어디서나 성경말씀을 열심히 읽어야 합니다.

둘째로 율법을 준행하기로 결심했습니다.

에스라는 율법을 연구하는데 그치는 것이 아니라 그 말씀을 지켜 준행하기로 결심했습니다. 왜냐하면 알고도 행치 아니하면 더 큰 죄가 되기 때문이었습니다(약 4:17). 예수님께서는 하늘 나라의 생활 헌장이요 신자의 삶의 기준이 되는 산상보훈을 제자들에게 말씀하신 다음 "그러므로 누구든지 나의 이 말을 듣고 행하는 자는 그 집을 반석 위에 지은 지혜로운 사람 같으리니 비가 내리고 창수가 나고 바람이 불어 그 집에 부딪히되 무너지지 아니하나니 이는 주초를 반석 위에 놓은 연고요 나의 이 말을 듣고 행치 아니하는 자는 그 집을 모래 위에 지은 어리석은 사람 같으리니 비가 내리고 창수가 나고 바람이 불어 그 집에 부딪히매 무너져 그 무너짐이 심하니라"(마 7:24-27)고 하셨습니다. 다시 말하면 하나님의 말씀을 지키는 자는 반석 위에 지은 집과 같이 실패가 없는 견고한 삶을 살게 되고 말씀대로 살지 않는 사람은 모래 위에 지은 집과 같이 실패할 수밖에 없다는 말씀입니다.

셋째로 율법을 가르치기로 결심했습니다.

에스라는 하나님의 율법을 자신이 먼저 연구하고 그 말씀대로 살면서 자기의 민족인 이스라엘 백성들에게 가르치기로 결심했습니다. 이것이 바로 책임 있는 그리스도인의 모습입니다. 하나님의 율법은 사람을 살리고 복되게 하는 생명의 법이기 때문에 이 세상 모든 사람들에게 반드시 전하고 가르쳐야 합니다. 그래서 하나님께서는 에스겔에게 "인자야 내가 너를 이스라엘 족속의 파수꾼으로 세웠으니 너는 내 입의 말을 듣고 나를 대신하여 그들을 깨우치라"(겔 3:17)고 하셨습니다. 그렇습니다. 먼저 믿은 우리들은 이 세상의 모든 사람들에게 하나님의 율례와 법도를 열심히 전파하고 가르쳐야 합니다(출 18:20). 우리들의 자녀들에게 부지런히 가르쳐서 지키게 해야 합니다(신 6:7). 우리의 신앙 조상들은 이 일을 위해 생명을 바쳤습니다.

사랑하는 여러분!
우리들도 에스라처럼 열심히 성경을 읽고 연구합시다. 또한 하나님께서 말씀을 통해서 주신 교훈대로 철저하게 순종하는 삶을 삽시다. 그리고 그 말씀을 우리의 이웃들에게 열심히 증거하는 깨어 있는 파수꾼이 되시기 바랍니다.

3. 영적 부흥을 일으켰습니다.

첫째로 이스라엘 전체가 다 부패해 있었습니다.
이스라엘의 정치 종교 지도자들과 백성들은 하나 같이 타락되어있었습니다. 그들은 모두가 다 이방족속들과 통혼하고 가증한 일을 행하며 우상을 숭배했습니다(스 9:1-2). 하나님의 은혜로 바벨론 포로생활 70년 만에 귀환했으나 그들은 모두 다 또다시 범죄했습니다. 그렇습니다. 이해할 수 없는 것이 우리 인간들입니다. 때문에 이 세상에 의인은 없나니 하나도 없습니다(롬 3:9-20). 때문에 우리 인간은 이 세상에서의 완전 성화는 기대할 수 없습니다. 오직 이 세상을 떠나야만 완전 성화가 이루어집니다. 그러므로 우리는 이 세상을 떠나는 그 순간까지 겸손히 회개하는 삶을 살아야 합니다.

둘째로 하나님 앞에 엎드려 기도했습니다.

지도자들과 백성들의 타락의 소식을 접한 에스라는 자신의 속옷과 겉옷을 찢고 머리털과 수염을 뜯으며 기가 막혀 저녁제사를 드릴 때까지 앉아있다가 저녁 제사드릴 때에 일어나서 무릎을 꿇고 하나님을 향하여 손을 들고 "나의 하나님이여 내가 부끄럽고 낯이 뜨거워서 감히 나의 하나님을 향하여 얼굴을 들지 못하오니 이는 우리 죄악이 많아 정수리에 넘치고 허물이 커서 하늘에 미침이니이다"(스 9:6)라고 울면서 기도했습니다. 이것을 본 지도자들과 백성들이 모두 다 함께 통곡하며 기도했습니다(스 10:1). 아마도 그가 기도한 곳은 성전 마당이었던 것 같습니다. 왜냐하면 만약에 에스라가 성소 안에서 기도했다고 하면 지도자들과 백성들이 볼 수 없었기 때문에 지도자들이나 백성들이 회개하는 역사가 일어나지 않았을 것입니다.

셋째로 개혁을 결의했습니다.

에스라는 이스라엘 민족을 위해 금식기도한 후에 일어나 백성들을 삼일 이내로 속히 예루살렘으로 모이게 한 후 이방인들과의 단절을 촉구했습니다(스 10:7-11). 이에 백성들은 에스라에게 "당신의 말씀대로 우리가 마땅히 행할 것이니이다"(스 10:12)라고 에스라의 명령에 순종할 것을 다짐했습니다. 그렇습니다. 우리가 사는 길은 지은 죄를 회개하는 것입니다. 이 세상을 떠나는 것입니다. 이 세상의 연락을 배격하는 것입니다. 하나님의 자녀로서의 위치를 회복하는 것입니다. 자신의 사명을 되찾는 것입니다. 그리하여 하나님의 자녀다운 삶을 사는 것이 진정한 개혁입니다.

사랑하는 여러분!

이 세상도 지금 시대와 같이 부패된 세상입니다. 이 모두는 다 우리들의 책임입니다. 우리들도 에스라처럼 위하여 기도합시다. 그리하여 나 자신과 가정, 교회가 새롭게 변화되어 발전하는 기회로 삼으시기 바랍니다.

 # 엘가나

[삼상 1:1-6]

에브라임 산지 라마다임소빔에 에브라임 사람 엘가나라 하는 사람이 있었으니 그는 여로함의 아들이요 엘리후의 손자요 도후의 증손이요 숩의 현손이더라 그에게 두 아내가 있었으니 한 사람의 이름은 한나요 한 사람의 이름은 브닌나라 브닌나에게는 자식이 있고 한나에게는 자식이 없었더라 이 사람이 매년 자기 성읍에서 나와서 실로에 올라가서 만군의 여호와께 예배하며 제사를 드렸는데 엘리의 두 아들 홉니와 비느하스가 여호와의 제사장으로 거기에 있었더라 엘가나가 제사를 드리는 날에는 제물의 분깃을 그의 아내 브닌나와 그의 모든 자녀에게 주고 한나에게는 갑절을 주니 이는 그를 사랑함이라 그러나 여호와께서 그에게 임신하지 못하게 하시니 여호와께서 그에게 임신하지 못하게 하시므로 그의 적수인 브닌나가 그를 심히 격분하게 하여 괴롭게 하더라

> 엘가나(하나님께서 창조하셨다, 또는 하나님이 얻으셨다란 의미)는 성경에 동명이인이 8명이나 있습니다. 그 중에서도 오늘은 한나의 남편이며, 사무엘의 부친인 엘가나에 대해서 생각해보고자 합니다. 그는 두 아내로 인한 가정불화 때문에 속이 많이 썩은 사람이었습니다. 그러나 그는 중심을 잃지 않고 믿음과 원만한 인격으로 가정을 잘 다스린 사람이었습니다. 중요한 것은 그가 이스라엘의 마지막 사사요, 모세 후 첫 선지자이며, 제사장으로서 이스라엘을 새롭게 일으킨 사무엘의 아버지였다는 것입니다.

1. 믿음의 사람

첫째로 사사시대 말기의 사람이었습니다.

왕정시대 바로 직전인 사사시대 말기에는 정치적으로나 도덕적으로는 물

론 신앙적으로도 심히 부패하고 타락된 상태였습니다. 때문에 사람들은 모두 다 율법을 떠나 각자가 자기 소견에 좋은 대로 살고 있었습니다(삿 21:25). 다시 말하면 하나님의 말씀과 규례를 떠나 제 멋대로 살고 있었습니다. 사사시대에는 여러 명의 사사들이 이스라엘을 지도하였습니다. 그러나 그들의 영향력은 그들이 살아 있는 당 시대에만 제한적으로 국한되어었습니다. 때문에 지속적인 지도를 받지 못한 백성들이 각자가 자기 나름대로 판단하여 생활할 수밖에 없었습니다. 이러한 현상이 사사시대 말기에 더욱 두드러지게 나타났습니다. 그러나 그러한 시대적인 안타까운 상황에도 불구하고 엘가나와 같이 믿음이 좋은 사람들도 있었습니다.

둘째로 족보가 있는 사람이었습니다.

성경은 엘가나가 레위 지파로서 에브라임 사람임을 밝히면서 그의 족보를 아주 구체적으로 상세하게 제시하고 있습니다(삼상 1:1). 왜냐하면 히브리인들은 유별나게도 자신들의 족보를 매우 중요하게 생각했기 때문입니다. 그것은 바로 자기 자신이 뼈대있는 집안사람이라는 사실을 증명하기 위해서였습니다. 이러한 현상은 우리나라 어른들도 마찬가지였습니다. 그렇습니다. 족보는 그 사람의 뿌리를 증거 해줍니다. 그래서 포로 귀환 후에 족보가 없는 자들은 제사장 직분을 행하지 못하게 했던 것입니다(느 7:64). 마태도 예수 그리스도의 족보에 대해 "아브라함과 다윗의 자손 예수 그리스도의 계보라 아브라함이 이삭을 낳고 이삭은 야곱을 낳고 야곱은 유다와 그의 형제들을 낳고... 야곱은 마리아의 남편 요셉을 낳았으니 마리아에게서 그리스도라 칭하는 예수가 나시니라"(마 1:1-16)고 구체적으로 기록했습니다.

셋째로 매년 제사를 드렸습니다.

경건한 레위인인 그는 매년 실로에 있는 성막에 가서 제사를 드렸습니다.

율법은 히브리 모든 남자는 반드시 매년 세 번씩 중앙 성소에 올라가 제사를 드려야 한다고 규정하고 있었습니다(출 23:17, 34:23; 신 12:5). 그토록 타락된 시대였지만 엘가나는 뼈대있는 가문의 사람답게 매년 정한 시간에 성소에 가서 제사 드리는 좋은 신앙을 가지고 있었습니다. 당시 실로에는 법궤가 보관된 성소가 있었습니다. 때문에 이 실로는 여호수아 말기부터 사사시대 및 사무엘 시대 초기까지 이스라엘의 정치, 종교, 군사적인 중심지였습니다. 그러나 엘리 시대 말기에 블레셋 족속에게 법궤를 빼앗기고 실로가 파괴됨으로 말미암아 실로의 영광은 사라졌습니다(삼상 5:1; 시 78:60-64). 우리들도 시대의 상황과는 상관없이 엘가나처럼 예배드리는 일에 열심해야겠습니다.

사랑하는 여러분!
우리들이 비록 신앙적으로 해이해진 이 세상에 살고 있지만 분명한 신앙인으로 살아갑시다. 또한 우리부터라도 신앙의 뼈대가 견고한 경건한 가문으로 세워갑시다. 그리고 이유 여하를 막론하고 날마다 예배드리는 복된 삶을 사시기 바랍니다.

2. 두 아내를 둠

첫째로 한나에게는 갑절을 주었습니다.
엘가나는 한나와 브닌나라는 두 아내를 데리고 살았습니다. 그런데 여기에는 두 가지 견해가 있습니다. 한 가지는 본처인 한나가 자식을 낳지 못했기 때문에 브닌나는 첩을 얻었을 것이라고 생각합니다. 다른 한가지는 당시에 만연된 축첩풍조 때문이었을 것이라는 견해입니다. 이에 대해서는 성경 어디에도 명확하게 기록되어 있지 않습니다. 그러나 하나님께서 엘가나의 가정을 통해서 사무엘을 탄생케 하시고 그를 통해서 이스라엘의 역사를 새롭게 하신 것을 보면 아마도 본처인 한나가 자식을 낳지 못했기 때문일 것이라고 생각됩니다. 하나님께서 한나를 임신하지 못하게 하셨기 때문에 한나는 자녀가 없었고 브닌나는 자녀가 있었습니다(삼상 1:2). 그러나 엘가나는 한나를 브닌나보다 더 사랑했습니다. 엘가나는 제사드리는 날에 제물의 분깃을 브닌나와 자녀들에게 주고 한나에게는 갑절을 주었습니다(삼상 1:4-5).

둘째로 가정불화가 심했습니다.

일부다처의 가정은 하나님의 뜻과는 전혀 달리 죄 많은 인간들의 욕심에 의해 이루어진 것이기 때문에 절대로 평안할 수 없습니다. 브닌나는 첩이었음에도 불구하고 자신이 자녀가 있다는 것 때문에 남편의 사랑을 받는 한나를 늘 격분시켰습니다. 때문에 한나는 번민하며 살았습니다(삼상 1:6). 엘가나는 한나가 매년 여호와의 집에 올라갈 때마다 그와 함께 했습니다. 그것을 본 브닌나가 한나를 심히 격분시키므로 한나는 계속 울면서 먹지도 않았습니다(삼상 1:7). 참으로 안타깝고 답답한 일이었습니다. 그녀는 인간의 힘으로 해결할 수 없는 자신의 처지가 그냥 원망스러울 뿐이었습니다. 그래서 식음을 전폐하고 울기만 한 것이었습니다. 때문에 하나님께 영광 돌리고 축복이 되어야할 제사가 오히려 가정분란과 파탄의 원인이 되었습니다. 그렇습니다. 하나님의 말씀을 떠나는 것 자체가 바로 문제입니다.

셋째로 한나를 위로해주었습니다.

엘가나는 식음을 전폐하고 떼를 쓰는 한나에게 "...한나여 어찌하여 울며 어찌하여 먹지 아니하며 어찌하여 그대의 마음이 슬프냐 내가 그대에게 열 아들보다 낫지 아니하냐"(삼상 1:8)라고 달랬습니다. 이 말은 한나가 무자로 인해 겪는 고통을 깊이 헤아리고 그녀의 슬픔에 동참하면서 진정으로 달래는 애정 어린 위로의 말이었습니다. 엘가나로서는 더 이상 무슨 말로나 방법으로 한나를 위로할 수 없었습니다. 그러나 한나는 막무가내였습니다. 그녀에게 엘가나의 위로 따위는 귀에 들리지도 않았고 가슴에 와 닿지도 않았습니다. 엘가나의 위로가 그냥 입술에 바른 거짓말로만 여겨졌습니다. 때문에 그저 억울하고 분한 것뿐이었습니다. 참으로 안타까운 일이었습니다.

사랑하는 여러분!
하나님께서 세우신 가정의 귀함을 알고 말씀대로 가꾸어갑시다. 또한 우리의 가정에 분란이 될만한 요소들은 미리부터 깨끗하게 제거합시다. 그리고 가족들 중에서 한 사람도 외롭지 않도록 세심한 배려를 아끼지 않는 멋진 삶을 사시기 바랍니다.

3. 사무엘의 부친

첫째로 한나가 울면서 기도했습니다.
인간적인 수단과 방법으로는 어찌할 수 없음을 깨달은 한나는 마음이 괴로워서 통곡하며 서원하여 기도하기를 "만군의 여호와여 만일 주의 여종의 고통을 돌보시고 나를 기억하사 주의 여종을 잊지 아니하시고 아들을 주시면 내가 그의 평생에 그를 여호와께 드리고 삭도를 그의 머리에 대지 아니하겠나이다"(삼상 1:11)라고 오랫동안 여호와께 기도했습니다. 그렇습니다. 이것이 바로 문제 해결의 방법입니다. 제 아무리 어렵고 힘들게 생각되는 문제라고 할지라도 하나님께 맡기고 부르짖어 기도하면 전능하신 하나님께서 반드시 응답해주시고 해결해주십니다.

둘째로 한나가 엘리의 축복을 믿었습니다.
한나가 원한 맺힌 소원을 가지고 통곡하며 기도하는 것을 본 엘리 제사장은 한나가 취한 줄로 생각하고 "네가 언제까지 취하여 있겠느냐 포도주를 끊으라"(삼상 1:14)고 했습니다. 이와 같은 엘리 제사장의 꾸중은 그렇지 않아도 가슴아픈 한나에게 있어서는 너무나도 큰 상처요 충격이었을 것입니다. 그러나 한나는 조금도 흐트러지지 않고 "내 주여 그렇지 아니하니이다 나는 마음이 슬픈 여자라 포도주나 독주를 마신 것이 아니요 여호와 앞에 나의 심정을 통한 것뿐이오니 당신의 여종을 악한 여자로 여기지 마옵소서 내가 지금까지 말한 것은 나의 원통함과 격분됨이 많기 때문이니이다"(삼상 1:15,16)라고 겸손히 자신의 사정을 말했습니다. 이에 엘리 제사장은 한나에게 "평안히 가라 이스라엘의 하나님이 네가 기도하여 구한 것을 허락하시기를 원하노라"(삼상 1:17)고 축복해 주었습니다. 한나는 엘리 제사장이 자기에게 축복한 말을 그대로 믿고 다시는 근심 빛이 없었습니다(삼상 1:18). 참으로 귀한 믿음이었습니다.

셋째로 한나와 동침하여 아들을 낳았습니다.
엘리 제사장의 축복을 받은 한나는 남편 엘가나와 함께 아침에 일찍이 일어나 여호와 앞에 경배하고 돌아가서 라마의 자기 집에 이르러 동침했습니다. 때에 여호와께서 그를 생각하심으로 한나가 임신하고 때가 이르러 아들을 낳았습니다. 한나는 그 아이의 이름을 사무엘이라고 이름지었습니다(삼상 1:19,20). 바로 그 사무엘이 이스라엘의 마지막 사사요, 최초의 선지자요, 제사장으로서 이스라엘을 살린 위대한 지도자였습니다.

사랑하는 여러분!
우리들도 한나처럼 기도하는 신앙인들이 됩시다. 또한 한나처럼 주의 종을 신뢰합시다. 그리하여 하나님의 사랑이 우리 가정에 넘치는 복된 삶을 사시기 바랍니다.

 # 엘 리

[삼상 2:27-30]

하나님의 사람이 엘리에게 와서 그에게 이르되 여호와의 말씀에 너희 조상의 집이 애굽에서 바로의 집에 속하였을 때에 내가 그들에게 나타나지 아니하였느냐 이스라엘 모든 지파 중에서 내가 그를 택하여 내 제사장으로 삼아 그가 내 제단에 올라 분향하며 내 앞에서 에봇을 입게 하지 아니하였느냐 이스라엘 자손이 드리는 모든 화제를 내가 네 조상의 집에 주지 아니하였느냐 너희는 어찌하여 내가 내 처소에서 명령한 내 제물과 예물을 밟으며 네 아들들을 나보다 더 중히 여겨 내 백성 이스라엘이 드리는 가장 좋은 것으로 너희들을 살지게 하느냐 그러므로 이스라엘의 하나님 나 여호와가 말하노라 내가 전에 네 집과 네 조상의 집이 내 앞에 영원히 행하리라 하였으나 이제 나 여호와가 말하노니 결단코 그렇게 하지 아니하리라 나를 존중히 여기는 자를 내가 존중히 여기고 나를 멸시하는 자를 내가 경멸하리라

> 엘리는 이스라엘의 사사요, 실로 성전의 대제사장이었습니다. 그는 하나님의 은혜를 입은 의롭고 훌륭한 대제사장이었습니다. 그러나 자녀들의 범죄행위에 대해 방관하고 바로 잡지 않은 것 때문에 자손대대로 이어져야할 제사장 직분이 가문에서 끊기는 아픔을 당했으며 자신도 죽고 블레셋과의 전투에서 두 아들까지 죽고 말았습니다.

1. 하나님의 은혜를 입은 사람이었습니다.

첫째로 이스라엘의 사사요, 대제사장이었습니다.

엘리는 하나님의 은혜를 입은 사람으로서 이스라엘의 사사요, 실로 성전의 대제사장이었습니다. 그는 사사로서 이스라엘을 40년간 잘 다스린 유능한

사람이었습니다. 또한 그는 실로의 대제사장으로서도 경건하고 성실하게 사명을 잘 수행했습니다(삼상 1:3). 그는 자신의 원통함을 가지고 하나님 앞에 나와서 울면서 기도하는 한나를 처음에는 술 취한 여인인줄 착각했다가 한나가 "...내 주여 그렇지 아니하니이다 나는 마음이 슬픈 여자라 포도주나 독주를 마신 것이 아니요 여호와 앞에 내 심정을 통한 것뿐이오니 당신의 여종을 악한 여자로 여기지 마옵소서 내가 지금까지 말한 것은 나의 원통함과 격분됨이 많기 때문이니이다"(삼상 1:15,16)라는 고백을 듣고 즉시 그녀를 축복하여 아들을 잉태케한 겸손한 사람이었습니다. 다시 말하면 그를 개인적으로 보았을 때는 별 문제가 없는 사사요, 제사장이었습니다.

둘째로 영적 권위와 리더십이 약했습니다.

그는 인격적으로 겸손하고 원만한 사람이었습니다. 또한 모든 사람들과의 관계도 좋은 사람이었습니다. 그러나 지도자로서의 영적 권위나 리더십이 약한 사람이었습니다. 때문에 두 아들들이 그렇게 잘못했지만 꾸중 한 번 제대로 하지 않았습니다. 그렇습니다. 지도자는 세상말로 말해서 그냥 좋은 사람만으로는 훌륭한 지도자가 될 수 없습니다. 가장 중요한 것은 하나님이 주시는 강력한 영적 권위와 지도력이 있어야 합니다. 그래야 자신이 속한 조직과 단체, 사회를 지도할 수 있습니다. 그러므로 우리들은 그 어떤 이유로도 엘리와 같이 나약한 사람이 되지 말아야 합니다. 우리들이 분명히 기억해야 할 것은 우리 모두는 다 하나님의 자녀들이라는 사실입니다. 그러므로 우리들은 앞서서 본을 보이신 신앙의 조상들처럼 이 세상을 다스리고 주관하는 강하고 담대한 삶을 살아야 합니다.

셋째로 사무엘의 스승이었습니다.

한나는 엘리의 축복을 받고 낳은 사무엘이 젖떼기까지 기다렸다가 곧바로 엘리 제사장에게로 가서 "...내 주여 당신의 사심으로 맹세하나이다 나는 여기서 내 주 당신 곁에 서서 여호와께 기도하던 여자라 이 아이를 위하여 내가 기도하였더니 내가 구하여 기도한 바를 여호와께서 내게 허락하신지라 그러므로 나도 그를 여호와께 드리되 그의 평생을 여호와께 드리나이다"(삼상 1:26-28)하고 그 아이를 엘리 제사장에게 맡겼습니다. 때문에 사무엘은 엘리의 지도를 받으면서 성전에서 여호와를 섬기며 자랐습니다(삼상 2:11). 엘리 제사장은 사무엘을 아주 성실하게 양육하고 잘 가르쳤습니다. 때문에 사무엘이 이스라엘의 마지막 사사요, 최초의 선지자이며, 제사장으로서 이스라엘을 부흥시킨 위대한 지도자가 된 것이었습니다.

사랑하는 여러분!
우리들도 하나님의 은혜를 입은 자들입니다. 그러므로 늘 감사하며 삽시다. 또한 하나님의 자녀다운 권세를 가지고 세상을 다스리면서 자신 있게 삽시다. 그리고 우리들도 훌륭한 하나님의 일꾼들을 많이 양육하여 배출해야겠습니다.

2. 자식 교육에 실패했습니다.

첫째로 제사장인 두 아들이 있었습니다.
엘리 제사장에게는 홉니와 비느하스라는 두 아들이 있었습니다(삼상 1:3). 그들은 율법에 따라 아버지인 엘리 제사장의 뒤를 계승해야할 특별한 사명이 주어진 자들이었습니다. 때문에 그들은 이미 제사장으로 세움받아 성소에서 봉사하는 자들이었습니다(삼상 2:12-17). 그러므로 그들은 대제사장의 아들이요, 제사장으로서 자신들의 신앙과 삶을 거룩하고 경건하게 가꾸어야 했습니다. 그럼에도 불구하고 그들은 하나님을 신뢰하지도 않았으며 제사장다운 삶도 살지 않았습니다. 또한 자신들에게 주어진 제사장으로서의 사명을 철저하게 감당했어야 했습니다. 그러나 그들은 제사장으로서의 자질은 물론 사명감도 없었습니다. 그리고 백성들 앞에서 제사장다운 삶으로 모범을 보여야했습니다. 그런데 그들의 삶은 불경건하고 부도덕했으며 제사를 무시하고 성소를 더럽히기까지 했습니다.

둘째로 자식들을 버릇없이 길렀습니다.
대제사장인 엘리는 범죄한 자신의 아들들을 엄하게 책망하고 교육시켜서 바로잡아야 했습니다. 그러나 그는 너무나도 소극적이었습니다. 그대로 그냥 방치했다고 보아야할 것입니다. 엘리의 아들들은 제사장임에도 불구하고 성실하게 신앙생활하지도 않았습니다. 때문에 성경은 "...네 아들들을 나보다 더 중히 여겨 내 백성 이스라엘이 드리는 가장 좋은 것으로 너희들을 살지게 하느냐"(삼상 2:29)고 말씀하셨습니다. 그들은 가증스러운 일을 행하는 데에 앞장섰습니다. 덕을 세우지도 못했습니다. 뿐만 아니라 주의 정하신 법도를 무시하는 악을 행하기도 했습니다. 그리고 주의 제사를 멸시하기까지 했습니다. 그러니 대제사장인 엘리는 참으로 난감할 수밖에 없었습니다. 그러나 엘리는 자기 아들들을 하나님보다 더 중히 여겼기 때문에 그러한 자식들에게 냉혹하게 책망하지 않았습니다. 한마디로 그는 우선순위를 잃어버린 자요, 자식 교육에 완전히 실패한 자였습니다.

셋째로 아주 행실이 나쁜 자식들이었습니다.
성경은 "엘리의 아들들은 행실이 나빠 여호와를 알지 못하더라"(삼상 2:12)고 말씀하셨습니다. 제사장인 그들은 그들에게 할당된 분량 이상의 제물을 취했습니다(레 7:34). 또한 하나님께 제사드릴 때 그 기름을 태우기 전에 고기를 취했습니다(삼상 2:15-17). 그리고 성전의 거룩을 파괴해 버렸습니다. 뿐만 아니라 그들은 아버지인 엘리의 말을 일체 듣지 않았습니다. 한마디로 그들은 제사장이라고 할 수 없는 참으로 불량한 자들이었습니다. 옛날에 전해오는 말에 의하면 손자를 예뻐하면 할아버지 수염을 뽑는다고 했습니다. 대제사장인 엘리가 자녀들을 예뻐만 하고 버릇없이 길렀기 때문에 그들이 사명을 감당하지 못하고 불량자로 전락해 버린 것이었습니다. 그러므로 우리 성도들은 특별히 자녀들의 신앙교육에 힘써야 할 것입니다.

사랑하는 여러분!
여러분의 자녀들은 몇 명이나 있습니까? 그 자녀들이 그저 예쁘기만 합니까? 때문에 그들이 제 아무리 나쁜 짓을 해도 그저 귀엽기만 합니까? 그래서 전혀 꾸중하지 않습니까? 그러나 문제는 그들의 결국입니다. 그 어떤 이유로도 귀한 우리들의 자녀들을 불량자 되도록 방치하지 말아야 합니다.

3. 하나님께서 심판하셨습니다.

첫째로 제사장의 상속권을 박탈하셨습니다.
제사장인 홉니와 비느하스의 타락과 범죄는 물론 그들의 범죄에 대한 대제사장인 엘리의 소극적인 대처에 대해 하나님께서는 크게 진노하시고 심판하셨습니다. 하나님께서는 "그러므로 이스라엘의 하나님 나 여호와가 말하노라 내가 전에 네 집과 네 조상의 집이 내 앞에 영원히 행하리라 하였으나 이제 나 여호와가 말하노니 결단코 그렇게하지 아니하리라…"(삼상 2:30)고 하셨습니다. 다시 말하면 엘리 가정의 죄악은 하나님과의 약속 위반이기 때문에 엘리의 가문에게 주셨던 제사장의 상속권을 박탈하시겠다고 선언하신 것이었습니다. 하나님께서 선언하신 후 곧바로 엘리 가문의 제사장을 완전히 박탈하셨습니다. 그러므로 우리들은 그 어떤 일이 있어도 이미 주신 복을 빼앗기는 일이 없어야겠습니다.

둘째로 엘리 가문이 완전히 몰락했습니다.
하나님께서는 엘리에게 "너희는 어찌하여 내가 내 처소에서 명령한 내 제물과 예물을 밟으며 네 아들들을 나보다 더 중히 여겨 내 백성 이스라엘이 드리는 가장 좋은 것으로 너희들을 살지게 하느냐"(삼상 2:29)하시고 "네 두 아들 홉니와 비느하스가 한 날에 죽으리니 그 둘이 당할 그 일이 네게 표징이 되리라"(삼상 2:34)고 하셨습니다. 말씀대로 엘리의 가정은 아주 비참하게 망했습니다. 엘리의 두 아들인 홉니와 비느하스는 블레셋과의 전투에서 전사했으며, 엘리는 두 아들의 죽음과 하나님의 임재의 상징인 언약궤를 블레셋군이 빼앗아 갔다는 소식을 듣고 충격을 받아 자기 의자에서 자빠져 문 곁에서 목이 부러져 죽었습니다. 또한 엘리의 며느리인 비느하스의 아내까지도 해산하다가 죽었습니다.

셋째로 후손이 빈곤에 처하게 되었습니다.

하나님께서는 "네 집에 남은 사람이 각기 와서 은 한 조각과 떡 한 덩이를 위하여 그에게 엎드려 이르되 청하노니 내게 제사장의 직분 하나를 맡겨 내게 떡 조각을 먹게 하소서 하리라 하셨다하니라"(삼상 2:36)고 하셨습니다. 이 말씀은 엘리 가문의 후손들이 굶주림을 면하기 위하여 이처럼 비참한 상태에까지 이를 것이란 말씀입니다. 그렇습니다. 성경은 천재지변은 모두가 다 하나님의 진노의 채찍임을 말씀하고 있습니다. 그러므로 우리는 정신을 차려야 합니다.

사랑하는 여러분!

하나님께서 우리들에게 주신 모든 복들이 자손만대까지 계속 되도록 합시다. 또한 부족하지만 우리들 때문에 후손들이 복을 받게 합시다. 그리고 우리 때부터라도 자손 대대로 하나님의 축복이 넘치는 삶을 살도록 해야겠습니다.

# 엘리사

[왕하 2:1-14]

여호와께서 회오리 바람으로 엘리야를 하늘로 올리고자 하실 때에 엘리야가 엘리사와 더불어 길갈에서 나가더니 엘리야가 엘리사에게 이르되 청하건대 너는 여기 머물라 여호와께서 나를 벧엘로 보내시느니라 하니 엘리사가 이르되 여호와께서 살아 계심과 당신의 영혼이 살아 있음을 두고 맹세하노니 내가 당신을 떠나지 아니하겠나이다 하는지라 이에 두 사람이 벧엘로 내려가니 벧엘에 있는 선지자의 제자들이 엘리사에게로 나아와 그에게 이르되 여호와께서 오늘 당신의 선생을 당신의 머리 위로 데려가실 줄을 아시나이까 하니 이르되 나도 또한 아노니 너희는 잠잠하라 하니라 엘리야가 그에게 이르되 엘리사야 청하건대 너는 여기 머물라 여호와께서 나를 여리고로 보내시느니라 엘리사가 이르되 여호와께서 살아 계심과 당신의 영혼이 살아 있음을 두고 맹세하노니 내가 당신을 떠나지 아니하겠나이다 하니라 그들이 여리고에 이르매 여리고에 있는 선지자의 제자들이 엘리사에게 나아와 이르되 여호와께서 오늘 당신의 선생을 당신의 머리 위로 데려가실 줄을 아시나이까 하니 엘리사가 이르되 나도 아노니 너희는 잠잠하라 엘리야가 또 엘리사에게 이르되 청하건대 너는 여기 머물라 여호와께서 나를 요단으로 보내시느니라 하니 그가 이르되 여호와께서 살아 계심과 당신의 영혼이 살아 있음을 두고 맹세하노니 내가 당신을 떠나지 아니하겠나이다 하는지라 이에 두 사람이 가니라 선지자의 제자 오십 명이 가서 멀리 서서 바라보매 그 두 사람이 요단 가에 서 있더니 엘리야가 겉옷을 가지고 말아 물을 치매 물이 이리 저리 갈라지고 두 사람이 마른 땅 위로 건너더라 건너매 엘리야가 엘리사에게 이르되 나를 네게서 데려감을 당하기 전에 내가 네게 어떻게 할지를 구하라 엘리사가 이르되 당신의 성령이 하시는 역사가 갑절이나 내게 있게 하소서 하는지라 이르되 네가 어려운 일을 구하는도다 그러나 나를 네게서 데려가시는 것을 네가 보면 그 일이 네게 이루어지려니와 그렇지 아니하면 이루어지지 아니하리라 하고 두 사람이 길을 가며 말하더니 불수레와 불말들이 두 사람을 갈라놓고 엘리야가 회오리 바람으로 하늘로 올라가더라 엘리사가 보고 소리 지르되 내 아버지여 내 아버지여 이스라엘의 병거와 그 마병이여 하더니 다시 보이지 아니하는지라 이에 엘리사가 자기의 옷을 잡아 둘로 찢고 엘리야의 몸에서 떨어진 겉옷을 주워 가지고 돌아와 요단 언덕에 서서 엘리야의 몸에서 떨어진 그의 겉옷을 가지고 물을 치며 이르되 엘리야의 하나님 여호와는 어디 계시니이까 하고 그도 물을 치매 물이 이리 저리 갈라지고 엘리사가 건너니라

> 엘리사(하나님은 구원자이시다란 뜻)는 북왕국 이스라엘의 선지자로서 60년간 사역을 감당했습니다. 그는 사밧의 아들로서 시골에서 농사짓던 무명의 사람이었습니다. 그가 소를 끌고 밭을 갈고 있을 때에 그 곳을 지나던 선지자 엘리야가 자기 겉옷을 그에게 던졌습니다. 이에 그는 하나님의 부르심이 엘리야를 통해서 자신에게 전해진 것으로 믿고 즉시 모든 것을 버리고 엘리야를 따라 나섰습니다. 엘리야는 하나님의 지시를 받아 그에게 기름을 부어 자신의 후계자로 세웠습니다.

1. 부르심에 즉시 순종했습니다.

첫째로 무명의 농사꾼이었습니다.

그가 선지자로 부름받기 전에는 요단강 골짜기 아벨므홀라라는 지역에서 열두 겨리의(24마리) 소를 가지고 농사짓는 무명의 사람이었습니다(왕상 19:19). 그런데 어느 날 엘리야가 잔인한 이세벨의 칼을 피해 광야로 들어가서 로뎀나무 아래서 "...여호와여 넉넉하오니 지금 내 생명을 거두시옵소서 나는 내 조상들보다 낫지 못하니이다"(왕상 19:4)라고 죽기를 구하고 있었습니다. 그 때에 하나님께서는 그에게 나타나셔서 "너는 네 길을 돌이켜 광야를 통하여 다메섹에 가서 이르거든 하사엘에게 기름을 부어 아람의 왕이 되게 하고 너는 또 님시의 아들 예후에게 기름을 부어 이스라엘의 왕이 되게 하고 또 아벨므홀라 사밧의 아들 엘리사에게 기름을 부어 너를 대신하여 선지자가 되게 하라"(왕상 19:15,16)고 명령하셨습니다. 그것은 바로 하나님께서 하사엘과 예후와 엘리사를 당신의 도구로 사용하셔서 우상 숭배에 심취해 있던 이스라엘 백성들을 심판하시겠다는 뜻을 나타내신 것이었습니다. 그렇습니다. 하나님께서는 당신의 뜻에 따라 일꾼을 선택하시고 그들로 하여금 당신의 뜻을 이루게 하십니다.

둘째로 엘리야가 겉옷을 그의 위에 던졌습니다.

여기에서의 겉옷은 동물의 가죽으로 만들어진 것인데(왕상 19:13, 마 3:4) 선지자의 직무를 상징합니다. 엘리야가 자신의 겉옷을 엘리사에게 던져준 것은 엘리사로 하여금 자신의 길을 대신하게 한다는 상징적인 행위로서 하나님의 명령에 따라 순종한 것이었습니다(왕상 19:19). 그렇습니다. 지도자가 하나님의 일을 위한 후계자를 택함에 있어서 인간적인 조건을 고려하기보다는 먼저 하나님께서 사용하시고자 하는 자가 누구인지를 알고 선택해야 합니다. 때문에 엘리사는 자신의 뜻대로 하지 않고 하나님께서 지명하신 엘리사를 선택한 것이었습니다.

셋째로 모든 것을 버리고 엘리야를 따랐습니다.

엘리야가 밭을 갈고 있는 자신에게 겉옷을 던져주자 엘리사는 엘리야가 자신을 부르고 있음을 깨닫고 조금도 주저함이 없이 소들을 버리고 엘리야에게 달려가서 "…청하건대 나를 내 부모와 입맞추게 하소서 그리한 후에 내가 당신을 따르리이다…"(왕상 19:20)라고 요청하여 허락을 받고 돌아가서 부모님께 입맞춤으로 인사드리고 소의 기구들은 다 불살랐으며 소는 잡아서 백성들에게 잔치를 베풀어 먹게 한 다음 엘리야를 따르면서 수종 들었습니다(왕상 19:21). 이것은 바로 그가 기쁘고 즐거운 마음으로 사명을 감당하겠다는 의지를 보인 것입니다. 시몬과 안드레도 "나를 따르라"는 예수님의 말씀을 듣고 배와 그물을 버리고 곧바로 주님을 따랐습니다(마 4:19,20). 그렇습니다. 주님을 따르는 데는 그 어떤 것도 장애물이 될 수 없습니다.

사랑하는 여러분!

부족한 우리들을 선택해주신 하나님께 감사 드립시다. 또한 우리가 제멋대로 사명을 감당하는 것이 아니라 하나님이 원하시는 뜻을 따릅시다. 그리고 하나님께서 선택하신 사명자답게 이 세상 것에 얽매이지 말고 주님의 일에 최선을 다해 충성하는 멋진 사명자들이 되시기 바랍니다.

2. 갑절의 영감을 구했습니다.

첫째로 비장한 각오로 끝까지 따랐습니다.
그동안 충성스럽게 사명을 감당했던 엘리야는 이제 이 땅에서의 사명을 다하고 승천해야할 시간이 되었음을 깨달았습니다(왕하 2:1). 때문에 엘리야는 엘리사에게 "청하건대 너는 여기 머물라 여호와께서 나를 요단으로 보내시느니라…"(왕하 2:6上)고 했습니다. 이에 엘리사는 "..여호와께서 살아 계심과 당신의 영혼이 살아 있음을 두고 맹세하노니 내가 당신을 떠나지 아니하겠나이다"(왕하 2:6下)라고 자신이 엘리야와 절대로 떨어질 수 없다고 하는 결연한 의지를 보였습니다(왕하 2:2-6). 그러나 엘리야는 엘리사에게 동일한 말로 세 번씩이나 헤어질 것을 요구했습니다. 그래서 엘리야는 동일한 말로 길갈에서도 요구했고 벧엘에서도 요구했습니다. 그러나 엘리사 역시 길갈에서 엘리야에게 대답했던 것과 같이 여전히 동일한 말로 끝까지 따르겠다는 의지에 변함이 없었습니다(왕하 2:2下). 이와 같은 일이 길갈과 벧엘, 여리고까지 계속되었습니다. 그러나 엘리사는 자신의 의지를 포기하지 않고 끝까지 따랐습니다. 우리들도 이러한 자세로 끝까지 주님을 따르면서 사명을 감당해야 합니다.

둘째로 갑절의 영감을 구했습니다.
엘리야는 자신의 겉옷을 취하여 말아 물을 쳐서 물을 갈라 육지 위로 건넌 다음 엘리사에게 "나를 네게서 데려감을 당하기 전에 내가 네게 어떻게 할지를 구하라"(왕하 2:9上)고 했습니다. 이에 엘리사는 당신의 성령이 하시는 역사가 갑절이나 내게 있게 하소서(왕하 2:9下)라고 했습니다. 다시 말하면 엘리사는 엘리야가 받은 성령이 하시는 역사가 갑절이나 달라고 요구했습니다(왕하 2:9). 그는 참으로 사명자다운 것을 구했습니다. 그러나 엘리사의 요구를 받은 엘리야는 그에게 "네가 어려운 일을 구하는도다 그러나 나를 네게서 데려가시는 것을 네가 보면 그 일이 네게 이루어지려니와 그렇지 아니하면 이루어지지 아니하리라"(왕하 2:10)고 했습니다. 왜냐하면 엘리사의 요구하는 것이 자신이 줄 수 있는 것이 아니라 오직 하나님께서만이 주실 수 있는 것이기 때문이었습니다. 그렇습니다. 성령의 능력은 우리 인간들의 임의로 주고받을 수 있는 성질의 것이 아닙니다. 오직 하나님의 전적인 주권에 속한 것입니다.

셋째로 자기의 옷을 찢었습니다.
엘리야와 엘리사가 서로 말을 주고받으면서 길을 가고 있는데 홀연히 불수레와 불말들이 두 사람을 떨어지게 하고 엘리야는 회오리 바람을 타고 승천했습니다(왕하 2:10,11). 이것을 본 엘리사는 "내 아버지여 내 아버지여 이스라엘의 병거와 그 마병이여..."(왕하 2:12)라고 소리를 지르더니 엘리야가 다시 보이지 않자 자기 옷을 찢었습니다. 이것은 자기를 완전히 부인하는 행위였습니다. 그는 하나님의 능력의 겉옷을 입기 위해서는 자기를 철저히 포기해야 함을 알았습니다. 그렇습니다. 구원받은 우리 성도들이 자신을 잘 다스리고 이 세상을 정복하려고 하면 반드시 전능하신 하나님의 능력을 힘입어야 합니다. 이러한 일은 우리 자신을 포기할 때만이 가능합니다.

사랑하는 여러분!
우리들도 이 세상 다하는 그 날까지 변함 없이 오직 주님만 따릅시다. 또한 하나님이 주시는 성령의 능력을 힘입어 맡은 바 사명을 잘 감당합시다. 그리고 나 자신을 철저히 포기하고 겸손히 나 자신을 내드리는 삶을 사시기 바랍니다.

3. 능력 있는 일꾼이 되었습니다.

첫째로 자신의 사명을 깨달았습니다.
여기에서 엘리사가 승천하는 엘리야를 보고 "아버지여"라고 부른 것은 엘리야가 자신의 영원한 스승이 됨을 고백한 것이었습니다. 또한 "이스라엘의 병거와 그 마병이여"라고 한 것은 엘리야가 이스라엘을 지키는 강력한 능력을 소유한 자였음을 말하는 것입니다. 다시 말하면 엘리사는 자신이 엘리야의 뒤를 이어 이스라엘의 안전을 꾀하는 백성들의 신앙을 아름답게 세워 가는 것이 자신의 사명임을 깨달은 것이었습니다. 그렇습니다. 사명자는 언제나 자신이 해야 할 일을 분명하게 깨달아야 합니다.

둘째로 엘리야의 능력이 그에게 임했습니다.
엘리사가 "엘리야의 몸에서 떨어진 겉옷을 주워 가지고 돌아와 요단 언덕에 서서… 그의 겉옷을 가지고 물을 치며 이르되 엘리야의 하나님 여호와는 어디 계시니이까 하고 그도 물을 치매 물이 이리 저리 갈라지고 엘리사가"(왕하 2:13,14) 건넜습니다. 이제 엘리사는 소를 가지고 밭을 가는 자가 아니라 엘리야처럼 능력을 행하는 하나님의 선지자로 세움받았습니다. 때문에 선지자의 생도들이 엘리사를 보고 말하기를 "엘리야의 성령이 하시는 역사가 엘리사 위에 머물렀다 하고 가서 그에게로 나아가 땅에 엎드…"(왕하 2:15)렸습니다. 이제 완전한 엘리야의 후계자로 우뚝서게 된 것이었습니다.

셋째로 큰 능력을 행했습니다.
그가 엘리야에게 갑절의 영감을 구한 대로 하나님께서는 그에게 갑절의 능력을 주셨습니다. 그는 엘리야의 겉옷으로 요단강을 쳐서 갈라지게 했습니다(왕하 2:14). 여리고의 쓴 물을 달게 했습니다(왕하 2:21,22). 빚에 시달리고 있는 선지 생도의 처자에게 채무를 갚게 했습니다(왕하 4:1-7). 나아만 장군의 병을 고쳐주었습니다(왕하 5:9-14). 아람 군대의 음모계획을 입수하여 침략을 막았습니다(왕하 6:15-19). 부패한 사상을 개조했습니다. 바알에 대한 우상숭배를 척결하고 여호와를 믿는 신앙을 세워 가는 일에 최선을 다했습니다. 그는 정치, 경제, 사회, 종교 등 모든 면에서 선정을 베풀었습니다. 자기 스승 엘리야보다 더 많은 능력을 행했습니다.

사랑하는 여러분!
우리들도 엘리사처럼 분명한 사명감을 가지고 삽시다. 또한 우리들도 전능하신 하나님의 능력을 갑절이나 받읍시다. 그리고 엘리사처럼 큰 능력을 행하는 삶을 사시기 바랍니다.

 # 엘리야

[왕상 18:30-40]

엘리야가 모든 백성을 향하여 이르되 내게로 가까이 오라 백성이 다 그에게 가까이 가매 그가 무너진 여호와의 제단을 수축하되 야곱의 아들들의 지파의 수효를 따라 엘리야가 돌 열두 개를 취하니 이 야곱은 옛적에 여호와의 말씀이 임하여 이르시기를 네 이름을 이스라엘이라 하리라 하신 자더라 그가 여호와의 이름을 의지하여 그 돌로 제단을 쌓고 제단을 돌아가며 곡식 종자 1)두 세아를 둘 만한 도랑을 만들고 또 나무를 벌이고 송아지의 각을 떠서 나무 위에 놓고 이르되 통 넷에 물을 채워다가 번제물과 나무 위에 부으라 하고 또 이르되 다시 그리하라 하여 다시 그리하니 또 이르되 세 번째로 그리하라 하여 세 번째로 그리하니 물이 제단으로 두루 흐르고 도랑에도 물이 가득 찼더라 저녁 소제 드릴 때에 이르러 선지자 엘리야가 나아가서 말하되 아브라함과 이삭과 이스라엘의 하나님 여호와여 주께서 이스라엘 중에서 하나님이신 것과 내가 주의 종인 것과 내가 주의 말씀대로 이 모든 일을 행하는 것을 오늘 알게 하옵소서 여호와여 내게 응답하옵소서 내게 응답하옵소서 이 백성에게 주 여호와는 하나님이신 것과 주는 그들의 마음을 되돌이키심을 알게 하옵소서 하매 이에 여호와의 불이 내려서 번제물과 나무와 돌과 흙을 태우고 또 도랑의 물을 핥은지라 모든 백성이 보고 엎드려 말하되 여호와 그는 하나님이시로다 여호와 그는 하나님이시로다 하니 엘리야가 그들에게 이르되 바알의 선지자를 잡되 그들 중 하나도 도망하지 못하게 하라 하매 곧 잡은지라 엘리야가 그들을 기손 시내로 내려다가 거기서 죽이니라

이스라엘이 남북의 두 왕국으로 분열된 이후 북왕국 이스라엘은 온 나라가 바알의 우상과 아세라 목상에 대한 숭배가 극에 달했습니다. 때문에 여호와의 신앙에 대한 흔적들조차 찾아보기 힘들 정도였습니다. 한마디로 전적으로 부패하고 타락해 있었습니다. 그러나 우리 하나님께서는 그러한 북왕국 이스라엘의 타락과 범죄를 그대로 방치하지 않으시고 엘리야라고 하는 위대한 선지자를 세우시고 당신의 선하신 계획을 이루어 가셨습니다.

1. 시대적인 상황

첫째로 아합이 통치하던 시대였습니다.

엘리야는 길르앗의 디셉 사람으로서 그가 선지자로 부름받기 이전의 생애에 대해서는 성경에 전혀 기록이 없습니다(왕상 17:1). 그가 활동하던 시기는 아합과 아하시야가 통치하던 시기였습니다. 당시 북이스라엘의 아합왕은 아람나라의 공격 위협을 막아보고자 시돈 왕의 딸인 이세벨과 정략결혼을 했습니다. 이 때에 이세벨이 가져온 바알 숭배 신앙이 북이스라엘 전역에 퍼지게 되었습니다. 그래서 성경은 불신자와 멍에를 같이 하지 말라고 하신 것입니다.

둘째로 신실한 신앙인이었습니다.

당 시대는 아합과 이세벨에 의한 바알의 종교가 득세하여 왕으로부터 백성들에 이르기까지 나라전역이 다 바알 우상을 섬겼습니다. 때문에 많은 선지자들이 무차별하게 죽임을 당했습니다. 그러나 그는 조금도 무서워하거나 두려워하지 않고 신실하게 신앙을 지켰습니다. 그토록 많은 동역자들이 비참하게 죽어 가는 최악의 환경에서도 그는 굽히지 않고 끝까지 인내하면서 믿음을 지켰습니다. 또한 절대권력을 가지고 통치하고 있는 아합과 이세벨의 거듭된 경고와 생명의 위협에도 불구하고 하나님의 명령을 소신껏 선포했습니다. 그리고 생명을 건 결단의 기도로 늘 응답 받는 신앙생활을 했습니다.

셋째로 성정이 우리와 같은 자였습니다.

어려운 시대에서 아합왕에게 나아가 회개를 촉구했던 엘리야였지만, 이세벨이 자신의 생명을 노린다는 소식을 듣고는 곧바로 광야로 도망하여 로뎀나무 아래서 죽기를 구했습니다(왕상 19:4). 이것은 바로 그가 한 때는 그토록 강한 불굴의 개혁자다운 면모를 보였다고 할지라도 우리들과 성정이 똑같은 나약한 인간이었음을 보여주고 있는 것입니다. 그러면 엘리야가 왜 이렇게 나약해졌습니까? 그것은 바로 순간적이나마 지금까지 자기와 함께 하신 전능하신 하나님을 의식하지 않고 사악한 인간만을 의식했기 때문이었습니다(왕상 19:10). 베드로도 주님을 보지 않고 여종의 말을 듣고 예수님을 부인했습니다(마 26:69-75). 아브라함도 하나님보다 애굽 왕을 두려워하여 아내를 누이라고 했습니다(창 12:13). 또한 환경을 보았기 때문입니다. 오라고 부르시는 예수님을 보고 물 위를 걸어가던 베드로였지만 그가 풍랑을 바라보았을 때는 물에 빠지고 말았습니다(마 14:29,30). 그렇습니다. 누구든지 인간이나 이 세상만을 본다면 나약해 질 수밖에 없습니다.

사랑하는 여러분!
우리들이 비록 부패하고 병든 이 세상에서 살고 있지만 신앙을 잘 지키면서 살아갑시다. 또한 엘리야처럼 언제나 신실한 신앙인으로 삽시다. 그리고 이 세상이나 인간, 환경을 의식하지 말고 오직 주님만 믿고 따라가는 신실한 성도들이 되시기 바랍니다.

2. 능력 있는 선지자

첫째로 사명감이 투철한 사람이었습니다.
이스라엘의 온 나라가 다 여호와 섬기기를 포기하고 바알을 섬겼지만 엘리야는 절대로 그들과 동조하지 않았습니다. 수많은 동역자들이 죽임을 당했지만 그는 끝까지 신앙을 지켰습니다(왕상 17:5). 또한 자신의 생명을 부지하기 위해 세상 권력에 아부하지도 않았습니다. 비록 자기 혼자라고 생각되었지만 포기하지 않고 끝까지 생명을 걸고 사명을 감당했습니다. 세상 연락과는 상관없이 오직 사명에만 충성했습니다. 그리고 엘리사에게 사명의 겉옷을 물려주어 자신이 승천한 후에도 자신이 감당했던 사명이 지속되도록 했습니다.

둘째로 지도자들을 책망했습니다.

선지자로 부름받은 그는 광야에서 양가죽 옷을 입고 생활하면서 바알 우상을 섬기는 왕은 물론 당시의 모든 권력자와 지도자들에게 하나님의 말씀을 전하고 회개를 촉구했습니다. 그것은 바로 잘못되어 가는 나라와 민족의 신앙을 바로 잡고자 한 행동이었습니다. 때문에 그는 두려움이 없는 불굴의 개혁자로 묘사되고 있습니다(왕상 18:17-46). 그렇습니다. 그는 역대 이스라엘 왕들 중에서도 가장 악한 왕이라고 하는 대명사가 붙은 아합왕 앞에 나아가 그의 바알 숭배에 대한 범죄와 왕궁 옆 나봇의 포도원을 탐내어 나봇을 죽인 사건을 지적하고 강력하게 경고했습니다(왕상 21:15-25). 그는 참으로 세상이 감당할 수 없는 위대한 개혁자였습니다. 우리들도 이러한 개혁자들이 되어야겠습니다.

셋째로 수많은 기적을 행했습니다.

하나님께서는 엘리야를 귀하게 여기시고 그와 끝까지 함께 하시고 지켜주셨습니다. 가뭄이 계속되는 동안 까마귀들을 통해서 연명시키시고 사르밧의 과부를 통해서 공궤 받게 했습니다(왕상 17:3-9). 또한 놀라운 기적을 일으키도록 하셨습니다. 요단 강물을 갈라지게 했습니다(왕하 2:8). 사르밧 과부의 밀가루 통에 밀가루가 떨어지지 않게 했습니다. 그녀의 죽은 아들을 소생케 했습니다(왕상 17:17-24). 450명의 바알 선지자와 400명의 아세라 선지들을 모두 잡아 기손 시냇가에서 죽였습니다(왕상 18:40). 하나님께 기도하여 3년 6개월 동안 가물었던 땅에 비를 내리게 했습니다(왕상 18:41-46). 참으로 그는 능력이 많은 선지자였습니다. 그리고 갖가지 예언을 했습니다. 수년 동안 가뭄이 있으리라고 예언했습니다(왕상 17:1). 아하시야왕의 죽음을 예언했습니다(왕하 1:4). 여호람왕과 그의 가문에 대한 하나님의 심판을 예언했습니다(대하 21:11-15).

사랑하는 여러분!

우리들도 엘리야처럼 변함 없이 주님만 섬기는 삶을 삽시다. 또한 이 세상 모든 사람들에게 복음을 자신 있게 전합시다. 그리고 전능하신 하나님의 능력을 힘입어 멋있게 사명을 감당하시기 바랍니다.

3. 담대한 선지자

첫째로 아합왕을 비판했습니다.

하나님께서는 엘리야를 통해서 아합에게 "내가 섬기는 이스라엘의 하나님 여호와께서 살아 계심을 두고 맹세하노니 내 말이 없으면 수년 동안 비도 이슬도 있지 아니하리라"(왕상 17:1)고 경고했습니다. 엘리야의 이와 같은 행동은 바알 숭배자들에 대한 정면 도전이었습니다. 왜냐하면 바알 숭배자들은 땅에 비를 내리는 것은 바알에게 있다고 믿었기 때문입니다. 그래서 하나님께서는 즉시 그를 요단 앞 그릿 시냇가에 숨기시고 까마귀들을 통해 먹이셨습니다(왕상 17:2-4). 하나님께서는 엘리야의 예언과 통치를 통해서 땅에 비를 내리시는 것이 바알에게 있지 않고 하나님께 있음을 깨닫게 하기 위한 것이었습니다. 때문에 이스라엘은 3년 6개월의 가뭄으로 인해 극심한 기갈과 굶주림에 시달렸습니다. 심지어 아합왕까지도 물을 찾아 나설 수밖에 없었습니다(왕상 18:5,6). 그리고 아합은 엘리야에게 이스라엘을 괴롭게 한 자라고 가뭄의 책임을 엘리야에게 전가시켰습니다(왕상 18:17). 이에 엘리야는 아합에게 "내가 이스라엘을 괴롭게 한 것이 아니라 당신과 당신의 아버지의 집이 괴롭게 하였으니 이는 여호와의 명령을 버렸고 당신이 바알들을 따랐음이라"(왕상 18:18)고 비판했습니다.

둘째로 아합에게 대결을 요청했습니다.

엘리야는 아합왕을 비판한 다음 그에게 "온 이스라엘과 이세벨의 상에서 먹는 바알 선지자 사백오십 명과 아세라의 선지자 사백 명을 갈멜산으로 모아 내게로 나아오게 하소서"(왕상 18:19)라고 요청했습니다. 이에 아합은 즉시 모든 백성들과 그를 따르는 850명의 선지자들을 갈멜산으로 모이게 했습니다(왕상 18:20). 때에 엘리야는 백성들에게 "너희가 어느 때까지 둘 사이에서 머뭇머뭇 하려느냐 여호와가 만일 하나님이면 그를 따르고 바알이 만일 하나님이면 그를 따를지니라…"(왕상 18:21)고 결단을 촉구했습니다.

셋째로 완전한 승리를 이루었습니다.
대결을 요청한 엘리야는 바알의 선지자들에게 한 송아지를 택하여 각을 떠서 나무 위에 놓고 바알 신에게 불을 내려달라고 기도하도록 하고 자신도 똑같이 준비하고 하나님께 불을 내려 달라고 기도하겠다고 했습니다. 그리하여 불로 응답해주시는 신이 참 하나님이시니 그분을 섬기자고 했습니다(왕상 18:23, 24). 그리하여 바알의 선지자들은 아침부터 저녁까지 "바알이여 우리에게 응답하소서"(왕상 18:26)라고 부르짖었지만 응답이 없었습니다. 그들은 심지어 칼과 창으로 자신들의 몸을 상하게 하기까지 했습니다. 그렇지만 소용이 없었습니다. 그러나 엘리야가 돌로 단을 쌓고 송아지의 각을 떠서 그 위에 올려놓고 저녁 소제드릴 때에 "…아브라함과 이삭과 이스라엘의 하나님 여호와여… 내게 응답하옵소서…"(왕상 18:36, 37)라고 기도하자 여호와 불이 내려 모든 제물을 다 태웠습니다. 이에 모든 백성들이 엎드려 말하기를 "여호와 그는 하나님이시로다"(왕상 18:39下)라고 고백했습니다. 엘리야는 바로 즉시 그 모든 이방 선지자들을 모조리 다 잡아 기손 시냇가에서 죽였습니다. 그의 완전한 승리였습니다.

사랑하는 여러분!
우리들도 하나님의 말씀을 가감 없이 선포합시다. 또한 이 세상의 그 어떤 세력도 두려워하지 말고 예수님의 이름으로 자신 있게 나아갑시다. 그리고 때마다 일마다 완전한 승리를 이루시기 바랍니다.

 # 여로보암

[왕상 11:26-36]

솔로몬의 신하 느밧의 아들 여로보암이 또한 손을 들어 왕을 대적하였으니 그는 에브라임 족속인 스레다 사람이요 그의 어머니의 이름은 스루아이니 과부더라 그가 손을 들어 왕을 대적하는 까닭은 이러하니라 솔로몬이 밀로를 건축하고 그의 아버지 다윗의 성읍이 무너진 것을 수축하였는데 이 사람 여로보암은 큰 용사라 솔로몬이 이 청년의 부지런함을 보고 세워 요셉 족속의 일을 감독하게 하였더니 그 즈음에 여로보암이 예루살렘에서 나갈 때에 실로 사람 선지자 아히야가 길에서 그를 만나니 아히야가 새 의복을 입었고 그 두 사람만 들에 있었더라 아히야가 자기가 입은 새 옷을 잡아 열두 조각으로 찢고 여로보암에게 이르되 너는 열 조각을 가지라 이스라엘의 하나님 여호와의 말씀이 내가 이 나라를 솔로몬의 손에서 찢어 빼앗아 열 지파를 네게 주고 오직 내 종 다윗을 위하고 이스라엘 모든 지파 중에서 택한 성읍 예루살렘을 위하여 한 지파를 솔로몬에게 주리니 이는 그들이 나를 버리고 시돈 사람의 여신 아스다롯과 모압의 신 그모스와 암몬 자손의 신 밀곰을 경배하며 그의 아버지 다윗이 행함 같지 아니하여 내 길로 행하지 아니하며 나 보기에 정직한 일과 내 법도와 내 율례를 행하지 아니함이니라 그러나 내가 택한 내 종 다윗이 내 명령과 내 법도를 지켰으므로 내가 그를 위하여 솔로몬의 생전에는 온 나라를 그의 손에서 빼앗지 아니하고 주관하게 하려니와 내가 그의 아들의 손에서 나라를 빼앗아 그 열 지파를 네게 줄 것이요 그의 아들에게는 내가 한 지파를 주어서 내가 거기에 내 이름을 두고자 하여 택한 성읍 예루살렘에서 내 종 다윗이 항상 내 앞에 등불을 가지고 있게 하리라

여로보암은 솔로몬의 신복인 느밧의 아들이었습니다. 그는 북왕국 이스라엘의 초대 왕으로 세움 받았지만 결국은 하나님을 배신하고 금송아지를 만들어 백성들로 하여금 섬기도록 했습니다. 때문에 하나님께서는 그의 손이 병들게 하셨고 큰아들은 병들어 죽었으며 작은 아들은 쿠데타로 죽게 하심으로 그의 가문이 순식간에 몰락되었습니다. 그는 이스라엘 역사상 악한 왕으로 기록되었습니다.

1. 북왕국 이스라엘의 왕

첫째로 솔로몬의 신임을 받았습니다.

여로보암은 솔로몬이 예루살렘 수축 공사 때에 감독자로 삼을 만큼 신임하던 사람이었습니다(왕상 9:15, 11:28). 그는 요셉의 둘째 아들인 에브라임 지파에 속한 사람이었습니다. 그런데 솔로몬의 유다 지파와 에브라임 지파는 늘 경쟁관계에 있었습니다. 이 에브라임 지파는 이스라엘 내에서는 아주 유력한 지파였습니다. 가나안 정복의 영웅 여호수아도 에브라임 지파였습니다. 때문에 예루살렘이 종교적 수도가 되기 이전에는 에브라임 영토의 실로가 종교적 중심지였습니다(참조, 삼상 1:3).

둘째로 애굽으로 피신했습니다.

하나님께서는 범죄한 솔로몬을 징계하시고자 선지자인 아히야를 여로보암에게 보내시어 솔로몬에게서 열 지파를 빼앗아 나라를 세워 왕이 되게 하실 것을 예언케 하셨습니다(왕상 11:29-39). 그리고 다윗과 같이 모든 일에 순종하고 계명대로 살면 견고케 하시겠다고 하셨습니다(왕상 11:38). 그러나 여로보암은 하나님의 뜻을 무시하고 솔로몬 왕조를 정복하기 위해 반역을 도모했습니다. 이러한 사실들이 솔로몬에게까지 전해졌습니다. 이 신탁이 아히야와 여로보암 단둘만 있는 데서 이루어졌는데 어떻게 솔로몬에게 전해졌는지 모르겠습니다. 아마도 둘 중 하나가 이러한 내용을 발설했을 것입니다. 이에 솔로몬은 여로보암을 죽이려고 했습니다. 때문에 여로보암은 할 수 없이 솔로몬에게 적대적이었던 애굽 왕 시삭에게 망명했습니다(참조, 왕상 14:25,26). 그리고 그는 거기서 솔로몬이 죽기까지 기다렸습니다.

셋째로 나라를 분열하여 왕이 되었습니다.

솔로몬 왕은 그의 아버지 다윗 왕과 똑같이 사십 년 간 이스라엘을 다스리고 큰 영화를 뒤로 한 채 죽어 다윗 성에 장사되었습니다(왕상 11:42,43). 그리고 그의 외아들 르호보암이 이스라엘 왕으로 즉위했습니다(왕상 12:1). 이에 에브라임 지파를 중심한 북쪽의 열 지파들이 애굽에 사람을 보내어 망명가 있던 여로보암을 귀국하게 하여 그를 앞세우고 르호보암에게 찾아가 그동안 솔로몬의 강제노역에 대한 어려움을 탄원했습니다(왕상 12:3-5). 르호보암은 원로들의 충언들을 무시하고 어린 자기 친구들과 의논하여 그들의 의견을 따랐습니다. 그것은 바로 이전보다 더욱 혹독한 강압정치였습니다(왕상 12:13,14). 때문에 베냐민 지파와 유다 지파를 제외한 열 지파가 르호보암을 배신하고 여로보암을 왕으로 세우고 북왕국 이스라엘을 세웠습니다. 그리하여 이스라엘은 북왕국 이스라엘과 남왕국 유다로 나누어지게 되었습니다.

사랑하는 여러분!
우리들도 하나님에게 인정받고 사람들에게 신임받는 사람이 됩시다. 또한 이유 여하를 막론하고 하나님이나 사람을 배신하는 불행한 사람이 되지 맙시다. 그리고 언제나 하나 되게 하는 멋진 삶을 사시기 바랍니다.

2. 여로보암의 범죄

첫째로 하나님의 은혜를 저버렸습니다.
여로보암은 하나님의 은혜로 북왕국 이스라엘의 왕이 되었습니다. 다시 말하면 하나님의 은혜를 받은 자였습니다. 왜냐하면 하나님께서 선지자 아히야를 여로보암에게 보내어 그가 입은 새 옷을 잡아 열두 조각으로 찢게 하고 여로보암에게 "너는 열 조각을 가지라 이스라엘의 하나님 여호와의 말씀이 내가 이 나라를 솔로몬의 손에서 찢어 빼앗아 열 지파를 네게 주고 오직 내 종 다윗을 위하고 이스라엘 모든 지파 중에서 택한 성읍 예루살렘을 위하여 한 지파(여기서 한 지파는 유다지파인데 여기에 약해진 베냐민 지파를 포함시킨 것임)를 솔로몬에게 주리니"(왕상 11:31-32)라고 하셨습니다. 다시 말하면 그가 북왕국 이스라엘의 왕이 된 것은 하나님의 은혜였습니다. 그러나 그는 하나님을 배신하는 정책을 썼습니다.

둘째로 금송아지 우상을 만들었습니다.
여로보암은 솔로몬의 아들 르호보암을 대적하고 반역해서 이스라엘의 열 지파를 데리고 북왕국 이스라엘을 세웠습니다. 그런데 북왕국 이스라엘 사람들이 유대인들의 최대 명절인 유월절과 칠칠절(맥추감사절), 초막절(추수감사절)이 되면 이 명절들을 지키기 위해 모두 다 국경을 넘어 남왕국의 유다에 있는 예루살렘 성전으로 내려갔습니다. 이것을 본 여로보암은 "만일 이 백성이 예루살렘에 있는 여호와의 성전에 제사를 드리고자 하여 올라가면 이 백성의 마음이 유다 왕 된 그들의 주 르호보암에게로 돌아가서 나를 죽이고 유다 왕 르호보암에게로 돌아가리로다"(왕상 12:27)라고 위기감을 느꼈습니다. 때문에 북 왕국 이스라엘 사람들이 남 왕국 유다의 예루살렘 성전으로 제사를 드리러 가는 것을 막기 위해 두 금송아지를 만들어 하나는 북쪽 국경에 위치한 단에 두고, 하나는 남쪽 국경에 위치한 벧엘에 두어 북 왕국 이스라엘 백성들에게 "…이스라엘아 이는 너희를 애굽 땅에서 인도하여 올린 너희의 신들이라"(왕상 12:28)하고 그 우상들을 섬기게 했습니다. 다시 말하면 여호와 경외의 거룩한 신앙을 정치적인 통치 수단으로 전락시킨 무서운 범죄행위였습니다.

셋째로 제사장과 절기를 맘대로 정했습니다.
모세의 법에는 반드시 레위인들 만이 제사장이 될 수 있다고 했습니다(출 28:1-4).그런데 여로보암은 일반사람들을 제사장으로 세워 자신이 세운 단과 벧엘의 우상 신전에 보냈습니다. 왜냐하면 여로보암에 의해 제사장직을 박탈당한 제사장들과 레위 지파의 사람들이 신앙의 순결을 지키기 위해 여로보암의 우상숭배와 결별하고 북왕국 이스라엘을 떠나 남왕국 유다로 모두 다 이주해버렸기 때문이었습니다(대하 11:13-15). 뿐만 아니라 그는 유대인들이 그토록 사모하고 진지하게 지내는 절기를 하나님께서 정해주신 율례대로 지키지 않고 자기임의대로 바꾸어서 한 달씩 후로 미루어 우상숭배를 본격적으로 행하게 했습니다. 이 모두는 다 자신의 정권유지와 강화를 위해 하나님 앞에 저지른 무서운 죄악이었습니다.

사랑하는 여러분!
우리는 그 어떤 이유로도 하나님의 은혜를 저버리고 배신하는 악을 행치 맙시다. 또한 우리들의 생애에서 우상을 섬기는 불행한 일이 없어야겠습니다. 그리고 내 방식대로 믿지 말고 하나님이 원하시는 식양대로 신앙생활을 하시기 바랍니다.

3. 여로보암의 결국

첫째로 질투하시는 하나님이십니다.
여로보암이 자신이 세운 제단에서 분향하고 있을 때에 남왕국에서 온 하나님의 사람이 "...제단아 제단아 여호와께서 이와 같이 말씀하시기를 다윗의 집에 요시야라 이름하는 아들을 낳으리니 그가 네 위에 분향하는 산당 제사장을 네 위에서 제물로 바칠 것이요 또 사람의 뼈를 네 위에서 사르리라 하셨느니라 하고 그 날에 그가 징조를 들어 이르되 이는 여호와께서 말씀하신 징조라 제단이 갈라지며 그 위에 있는 재가 쏟아지리라"(왕상 13:2,3)고 외쳤습니다. 이것은 바로 여로보암이 세운 산당과 제사장들을 여호와께서 불로 깨끗하게 사르시겠다는 것이었습니다. 우리 하나님은 질투하시는 하나님이십니다. 그러므로 우리 모두의 삶의 현장에서 그 어떤 이유로도 하나님보다 더 사랑하는 것은 결코 있을 수 없습니다.

둘째로 여로보암의 손이 말랐습니다.

여로보암은 하나님의 사람이 벧엘에 있는 제단을 향하여 외치는 소리를 듣고 "...제단에서 손을 펴며 그를 잡으라..."(왕상 13:4上)고 외쳤습니다. 그런데 이것이 웬일입니까? 여로보암의 편 손이 말라 다시 거두어들이지 못했습니다(왕상 13:4下). 그러자 여로보암은 하나님의 사람에게 "...청하건대 너는 나를 위하여 네 하나님 여호와께 은혜를 구하여 내 손이 다시 성하게 기도하라..."(왕상 13:6上)고 하자 하나님의 사람이 여로보암의 요구대로 여호와께 은혜를 구하자 그의 손이 전과 같이 다시 회복되었습니다(왕상 13:6下). 그렇습니다. 우리 하나님은 전지 전능하신 분이십니다. 그러므로 우리 모두는 언제, 어디서나, 항상 능력 있는 삶을 살 수 있습니다.

셋째로 가문이 몰락했습니다.

하나님께서 주신 크신 사랑과 은혜, 복에 대하여 감사하게 생각하고 죽도록 최선을 다해 충성해야 함에도 불구하고, 그가 하나님을 배신하고 자신의 아성을 쌓는 데에 혈안이 되어 각종 범죄를 저질렀기 때문에 하나님께서는 그의 가정을 비참하게 몰락시켰습니다. 그의 생전에 아들 아비야가 병들어 죽었고(왕상 14:1, 8-13), 여로보암이 북왕국 이스라엘을 22년을 통치하고 그의 둘째 아들인 나답이 왕위를 물려받았으나 나답 역시 바아사의 쿠데타로 2년 만에 죽음으로 그의 가정은 이 지상에서 완전히 사라졌습니다. 그렇습니다. 출발이 좋았던 그였지만 그의 타락으로 인하여 그의 가문까지도 비참하게 몰락한 것입니다.

사랑하는 여러분!

우리 모두는 평생토록 하나님만을 사랑합시다. 그 어떤 이유로도 남을 판단하거나 헤아리지 맙시다. 언제, 어디서나 우리들을 깨우치는 하나님의 말씀을 겸손히 받고 그대로 순종합시다. 그리하여 우리들의 삶의 현장에 하나님의 사랑과 은혜가 가득하게 하시기 바랍니다.

 # 여호람

[왕하 8:16-19]

이스라엘의 왕 아합의 아들 요람 제오년에 여호사밧이 유다의 왕이었을 때에 유다의 왕 여호사밧의 아들 여호람이 왕이 되니라 여호람이 왕이 될 때에 나이가 삼십이 세라 예루살렘에서 팔 년 동안 통치하니라 그가 이스라엘 왕들의 길을 가서 아합의 집과 같이 하였으니 이는 아합의 딸이 그의 아내가 되었음이라 그가 여호와 보시기에 악을 행하였으나 여호와께서 그의 종 다윗을 위하여 유다 멸하기를 즐겨하지 아니하셨으니 이는 그와 그의 자손에게 항상 등불을 주겠다고 말씀하셨음이더라

> 여호람은 성경에 동명이인이 5명이 있습니다. 오늘 본문의 유다 왕 여호람은 여호사밧의 아들로서 32세에 왕위에 올라 8년 동안 이스라엘을 통치했습니다. 그의 아내는 이스라엘 왕 아합의 딸인 아달랴였습니다. 그는 선한 왕 여호사밧과는 달리 악한 왕으로 유명했습니다. 그는 여호와 경외의 신앙을 버리고 우상을 숭배했으며 형제들과 방백들을 살해하고 악정을 펼쳤습니다. 때문에 그가 죽었을 때는 슬퍼하는 자가 없었으며 왕이었음에도 불구하고 열왕들의 묘지에 안장되지 못했습니다.

1. 유다 왕

첫째로 여호사밧왕의 아들이었습니다.

여호사밧왕은 유다에서 훌륭한 왕들 중의 하나였습니다(왕상 15:24). 그는 다윗의 처음 길로 행하여 바알에게 구하지 아니하고 유다에서 우상을 제거했습니다(대하 17:3-6). 또한 나라를 견고하게 하고 부강케 하여 이웃 나라들로부터 조공을 받기까지 했습니다(대하 17:1, 2, 10-19). 그리고 백성들의 율

법교육을 위해 교육제도를 새롭게 정립했습니다(대하 17:7-9). 다시 말하면 여호람은 훌륭한 유다 왕 여호사밧의 아들이요 아사왕의 손자였습니다. 그럼에도 불구하고 그는 훌륭한 왕인 부친이나 조부의 아름다운 신앙과 선정을 본받지 않고 사악한 이스라엘의 아합왕을 본받아 유다 왕들 중에서도 악한 왕으로 분류되는 참으로 불행한 사람이었습니다. 그래서 자식은 내 맘대로 되지 않는 것 같습니다.

둘째로 아달랴와 결혼했습니다.
아달랴는 북왕국 이스라엘의 역사상 가장 악한 아합과 이세벨 사이에서 태어난 여자였습니다(왕하 8:18,19; 대하 18:1). 유다의 왕들 중에서는 대체로 선한 왕이었던 여호사밧이었지만 그가 결정적으로 실수한 것이 있었습니다. 그것은 바로 사악한 아합왕과 동맹관계를 맺은 것이었습니다. 또한 자신의 왕위를 계승해야할 장남인 여호람을 아합의 딸인 아달랴와 결혼시킨 것이었습니다. 여호사밧의 잘못된 결정과 여호람이 아달랴와 결혼함으로 인해 유다는 여호와를 경외하는 나라에서 우상을 숭배하는 불행한 나라로 전락해버렸습니다. 지혜의 왕으로 그토록 유명한 솔로몬도 우상을 섬기는 이방 여인들과 결혼함으로 인해 인생 말년을 비참한 삶으로 마감했으며 자식의 때에 이스라엘 나라가 남북으로 분열되게 하는 비극의 주인공이 되었습니다. 그러므로 우리 성도들은 이유 여하를 막론하고 불신자와 결혼함으로 인해 신앙생활과 가정에 부정적인 영향을 끼치는 일이 없어야겠습니다.

셋째로 유다의 5대 왕이 되었습니다.
여호사밧은 일곱 명의 아들이 있었는데 그는 죽기 전에 여호람의 아우들에게는 "은금과 보물과 유다 견고한 성읍들을 선물로 후히 주었고 여호람은 장남이므로 왕위를 주었..."(대하 21:1-3)습니다. 이것은 바로 아들들이 아버지의 왕위를 계승하기 위해 암투를 벌일 것을 염려하여 아들들에게 세심한 배려를 한 것이었습니다. 그러나 그가 여호람이 장자라고 해서 자신의 왕위를 그에게 계승시킨 것은 큰 잘못이었습니다. 왜냐하면 그는 왕이 되기 전부터 이미 우상숭배의 원흉인 아합과 이세벨의 딸인 아달랴와 결혼하여 우상숭배에 깊이 빠져있었기 때문입니다. 그럼에도 불구하고 여호사밧의 계획에 의해 여호람이 유다의 5대 왕으로 즉위했습니다. 그것은 바로 유다 왕국에 대한 비극이었습니다.

사랑하는 여러분!
우리는 자녀들의 신앙을 위해 특별히 기도해야겠습니다. 또한 이유 여하를 막론하고 불신 가정과 결혼하는 일이 없도록 합시다. 그리고 아름다운 신앙의 유산을 자녀들에게 물려주기 위해 부단히 노력해야겠습니다.

2. 범죄 행위

첫째로 아우들과 방백들을 죽였습니다.
여호사밧의 왕위를 계승한 여호람은 왕위에 오르자마자 곧바로 자신의 반대세력이나 잠정적으로 정적이 될만한 사람들을 미리 다 처형시켰습니다(대하 21:2-4). 자기 동생들은 물론 자신의 부친인 여호사밧왕과 가까웠던 일부 방백들까지도 모두 다 처형시켰습니다. 여기에는 여러 가지 해석들이 있습니다. 아버지로부터 물려받은 형제들의 소유를 빼앗기 위해서라는 견해도 있고, 여호와를 잘 섬기는 형제들의 경건한 삶을 시기했기 때문이라는 견해도 있으며, 자신의 왕권이 불안했기 때문이었다는 견해도 있습니다. 여하튼 그는 반대자들이나 앞으로 정적이 될 가능성이 있다고 생각되는 자들을 무차별적으로 처형시켰습니다. 이와 같은 악행은 이미 북이스라엘의 사악한 왕들이 널리 행해왔던 일이었습니다. 때문에 많은 사람들이 여호람의 악행은 사악한 아달랴의 사주에 의해 이루어졌을 것이라고 생각했습니다. 그래서 인생은 결혼을 잘해야 합니다.

둘째로 불신앙적인 통치를 했습니다.

그는 유다에 금지된 이방의 종교와 문물을 수입하여 나라를 부패케 했습니다. 그에게는 하나님의 계명대로 산 조부 아사왕과 부친 여호사밧왕이 있었지만 그들의 아름다운 신앙과 통치를 본받지 않고 사악한 아합왕을 본받았습니다. 또한 그는 사악한 아내 아달랴가 믿는 우상을 섬겼습니다. 그는 유다 곳곳에 산당을 세우고 백성들로 하여금 그곳에서 우상을 숭배하도록 강요했습니다. 가장 안타까운 것은 그가 선한 왕인 할아버지나 아버지의 영향은 받지 않고 악한 아합과 아달랴의 영향을 받았다는 것입니다. 때문에 결혼은 반드시 믿음 있는 사람과 해야 합니다. 그리고 그는 하나님의 율법에 의해 나라를 통치한 것이 아니라 우상숭배를 통치의 수단으로 삼았습니다. 그가 선한 왕들인 아버지와 할아버지를 본받았다고 하면 그도 선한 왕이 되어 유다에 선정을 베풀었을 것입니다. 그런데 그는 사악한 아합과 아달랴의 영향을 받아 나라를 잘못 통치했기 때문에 나라를 망쳤으며 자신은 인간 이하요, 상식 이하인 통치자로 전락한 것이었습니다.

셋째로 백성들을 범죄케 했습니다.

북이스라엘의 왕들 중에서 가장 악한 왕이 바로 아합이었습니다. 왜냐하면 그가 이세벨의 사주를 받아 여호와 경외의 신앙을 버리고 수많은 선지자들을 죽였으며 전국에 바알 산당을 세우고 백성들로 하여금 우상을 섬기도록 했기 때문입니다. 그런데 여호람이 그대로 아합을 답습하여 아달랴의 영향을 받아 그대로 행했습니다. 그런데도 어리석은 백성들은 여호람이 이끄는 대로 여호와를 배반하고 우상을 숭배했습니다. 참으로 안타까운 일이었습니다. 그는 하나님의 백성들을 옳은 길로 잘 인도해야 할 왕으로서의 본분을 망각해 버리고 백성들을 범죄케 하고 망하는 길로 인도하는 어리석은 왕이었습니다. 그렇습니다. 잘못된 지도자는 많은 사람들을 잘못된 길로 인도하여 죄짓게 하고 병들게 하며 망하게 합니다. 그러므로 우리들은 이유 여하를 막론하고 사람들을 그릇된 길로 잘못 인도하는 불행한 일이 없어야겠습니다.

사랑하는 여러분!
우리는 그 어떠한 일이 있어도 남을 해치는 일이 있어서는 안 됩니다. 또한 나 자신이나 가정은 물론 맡은 바 사명을 반드시 믿음으로 잘 감당해야 합니다. 그리고 모든 사람들에게 아름다운 영향력을 끼치는 복된 삶을 사시기 바랍니다.

3. 그의 결국

첫째로 여호와께서 치셨습니다.
여호람이 하나님을 배신하고 우상을 섬기며 백성들을 범죄케 했기 때문에 여호와께서는 그를 징계하시기로 작정하셨습니다. 그리고 엘리야를 통해서 "왕의 조상 다윗의 하나님 여호와께서 이같이 말씀하시기를 네가 네 아비 여호사밧의 길과 유다 왕 아사의 길로 행하지 아니하고 오직 이스라엘 왕들의 길로 행하여 유다와 예루살렘 주민들이 음행하게 하기를 아합의 집이 음행하듯 하며 또 네 아비 집에서 너보다 착한 아우들을 죽였으니 여호와가 네 백성과 네 자녀들과 네 아내들과 네 모든 재물을 큰 재앙으로 치시리라 또 너는 창자에 중병이 들고 그 병이 날로 중하여 창자가 빠져나오리라 하셨다 하였더라"(대하 21:12-15)고 하시고 그대로 시행하셨습니다. 때문에 국력은 심히 약화되었고 그 동안 속국이었던 에돔이 배반하여 독립을 꾀했습니다. 아라비아 사람들이 유다를 침입하여 왕궁의 모든 재물들을 탈취하고 그 아들들과 아내들을 사로잡아 갔습니다. 그리고 그는 중병이 들었습니다. 이제 이 세상에서의 그의 모든 소유는 다 사라졌습니다.

둘째로 아끼는 자 없이 죽었습니다.
엘리야의 예언대로 하나님께서는 여호람의 몸을 치심으로 그의 창자에 불치의 병이 들어 2년 동안을 앓다가 결국은 창자가 빠져나와 비참하게 죽었습니다(대하 21:18,19). 그럼에도 불구하고 그에게 분향하는 백성들이 한 사람도 없었습니다. 다시 말하면 그의 죽음에 대해 애석해 하는 사람이 하나도 없었다는 것입니다.

셋째로 열왕의 묘실에 장사되지 못했습니다.
그가 8년 동안이나 유다를 통치했음에도 불구하고 그의 장례에는 향 재료도 쓰지 않았습니다. 그것은 바로 백성들이 그를 왕으로 대접하지 않았다는 것입니다. 그의 시신이 다윗 성에 장사되었으나 열왕의 묘실에 두지 않았습니다. 다시 말하면 열왕들의 묘와 격리되어 평민의 장례로 치러졌습니다. 그는 살아서도 왕 대접을 받지 못했고 죽어서도 왕으로 안장되지도 못했습니다. 참으로 불쌍한 인생이었습니다.

사랑하는 여러분!
평생토록 하나님의 사랑과 은혜가 충만한 삶을 사시기 바랍니다. 또한 언제나 건강한 영육으로 하나님의 일에 귀하게 쓰임 받는 종들이 되시기를 바랍니다. 그리고 이 세상 떠날 때에 영생복락을 누리는 복된 성도들이 되시기 바랍니다.

 # 여호수아

[수 1:1-9]

여호와의 종 모세가 죽은 후에 여호와께서 모세의 수종자 눈의 아들 여호수아에게 말씀하여 이르시되 내 종 모세가 죽었으니 이제 너는 이 모든 백성과 더불어 일어나 이 요단을 건너 내가 그들 곧 이스라엘 자손에게 주는 그 땅으로 가라 내가 모세에게 말한 바와 같이 너희 발바닥으로 밟는 곳은 모두 내가 너희에게 주었노니 곧 광야와 이 레바논에서부터 큰 강 곧 유브라데 강까지 헷 족속의 온 땅과 또 해 지는 쪽 대해까지 너희의 영토가 되리라 네 평생에 너를 능히 대적할 자가 없으리니 내가 모세와 함께 있었던 것 같이 너와 함께 있을 것임이니라 내가 너를 떠나지 아니하며 버리지 아니하리니 강하고 담대하라 너는 내가 그들의 조상에게 맹세하여 그들에게 주리라 한 땅을 이 백성에게 차지하게 하리라 오직 강하고 극히 담대하여 나의 종 모세가 네게 명령한 그 율법을 다 지켜 행하고 우로나 좌로나 치우치지 말라 그리하면 어디로 가든지 형통하리니 이 율법책을 네 입에서 떠나지 말게 하며 주야로 그것을 묵상하여 그 안에 기록된 대로 다 지켜 행하라 그리하면 네 길이 평탄하게 될 것이며 네가 형통하리라 내가 네게 명령한 것이 아니냐 강하고 담대하라 두려워하지 말며 놀라지 말라 네가 어디로 가든지 네 하나님 여호와가 너와 함께 하느니라 하시니라

> 여호수아는 아브라함의 후손으로서 눈의 아들이었습니다. 그의 원래 이름은 호세아였는데 모세가 '여호와는 구원이시다'라는 의미를 가진 '여호수아'로 개명해주었습니다. 그는 주전 1500년경에 애굽에서 태어났으며 모세의 수종으로 일했습니다. 하나님께서는 모세를 통해서 이스라엘 민족을 출애굽 시키시고 여호수아를 통해서 이미 약속하셨던 젖과 꿀이 흐르는 가나안 땅으로 인도하셨습니다. 그러므로 그는 참으로 훌륭한 지도자였습니다.

1. 준비된 하나님의 사람

첫째로 모세의 충성된 종이었습니다.

성경은 "모세가 회막에 들어갈 때에 구름 기둥이 내려 회막 문에 서며 여호와께서 모세와 말씀하시니 모든 백성이 회막 문에 구름 기둥이 서 있는 것을 보고 다 일어나 각기 장막 문에 서서 예배하며 사람이 자기의 친구와 이야기함 같이 여호와께서는 모세와 대면하여 말씀하시며 모세는 진으로 돌아오나 눈의 아들 젊은 수종자 여호수아는 회막을 떠나지 아니하니라"(출 33:9-11)고 말씀하셨습니다. 이것은 바로 그가 모세가 일을 다 마치고 회막문을 나올 때까지 자리를 이탈하지 않고 끝까지 자기 위치를 지키는 충성스러운 종이었음을 증언하는 말씀입니다. 때문에 모세는 어디든지 반드시 그를 데리고 다녔습니다(출 24:13). 그러므로 우리들도 그 어떤 경우에서든지 사명자로서의 자기 자리를 분명하게 끝까지 지켜야 합니다.

둘째로 모세의 후계자였습니다.

모세는 하나님의 일꾼으로서 그동안 충성스럽게 살아왔습니다. 그런데 그가 가데스바네아에서 큰 실수를 하고 말았습니다. 성경은 "모세와 아론이 회중을 그 반석 앞에 모으고 모세가 그들에게 이르되 반역한 너희여 들으라 우리가 너희를 위하여 이 반석에서 물을 내랴 하고 모세가 그의 손을 들어 그의 지팡이로 반석을 두 번 치니 물이 많이 솟아나오므로 회중과 그들의 짐승이 마시니라 여호와께서 모세와 아론에게 이르시되 너희가 나를 믿지 아니하고 이스라엘 자손의 목전에서 내 거룩함을 나타내지 아니한 고로 너희는 이 회중을 내가 그들에게 준 땅으로 인도하여 들이지 못하리라"(민 20:10-12)고 하셨습니다. 왜냐하면 하나님께서는 이스라엘 백성들이 광야에서 처음 물이 없을 때에는 반석을 쳐서 물을 내게 하셨지만 이번에는 "지팡이를 들고 반석에게 명하여 물을 내게 하라"고 하셨습니다. 그런데 화를 내서 반석을 쳤기 때문에 가나안 땅에 들어갈 수 없다고 하셨습니다. 그리고 모세에게 이르시기를 "...눈의 아들 여호수아는 그 안에 영이 머무는 자니 너는 데려다가 그에게

안수하고 그를 제사장 엘르아살과 온 회중 앞에 세우고 그들의 목전에서 그에게 위탁하여 네 존귀를 그에게 돌려 이스라엘 자손의 온 회중을 그에게 복종하게 하라"(민 27:18-20)고 하시고 모세가 죽자 곧바로 준비된 그를 모세의 후계자로 삼으셨습니다. 그러므로 하나님의 일은 끝까지 잘 해야 합니다.

셋째로 이스라엘 민족의 지도자였습니다.
하나님께서는 여호수아를 이스라엘 민족의 지도자로 세우시고 "내 종 모세가 죽었으니 이제 너는 이 모든 백성과 더불어 일어나 이 요단을 건너 내가 그들 곧 이스라엘 자손에게 주는 그 땅으로 가라"(수 1:2)고 하셨습니다. 이제 그는 하나님께서 직접 세우신 이스라엘 민족의 지도자가 되었습니다. 또한 하나님께서는 그에게 "네 평생에 너를 능히 대적할 자가 없으리니 내가 모세와 함께 있었던 것 같이 너와 함께 있을 것임이니라 내가 너를 떠나지 아니하며 버리지 아니하리니 강하고 담대하라 너는 내가 그들의 조상에게 맹세하여 그들에게 주리라 한 땅을 이 백성에게 차지하게 하리라"(수 1:5,6)고 평생 함께 하심으로 승리케 하시겠다고 약속해주셨습니다.

사랑하는 여러분!
우리들도 언제, 어디서나 충성된 청지기로 살아갑시다. 또한 변함없이 순종하는 삶을 삽시다. 그리고 하나님의 사역에 귀하게 쓰임 받는 복된 사명자들이 되시기 바랍니다.

2. 순종과 충성의 사람

첫째로 하나님의 말씀대로 명령했습니다.
여호수아는 "이스라엘 백성들을 약속의 땅으로 인도하라"는 하나님의 말씀에 순종하여 요단이 곡식 거두는 시기로서 물이 넘침에도 불구하고 이스라엘 백성들을 요단강에서 삼일 동안 유숙하게 한 다음 요단강 도하준비를 했습니다. 그는 우선 백성들을 성결케 한 다음 삼일 후에 관리들을 시켜서 진 중의 백성에게 "너희는 레위 사람 제사장들이 너희 하나님 여호와의 언약궤 메는 것을 보거든 너희가 있는 곳을 떠나 그 뒤를 따르라"(수 3:3)고 말하고 하나님의 말씀대로 언약궤를 맨 제사장들로 하여금 넘실거리는 요단물을 밟고 들어서도록 명령했습니다. 그러자 요단물이 갈라지고 백성들은 마른 땅으로 건너게 되었습니다(수 3:5-17). 또한 여리고 성 함락에 있어서도 하나님께서는 "보라 내가 여리고와 그 왕과 용사들을 네 손에 넘겨 주었으니 너희 모든 군사는 그 성을 둘러 성 주위를 매일 한 번씩 돌되 엿새 동안을 그리하라 제사장 일곱은 일곱 양각 나팔을 잡고 언약궤 앞에서 나아갈 것이요 일곱째 날에는 그 성을 일곱 번 돌며 그 제사장들은 나팔을 불 것이며 제사장들이 양각 나팔을 길게 불어 그 나팔 소리가 너희에게 들릴 때에는 백성은 다 큰 소리로 외쳐 부를 것이라 그리하면 그 성벽이 무너져 내리리니 백성은 각기 앞으로 올라갈지니라"(수 6:2-5)고 말씀하셨습니다. 여호수아는 이 말씀대로 백성들에게 지시하여 여리고 성을 무너뜨렸습니다(수 6:8-21). 그렇습니다. 하나님의 말씀대로 순종하기만 하면 기사와 이적이 일어나게 됩니다.

둘째로 맡은 사명에 충성을 다 했습니다.

그는 모세의 수종자로서 최선을 다해 충성했습니다(출 33:9-11). 또한 군인으로서도 충성을 다 했습니다. 이스라엘 민족을 위하여 아말렉과 싸우라는 모세의 지시를 받은 여호수아는 칼날로 아말렉과 그 백성을 쳐서 무찔렀습니다(출 17:9-13). 그리고 정탐꾼으로서도 충성을 다했습니다. 하나님께서 모세에게 이스라엘 열두 지파에서 한 사람씩 선택하여 가나안 땅을 탐지하도록 명령하셨습니다(민 13:1,2). 이에 모세는 이스라엘의 각 지파들 중에서 지휘관들을 뽑아서 가나안 땅을 정탐하도록 했습니다(민 13:3-20). 그런데 사십일 동안 정탐하고 돌아온 정탐꾼들 중에서도 열 명의 정탐꾼들은 부정적인 보고를 했지만 여호수아와 갈렙은 사실대로 파악하여 제대로 보고하는 충성을 보였습니다(민 14:6-9).

셋째로 가나안 족속들을 다 죽였습니다.

하나님께서는 여호수아에게 가나안을 완전히 정복하기 위해서는 가나안 거민을 다 죽이라고 명하셨습니다(수 6:1-11:23). 때문에 여호수아가 가나안의 여러 족속들과 싸우면서 화친을 요청하지 않고 호흡이 있는 자는 다 죽였습니다. 이것은 바로 그가 철저하게 하나님을 경외하고 순종하는 삶을 살았다는 것을 보여준 것이었습니다. 그렇습니다. 참된 신앙은 내 생각을 포기하고 하나님의 뜻에 무조건 순종하는 것입니다.

사랑하는 여러분!

우리들도 하나님의 말씀을 자신 있게 전합시다. 또한 맡은 바 사명에 최선을 다해 충성합시다. 그리고 나 자신의 인간적인 생각을 포기하고 하나님의 뜻에 무조건 순종하는 멋진 삶을 사시기 바랍니다.

3. 훌륭한 지도자

첫째로 가나안 전 지역을 정복했습니다.

여호수아가 이스라엘 백성들을 이끌고 요단강을 건너 가나안 땅에 들어서면서부터 여러 족속들과 본격적으로 전쟁을 해야 했습니다. 그는 하나님께서 명령하신 방법대로 가나안 땅의 첫 성인 여리고 성을 함락시켰습니다(수 6:1-27). 또한 조그마한 아이성을 쉽게 생각했다가 실패하고(수 7:1-26) 다시 공격하여 무너뜨렸습니다(수 8:1-29). 바로 가나안의 중부지역을 정복한 것이었습니다. 그리고 남부지역인 아모리 연합군을 격파했습니다(수 10:1-43). 마지막으로 북부지역의 하솔 왕 야빈의 연합군을 무찌르고 모든 왕들을 다 죽였습니다(수 11:1-15). 그리하여 그는 가나안의 전 지역을 다 정복한 다음 그 땅을 각 지파에게 분배했습니다.

둘째로 끝까지 여호와만 섬겼습니다.
가나안 땅을 완전히 정복한 그는 자신의 죽음이 임박했음을 깨닫고 이스라엘의 모든 지파를 세겜에 불러놓고 그동안 하나님께서 이스라엘을 가나안 땅으로 인도하여 복 주신 것을 상기시켰습니다(수 24:1). 그리고 그는 "오직 나와 내 집은 여호와를 섬기겠노라"(수 24:15下)고 결단했습니다. 참으로 멋있는 신앙인이요, 지도자였습니다.

셋째로 인생의 마무리를 잘 했습니다.
모세는 120세의 나이로 이 세상을 떠났지만 여호수아는 110세의 일기로 이 세상을 떠났습니다(수 24:29). 그는 모세처럼 죽음을 앞두고 아쉬워하지도 않았습니다. 그가 살았을 때에 하나님의 말씀에 철저하게 순종하고 충성했기 때문에 그가 이 세상을 떠난 후에도 상당기간 그의 이 세상에서의 아름다운 영향력이 이스라엘 사회에 지속되었습니다. 때문에 이스라엘 백성들도 여호와를 버리지 않고 섬기겠다고 결단했습니다(수 24:1). 뿐만 아니라 절대로 다른 신을 섬기지 않겠다고 했습니다. 참으로 아름다운 광경이었습니다. 그러므로 우리들도 이 세상의 모든 사람들에게 여호수아와 같은 아름다운 영향력을 끼치는 은혜로운 삶을 살아야겠습니다.

사랑하는 여러분!
우리들도 여호수아처럼 이 세상을 정복하고 다스리는 삶을 삽시다. 또한 우리의 연한이 다하는 그 날까지 변함없이 여호와만 섬깁시다. 그리고 살아서는 물론 죽어서도 이 세상에 아름다운 영향력을 끼치시기 바랍니다.

 # 예레미야

[렘 1:1-10]

베냐민 땅 아나돗의 제사장들 중 힐기야의 아들 예레미야의 말이라 아몬의 아들 유다 왕 요시야가 다스린 지 십삼 년에 여호와의 말씀이 예레미야에게 임하였고 요시야의 아들 유다의 왕 여호야김 시대부터 요시야의 아들 유다의 왕 시드기야의 십일년 말까지 곧 오월에 예루살렘이 사로잡혀 가기까지 임하니라 여호와의 말씀이 내게 임하니라 이르시되 내가 너를 모태에 짓기 전에 너를 알았고 네가 배에서 나오기 전에 너를 성별하였고 너를 여러 나라의 선지자로 세웠노라 하시기로 내가 이르되 슬프도소이다 주 여호와여 보소서 나는 아이라 말할 줄을 알지 못하나이다 하니 여호와께서 내게 이르시되 너는 아이라 말하지 말고 내가 너를 누구에게 보내든지 너는 가며 내가 네게 무엇을 명령하든지 너는 말할지니라 너는 그들 때문에 두려워하지 말라 내가 너와 함께 하여 너를 구원하리라 나 여호와의 말이니라 하시고 여호와께서 그의 손을 내밀어 내 입에 대시며 여호와께서 내게 이르시되 보라 내가 내 말을 네 입에 두었노라 보라 내가 오늘 너를 여러 나라와 여러 왕국 위에 세워 네가 그것들을 뽑고 파괴하며 파멸하고 넘어뜨리며 건설하고 심게 하였느니라 하시니라

예레미야는 유다 역사상 가장 암담했던 시기인 주전 640년에 예루살렘 북쪽 아나돗에서 제사장 힐기야의 아들로 태어났습니다. 그는 요시야 왕 13년에 20세 전, 후의 어린 나이에 선지자가 되어 시드기야왕 11년까지 42년 간 활동했습니다. 그는 애국애족심이 강한 선지자로서 백성들이 여호와를 배반하고 우상을 숭배하는 행위를 보고 죄악에서 떠나 여호와께로 돌아오라고 눈물로 호소했습니다. 그러나 목이 곧은 백성들은 듣지 않고 도리어 그를 원망하며 증오하여 죽이려고까지 했습니다. 전해오는 말에 의하면 그는 애굽으로 피난 가는 백성들을 따라가서 예언하다가 돌에 맞아 순교했다고 합니다.

1. 택함 받은 선지자

첫째로 당시대의 상황을 봅시다.

때는 유다 말기로서 종교의 부패가 극도에 달하여 우상숭배가 예루살렘 거리에서도 공공연하게 행하여졌으며 심지어는 거룩한 성전에서까지 행해질 정도로 성행했습니다. 또한 종교지도자들까지도 타락하여 성도들을 올바르게 인도해야 할 거룩한 사명을 제대로 감당하지 못했습니다. 그리고 므낫세 왕의 45년(687-642)이라는 장기간의 학정으로 인해 나라의 꼴이 말이 아니었습니다. 그의 손자인 요시야가 정권을 잡은 뒤부터 개혁을 단행하여 선정을 펼쳤지만 이미 기울어진 국가의 운명을 완전하게 세우지 못한 채 다시 악한 왕들의 학정으로 암흑시대가 계속되었습니다. 바로 이런 때에 예레미야가 예언사역을 감당했습니다.

둘째로 일찍부터 선택받은 자였습니다.

하나님께서는 예레미야에게 "내가 너를 모태에 짓기 전에 너를 알았고 네가 배에서 나오기 전에 너를 성별하였고 너를 여러 나라의 선지자로 세웠노라"(렘 1:5)고 하셨습니다. 이것은 바로 예레미야의 선지자직이 임시 방편적인 처방이 아니라 하나님의 영원하신 섭리 가운데서 계획된 것임을 말씀하신 것입니다. 또한 예레미야에 대한 하나님의 선택이 그의 행위와는 상관없이 하나님의 깊으신 뜻을 따라 이루어졌다는 것입니다. 그리고 하나님께서는 예레미야를 유다의 선지자로 국한시키지 않고 열방의 선지자로 세우셨습니다(렘 1:10). 마찬가지로 하나님께서 우리들을 구원하시고 일꾼으로 세우신 것도 우리들의 의지나 행동과는 상관없이 하나님의 섭리에 따라 이루어졌습니다. 그러므로 예레미야와 같이 우리들도 끝까지 사명을 잘 감당하는 성도들이 되어야겠습니다.

셋째로 그는 심지가 견고했습니다.

그는 자신이 하나님의 은혜를 받고 선지자로 세움 받은 다음에는 그 어떠한 상황에서도 흔들리지 않는 견고한 신앙을 가지고 사명을 감당했습니다. 또한 그는 선지자로서의 소명의식이 그 누구보다 더 투철한 선지자였습니다. 그리고 그는 당시의 국가적인 현실을 직시하면서도 하나님께서 주신 이상을 버리지 않는 멋진 지도자였습니다(렘 1:11-13). 더 나아가 그는 나라의 많은 지도자들로부터 수많은 박해를 받았지만 하나님을 경외하며 민족과 나라를 사랑하는 마음은 언제나 변함이 없었습니다. 때문에 그는 혹독한 핍박을 받으면서도 하나님의 말씀을 가감없이 선포하고 고난 당하고 있는 백성들에게 소망을 불어넣어 일으켜 세우려고 부단히 노력하고 애썼습니다. 그는 참으로 훌륭한 신앙인격의 소유자였습니다.

사랑하는 여러분!
오늘의 이 시대도 예레미야 때의 유다와 마찬가지입니다. 하나님을 배신하고 우상을 섬기는 사람들이 많습니다. 또한 우리들도 하나님의 깊으신 뜻과 섭리에 의해 선택 받은 사람들입니다. 그러므로 심지가 견고한 신앙인이 되어야겠습니다.

2. 사명을 잘 감당한 선지자

첫째로 하나님의 말씀을 가감 없이 전했습니다.

하나님께서는 예레미야에게 살구나무 가지와 끓는 가마가 북에서 남으로 기울어진 환상을 보게 하셨습니다. 그리고 "너는 네 허리를 동이고 일어나 내가 네게 명령한 바를 다 그들에게 말하라 그들 때문에 두려워하지 말라 네가 그들 앞에서 두려움을 당하지 않게 하리라 보라 내가 오늘 너를 그 온 땅과 유다 왕들과 그 지도자들과 그 제사장들과 그 땅 백성 앞에 견고한 성읍,

쇠기둥, 놋성벽이 되게 하였은즉 그들이 너를 치나 너를 이기지 못하리니 이는 내가 너와 함께 하여 너를 구원할 것임이니라 여호와의 말이니라"(렘 1:17-19)고 하셨습니다. 이것은 바로 그에게 능력을 주시고 끝까지 책임져주시겠다는 것이었습니다. 때문에 그는 하나님의 말씀을 자신 있게 전할 수 있었습니다. 그러므로 우리들도 복음을 전할 때에 이 눈치 저 눈치 보지 말고 하나님의 말씀을 자신 있게 전해야겠습니다.

둘째로 지도자들의 타락에 대해 경고했습니다.

예레미야는 위정자들의 학정과 각 분야에서 책임을 맡은 지도자들의 타락에 대해 하나님의 말씀대로 엄중히 경고했습니다. 그는 그들의 지위나 권세를 의식하지 않았습니다. 그들이 듣든지 안 듣든지 그들의 위협이나 핍박은 물론 죽음까지도 겁내지 않고 하나님의 말씀을 그대로 전했습니다. 그 어떤 인간이나 환경을 두려워하지 않았습니다. 또한 갈대아(바벨론)사람들이 유다를 침략할 것을 경고했습니다. 예레미야는 갈대아 사람들이 유다를 침략할 때에 그들에게 항복할 것을 권했습니다(렘 38:17,18). 만약에 유다가 그들에게 항복하지 아니하면 아내들과 자녀들이 갈대아 사람들의 손에 잡혀갈 것이요, 성읍은 불타게 될 것이라고 했습니다(렘 38:22,23). 참으로 과감한 경고였습니다. 그리고 그는 이스라엘이 바벨론의 포로가 되어 70년 동안 포로생활을 할 것과 유다 땅이 황폐하게 될 것이라고 예언했습니다. 그러나 그는 결국은 하나님께서 흩어진 유다와 이스라엘을 회복시키시며 그들을 위로하실 메시야가 오신다는 것이었습니다(대하 36:21; 렘 31:31-34). 한마디로 그는 소망의 선지자였습니다. 그들을 위로하실 메시야가 오신다고 했습니다.

셋째로 거짓 선지자들에 대해 경고했습니다.

하나님께서는 유다 백성으로 하여금 죄에서 돌이키게 하시기 위해 그들을 징계하심으로 멸망에 이르도록 하시겠다고 말씀하셨습니다. 그러나 거짓 선지자들은 그와는 정반대로 유다 백성들에게 멸망이 없다고 예언을 했습니다. 바로 예레미야는 이에 대해 경고한 것이었습니다(렘 29:20-23). 또한 그들은 예레미야가 백성들을 불안하게 한다는 죄목으로 진흙구덩이에 던지기도 했습니다. 그러나 예레미야의 경고대로 바벨론 느부갓네살왕이 예루살렘을 공격하여 시드기야왕을 사로잡아 그의 눈앞에서 그 아들과 귀인들을 죽이고 왕의 눈을 빼고 예루살렘 성을 불살랐으며 성벽을 허물고 남은 백성들은 바벨론으로 포로되어 갔습니다(왕하 25:1-7). 예레미야는 가장 비참한 유다의 환경 속에서도 악과 타협하거나 굴하지 않고 맡은 바 사명을 충성되어 잘 감당했습니다.

사랑하는 여러분!
우리들도 하나님의 말씀을 가감 없이 전합시다. 또한 하나님을 배신하고 우상을 섬기는 이 세상을 향해 회개하고 하나님께 돌아오도록 복음을 전합시다. 그리고 우리 성도들이 거짓 선지자들에게 현혹되지 않도록 각별히 유의해야겠습니다.

3. 눈물의 선지자

첫째로 그는 민족을 위해 울었습니다.
예레미야는 유다 백성들의 죄를 꾸짖으면서 울었습니다. 그들에 대한 하나님의 심판을 외치면서 울었고 바벨론에 의해 멸망할 수밖에 없는 자기 민족의 앞날을 생각하면서도 울었습니다(렘 9:1). 그는 자기 민족을 향한 슬픔과 고통이 너무 커서 예언 하는 일을 중단하고 싶다고 외쳤으며 자기의 생일을 저주하기까지 했습니다. 그는 선지자들 중에서도 특별히 고난을 많이 받은 선지자였습니다. 그러나 그가 당한 고난과 슬픔은 자기 자신의 개인적인 어떤 유익 때문이 아니었습니다. 오직 국가와 민족을 위하여 일하는 사명에서 오는 고난이요 슬픔이었습니다. 때문에 그는 자기를 위하여 울지 않고 국가와 민족을 위해 울었습니다. 그래서 그를 눈물의 선지자라고 합니다.

둘째로 주님께서도 우셨습니다.
우리 주님께서는 죽은 나사로를 보시고 사랑과 동정의 눈물을 흘리셨습니다(요 11:17-35). 지금 이 세상은 이러한 사랑과 동정의 눈물이 메말라 버린 삭막한 시대입니다. 천재지변으로 수천, 수만 명이 죽어도 아무런 감정이 없습니다. 이웃이 죽어가도 눈 하나 까딱하지 않습니다. 또한 주님은 멸망해 가는 예루살렘 성을 보시고 우셨습니다(눅 19:41-44). 그러나 오늘 우리 그리스도인들은 이 세상의 불신자들이 하나님을 믿지 않고 세상 연락에 취하여 멸망의 불바다로 떠내려가고 있는 데도 아무런 감각이 없습니다. 그리고 주님은 인류 구원에 대한 사명의 십자가를 놓고 우셨습니다(막 14:32-36). 그것은 바로 인류구원의 사명을 잘 감당하기 위한 눈물이었습니다. 한마디로 예수님의 눈물은 참으로 값진 눈물이었습니다.

셋째로 여러분은 어떤 눈물을 흘리고 있습니까?
오늘의 인간들은 삶이 괴로워서 웁니다. 모든 일이 자기 뜻대로 안 되어 속상해서 웁니다. 억울하고 분해서 웁니다. 실패하거나 경쟁에서 지고 나서 웁니다. 때로는 사실도 아닌 연속을 보고도 웁니다. 이 모두가 다 유치하고 이기적인 것들입니다. 예레미야나 예수님의 눈물과는 차원이 다른 눈물입니다. 우리들도 이제 보다 가치 있는 눈물을 흘릴 수 있는 성숙한 성도들이 되어야겠습니다.

사랑하는 여러분!
우리들도 나라와 민족, 인류를 위한 일에 헌신할 수 있는 삶을 살아야겠습니다. 또한 예수님과 같이 가치 있는 눈물을 흘려야겠습니다. 그리고 한번밖에 살 수 없는 삶을 가장 아름답게 가꾸시기 바랍니다.

 예후

[왕하 9:1-10]

선지자 엘리사가 선지자의 제자 중 하나를 불러 이르되 너는 허리를 동이고 이 기름병을 손에 가지고 길르앗 라못으로 가라 거기에 이르거든 님시의 손자 여호사밧의 아들 예후를 찾아 들어가서 그의 형제 중에서 일어나게 하고 그를 데리고 골방으로 들어가 기름병을 가지고 그의 머리에 부으며 이르기를 여호와의 말씀이 내가 네게 기름을 부어 이스라엘 왕으로 삼노라 하셨느니라 하고 곧 문을 열고 도망하되 지체하지 말지니라 하니 그 청년 곧 그 선지자의 청년이 길르앗 라못으로 가니라 그가 이르러 보니 군대 장관들이 앉아 있는지라 소년이 이르되 장관이여 내가 당신에게 할 말이 있나이다 예후가 이르되 우리 모든 사람 중에 누구에게 하려느냐 하니 이르되 장관이여 당신에게니이다 하는지라 예후가 일어나 집으로 들어가니 청년이 그의 머리에 기름을 부으며 그에게 이르되 이스라엘 하나님 여호와의 말씀이 내가 네게 기름을 부어 여호와의 백성 곧 이스라엘의 왕으로 삼노니 너는 네 주 아합의 집을 치라 내가 나의 종 곧 선지자들의 피와 여호와의 종들의 피를 이세벨에게 갚아 주리라 아합의 온 집이 멸망하리니 이스라엘 중에 매인 자나 놓인 자나 아합에게 속한 모든 남자는 내가 다 멸절하되 아합의 집을 느밧의 아들 여로보암의 집과 같게 하며 또 아히야의 아들 바아사의 집과 같게 할지라 이스르엘 지방에서 개들이 이세벨을 먹으리니 그를 장사할 사람이 없으리라 하셨느니라 하고 곧 문을 열고 도망하니라

> 하나님께서는 사악한 아합의 집을 멸하시기 위해 예후를 왕으로 세워 심판의 도구로 사용하셨습니다. 하나님께서는 그가 훌륭해서 이스라엘의 4대 왕으로 세우신 것이 아니라 오직 아합과 이세벨의 가문을 제거하시기 위함이었습니다. 때문에 그는 하나님의 영광을 위한 삶을 살지 못하고 실패의 삶으로 일생을 마감하게 되었습니다.

1. 아합 왕가에 대한 심판

첫째로 아합과 이세벨이 악을 행했습니다.

아합은 시돈 사람의 왕 엣바알의 딸인 이세벨을 아내로 삼고 사마리아에 바알의 산당을 짓고 열심히 바알을 섬겼습니다(왕상 16:31-33). 또한 그들은 수많은 선지자들을 죽였으며 엘리야까지 죽이기 위해 계속해서 그를 찾고 있었습니다(왕상 18:4-13, 19:1, 2). 그리고 나봇의 포도원을 탐하여 그를 죽이기까지 했습니다(왕상 21:1-15). 그들은 참 악한 사람들이었습니다. 우리들도 오늘의 나 자신의 상태는 어떠하며 지금 내가 어떤 일에 사용되고 있는지 반성해야겠습니다.

둘째로 아합이 회개함으로 심판이 연기되었습니다.

하나님께서는 디셉 사람 엘리야를 나봇의 포도원을 빼앗으러간 아합에게 보내시어 "...여호와의 말씀이 개들이 나봇의 피를 핥은 곳에서 개들이 네 피 곧 네 몸의 피도 핥으리라 하였다 하라... 이세벨에 대하여도 여호와께서 말씀하여 이르시되 개들이 이스르엘 성읍 곁에서 이세벨을 먹을지라 아합에게 속한 자로서 성읍에서 죽은 자는 개들이 먹고 들에서 죽은 자는 공중의 새가 먹으리라..."(왕상 21:19-24)고 하셨습니다. 이에 아합은 곧바로 "그의 옷을 찢고 굵은 베로 몸을 동이고 금식하고 굵은 베에 누우며 또 풀이 죽어 다니더라"(왕상 21:27)했습니다. 아합의 회개를 보신 하나님께서는 엘리야에게 "아합이 내 앞에서 겸비함을 네가 보느냐 그가 내 앞에서 겸비하므로 내가 재앙을 저의 시대에는 내리지 아니하고 그 아들의 시대에야 그의 집에 재앙을 내리리라"(왕상 21:29)고 하셨습니다. 여기에서 우리가 명심해야 할 것은 부모의 잘못 때문에 후손이 아픔을 당할 수 있다는 것과 또 하나는 하나님께서는 제 아무리 크고 무서운 죄라고 할지라도 회개하기만 하면 즉시 용서해 주신다는 사실입니다. 그러므로 하나님께서 우리에게 회개할 수 있는 기회를 주신 것은 가장 큰 축복인 것입니다.

셋째로 아합이 전쟁에서 죽었습니다.

엘리야를 통해서 하나님의 경고의 말씀을 받은 아합은 회개하여 심판이 연기되는 듯했으나 곧바로 다시 변질되어 미가야 선지자를 미워하고 적대시하기까지 했습니다. 때문에 하나님께서는 그를 아람과의 전쟁에서 죽게 하셨습니다(왕상 22:34-38). 우리 인생은 온전할 수 없는 존재입니다.

사랑하는 여러분!

우리는 그 어떤 경우에서도 악에게 이용되지 말아야 되겠습니다. 또한 부족한 우리들에게 회개할 수 있는 기회를 주신 하나님께 감사합시다. 그리고 우리는 심히 악하고 추한 존재라는 사실을 인정하고 늘 삼가 근신하는 삶을 살아야겠습니다.

2. 왕으로 세움 받은 예후

첫째로 기름 부음을 받았습니다.

예후는 님시의 손자요, 여호사밧의 아들로서 원래 아합의 군대장관이었습니다. 그는 형을 대신해서 졸지에 왕이 되었습니다(왕하 9:13). 그의 가문이 뛰어난 것도 아니었습니다. 그의 성격은 아주 냉혹하고 잔인한 사람이었습니다. 그의 인격 또한 아주 이기적이고 편협적인 사람이었습니다. 그의 삶을 보면 하나님께 대한 영광이나 백성들의 행복은 물론 국익에 대한 그 어떤 의식도 가지고 있지를 않았습니다. 그럼에도 불구하고 하나님께서는 당신의 뜻을 실현시키시기 위해 그에게 기름을 부어 왕으로 세우셨습니다.

둘째로 심판의 도구로 선택되었습니다.

하나님께서 그를 이스라엘 왕으로 세우신 것은 그의 인격이나 신앙이 좋아서가 아니었습니다. 사악한 그였지만 그를 통해 아합의 집을 치시기 위함이셨습니다. 때문에 하나님께서는 한 소년을 택하여 그에게 "너는 네 주 아합의 집을 치라 내가 나의 종 곧 선지자들의 피와 여호와의 종들의 피를 이세벨에게 갚아 주리라 아합의 온 집이 멸망하리니 이스라엘 중에 매인자나 놓인자나 아합에게 속한 모든 남자는 내가 다 멸절하되 아합의 집을 느밧의 아들 여로보암의 집과 같게 하며 또 아히야의 아들 바아사의 집과 같게 할지라 이스르엘 지방에서 개들이 이세벨을 먹으리니 그를 장사할 사람이 없으리라…"(왕하 9:7-10)고 하셨습니다. 우리들은 이유 여하를 막론하고 심판의 도구로 사용되는 일이 없어야겠습니다.

셋째로 아주 포악한 사람이었습니다.
그는 하나님의 목적에 따라서 사람을 죽이는 일에 사용되었습니다. 그는 유다 왕 아하시야를 죽였습니다(왕하 9:27). 또한 이세벨을 죽이고 그 시체를 밟았습니다(왕하 9:30-33). 그리고 사마리아에 있는 아합의 아들들 칠십 명을 이스르엘 방백들과 아합의 아들들을 교육하는 자들을 시켜 죽이도록 하고 그들의 목을 잘라 자신에게 보내도록 했습니다(왕하 10:1-8). 뿐만 아니라 그는 아합 집에 속한 자는 하나도 남기지 않고 모두 다 죽였습니다(왕하 10:11). 사람은 무슨 일에 어떻게 사용되느냐가 대단히 중요합니다. 예수님께서는 죄인들의 죄를 대속하시고 구원해주셨습니다. 병든 자를 고치셨습니다. 낙심자를 일으키셨습니다. 베드로도 사람을 살리는 일을 했습니다. 회심한 후의 사도 바울도 그랬습니다. 우리 모두는 이유 여하를 막론하고 인간 막대기나 심판의 도구로 부정되게 사용되어서는 안 될 것입니다. 왜냐하면 그들 모두가 다 사용된 다음에는 멸망 받았기 때문입니다. 때문에 선택받은 이스라엘을 괴롭힌 나라는 역사 가운데서 모두 다 사라졌습니다. 우리 모두는 다 나와 가족이 구원받고 축복 받는 일에 사용되어져야 합니다. 또한 주님의 몸된 교회가 평안하고 든든히 서가는 일에 쓰임 받아야 하겠습니다.

사랑하는 여러분!

우리 모두는 아름다운 신앙인격을 소유해야 합니다. 또한 그 어떤 이유로도 인간막대기나 채찍으로 사용되는 불행한 일이 없어야겠습니다. 그리고 오직 사람을 살리고 세우는 일에 쓰임 받는 복된 자들이 되시기 바랍니다.

3. 예후의 악한 행적

첫째로 자기 유익을 위한 열심이었습니다.

그는 하나님의 명령을 수행한다는 명목으로 신앙인에게서 찾아볼 수 없는 아주 이기적이고 잔악하게 살았습니다. 그는 정죄하고 죽이는 일에 열심이었습니다. 하나님께서는 그에게 오직 이세벨의 가문만을 진멸하라고 명령하셨습니다(왕하 9:6-10). 그러나 그는 자신의 정치적인 안정을 위해 유다의 왕까지 죽이는 우를 범했습니다. 다시 말하면 그의 안중에는 하나님께 영광이라는 것은 찾아볼 수 없었습니다. 오직 자신의 이익에 부합되는 경우에만 하나님의 뜻을 따랐습니다. 그러면서도 그는 "나와 함께 가서 여호와를 위한 나의 열심을 보라..." (왕하 10:16)고 자기를 나타냈습니다. 그러므로 우리들은 언제나 나 자신이 잘 되고 평안할 때 주의해야 합니다. 그러므로 우리의 언행심사는 오직 하나님의 영광만을 위해 사용되어져야 합니다. 또한 주님의 몸된 교회의 평안만을 위해 사용되어져야 합니다. 그리고 오직 영혼을 구원하는 일에만 사용되어져야 합니다. 그것이 바로 우리의 본분입니다.

둘째로 불신앙적인 사람이었습니다.

그는 하나님에 의해 세워진 왕이었음에도 불구하고 하나님을 전심으로 믿지 않고 우상을 섬겼습니다. 그래서 성경은 "예후가... 이스라엘 중에서 바알을 멸하였으나 이스라엘에게 범죄하게한 느밧의 아들 여로보암의 죄 곧 벧엘과 단에 있는 금송아지를 섬기는 죄에서는 떠나지 아니하였더라" (왕하 10:28,29)고 했습니다. 그는 바알의 산당과 우상을 깨끗하게 제거했습니다. 그러나 자신의 정치적인 야심을 위해 계속해서 금송아지를 벧엘과 단에 두고 자신만이 아니라 백성들까지도 계속 섬기도록 했습니다. 우리는 여기에서 그의 신앙이 형식적이고 불신앙적이었다는 사실을 알 수 있습니다. 금송아지를 섬기는 것이 어떻게 여호와를 위한 열심이겠습니까? 그는 자신의 정체성을 모르는 불신앙의 사람이었습니다.

셋째로 심판의 대상으로 전락했습니다.
하나님께서는 예후가 하나님의 명령을 받고 이스라엘에 있는 바알을 제거한 공로를 인정하시고 그의 왕조를 계대시켜 주셨습니다. 그러나 그가 변질되었기 때문에 불신임의 표로 계속될 수 있는 왕위가 단 4대만이라고 하는 제한을 받게 되었습니다(왕하 10:30). 하나님께서는 예후의 불신앙과 우상숭배, 이기적이고 포악한 죄 값으로 인해 아람 왕 하사엘의 침략을 받게 하셔서 이스라엘을 찢으셨습니다(왕하 10:32,33). 바로 하나님께서 호세아에게 "…내가 이스르엘의 피를 예후의 집에 갚으며 이스라엘 족속의 나라를 폐할 것임이니라"(호 1:4)고 하신 말씀을 이루신 것이었습니다. 그는 사마리아에서 28년간이나 이스라엘을 통치했지만 그의 사적과 행한 일들이 이스라엘 왕 역대 지략에 기록되지 않았습니다. 참으로 안타까운 실패자였습니다. 왜냐하면 심판의 도구로 사용되었던 자가 바로 심판의 대상이 되었기 때문입니다.

사랑하는 여러분!
우리는 살아도 죽어도 하나님의 영광만을 위해야 합니다. 또한 온전한 믿음으로 오직 주님의 몸된 교회를 위해 헌신적인 삶을 살아야 합니다. 그리고 이유 여하를 막론하고 맡겨진 사명에 충성하여 아름다운 인생으로 마무리하시기 바랍니다. 우리 하나님께서 최고로 기뻐하시고 우리들의 영육의 삶은 날로 새롭게 건강하게 될 것이며 우리들의 가정과 교회, 사회에 평화가 넘쳐나게 될 것입니다.

 # 오바댜

[왕상 18:3-15]

아합이 왕궁 맡은 자 오바댜를 불렀으니 이 오바댜는 여호와를 지극히 경외하는 자라 이세벨이 여호와의 선지자들을 멸할 때에 오바댜가 선지자 백 명을 가지고 오십 명씩 굴에 숨기고 떡과 물을 먹였더라 아합이 오바댜에게 이르되 이 땅의 모든 물 근원과 모든 내로 가자 혹시 풀을 얻으리라 그리하면 말과 노새를 살리리니 짐승을 다 잃지 않게 되리라 하고 두 사람이 두루 다닐 땅을 나누어 아합은 홀로 이 길로 가고 오바댜는 홀로 저 길로 가니라 오바댜가 길에 있을 때에 엘리야가 그를 만난지라 그가 알아보고 엎드려 말하되 내 주 엘리야여 당신이시니이까 그가 그에게 대답하되 그러하다 가서 네 주에게 말하기를 엘리야가 여기 있다 하라 이르되 내가 무슨 죄를 범하였기에 당신이 당신의 종을 아합의 손에 넘겨 죽이게 하려 하시나이까 당신의 하나님 여호와께서 살아 계심을 두고 맹세하노니 내 주께서 사람을 보내어 당신을 찾지 아니한 족속이나 나라가 없었는데 그들이 말하기를 엘리야가 없다 하면 그 나라와 그 족속으로 당신을 보지 못하였다는 맹세를 하게 하였거늘 이제 당신의 말씀이 가서 네 주에게 말하기를 엘리야가 여기 있다 하라 하시나 내가 당신을 떠나간 후에 여호와의 영이 내가 알지 못하는 곳으로 당신을 이끌어 가시리니 내가 가서 아합에게 말하였다가 그가 당신을 찾지 못하면 내가 죽임을 당하리이다 당신의 종은 어려서부터 여호와를 경외하는 자라 이세벨이 여호와의 선지자들을 죽일 때에 내가 여호와의 선지자 중에 백 명을 오십 명씩 굴에 숨기고 떡과 물로 먹인 일이 내 주에게 들리지 아니하였나이까 이제 당신의 말씀이 가서 네 주에게 말하기를 엘리야가 여기 있다 하라 하시니 그리하면 그가 나를 죽이리이다 엘리야가 이르되 내가 섬기는 만군의 여호와께서 살아 계심을 두고 맹세하노니 내가 오늘 아합에게 보이리라

오바댜(여호와의 종, 여호와를 섬기는 자)는 이스라엘에서 가장 흔한 이름으로서 성경에 13명의 동명이인이 있습니다. 오늘 본문에서는 아합의 왕궁 맡은 자로서 선지자 백 명을 숨겨주었던 오바댜에 대해서 말씀드리고자 합니다. 하나님께서는 고난과 역경에 처한 자들을 구원하실 때에 직접 구원하시기도 하지만 때로는 사

> 람이나 사물, 환경을 통해서 구원하시기도 합니다. 그래서 하나님께서는 이세벨에게 쫓기는 엘리야를 구원하시기 위해 천사와 가난한 과부 그리고 까마귀까지 동원하셨습니다.

1. 환난 때의 사람

첫째로 당시에는 기근이 심했습니다.

성경은 "엘리야가 아합에게 보이려고 가니 그 때에 사마리아에 기근이 심하였더라"(왕상 18:2)고 하셨습니다. 여기에서 기근이라고 하는 것은 먹을 양식이 없어 굶주린 상태를 뜻합니다. 다시 말하면 오바댜는 먹고살기 힘들 때의 사람이었습니다. 육신을 가진 우리 인간에게 있어서는 가장 시급한 것이 바로 이 먹고사는 문제입니다. 그런데 하나님께서 아합과 그 백성들의 죄로 인해서 하늘의 문을 닫고 비를 내리지 않았기 때문에 가뭄이 극심했었습니다(왕상 17:1-7). 그렇습니다. 천재지변은 모두가 다 여호와의 징계에 의한 채찍입니다(신 28:20-24; 계 11:6). 그러나 하나님께서는 당신의 종인 엘리야를 기근에서 지키셨습니다.

둘째로 영적인 범죄의 때였습니다.

성경은 "이세벨이 여호와의 선지자들을 멸할 때에..."(왕상 18:4)라고 하셨습니다. 또한 "...이스라엘 자손이 주의 언약을 버리고 주의 제단을 헐며 칼로 주의 선지자들을 죽였음이오며..."(왕상 19:10,14)라고 하셨습니다. 학자들은 이세벨이 여호와의 선지자들을 멸하려고 한 것은 엘리야가 바알을 저주하며 바알 숭배에 대해 정면 도전한 데 대한 보복조치였으며, 또한 기근의 원인이 하나님의 선지자들의 저주에 대한 바알의 진노로 보았기 때문이라고 했습니다. 이것은 당시대가 영적으로 범죄가 극심한 환난의 때요, 암흑기임을 밝히고 있는 것입니다. 그렇습니다. 선민인 이스라엘 백성들이 주의 언약을 버리고 주의 제단을 헐며 칼로 주의 선지자들을 죽인 것은 하나님의 은혜에 배은망덕한 행위로서 영적으로 얼마나 암흑의 때였는지를 알 수 있습니다.

셋째로 정치적인 암흑기였습니다.

당시 북왕국 이스라엘의 아합은 하나님을 배신한 악한 왕이었습니다. 그는 사악한 아내인 이세벨의 충동을 받아 이스라엘 역사에 유래 없는 학정을 펼쳤습니다. 그는 바알을 섬기고 수많은 하나님의 선지자들을 죽였으며 거짓 선지자들의 예언과 주문에 따라 나라를 다스렸습니다. 또한 탐욕에 사로잡혀 나봇의 포도원을 빼앗기 위해 그를 죽이기까지 했습니다. 그리고 교만하고 완악하여 하나님의 선지자들의 바른 말을 듣지 않고 무시했습니다. 백성들의 행복이나 평안은 안중에도 없었습니다. 당시의 이스라엘은 역사상 최악의 정치적인 암흑기였습니다. 그러나 감사한 것은 오바댜는 그러한 정치적인 암흑기에서도 하나님의 자녀다운 올바른 통찰력을 가지고 신앙을 지켰습니다.

사랑하는 여러분!

이 시대가 경제적으로 제 아무리 힘들다고 해도 걱정하지 맙시다. 하나님께서 우리들을 책임져주실 것입니다. 또한 영적으로 자꾸만 침체되어 가는 이 시대이지만 우리 모두는 더욱 분발하여 열심을 다 해야겠습니다. 그리고 정치적으로나 사회적으로 제 아무리 어렵다고 하더라고 하늘의 소망을 가지고 힘차게 전진하시기 바랍니다.

2. 여호와를 경외함

첫째로 어렸을 때부터 여호와를 경외했습니다.

오바댜는 자신이 어려서부터 신앙생활을 했다고 고백하고 있습니다(왕상 18:12). 어려서부터 하나님을 섬겨온 사람들의 신앙생활은 다른 어떤 사람들보다도 변함없이 꾸준하다고 합니다. 그런데 오바댜는 어려서부터 신앙생활을 해왔다고 했습니다. 다시 말하면 그의 신앙이 어려서부터 아름답고 견고했음을 알 수 있습니다. 어려서부터 일찍 하나님의 자녀가 되어 은혜 중에 자란다고 하는 것은 이 세상의 그 어떤 것보다도 최고의 복입니다. 그러므로 우리들도 자녀들이 어려서부터 신앙생활을 잘 할 수 있도록 각별히 신경 써야 하겠습니다.

둘째로 신앙생활을 잘 했습니다.
당시 아합은 이미 하나님을 떠나 바알을 섬겼고 이세벨은 하나님의 선지자들을 죽이는 일에 혈안이 되어 있었습니다. 그런데 오바댜는 당시 바알 숭배의 심장부라고 할 수 있는 아합의 왕궁 맡은 자(궁중살림의 전체를 책임진 사람)였지만 거기에 물들거나 휩쓸리지 않고 여호와를 잘 섬겼습니다. 그리고 이세벨의 혹독한 핍박을 받는 동안에도 여호와를 경외하는 그의 신앙은 조금도 위축되지 않고 변함없이 계속되었습니다. 그러면서도 그는 왕궁 맡은 자로서의 책임을 충실하게 감당했습니다. 때문에 성경은 오바댜에 대해 "여호와를 지극히 경외하는 자"(왕상 18:3)라고 말씀한 것입니다. 그렇습니다. 여호와를 경외하는 신앙만 투철하다고 하면 그 어떤 장소와 상황이 문제될 수 없습니다. 때문에 요셉도 이방 나라인 애굽의 총리직을 잘 수행했습니다(창 41:41-43). 다니엘도 여호와의 신앙을 굳게 지키면서도 이방 나라의 총리직을 잘 감당했습니다. 수산궁의 모르드개도 여호와 경외의 신앙을 잘 지키면서 왕 다음가는 높은 지위에 오르기까지 했습니다(에 10:3). 그러므로 신앙생활에서는 그 어떤 이유나 핑계가 있을 수 없습니다.

셋째로 성실하고 근면했습니다.
여호와를 경외하는 오바댜가 바알을 섬기는 악한 왕인 아합에게 인정을 받아 왕궁 맡은 자라는 높은 지위에 오르게 된 것은 그가 근면하고 성실하였기 때문입니다. 그는 극심한 가뭄으로 물이 없을 때에 아합왕과 함께 물의 근원을 찾아다닐 정도로 신임을 받았습니다(왕상 18:5,6). 성경에서의 위대한 인물들은 모두 다 그 어떠한 환경에서도 흔들림이 없는 견고한 신앙을 가지고 있었습니다. 또한 그들은 자신이 맡은 사명을 감당하기 위해 생명을 걸었습니다. 한마디로 이 세상이 감당할 수 없는 전천후 사명자들이었습니다.

사랑하는 여러분!
우리들도 다음 세대가 어려서부터 여호와의 신앙을 갖고 자랄 수 있도록 최선을 다합시다. 또한 이 세상이나 환경을 탓하지 말고 신앙생활을 잘 합시다. 그리고 언제, 어디서나 성실하게 맡은 바 사명을 잘 감당하시기 바랍니다.

3. 사명감이 투철한 사람

첫째로 지혜로운 사명자였습니다.
성경은 "이세벨이 여호와의 선지자들을 멸할 때에 오바댜가 선지자 백 명을 가지고 오십 명씩 굴에 숨기고 떡과 물을 먹였더라"(왕상 18:4)고 하셨습니다. 이 말씀은 오바댜가 사명을 감당할 때에 아주 지혜롭게 감당했음을 증명합니다. 사마리아 서북쪽 약 60km 지점에 위치한 갈멜산 주변에는 당시 약 이천 여 개의 석회굴이 있었다고 합니다. 때문에 갈멜산 일대는 피난민들의 은신처로 알려져 있었습니다(암 9:3). 그런데 오바댜가 백 명의 선지자들을 오십 명씩 두 굴에 분산하여 피신시켜 보호한 것은 그의 지혜였습니다. 그리고 이 백 명의 선지자들에게 오랜 기간 동안 일용할 양식과 필요를 공급해 주었습니다. 가뭄으로 인해 흉년 든 상황에서 그가 그 많은 선지자들을 섬기고 보호한 것은 참으로 힘들고 어려웠을 것입니다. 그러나 그는 그 일을 아주 지혜롭게 잘 감당했습니다.

둘째로 엘리야를 존경했습니다.
아합과 오바댜가 물의 근원과 꼴을 찾아 나섰을 때에 두 사람은 두루 다닐 땅을 나누어 아합은 이 길로 가고, 오바댜는 저 길로 갔습니다(왕상 18:6). 그런데 오바댜가 길에서 엘리야를 만나자 알아보고 엎드려 "...내 주 엘리야여 당신이시니이까"(왕상 18:7)라고 인사했습니다. 이것은 바로 오바댜가 하나님의 선지자인 엘리야를 극도로 존경하고 있었다는 사실을 보여주는 것입니다. 사실 "주"라는 말은 히브리인들이 하나님을 부를 때에 자주 사용하는 말이었습니다. 그런데 오바댜가 여기에서 엘리야를 "주"라고 호칭한 것은 그가 엘리야를 하나님의 사자로 인식했기 때문이었습니다. 당시 아합은 엘리야를 체포하기 위해 전국은 물론 이웃나라까지 다 수색했습니다(왕상 18:16). 때문에 아합의 왕궁 맡은 자인 오바댜의 엘리야 존경은 더욱 귀하고 가치 있는 것이었습니다. 그렇습니다. 하나님의 사자를 존경하는 것은 바로 내가 축복 받는 길입니다(대하 20:20).

셋째로 선지자들을 보호했습니다.
아합왕의 아내인 이세벨이 엘리야를 찾지 못하자 이스라엘 내에 있는 선지자들을 모두 죽이기 시작했습니다. 때에 오바댜는 백 명의 선지자들을 동굴 속에 오십 명씩 나누어서 숨겨놓고 보호했습니다. 그의 직위가 왕궁 맡은 자인 높은 지위에 있었다고 할지라도 백 명이나 되는 하나님의 선지자들을 굴 속에 숨겨 놓고 그들의 음식물과 필요를 공급한다는 것은 결코 쉬운 일이 아니었을 것입니다. 더욱이 그 일이 탄로 난다고 하면 그의 생명은 죽음에 처하게 될 것이기 때문입니다. 그러나 그는 조금도 흔들림이 없이 자신의 직위를 이용하여 하나님의 선지자들을 끝까지 보호했습니다. 그는 참으로 훌륭한 사명자였습니다.

사랑하는 여러분!
우리들도 맡은 바 사명을 지혜롭게 감당합시다. 또한 하나님의 사자들을 신뢰하고 존경합시다. 그리하면 나의 삶이 형통하게 됩니다. 그리고 하나님의 일을 감당하는 사명자들을 오바댜처럼 도우시기 바랍니다.

 # 옷니엘

[삿 3:7-11]

이스라엘 자손이 여호와의 목전에 악을 행하여 자기들의 하나님 여호와를 잊어버리고 바알들과 아세라들을 섬긴지라 여호와께서 이스라엘에게 진노하사 그들을 1)메소보다미아 왕 구산 리사다임의 손에 파셨으므로 이스라엘 자손이 구산 리사다임을 팔 년 동안 섬겼더니 이스라엘 자손이 여호와께 부르짖으매 여호와께서 이스라엘 자손을 위하여 한 구원자를 세워 그들을 구원하게 하시니 그는 곧 갈렙의 아우 그나스의 아들 옷니엘이라 여호와의 영이 그에게 임하셨으므로 그가 이스라엘의 사사가 되어 나가서 싸울 때에 여호와께서 메소보다미아 왕 구산 리사다임을 그의 손에 넘겨 주시매 옷니엘의 손이 구산 리사다임을 이기니라 그 땅이 평온한 지 사십 년에 그나스의 아들 옷니엘이 죽었더라

> 하나님께서는 한 시대를 이끌어 가실 때에 언제나 사람을 선택하시고 그 사람을 통해서 당신의 뜻을 이루어 가셨습니다. 때문에 모세를 통해서 이스라엘을 출애굽 시키셨고 여호수아를 통해서 가나안땅에 진입케 하셨으며 유대 남방에 위치한 유다 지파의 미정복 지역인 드빌을 옷니엘을 통해서 정복케 하셨습니다. 그러므로 우리들도 나를 선택해주신 하나님께 감사하고 맡은 바 사명을 최선을 다해 감당해야겠습니다.

1. 갈렙과 형제지간

첫째로 그나스의 아들이었습니다.

옷니엘(하나님은 능력이시다)은 그나스의 아들이요, 여분네의 아들 갈렙의 아우 내지는 이복 동생이었습니다(수 15:17). 그러나 역대기에 보면 그가 갈렙의 조카였을 것이라는 생각을 갖게도 합니다(대상 4:13-15). 이 옷니엘과

갈렙은 히브리 민족이었지만 정통 이스라엘의 가계에는 포함되지 않았습니다. 왜냐하면 그나스 족속의 창건자인 그나스는 이삭의 아들 에서의 장남 엘리바스였기 때문입니다(창 36:15). 다시 말하면 그나스 족속은 원래 에돔 사람이었는데 이스라엘의 가나안 정복시기에 유입되어 들어와서 한 무리의 족속을 만들고 기업을 얻었습니다. 때문에 갈렙이나 옷니엘은 정통 이스라엘 계통은 아니었습니다. 그럼에도 불구하고 그들이 사명을 충실히 감당함으로 유다 지파 중에서 독특한 가문으로 부각되게 되었습니다. 그렇습니다. 누구든지 사명을 잘 감당하는 자가 인정받습니다.

둘째로 드빌을 정복했습니다.

이스라엘 백성들을 이끌고 가나안 땅을 접수한 여호수아는 그의 나이가 노쇠할 때까지 가나안 땅을 완전히 정복하기 위해 끊임없이 전쟁을 계속했습니다. 때문에 그의 생전에 가나안의 전 지역을 완전히 정복하지를 못했습니다. 그러나 그는 하나님의 명령에 따라 아직 완전히 정복하지 못한 지역이 있었음에도 불구하고 각 지파들에게 땅을 분배했습니다. 때문에 땅을 분배받은 각 지파들은 자신들의 영역 내에 있는 원주민들과 싸워서 정복해야 했습니다. 당시 유다 지파가 분배받은 땅에서 미정복 지역이 바로 드빌 지역이었습니다. 이 지역은 유대 남방에 위치하고 있는 성읍으로서 매우 견고했습니다. 그런데 갈렙의 요청을 받은 옷니엘이 드빌을 완전히 정복했습니다(수 15:14, 15).

셋째로 갈렙의 사위가 되었습니다.

유다 지파의 지도자인 갈렙은 "기럇 세벨(드빌)을 쳐서 그것을 점령하는 자에게는 내가 내 딸 악사를 아내로 주리라"(수 15:16)고 약속했습니다. 당시 근동지방에서는 전쟁에서 승리하고 돌아온 자에게 왕의 딸을 아내로 주는 것은 가장 큰 포상방법이었습니다. 그래서 이스라엘의 사울왕도 블레셋의 골리앗을 죽이는 자에게는 많은 재물로 부하게 하고 자신의 딸을 그에게 주고 그 아버지의 집을 이스라엘 중에서 자유하게 하겠다고 했습니다(삼상 17:25). 그런데 갈렙의 제안을 받은 옷니엘이 드빌을 쳐서 정복하고 그 대가로 갈렙의 딸인 악사를 아내로 맞이했습니다. 이로 인해 옷니엘은 갈렙의 사위가 되었고 유다 지파의 유력한 지도자로 부상했습니다. 그렇습니다. 하나님의 일에 충성된 자는 하나님께서 영육 간에 반드시 축복하십니다.

사랑하는 여러분!
이방인이었던 우리들도 하나님의 자녀가 되었고 영혼을 구원하는 사명을 부여받았습니다. 우리들도 사탄과 이 세상을 정복하고 승리하는 삶을 삽시다. 하나님께서 우리들에게 잘했다 칭찬하시고 넘치는 복을 주실 것입니다.

2. 하나님을 찾는 이스라엘

첫째로 이스라엘이 계속 범죄했습니다.
하나님의 은혜로 바로왕의 학정에서 벗어나 약속의 땅인 젖과 꿀이 흐르는 가나안 땅을 정복케 되었습니다. 그러나 이스라엘 자손 중에서 아직 전쟁을 알지 못하는 자들에게 전쟁에 대해 가르치시기 위해 일부의 부족들을 남겨두시고 분배받은 지파들로 하여금 완전히 정복하도록 하셨습니다(삿 3:1-3). 그러므로 이스라엘의 모든 지파들은 남아 있는 원주민들을 깨끗하게 정복해야 했습니다. 그런데 이스라엘 백성들은 그들을 살려주고 그들과 통혼했으며 그들이 섬기는 우상을 섬기기까지 했습니다(삿 3:6,7). 참으로 한심스러운 일이었습니다. 또한 하나님의 은혜를 생각하고 더욱 감사하며 분발하여 하나님을 잘 섬겼어야 했습니다. 그런데도 이스라엘은 하나님을 배신하고 계속 범죄했습니다. 참으로 안타까운 백성들이었습니다. 우리들은 그 어떤 일이 있어도 하나님의 은혜를 저버리고 세상으로 가는 불행한 일이 없어야겠습니다.

둘째로 메소보다미아의 지배를 받았습니다.
하나님께서는 당신의 뜻과 명령을 저버리고 이방인들과 통혼하여 우상을 섬기는 이스라엘을 메소보다미아의 구산 리사다임왕에게 넘기시고 그들의 지배하에서 혹독한 고난을 받게 하셨습니다(민 33:55; 삿 2:14; 삿 3:8). 질투하시는 하나님께서 그들을 철저하게 징계하신 것이었습니다. 여호와께 버림받은 이스라엘은 8년 동안 메소보다미아의 구산 리사다임왕으로부터 혹독한 압박을 받았습니다. 바로 조상이 애굽의 바로에게 당한 고난의 체험을 하게 된 것이었습니다. 그렇습니다. 여호와 하나님으로부터 버림받은 자의 삶은 불행할 수밖에 없습니다.

셋째로 이스라엘이 부르짖어 회개했습니다.
메소보다미아 구산 리사다임왕으로부터 8년 동안이나 혹독한 압박으로 인한 극심한 고통 속에서 신음하던 이스라엘은 할 수 없이 하나님 앞에 회개하면서 부르짖어 기도하기 시작했습니다(삿 3:9). 이제 이스라엘은 자신들의 죄를 분명히 회개했습니다. 그리고 그들은 여호와 하나님께서 그 고난의 현장에서 구원해 주시기를 간절히 간구했습니다. 그렇습니다. 우리가 사는 길은 바로 지은 죄를 회개하고 전능하신 여호와 하나님의 구원하심을 간절히 구하는 것입니다. 우리들도 이스라엘 백성들처럼 전능하신 하나님 앞에 나와 예수님의 이름으로 간절히 기도해야 합니다. 왜냐하면 기도하는 백성은 망하지 않기 때문입니다.

사랑하는 여러분!
날마다 더 새로워지는 믿음의 삶을 삽시다. 또한 그 어떤 일이 있어도 하나님을 서운케 하는 일이 있어서는 안 되겠습니다. 그리고 이스라엘 백성들처럼 날마다 회개하고 부르짖어서 자유함과 축복을 받는 복된 자들이 되시길 바랍니다.

3. 최초의 이스라엘 사사

첫째로 최초의 이스라엘 사사였습니다.

이스라엘의 역사를 보면 모세가 바로왕의 학대를 받고 있는 이스라엘 민족을 출애굽 시켜 광야를 통과하여 요단강까지 인도했습니다. 또한 그의 뒤를 이어서 여호수아가 하나님께서 약속하신 언약의 땅인 가나안을 정복했습니다. 이것은 바로 하나님께서 여호수아를 통해서 직접 통치하신 것이었습니다. 그러나 여호수아가 죽은 다음에는 특별한 지도자가 없었습니다. 때문에 이스라엘 백성들은 하나님께 자신들을 인도할 왕을 세워주실 것을 요구했습니다. 그리고 하나님께서 그들의 요구대로 왕을 세워 이스라엘 백성들을 다스리도록 하셨습니다. 그래서 하나님께서는 여호수아가 죽은 이후부터 이스라엘의 초대 왕인 사울왕이 세워질 때까지의 중간시대에 이 사사들을 세워서 이스라엘을 다스리도록 하셨습니다. 때문에 사사들의 기록이 나오는 성경이 사사기인데 여호수아 다음에 나옵니다. 이 사사들은 나라를 다스린다는 면에서는 왕과 같았지만 다른 점이 있다고 하면 사사는 나라가 어려울 때에 하나님께서 세워서 백성들을 지도하던 자들로서 특별한 경우를 제외하고는 그 직책이 자식에게 세습될 수 없었습니다. 그런데 옷니엘이 이스라엘의 최초 사사였습니다.

둘째로 전쟁에서 승리했습니다.

이스라엘이 부르짖어 회개하는 기도를 들으신 하나님께서는 옷니엘을 이스라엘의 사사로 세우시고 성령으로 충만케 하시사 능력을 주시고 메소보다미아 왕 구산 리사다임을 정복하고 승리케 하셨습니다(삿 3:10). 옷니엘을 통한 이스라엘 승리는 바로 전능하신 하나님의 역사였습니다. 그렇습니다. 하나님께서 당신의 사역을 이루실 때 이렇게 우리 인간을 사용하십니다. 그러므로 우리 성도들은 그분께 철저하게 순종해야 합니다. 그래야 승리하는 삶을 살 수 있습니다.

셋째로 나라를 태평 성대케 했습니다.
옷니엘은 순종의 사람이었습니다(수 15:16). 때문에 그가 갈렙의 말에 즉시 순종한 것이었습니다. 또한 그는 용기의 사람이었습니다(수 15:17). 왜냐하면 갈렙 자신이 전천후 불굴의 용장이었기 때문입니다. 그는 열 두 정탐꾼 중의 한 사람이었습니다(민 13:6, 34:19). 그는 가나안을 정복할 것을 강력히 주장한 사람이었습니다(민 14:9). 85세의 늙은 나이에도 지칠 줄 모르는 사람이었습니다(수 14:11-12). 그런데 그가 장대한 아낙 자손들이 살고 있는 드빌을 정복하는 자에게 딸을 주겠다고 했을 때에 옷니엘이 그 곳을 점령한 것을 보면 대단한 용기를 가진 사람임을 알 수 있습니다. 그리고 그는 성령의 사람이었습니다(삿 3:10). 때문에 그는 메소보다미아의 구산 리사다임과 싸워 승리하여 8년 동안 압박 받던 이스라엘을 자유케 하고 40년 동안이나 태평성대를 이루게 한 것이었습니다. 그는 자신의 사명을 멋지게 감당하고 이 세상을 떠났습니다. 참으로 멋진 인생이었습니다.

사랑하는 여러분!
우리를 선택해주신 하나님께 감사합시다. 또한 이유 여하를 막론하고 영육간의 전쟁에서 반드시 승리하는 삶을 삽시다. 그리고 우리의 가정과 교회, 이 사회를 평안케 하는 멋진 삶을 사시기 바랍니다.

 # 요게벳

[출 2:1-10]

　레위 가족 중 한 사람이 가서 레위 여자에게 장가 들어 그 여자가 임신하여 아들을 낳으니 그가 잘 생긴 것을 보고 석 달 동안 그를 숨겼으나 더 숨길 수 없게 되매 그를 위하여 갈대 상자를 가져다가 역청과 나무 진을 칠하고 아기를 거기 담아 나일 강 가 갈대 사이에 두고 그의 누이가 어떻게 되는지를 알려고 멀리 섰더니 바로의 딸이 목욕하러 나일 강으로 내려오고 시녀들은 나일 강 가를 거닐 때에 그가 갈대 사이의 상자를 보고 시녀를 보내어 가져다가 열고 그 아기를 보니 아기가 우는지라 그가 그를 불쌍히 여겨 이르되 이는 히브리 사람의 아기로다 그의 누이가 바로의 딸에게 이르되 내가 가서 당신을 위하여 히브리 여인 중에서 유모를 불러다가 이 아기에게 젖을 먹이게 하리이까 바로의 딸이 그에게 이르되 가라 하매 그 소녀가 가서 그 아기의 어머니를 불러오니 바로의 딸이 그에게 이르되 이 아기를 데려다가 나를 위하여 젖을 먹이라 내가 그 삯을 주리라 여인이 아기를 데려다가 젖을 먹이더니 그 아기가 자라매 바로의 딸에게로 데려가니 그가 그의 아들이 되니라 그가 그의 이름을 1)모세라 하여 이르되 이는 내가 그를 물에서 건져내었음이라 하였더라

　요게벳은 오빠의 아들인 조카 아므람과 결혼하여 이스라엘 역사에서 특별한 역할을 한 미리암과 아론, 모세를 낳았습니다. 미리암은 아론과 모세의 누나로서 아주 똑똑하고 지혜로운 여성이었습니다. 그녀는 여선지자로 불리기도 하였으며 홍해를 건넌 후에 승리의 노래를 부르기도 했습니다. 또한 큰아들인 아론은 이스라엘 최초의 대제사장으로서 제사장 직분의 원조였습니다. 그리고 둘째 아들 모세는 이스라엘 민족을 애굽에서 출애굽 시킨 위대한 민족의 지도자였습니다. 요게벳은 자녀들을 참으로 잘 키워낸 훌륭한 어머니요, 멋진 여인이었습니다.

1. 신앙이 아주 좋은 여인이었습니다.

첫째로 남자 아이의 살상명령이 있었습니다.

요셉에 의해 야곱의 가족 칠십 여 명이 애굽에 건너가서 이스라엘 민족의 모습을 갖추기까지 약 사백 년이 걸렸습니다. 그들은 사대만에 장정만 육십만명이나 되는 큰 민족을 이루었습니다. 이에 애굽의 바로 왕은 위기의식을 느끼고 이스라엘 백성들을 압박하기 시작했습니다. 그래서 바로는 이스라엘 백성들의 인구억제정책으로 강제 노역을 시켰습니다(출 1:7-21). 그것은 바로 이스라엘 사람들로 하여금 고된 노역을 시킴으로 인해 부부관계를 못하게 하여 이스라엘의 번성을 막아보자는 것이었습니다. 그러나 그것도 효과를 발하지 못하자 산파들에게 이스라엘 여인들이 남자아이를 낳으면 무조건 죽이도록 명령했습니다. 그런데 산파들이 하나님을 두려워하여 아이들을 죽이지 못했습니다(출 1:17-21). 그러자 이제는 남자 아이의 살상 명령을 내렸습니다(출 1:22).

둘째로 아이의 준수함을 보았습니다.

성경은 "그 때에 모세가 났는데 하나님 보시기에 아름다운지라..."(행 7:20)라고 하셨습니다. 요게벳은 이러한 아이의 준수함을 보고 하나님께서 아이를 통해 큰일을 이루실 것을 확신했습니다. 때문에 바로 왕의 살벌한 압박 속에서도 목숨을 걸고 석 달 동안이나 숨겨서 키운 것이었습니다(출 2:2; 히 11:23). 그렇습니다. 우리 인간은 모두 다 하나님의 형상대로 지음 받았습니다(창 1:27). 한마디로 아름다울 수밖에 없습니다. 또한 하나님께서는 우리들에게 이 세상을 정복하고 다스리는 능력도 이미 주셨습니다(창 1:28). 그러므로 우리들의 언행심사는 물론 삶 전체가 하나님의 영광을 위해 살아야 합니다. 여기에서 우리 하나님이 영광을 받으시게 됩니다. 그러나 이유 여하를 막론하고 우리가 하나님을 떠나게 되면 사탄이 즉시 그 사람을 사로잡고 저주로 인한 가난과 질병의 고통 속에서 비참하게 살다가 결국은 지옥에 가는 비참한 사람이 되게 합니다(창 3:1-20; 계 14:10). 때문에 우리들은 반드시 요게벳처럼 사람을 살리고 세워 가는 일에 최선을 다해야 합니다.

셋째로 바로의 명령을 무서워하지 않았습니다.
애굽에 있는 모든 산파들을 통해서 히브리 여인들이 남자아이를 낳으면 무조건 죽이라고 명령했지만 요게벳은 하나님을 믿는 믿음이 있었기 때문에 바로왕의 명령을 무서워하지 않았습니다(히 11:23). 그녀는 전능하신 하나님께서 이미 아브람을 통해서 약속하셨던(창 15:13,14) 민족해방을 위한 큰일을 아이를 통해서 이루실 것을 확신했기 때문에 바로의 명령을 어기고 아이를 숨겨 기른 것이었습니다. 다시 말하면 요게벳은 죽음을 두려워하지 않는 확실한 믿음의 소유자였습니다.

사랑하는 여러분!
우리들도 요게벳처럼 하나님의 약속을 굳게 믿고 의지하는 신앙인들이 됩시다. 또한 우리 인간을 지으신 하나님의 섭리를 깨닫고 모든 사람들이 하나님의 사랑을 받는 사람이 되도록 아름답게 세워 가는 삶을 삽시다. 그리고 이 세상이나 사탄을 두려워하지 말고 믿음으로 담대하게 살아가는 멋진 성도들이 되시기 바랍니다.

2. 아이를 갈대 상자에 담았습니다.

첫째로 갈대 상자는 구원의 방주였습니다.
요게벳은 나일 강변에 흔한 수중식물인 파피루스(이스라엘의 갈대나무)로 상자를 만들었습니다. 또한 갈대 상자의 안과 밖을 역청과 나무의 진으로 잘

발라서 방수하여 물이 새지 않도록 했습니다(출 2:3). 이것은 바로 요게벳의 아이에 대한 사랑과 안전하리라는 믿음이 있었기 때문이었습니다. 또한 그녀는 온 정성을 다해 역청과 나무의 진으로 철저하게 칠하는 희생을 했습니다. 여기에서 상자의 원어 '테바'는 노아가 건조한 방주를 지칭할 때도 사용된 특수한 고어입니다(창 6:14). 이 '테바'의 의미는 '죄악과 죽음이 넘실대는 위기에서 당신의 백성을 온전히 보존하시는 하나님의 은혜로운 처소'란 뜻입니다. 다시 말하면 이 '상자'는 자신의 몸을 바쳐 인류를 구원하신 예수 그리스도의 품을 예시하는 도구입니다.

둘째로 요게벳이 양육했습니다.

요게벳은 모세를 석 달 동안 숨겨 기르다가 더 이상 숨길 수 없게 되자 아이를 자신이 만든 갈대 상자에 담아 하숫가 갈대 사이에 두었습니다(출 2:3). 그리고 자신의 딸인 미리암에게 그 상자를 지켜보도록 했습니다. 그런데 바로의 공주가 시녀들과 함께 그 하숫가에 목욕하러 왔다가 갈대 상자의 아이를 보고 "이는 히브리 사람의 아기로다"(출 2:6)라고 불쌍히 여겼습니다. 이것을 본 미리암이 즉시 바로의 공주에게 가서 "내가 가서 당신을 위하여 히브리 여인 중에서 유모를 불러다가 이 아기에게 젖을 먹이게 하리이까"(출 2:7)라고 말하여 자기 어머니를 데려다주자 공주는 요게벳에게 "이 아기를 데려다가 나를 위하여 젖을 먹이라 내가 그 삯을 주리라…"(출 2:9)고 하여 요게벳은 자기 아들을 젖먹이면서 돈을 받고 키울 수 있었습니다(출 2:7-10). 이 세상에서 자기 자식 젖먹이면서 돈 받은 여인은 요게벳 밖에 없을 것입니다.

셋째로 하나님께서 역사하셨습니다.

전능하신 하나님께서 이스라엘 민족을 향한 당신의 뜻을 이루시기 위해서 특별히 역사하셨습니다. 때문에 바로가 모세를 죽이지 못한 것이었습니다. 또한 요게벳에게 아이를 갈대 상자에 담아 하숫가에 둘 지혜와 용기를 주셨던 것입니다. 그리고 바로 그 시간에 바로의 공주 눈에 띄게 하셨고 그녀의 마음에 들게 하셨으며 바로 궁에서 자라게 하신 것이었습니다.

사랑하는 여러분!
우리들도 예수 그리스도께서 희생하심으로 구원받게 됨을 감사 드립시다. 또한 나 자신의 인간적인 생각이 아닌 하나님의 지혜를 구합시다. 그리고 전능하신 하나님께 나 자신을 완전히 맡기는 전적 헌신의 삶을 사시기 바랍니다.

3. 모세를 민족의 지도자로 키웠습니다.

첫째로 히브리 민족임을 주지시켰습니다.
요게벳은 모세를 젖먹이면서부터 계속해서 그에게 선민인 히브리 민족임을 주지시켰습니다. 그리고 이스라엘 민족에 대한 긍지를 갖게 했습니다. 때문에 모세는 자신이 비록 애굽의 궁중에서 살고 있었지만 거기에 안주하지 않고 자기 민족을 구원코자 하는 뜨거운 열망을 가지게 되었던 것입니다. 우리들도 자녀들에게 하나님의 백성임을 강하게 주지시켜야 합니다. 그래야 애굽과 같은 이 세상에 오염되지 않고 하나님의 백성으로서 구별되고 가치 있는 삶을 살게 됩니다. 그런데 이러한 교육은 이 세상이나 학교가 해주지 않습니다. 반드시 우리 가정과 교회가 요게벳의 심정으로 가르쳐야 합니다. 우리는 이 일을 위해 최선을 다해야겠습니다.

둘째로 하나님께서 광야에서 훈련시키셨습니다.
모세가 장성한 후에 한번은 자기 민족이 고역하는 현장에 나갔다가 애굽 사람이 자기 민족인 히브리 사람을 치는 것을 보고 좌우를 살펴 사람이 없는 것을 보고 애굽 사람을 쳐서 죽이고 그 시체를 모래에 감추었습니다(출 2:11,12). 그런데 그 이튿날 다시 나가보니 이제는 자기 동족끼리 싸우는지라, 잘못한 자에게 "네가 어찌하여 동포를 치느냐"(출 2:13)고 꾸짖었습니다. 그때에 꾸중들은 자가 "누가 너를 우리를 다스리는 자와 재판관으로 삼았느냐 네가 애굽 사람을 죽인 것처럼 나도 죽이려느냐"(출 2:14)고 항의했습니다. 이로 인해 모세의 살인사건이 탄로되었고 바로가 이 일로 인해 모세를 죽이려하자 미디안으로 도망했습니다(출 2:14,15). 그는 이제 공주의 아들이라는 지위도, 명예도, 돈도 다 잃고 단신으로 미디안 광야로 도망가서 이드로의 양을 치는 목자가 되었습니다. 이것은 바로 하나님께서 그를 이스라엘 민족을 애굽에서 인도해낼 목자로 훈련시키신 것이었습니다.

셋째로 이스라엘 민족을 출애굽 시켰습니다.

모세를 애굽 궁중에서 사십 년 간 교육시키시고, 미디안 광야에서 사십 년 간 이스라엘 목자로 훈련시키신 하나님께서는 그에게 "이스라엘 자손의 부르짖음이 내게 달하고 애굽 사람이 그들을 괴롭히는 학대도 내가 보았으니 이제 내가 너를 바로에게 보내어 너에게 내 백성 이스라엘 자손을 애굽에서 인도하여 내게 하리라"(출 3:9,10)고 이스라엘 민족을 출애굽 시킬 사명을 주셨습니다. 모세가 처음에는 자기 자신의 초라함을 보고 "내가 누구이기에 바로에게 가며 이스라엘 자손을 애굽에서 인도하여 내리이까"(출 3:11)라고 소극적이었으나 하나님께서 자기와 함께 하신다는 기사와 이적을 체험(출 4:1-17)하고 나서는 자신감을 가지고 사백삼십 년 만에 출애굽시켰습니다(출 12:30-38). 때문에 오늘의 이스라엘이 있게 된 것입니다.

사랑하는 여러분!

우리들도 우리의 후손들을 교회와 사회, 나라의 일꾼으로 키웁시다. 또한 그냥 귀엽고 평안하며 곱게만 키우려고 하지 말고 강한 군사와 같이 훈련시킵시다. 그리고 우리의 교회와 이 사회를 멋지게 이끌어 나갈 훌륭한 일꾼으로 세워 가시기 바랍니다.

요나

[욘 1:1-10]

여호와의 말씀이 아밋대의 아들 요나에게 임하니라 이르시되 너는 일어나 저 큰 성읍 니느웨로 가서 그것을 향하여 외치라 그 악독이 내 앞에 상달되었음이니라 하시니라 그러나 요나가 여호와의 얼굴을 피하려고 일어나 다시스로 도망하려 하여 욥바로 내려갔더니 마침 다시스로 가는 배를 만난지라 여호와의 얼굴을 피하여 그들과 함께 다시스로 가려고 배삯을 주고 배에 올랐더라 여호와께서 큰 바람을 바다 위에 내리시매 바다 가운데에 큰 폭풍이 일어나 배가 거의 깨지게 된지라 사공들이 두려워하여 각각 자기의 신을 부르고 또 배를 가볍게 하려고 그 가운데 물건들을 바다에 던지니라 그러나 요나는 배 밑층에 내려가서 누워 깊이 잠이 든지라 선장이 그에게 가서 이르되 자는 자여 어찌함이냐 일어나서 네 하나님께 구하라 혹시 하나님이 우리를 생각하사 망하지 아니하게 하시리라 하니라 그들이 서로 이르되, 자 우리가 제비를 뽑아 이 재앙이 누구로 말미암아 우리에게 임하였나 알아 보자 하고 곧 제비를 뽑으니 제비가 요나에게 뽑힌지라 무리가 그에게 이르되 청하건대 이 재앙이 누구 때문에 우리에게 임하였는가 말하라 네 생업이 무엇이며 네가 어디서 왔으며 네 나라가 어디며 어느 민족에 속하였느냐 하니 그가 대답하되 나는 히브리 사람이요 바다와 육지를 지으신 하늘의 하나님 여호와를 경외하는 자로라 하고 자기가 여호와의 얼굴을 피함인 줄을 그들에게 말하였으므로 무리가 알고 심히 두려워하여 이르되 네가 어찌하여 그렇게 행하였느냐 하니라

> 요나(비둘기라는 의미)는 아밋대의 아들이며 선지자로서 이방 나라 앗수르에 파송된 선교사였습니다. 당 시대 근동지방에서는 앗수르가 최고의 전성기를 누리고 있었기 때문에 수도인 니느웨는 크게 번성했습니다. 그러나 물질적인 풍요로 인해 죄악이 극심한 도시였습니다. 이에 하나님께서는 요나에게 죄악이 가득한 니느웨 성을 깨우치도록 명령하셨습니다. 그런데 요나는 자신의 독선적인 민족주의 사상과 이방인에 대한 잘못된 배타정신 그리고 그동안 자기 민족을 괴롭혔던 원수들이었다는 이유로 죄악이 가득한 니느웨 성을 깨우치기 싫어했습니다.

1. 주신 사명을 회피했습니다.

첫째로 니느웨에 대한 사명을 받았습니다.

하나님께서는 요나에게 "너는 일어나 저 큰 성읍 니느웨로 가서 그것을 향하여 외치라 그 악독이 내 앞에 상달되었음이니라"(욘 1:2)고 죄악이 가득한 니느웨 성을 깨우칠 것을 명령하셨습니다. 이 니느웨 성은 앗수르 제국의 마지막 수도로서 크게 번영한 도시였지만 죄악이 극도에 달했습니다. 때문에 하나님께서는 요나를 부르시고 니느웨에 가서 그들의 죄를 지적하고 회개시키도록 명령하셨습니다. 왜냐하면 범죄한 그들을 그대로 방치해둔다고 하면 멸망 받을 수밖에 없었기 때문이었습니다. 여기에서 우리는 선민이나 이방인을 차별하지 않으시고 이 세상의 모든 사람들이 다 구원받아 잘 살기를 원하시는 무한한 하나님의 사랑을 보게 됩니다.

둘째로 불순종하고 다시스로 도망갔습니다.

니느웨 성을 깨우치라는 여호와의 명령을 받은 요나는 자신의 민족 감정과 이방인에 대한 편협된 인간적인 생각 때문에 하나님의 명령을 거역하고 다시스로 도망갔습니다. 그것은 바로 그동안 앗수르가 이스라엘을 괴롭혔는데, 그 적국의 수도인 니느웨가 구원받는 것을 원치 않았기 때문이었습니다. 또한 당시 다시스는 스페인의 서남쪽에 위치한 화려한 항구도시로서 근동지방의 많은 사람들이 동경하는 곳이었습니다. 그래서 그는 여호와의 낯을 피해 멀리 도망가면 괜찮을 것으로 착각하고 다시스행의 배를 탄 것이었습니다(욘 1:3). 그러나 그것은 바로 하나님의 명령에 대한 불순종으로서 무서운 범죄행위였습니다. 우리는 그 어떤 이유로도 하나님의 명령을 거스를 수 없습니다. 또한 이 세상 그 어디에도 하나님의 낯을 피해 숨을 수 있는 곳은 없습니다.

셋째로 여호와께서 그의 길을 막으셨습니다.

여호와께서는 주신 사명을 저버리고 다시스로 도망가는 요나를 그냥 그대로 방치하지 않으시고 요나의 탄 배가 바다 한가운데쯤 이르렀을 때에 "...큰 바람을 바다 위에 내리시매 바다 가운데에 큰 폭풍이 일어나 배가 거의 깨지게..."(욘 1:4)되었습니다. 때문에 "사공들이 두려워하여 각각 자기의 신을 부르고 또 배를 가볍게 하려고 그 가운데 물건들을 바다에 던..."(욘 1:5)졌습니다. 그것은 바로 하나님께서 자신이 마땅히 감당해야 할 사명을 저버리고 다시스로 도망가는 요나의 길을 막으시기 위한 것이었습니다. 그럼에도 불구하고 요나는 배 밑에서 깊이 잠이 들어 있었습니다(욘 1:5). 그는 자신이 마땅히 감당해야 할 사명을 버리고도 양심의 가책을 전혀 느끼지 않는 안타까운 사람이었습니다. 때문에 선장이 그에게 "자는 자여 어찌함이냐 일어나서 네 하나님께 구하라"(욘 1:6)고 질책한 것이었습니다. 선지자로서 망신을 당한 것이었습니다. 그렇습니다. 우리가 마땅히 감당해야 할 사명을 저버릴 경우에는 이와 같이 책망을 받을 수밖에 없습니다.

사랑하는 여러분!
우리 모두는 하나님께서 명령하신 일은 이유 여하를 막론하고 무조건 감당해야 합니다. 또한 그 어떤 이유로도 하나님께서 주신 사명을 저버릴 수 없습니다. 그리고 언제나 주님과 함께 하며 그분만 따라가는 견고한 믿음의 삶을 살아야 합니다.

2. 참회의 기도를 드렸습니다.

첫째로 사나운 바다에 던져졌습니다.
사나운 폭풍에 어찌할 줄 모르고 당황하던 선원들은 "...자 우리가 제비를 뽑아 이 재앙이 누구로 말미암아 우리에게 임하였나 알아보자 하고 곧 제비를 뽑으니 제비가 요나에게 뽑..."(욘 1:7)혔습니다. 선원과 승객들이 제비를 뽑았지만 그 결정은 하나님께서 하신 것이었습니다. 다시 말하면 요나가 하나님의 명령을 저버리고 다시스로 도망가고 있는 죄인이란 사실을 하나님께서 밝히신 것이었습니다. 그렇습니다. 이 세상의 그 누구도 불꽃같은 눈으로 감찰하시는 하나님을 속일 수 없습니다. 요나가 제비 뽑히자 배에 탄 "무리가 그에게 이르되 청하건대 이 재앙이 누구 때문에 우리에게 임하였는가 말하라 네 생업이 무엇이며 네가 어디서 왔으며 네 나라가 어디며 어느 민족에 속하였느냐"(욘 1:8)고 따져 물었습니다. 이에 요나는 자신이 하나님을 경외하는 히브리 사람인데 자신이 하나님의 낯을 피할 수 있을 줄로 착각하고 도망가는 중이라고 고백했습니다(욘 1:9,10). 그런 와중에도 바다는 점점 더 흉용해지는지라 무리들이 요나에게 어떻게 해야 바다가 잔잔해지겠느냐고 물었습니다. 이에 요나는 "나를 들어 바다에 던지라 그리하면 바다가 너희를 위하여 잔잔하리라 너희가 이 큰 폭풍을 만난 것이 나 때문인 줄을 내가 아노라"(욘 1:12)고 했습니다. 그리하여 요나는 바다에 던져졌고 풍랑은 곧 잔잔해졌습니다(욘 1:15). 그렇습니다. 언제, 어디서나 내가 포기하면 가정과 교회, 사회는 물론 그 어디에서도 평화가 있습니다.

둘째로 물고기 뱃속에서 회개했습니다.
무리들이 요나를 바다에 던지자 하나님께서는 곧바로 큰 물고기를 준비하시고 요나를 삼키도록 하셨습니다. 큰 물고기 배에 갇힌 요나는 그제야 비로소 삼일 삼야 동안 부르짖어 참회의 기도를 드리고 이제 감사함으로 하나님께 제사 드리고 맡은 바 사명을 다 감당하겠다고 서원했습니다(욘 1:17-2:9). 다시 말하면 사명을 저버리고 도망가던 요나는 생사가 가름되는 고통을 당하고 나서야 자신의 불순종이 잘못되었음을 깨닫게 된 것이었습니다.

셋째로 하나님께서 요나를 살리셨습니다.
하나님께서는 요나가 진심으로 회개하고 사명을 감사함으로 감당하겠다고 서원했을 때에 요나를 삼켰던 물고기에게 명하사 요나를 육지에 토하도록 하셨습니다(욘 2:10). 요나가 숨을 쉴 수 없는 물고기의 뱃속에서 삼일 동안 생명이 보존된 것이나 물고기가 요나를 정확하게 육지에 토해낸 것은 모두 다 하나님의 초자연적인 능력이요, 은혜였습니다. 요나가 물고기 뱃속에서 삼일만에 살아난 이 사건은 예수님께서 무덤 속에서 삼일만에 부활하신 사건을 예표한 것이었습니다(마 12:40). 그렇습니다. 전능하신 하나님 안에서는 불가능이 없습니다. 그러므로 우리는 생의 위기를 만났을 때에 요나처럼 부르짖어 기도해야 합니다.

사랑하는 여러분!
우리 모두는 나 자신의 잘못 때문에 가정과 교회, 사회가 고통을 받는 일이 없어야겠습니다. 또한 나 자신의 인간적인 생각이나 불순종의 요소들을 철저하게 포기하고 죽입시다. 때마다 일마다 항상 평화가 넘칠 것입니다. 그리하여 전능하신 하나님의 은혜로 늘 승리하는 복된 삶을 사시기 바랍니다.

3. 다시 사명을 잘 감당했습니다.

첫째로 하나님께서 다시 사명을 주셨습니다.
하나님께서는 물고기 뱃속에서 회개하고 감사함으로 사명을 감당하겠다고 서원한 요나에게 "일어나 저 큰 성읍 니느웨로 가서 내가 네게 명한 바를 그들에게 선포하라"(욘 3:2)고 다시 사명을 주셨습니다. 그것은 바로 죄악이 가득하여 멸망할 수밖에 없는 니느웨 성을 반드시 구원하시겠다는 하나님의 의지였습니다. 그렇습니다. 하나님께서 우리들에게 맡기신 사명은 그 어떤 이유로도 기피하거나 거역할 수 없습니다. 그러므로 심히 부족하고 연약한 나를 충성되이 여기사 직분 맡겨주신 것을 감사하고 기쁨으로 감당해야 합니다.

둘째로 주신 사명을 잘 감당했습니다.

다시 사명을 부여받은 요나는 니느웨 성에 들어가서 "...사십 일이 지나면 니느웨가 무너지리라"(욘 3:4)고 외쳤습니다. 이것은 니느웨가 하나님의 무서운 심판을 받고 멸망당할 것을 선포한 것입니다. 이와 같은 요나의 태도는 처음에 하나님의 명령을 받고도 불순종하여 다시스로 도망했던 모습과는 전혀 다른 모습이었습니다. 그러므로 우리들도 이제부터라도 요나처럼 하나님의 말씀을 이 세상에 널리 전파해야 합니다. 그것이 바로 우리의 사명이요, 본분입니다. 우리 모두는 이 일을 위해 먼저 선택받았습니다. 그러므로 맡겨진 사명을 철저하게 감당해야 합니다.

셋째로 니느웨 성이 회개하고 구원받았습니다.

요나 선지자의 경고 메시지를 들은 니느웨 백성들은 하나님을 믿고 금식을 선포하고 높고 낮은 자를 막론하고 굵은 베를 입었으며 이 소문이 왕에게까지 전달되어 왕도 보좌에서 일어나 왕복을 벗고 굵은베를 입고 재에 앉았으며 전국에 조서를 내려 금식하며 회개하도록 촉구했습니다(욘 3:4-8). 이에 백성들은 죄를 회개하고 악한 길에서 돌아섰습니다. 때문에 하나님께서는 그들에게 내리려고 하셨던 재앙을 거두셨습니다(욘 3:10). 바로 요나의 순종으로 인해 멸망 직전에 있던 니느웨 성이 구원받게 된 것이었습니다. 그런데 요나가 니느웨 성이 구원받은 것을 기뻐하지 않았습니다. 여기에서 우리는 그도 어쩔 수 없는 죄인이었음을 알 수 있습니다.

사랑하는 여러분!

실패의 경험이 있습니까? 다시 일어납시다. 또한 주신 사명을 가지고 현장으로 나갑시다. 그리고 생명을 바쳐 충성합시다. 그리하여 잘 했다 칭찬 받는 멋진 사명자들이 되시기 바랍니다.

요나단

[삼상 14:45]

백성이 사울에게 말하되 이스라엘에 이 큰 구원을 이룬 요나단이 죽겠나이까 결단코 그렇지 아니하니이다 여호와의 살아 계심을 두고 맹세하옵나니 그의 머리털 하나도 땅에 떨어지지 아니할 것은 그가 오늘 하나님과 동역하였음이니이다 하여 백성이 요나단을 구원하여 죽지 않게 하니라

> 요나단(여호와께서 주셨다란 의미)은 성경에 동명 이인이 14명이나 있습니다. 오늘은 이스라엘의 초대 왕 사울의 장남인 요나단에 대해 말씀드리고자 합니다. 그는 하나님에 대한 확실한 믿음을 갖고 있었으며 탁월한 지혜와 용기도 있었습니다. 또한 그는 이스라엘을 위기에서 건져낸 훌륭한 용사이기도 했습니다. 그는 사울왕의 장남이었음에도 불구하고 왕위에 대한 욕심이 없었습니다. 성경 그 어디에도 그의 직위에 대해서는 언급되어있지 않습니다. 오직 사울왕의 장남이요, 므비보셋의 부친으로만 언급되어있습니다.

1. 백성들의 사랑을 받음

첫째로 사울왕의 장남이었습니다.

그는 야곱이 라헬을 통해 낳은 베냐민 지파였습니다. 그는 이스라엘의 초대 왕인 사울왕의 장남이었습니다(삼상 14:49). 베냐민 지파는 대부분이 호전적인 성격을 가지고 있었는데 이스라엘 역사에서 훌륭한 인물들이 많이 배출되었습니다. 사사 에훗과 사울왕은 물론 하만의 악한 계략에서 이스라엘 민족을 구원한 모르드개와 에스더 그리고 이방인의 사도인 바울 등이 모두 다 베냐민 지파였습니다.

둘째로 나라를 위기에서 건졌습니다.

그는 애국정신이 투철하고 아주 용감한 군인이었습니다. 사울이 40세에 왕이 되어 이스라엘을 다스린지 이년에 삼천 명의 상비군을 모집했습니다(삼상 13:1,2). 그동안 블레셋은 사십 년 동안이나 이스라엘을 지배하고 있었습니다(삿 13:1). 때문에 블레셋 군이 설치한 초소나 파견진지가 이스라엘 경내의 주요 거점에 깊숙이 들어와 있었습니다(삼상 10:5). 그런데 요나단이 용감하게도 게바에 있는 블레셋의 수비대를 공격했습니다(삼상 13:3). 그렇지 않아도 이스라엘이 갑자기 왕을 세우고 강력한 군사정책을 세웠으며 암몬 사람들을 격파했기 때문에 블레셋의 심기가 불편한 상황이었습니다. 이에 자존심이 상한 블레셋은 보복을 작심하고 많은 군사력을 동원하여 이스라엘을 공격하기 시작했습니다(삼상 13:6,7). 블레셋의 공격을 받은 이스라엘 사람들은 위급함을 느끼고 굴과 수풀, 바위틈에 숨었으며 벌벌 떨고 있었습니다(삼상 13:6,7). 바로 이 때에 위기를 느낀 사울이 제사장이 드려야 할 제사를 자신이 드리고 사무엘의 책망을 받았습니다(삼상 13:8-14). 그런데 요나단이 믿음과 용기를 가지고 블레셋 진영을 공격하여 승리를 거두었습니다(삼상 14:1-16). 참으로 위대한 믿음의 승리였습니다.

셋째로 백성들이 귀하게 여겼습니다.

블레셋의 침략으로 위기에 처했던 이스라엘이 요나단의 용기 있는 공격으로 승리하게 되자 블레셋 군사들이 도망하기 시작했습니다. 이를 본 사울은 이스라엘이 블레셋을 완전히 무찌를 때까지 전 백성이 금식할 것을 선포하고 만약에 이를 어기는 자는 저주를 받을 것이라고 했습니다(삼상 14:24). 그것은 바로 그 전투를 속전속결로 끝내기 위한 것이었습니다. 그런데 요나단은 사울이 백성들에게 금식을 선포했을 때에 듣지 못했습니다. 때문에 그는 수풀에서 꿀이 흐르는 것을 보고 지팡이 끝으로 찍어서 먹었습니다(삼상

14:25-27). 이것을 안 사울이 "요나단아 네가 반드시 죽으리라…"(삼상 14:44) 고 선언했습니다. 그런데 이 사실을 안 백성들이 사울에게 "이스라엘에 이 큰 구원을 이룬 요나단이 죽겠나이까 결단코 그렇지 아니하니이다 여호와의 살아 계심을 두고 맹세하옵나니 그의 머리털 하나도 땅에 떨어지지 아니할 것은 그가 오늘 하나님과 동역(하나님이 함께 역사하셨다)하였음이니이다" (삼상 14:45)라고 간청하여 그가 죽음을 면했습니다. 이 모두는 다 백성들이 요나단을 귀하게 여겼기 때문이었습니다.

사랑하는 여러분!
우리 모두는 베냐민 지파보다도 더 귀한 하나님의 자녀들입니다. 자부심을 갖고 삽시다. 또한 우리들도 믿음으로 이 민족을 죄와 저주에서 반드시 구원시켜야겠습니다. 그리고 여러분 모두가 다 뭇 사람들의 사랑을 받는 복된 성도들이 되시기 바랍니다.

2. 우정과 신의가 깊은 사람

첫째로 다윗이 골리앗을 쳐죽였습니다.
이스라엘은 지배하고 있던 블레셋이 맨 처음 사무엘에 의해 패했을 때에도 상당기간 동안 평화가 있었습니다(삼상 7:7-17). 또한 요나단에 의해 패한 다음에 한동안 이스라엘을 침략하지 않았습니다(삼상 14:6-22). 그런데 사울왕이 제사장의 권위를 무시하고 제사 드린 것 때문에 사무엘과 사울이 결별하게 되었습니다. 그로 인해 사울이 또한 정신질환에 시달리게 되었습니다(삼상 16:14-15). 때문에 이스라엘의 국력이 자연히 약화될 수밖에 없었습니다. 바로 그 때에 블레셋이 그 기회를 틈타 거인 골리앗을 앞세워 공격했습니다(삼상 17:1-11). 그런데 믿음의 용사인 다윗이 물매 돌로 골리앗을 쳐죽이자

겁에 질린 블레셋 군이 모두 도망함으로 승리했습니다(삼상 17:41-54).

둘째로 다윗과 요나단이 약속했습니다.
다윗이 블레셋의 골리앗과 전투를 벌일 때에 이스라엘 진영에는 요나단도 있었습니다. 그 곳에서 다윗의 용맹을 본 요나단이 다윗을 만나 우정을 맺게 되었습니다. 요나단도 다윗에 앞서서 이미 블레셋과의 전투에서 승리한 경험이 있었습니다. 그런데 두 사람이 공통적인 것은 두 사람 다 전능하신 하나님을 믿는 신앙이 투철했다는 것입니다. 요나단은 불신앙적인 사울왕과는 전혀 다른 사람이었습니다. 다윗과 요나단은 둘 다 믿음이 좋았습니다. 또한 그들의 용맹심도 특출했습니다. 그리고 그들은 서로를 자기 생명처럼 사랑하고 영원히 변치 않기로 약속했습니다(삼상 18:1-4). 참으로 아름다운 우정의 관계였습니다.

셋째로 다윗의 생명을 보호했습니다.
다윗이 블레셋의 거인 골리앗을 죽이고 돌아오자 여인들이 모든 성에서 나와서 "사울이 죽인 자는 천천이요 다윗은 만만이로다"(삼상 18:7)라고 춤을 추면서 노래했습니다. 이에 사울이 불쾌하여 심히 노하고 다윗을 죽이려고 했습니다(삼상 18:8-11). 그러나 실패하자 이제는 자신의 딸을 다윗에게 주어서 올무가 되게 하고 전쟁터에 내보내 블레셋 사람의 손에 의해 죽게 하려고 블레셋 사람들의 포피 백개를 원했습니다(삼상 18:21-25). 그러나 다윗은 사울이 원하는 대로 다해주었습니다(삼상 18:27). 때문에 사울은 이제 다윗을 죽이기 위해 계속 추적했습니다(삼상 19:9-23). 그런데 요나단이 사울의 다윗 살해기도를 다윗에게 가르쳐 주어 피하게 한 다음 사울에게 다윗을 죽이지 말 것을 설득하기까지 했습니다(삼상 19:1-7). 요나단은 자신이 죽을 때까지 다윗을 보호했습니다.

사랑하는 여러분!

우리들도 요나단처럼 믿음으로 이 세상과 사탄은 물론 도전해 오는 모든 악을 물리칩시다. 또한 다윗과 요나단처럼 서로 간의 우정과 신의가 그 어떤 이유로도 변치 않는 심지가 견고한 삶을 삽시다. 그리고 끝까지 서로를 위해 기쁨으로 헌신하는 멋진 삶을 사시기 바랍니다.

3. 사심이 없는 순수한 사람

첫째로 신앙이 좋은 사람이었습니다.

블레셋의 군대 앞에 있는 이스라엘 군의 병력은 비교할 수 없이 초라하고 열악한 형편이었습니다. 거기다가 또한 사울이 하나님께 망령된 제사를 드림으로 인해 이스라엘의 상태는 더욱 절망적인 상태였습니다. 그러나 그는 "...우리가 이 할례 받지 않은 자들에게로 건너가자 여호와께서 우리를 위하여 일하실까 하노라 여호와의 구원은 사람이 많고 적음에 달리지 아니하였느니라"(삼상 14:6)고 했습니다. 그의 이러한 믿음이 블레셋 진지를 공격하게 했고 완전한 승리를 거두게 했습니다(삼상 14:16). 그렇습니다. 믿음이 이 세상과 사탄을 이깁니다.

둘째로 왕위를 탐하지 않았습니다.

그는 막강한 권력을 가진 사울왕의 장남이었습니다. 다시 말하면 서열상 당연히 자신이 왕이 될 수 있는 위치에 있었습니다. 때문에 그는 자신이 왕이 되는 것을 기대하는 것은 당연한 것이었습니다. 만약에 그렇다고 하면 다윗의 승전이나 이스라엘 여인들에 대한 다윗의 인기에 대해 마음이 편치 않다든지 질투심이 생겼을 수도 있습니다. 그러나 그는 전혀 그렇지 않았습니다. 그는 오히려 다윗에게 "두려워하지 말라 내 아버지 사울의 손이 네게 미치지 못할 것이요 너는 이스라엘 왕이 되고 나는 네 다음이 될 것을 내 아버지 사울도 안다"(삼상 23:17; 참조, 삼상 15:26, 18:15)고 까지 했습니다. 참으로 순수한 사람이었습니다.

셋째로 그 어떠한 조건도 제시하지 않았습니다.

그가 다윗과의 우정관계에 있어서 그저 다윗을 사랑하고 좋아했습니다. 끝까지 그를 위로하고 격려하며 힘을 주었습니다(삼상 18:1). 뿐만 아니라 그는 앞으로 다윗이 왕이 될 것을 확신하고 있었습니다(삼상 24:20). 그는 다윗과의 관계에서 그 어떤 조건도 제시하지 않았습니다. 때문에 자신의 아버지도 의식하지 않고 다윗을 사랑할 수 있었습니다. 그 어떤 상황도 개의치 않았습니다. 참으로 순수하게 그를 믿고 신뢰했습니다. 그렇습니다. 진정한 믿음과 사랑은 그 어떤 조건과 상황에 좌우되지 않습니다. 때문에 다니엘과 그의 세 친구는 "그리 아니 하실지라도"의 신앙으로 멋진 승리를 이루었던 것입니다. 그는 안타깝게도 전장에서 사울과 함께 전사함으로 생을 마쳤습니다.

사랑하는 여러분!

우리들도 다윗과 요나단처럼 신앙이 좋은 사람이 됩시다. 또한 세속적인 탐욕에서 벗어나 언제나 겸손히 섬기는 삶을 삽시다. 그리고 인간관계에서 조건이 있는 유치한 삶이 아닌 다윗과 요나단처럼 멋진 신뢰와 우정의 삶을 사시기 바랍니다.

요셉 (야곱의 아들)

[창 39:1-6]

요셉이 이끌려 애굽에 내려가매 바로의 신하 친위대장 애굽 사람 보디발이 그를 그리로 데려간 이스마엘 사람의 손에서 요셉을 사니라 여호와께서 요셉과 함께 하시므로 그가 형통한 자가 되어 그의 주인 애굽 사람의 집에 있으니 그의 주인이 여호와께서 그와 함께 하심을 보며 또 여호와께서 그의 범사에 형통하게 하심을 보았더라 요셉이 그의 주인에게 은혜를 입어 섬기매 그가 요셉을 가정 총무로 삼고 자기의 소유를 다 그의 손에 위탁하니 그가 요셉에게 자기의 집과 그의 모든 소유물을 주관하게 한 때부터 여호와께서 요셉을 위하여 그 애굽 사람의 집에 복을 내리시므로 여호와의 복이 그의 집과 밭에 있는 모든 소유에 미친지라 주인이 그의 소유를 다 요셉의 손에 위탁하고 자기가 먹는 음식 외에는 간섭하지 아니하였더라 요셉은 용모가 빼어나고 아름다웠더라

> 이 세상 사람들의 삶의 모습을 보면 천태만상입니다. 그러나 대부분의 사람들이 삶의 기초를 욕심에 두고 삶의 재료를 물질로 삼으며 삶의 목표를 쾌락에 둡니다. 그래서 이 사회가 이렇게 무질서하고 추하며 많은 문제들이 계속적으로 야기되고 있습니다. 그런데 여기 야곱의 아들 요셉은 철저하게 하나님을 믿고 의지하며 말씀을 생활화하고 인생자체를 사명화 했습니다. 그는 자신이 어떠한 환경에 처하든지 늘 하나님을 의식하고 성실하게 살았습니다. 때문에 하나님께서 항상 그와 동행하시고 형통케 하셨습니다.

1. 아들로서의 요셉

첫째로 복잡한 가정에서 태어났습니다.

야곱은 네 명의 아내들을 통해서 열두 명의 아들들을 낳았는데, 그 중에서도 요셉은 야곱이 라헬을 통해서 낳은 열한 번째 아들이었습니다. 열 명의 형들은 모두가 다 배다른 형제들이었습니다. 그런데 야곱은 라헬을 통해서 노년에 얻은 요셉을 특별히 사랑했습니다(창 37:3). 때문에 그에게는 다른 형들과 달리 특별히 채색 옷을 입혀주었습니다. 그 당시의 채색 옷은 상속자라는 의미를 가지고 있었습니다. 또한 자신이 세상을 다스릴 것이라는 꿈 이야기로 인해 이복 형들의 미움을 더 받게 되었습니다(창 37:4,5,11). 그는 많은 형들 속에서 심한 구박을 받으며 자랐습니다.

둘째로 부모의 기쁨이었습니다.

요셉이 자신이 꾼 꿈을 형들에게 말했을 때에 형들은 미워했지만 야곱은 그의 말을 마음에 두었습니다(창 37:5-11). 다시 말하면 야곱은 요셉이 앞으로 큰 사람이 될 것이라는 기대를 갖고 기뻐했습니다. 자식이 부모에게 큰 기대를 갖게 하는 것은 참으로 귀한 일입니다. 자식이 부모에게 드릴 수 있는 최고의 선물은 바로 기쁨일 것입니다. 그러므로 우리들도 우리들을 지어주신 하나님께 최고의 기쁨을 드려야겠습니다. 또한 하나님의 집이요, 주님의 몸된 교회에도 기쁨을 주는 신앙생활을 해야 합니다. 그리고 육신의 부모님과 가족들에게도 기쁨이 되는 삶을 살아야 합니다. 그리하여 하나님께 영광 돌리는 복된 삶을 사시기 바랍니다.

셋째로 아버지께 순종했습니다.

하루는 야곱이 들에서 양을 치는 아들이 걱정이 되어 요셉에게 "네 형들이 세겜에서 양을 치지 아니하느냐 너를 그들에게로 보내리라... 가서 네 형들과 양 떼가 다 잘 있는지를 보고 돌아와 내게 말하라..,"(창 37:13-14)고 심부름을 보냈습니다. 아버지의 지시를 받은 요셉은 즉시 순종하여 헤브론 골짜기에서 약 100km나 되는 세겜으로 갔습니다. 요셉이 아버지의 말에 즉시 순종한 것은 그의 순종심을 나타낸 것입니다. 그동안 이복 형들이 요셉을 대단히 미워하고 싫어했기 때문에 자기를 지극히 사랑하는 아버지인 야곱에게 형들에게는 심부름 가기 싫다고 거부할 수도 있었을 것입니다. 그러나 요셉은 그렇지 않았습니다. 그는 아버지의 명령이 떨어지자마자 곧바로 그 먼 거리를 떠났습니다(창 37:13,14). 그는 참으로 지극한 효성의 아들이었습니다.

사랑하는 여러분!
우리는 하나님의 자녀입니다. 그러므로 내가 태어난 가정환경을 탓하거나 자학하지 맙시다. 또한 우리들도 부모님을 공경하여 장수하고 이 땅에서 잘 되는 복을 받읍시다. 그리고 언제나 철저한 순종의 삶을 삽시다. 그리하여 요셉처럼 모든 사람들을 복되게 하는 삶을 사시기 바랍니다.

2. 종으로서의 요셉

첫째로 애굽의 상인에게 팔렸습니다.
아버지의 명을 받들어 헤브론에서 세겜으로 심부름 간 요셉은 세겜에서 형들을 만나지 못하자 형들이 갔다는 소리를 듣고 다시 도단까지 가서 만났습니다. 세겜에서 도단까지는 약 30km의 먼 거리였습니다. 요셉이 형들의 안부를 알아보기 위해 약 130km나 되는 먼 거리를 찾아간 것이었습니다. 참으로 그는 적극적으로 순종했습니다. 그런데 요셉의 형들은 요셉이 자기들에게 가까이 오는 것을 보고 서로 말하기를 "꿈꾸는 자가 오는도다 자, 그를 죽여 한 구덩이에 던지고 우리가 말하기를 악한 짐승이 그를 잡아먹었다 하자 그의 꿈이 어떻게 되는지를 우리가 볼 것이니라"(창 37:19,20)고 했습니다. 그러나 장남 르우벤이 그를 살리려고 반대하여 결국은 유다의 요구대로 십칠 세의 어린 나이에 미디안 상인들에게 팔려 애굽으로 갔습니다(창 37:21-28).

한마디로 그의 삶은 고난의 연속이었습니다. 그러나 그는 자기 자신이나 부모는 물론 형들에 대해 한마디의 불평도 하지 않았습니다.

둘째로 보디발 집의 종으로 들어갔습니다.

미디안 상인들에게 팔려간 요셉은 바로 왕의 신하로서 친위대장인 보디발이 그를 사서 종으로 삼았습니다. 그런데 여호와께서 요셉과 함께 하심으로 그가 하는 모든 일이 형통했습니다. 그의 주인인 보디발도 여호와께서 그와 함께 하심으로 그의 범사에 형통케 하심을 보았습니다(창 39:1-3). 때문에 보디발이 그를 가정의 총무로 삼고 자신의 모든 소유를 요셉에게 위임했습니다(창 39:4). 이에 하나님께서는 요셉을 위해 보디발의 집과 밭에 복을 주셨습니다. 보디발은 자기가 먹는 음식 외에는 그의 모든 소유를 다 요셉에게 위임하고 간섭하지 않았습니다. 보디발이 요셉을 철저하게 신뢰했기 때문입니다.

셋째로 누명을 쓰고 감옥에 갇혔습니다.

당시의 요셉은 젊고 용모가 빼어나고 아름다웠습니다(창 39:6). 그런데 보디발의 아내가 흑심을 품고 그를 유혹했습니다. 그러나 요셉은 보디발이 자기를 신임하여 집안의 제반소유를 다 위임하고 간섭하지 않았지만 금한 것은 오직 당신뿐이라고 말하고 거절했습니다(창 39:8,9). 그럼에도 불구하고 그녀의 유혹은 끊임없이 계속 되었습니다(창 39:10). 그러던 어느 날 요셉이 시무하러 보디발의 집에 들어갔는데 보디발의 아내가 요셉의 옷을 붙잡고 강청하자 요셉은 자기 옷을 그녀의 손에 버려 둔 채로 도망했습니다(창 39:11,12). 이에 앙심을 품은 보디발의 아내는 자기 남편인 보디발에게 요셉이 자기를 겁탈하려고 해 자기가 소리를 질렀더니 요셉이 도망갔다고 거짓말을 했습니다. 때문에 요셉은 억울한 누명을 쓰고 곧바로 감옥에 갇히게 되었습니다. 그럼에도 불구하고 요셉은 그의 주인이나 거짓으로 누명을 씌운 보디발의 아내를 원망하지 않고 모든 것을 하나님께 맡겼습니다.

사랑하는 여러분!
우리들이 제 아무리 억울해도 예수님보다는 더 억울하지 않습니다. 또한 우리들도 지금 요셉과 같이 범사를 합력하여 유익케 하시는 하나님을 믿고 감사하면서 살아야겠습니다. 그리고 지금 억울하게 누명을 쓰고 감옥에 갇히면서도 한마디의 불평함도 없이 자신을 하나님께 의탁한 요셉처럼 범사에서 늘 감사하면서 사시기 바랍니다.

3. 총리로서의 요셉

첫째로 애굽의 총리가 되었습니다.
옥중에서도 한마디의 불평함이 없이 모범적으로 수형생활을 하고 있던 요셉은 바로 왕의 꿈을 해석해 주고 나서 약관 30세에 애굽의 총리로 중용되었습니다(창 41:41). 바로는 "자기의 인장반지를 빼어 요셉의 손에 끼우고 그에게 세마포 옷을 입히고 금사슬을 목에 걸고 자기에게 있는 버금 수레에 그를 태우매 무리가 그의 앞에서 소리 지르기를 엎드리라 하더라 바로가 그에게 애굽 전국을 총리로 다스리게 하였더라"(창 41:42,43). 요셉이 형들의 미움을 받고 미디안 상인에게 팔리게 된 것이나 보디발의 아내가 씌운 누명으로 옥에 갇히게 된 모든 것들이 다 하나님의 섭리요, 작정이셨습니다. 그러므로 우리들도 요셉처럼 범사에 합력하여 우리들에게 유익을 허락해 주시는 하나님께 감사를 드려야겠습니다.

둘째로 가족을 살렸습니다.
당시 근동지방에는 흉년이 극심했습니다. 때문에 가나안 땅에 거주하는 야곱의 집안에도 기근으로 심한 타격을 받았습니다. 그러나 요셉은 7년 동안의 풍년에 쌀을 잘 비축하여 7년 동안의 흉년을 잘 처리했습니다. 이로인해 애굽에는 양식이 풍부했습니다. 이에 야곱은 애굽에 곡식이 많이 있다는 소식을 듣고 베냐민을 제외한 열 아들들을 애굽에 보내어 곡식을 사오도록 했습니다(창 42:1,2). 그런데 양식을 구하기 위해 애굽에 온 형들을 알아본 요셉은 야곱과 베냐민의 근황을 확인한 다음, 그 정을 억제하지 못하고 울면서 그 형들에게 "…나는 당신들의 아우 요셉이니 당신들이 애굽에 판 자라 당신들이 나를 이곳에 팔았다고 해서 근심하지 마소서 한탄하지 마소서 하나님이 생명을 구원하시려고 나를 당신들보다 먼저 보내셨나이다"(창 45:4,5)라고 오히려 형들을 위로했습니다. 그리고 자기의 가족 칠십 명을 데려다가 기름진 땅인 고센 땅에 거하게 했습니다.

셋째로 오늘의 이스라엘을 이루었습니다.

요셉이 애굽의 총리로 있을 때에 가나안 땅의 흉년을 피하기 위해 자기 가족 칠십 명을 애굽으로 이주시켜 살게 했는데 그 가족이 번성하여 여자와 어린아이를 제외한 장정만 60만 명으로 번성하게 되었습니다. 그들이 바로 출애굽하여 오늘의 이스라엘을 이루었습니다. 그렇습니다. 요셉은 애굽도 살리고 자기 가족도 살렸습니다. 우리들도 이유 여하를 막론하고 사람을 살리는 삶을 살아야 합니다.

사랑하는 여러분!

우리는 애굽의 총리보다 더 귀한 하나님의 자녀요, 천국의 백성들입니다. 일의 우선순위를 정하고 멋진 삶을 삽시다. 또한 하나님께서 맡겨준 가족의 영육이 건강하도록 돌봅시다. 그리고 주님의 몸된 교회가 하나님의 사랑과 은혜로 충만케 되는 일에 최선을 다하시기 바랍니다.

 # 요시야

[왕하 22:1-13]

요시야가 왕위에 오를 때에 나이가 팔 세라 예루살렘에서 삼십일 년간 다스리니라 그의 어머니의 이름은 여디다요 보스갓 아다야의 딸이더라 요시야가 여호와 보시기에 정직히 행하여 그의 조상 다윗의 모든 길로 행하고 좌우로 치우치지 아니하였더라 요시야 왕 열여덟째 해에 왕이 므술람의 손자 아살리야의 아들 서기관 사반을 여호와의 성전에 보내며 이르되 너는 대제사장 힐기야에게 올라가서 백성이 여호와의 성전에 드린 은 곧 문 지킨 자가 수납한 은을 계산하여 여호와의 성전을 맡은 감독자의 손에 넘겨 그들이 여호와의 성전에 있는 작업자에게 주어 성전에 부서진 것을 수리하게 하되 곧 목수와 건축자와 미장이에게 주게 하고 또 재목과 다듬은 돌을 사서 그 성전을 수리하게 하라 그러나 그들의 손에 맡긴 은을 회계하지 말지니 이는 그들이 진실하게 행함이니라 대제사장 힐기야가 서기관 사반에게 이르되 내가 여호와의 성전에서 율법책을 발견하였노라 하고 힐기야가 그 책을 사반에게 주니 사반이 읽으니라 서기관 사반이 왕에게 돌아가서 보고하여 이르되 왕의 신복들이 성전에서 찾아낸 돈을 쏟아 여호와의 성전을 맡은 감독자의 손에 맡겼나이다 하고 또 서기관 사반이 왕에게 말하여 이르되 제사장 힐기야가 내게 책을 주더이다 하고 사반이 왕의 앞에서 읽으매 왕이 율법책의 말을 듣자 곧 그의 옷을 찢으니라 왕이 제사장 힐기야와 사반의 아들 아히감과 미가야의 아들 악볼과 서기관 사반과 왕의 시종 아사야에게 명령하여 이르되 너희는 가서 나와 백성과 온 유다를 위하여 이 발견한 책의 말씀에 대하여 여호와께 물으라 우리 조상들이 이 책의 말씀을 듣지 아니하며 이 책에 우리를 위하여 기록된 모든 것을 행하지 아니하였으므로 여호와께서 우리에게 내리신 진노가 크도다

요시야는 유다 왕 아몬의 아들로서 아몬이 즉위 2년 만에 부하에게 암살 당하자 8세의 어린 나이였음에도 불구하고 곧바로 유다의 16대 왕으로 즉위했습니다. 그는 대제사장 힐기야의 가르침에 순종하여 그의 치세 12년에 우상을 파괴하고 이교적 예배를 금지시켰습니다. 그는 우상을 섬겼던 자기 할아버지 므낫세왕이나 부

친 아몬왕의 영향을 전혀 받지 않고 다윗왕의 전통적인 신앙을 본
받아 종교를 개혁하고 국정을 바르게 펼친 훌륭한 왕이었습니다.

1. 믿음의 사람이었습니다.

첫째로 여호와 보시기에 정직했습니다.
요시야는 8세라는 어린 나이에 왕이 되었지만 여호와께서 보시기에 정직히 행했습니다(왕하 22:2). 유다의 왕은 모두 20명이었는데 이러한 평가를 받은 왕은 아사, 여호사밧, 요아스, 아마샤, 아사랴, 요담, 히스기야, 요시야 뿐이었습니다. 요시야 이전의 대부분의 왕들은 여호와의 법을 어기고 우상을 숭배했습니다. 그러나 요시야는 그들과는 달리 예루살렘에서 31년간 유다를 다스리는 동안 한 번도 변함 없이 여호와를 믿고 의지하는 한결 같은 신앙생활을 했습니다. 지혜의 왕이라는 별명을 가진 솔로몬왕도 처음에는 하나님께 지혜를 구하여 칭찬을 받았으며 다윗이 짓지 못한 성전을 건축하기도 했습니다. 그런데 그는 말년에 이방 여인들의 유혹을 받아 우상숭배라는 무서운 죄악에 빠지고 말았습니다. 그렇지만 요시야의 신앙은 시종이 여일했습니다. 때문에 성경은 "…모세의 모든 율법을 따라 여호와께로 돌이킨 왕은 요시야 전에도 없었고 후에도 그와 같은 자가 없었더라"(왕하 23:25)고 말씀하고 있습니다. 그의 신앙은 하나님이 인정하시는 참으로 아름다운 신앙이었습니다.

둘째로 조상 다윗의 길로 행했습니다.
다윗은 이스라엘 역사의 표본적인 인물이었습니다. 때문에 현재 이스라엘 국기의 별도 다윗의 별입니다. 그는 이스라엘 민족이 그리는 영원한 선망의 대상이기도 합니다. 요시야가 악한 왕이었던 자기 할아버지인 므낫세나 아버지인 아몬의 영향을 전혀 받지 않고 다윗왕의 길로 행했다는 것은 참으로 대단한 일이었습니다. 유다 왕국의 역사 가운데서 다윗의 길로 행했다고 평

가받은 왕은 여호사밧(대하 17:3)과 히스기야(대하 29:2) 그리고 요시야뿐입니다. 본문에서 요시야가 다윗의 길로 행했다는 것은 그가 다윗과 같이 하나님을 온전히 섬겼다는 것입니다. 그러므로 우리들도 요시야와 같이 변함없이 하나님을 잘 섬겨야겠습니다. 그리하여 하나님의 사랑과 은혜가 넘치시기 바랍니다.

셋째로 좌우로 치우치지 않았습니다.
그가 "좌우로 치우치지 아니하였더라"(왕하 22:2下)는 말씀은 하나님을 향한 그의 신앙자세가 변함없이 시종이 여일하게 한결 같았다는 것입니다. 그도 한 나라의 왕이었기 때문에 세상의 많은 것들로부터 유혹을 받았을 것입니다. 그러나 그는 오직 여호와만 믿고 바라며 그분의 말씀대로만 살았습니다. 참으로 그는 하나님 안에서 정도를 걸어온 사람이었습니다. 그러므로 우리들도 언제, 어디서나, 어떠한 상황에서든지 흔들림이 없이 하나님의 자녀들이 마땅히 걸어가야 할 인생의 정도를 당당하게 걸어가야겠습니다.

사랑하는 여러분!
우리들도 여호와께서 보시기에 정직한 삶을 삽시다. 또한 다윗처럼 변함없이 하나님만 믿고 의지하는 견고한 삶을 삽시다. 그리고 그 어떤 경우에도 좌우로 치우침이 없이 길이요, 진리요, 생명이신 주님만 따라가시기 바랍니다.

2. 종교를 개혁했습니다.

첫째로 아몬이 세운 우상들을 제거했습니다.
요시야는 하나님과의 언약을 새롭게 한 후에 먼저 우상파괴작업을 시작했습니다. 하나님을 온전히 섬기기 위해 아몬에 의해 성전 안에까지 들어와 있던 우상들을 제거했습니다(왕하 23:4,6). 또한 성전 주변의 가증한 집과 기구들은 물론 여러 산당들을 제거했습니다(왕하 23:7-19). 그리고 자기의 부친 아몬이 세운 우상들을 다시는 세우지 못하도록 제단을 빻아 가루로 만들어서 물에 쏟아버렸습니다. 다시 말하면 아몬이 세운 우상의 흔적들을 완전히 소멸시켜 버렸습니다.

둘째로 멸망의 산과 벧엘의 우상도 제거했습니다.
요시야왕은 먼저 예루살렘 앞 멸망의 산 우편에 세워져 있는 산당을 더럽게 했습니다. 이 산당은 솔로몬이 이방여인들의 꾀임에 빠져 세운 것이었습니다. 이 산당들을 보면 시돈 사람들이 섬기는 가증한 아스다롯(풍요와 다산, 쾌락의 여신)과 모압 사람들이 섬기는 그모스(민족신으로 섬기던 전쟁의 신)였으며, 암몬 자손들이 섬기는 밀곰(일명 몰록으로서 암몬의 민족신)을 위한 것이었습니다(왕상 11:5,7,33; 왕하 23:13). 이것은 바로 솔로몬이 완전히 타락했음을 증언한 것입니다. 요시야는 이곳에 있는 모든 석상들을 깨뜨렸으며 사람의 해골로 그곳을 채웠습니다(왕하 23:14). 다시 말하면 그들의 산당을 완전히 무시하고 더럽힌 것이었습니다. 그러므로 그 후로 이곳은 히브리인들이 죽은 자들의 뼈를 버리는 등 아주 부정한 곳으로 간주되었습니다. 또한 여로보암이 벧엘에 세운 제단과 산당을 헐고 아세라 목상을 불살라 버렸습니다(왕하 23:15). 심지어는 묘실에 있는 해골들까지 꺼내어 제단 위에서 불살라버렸습니다(왕하 23:16). 여기에서 우리는 그의 철저한 종교개혁 의지를 확인할 수 있습니다.

셋째로 우상숭배한 제사장들도 제거했습니다.
요시야는 자기 조상인 므낫세와 아몬이 세운 산당의 우상들만 제거한 것이 아니라 자신의 조부와 부친이 우상의 제단에 세워 분향하도록 세운 제사장들까지도 완전히 제거했습니다(왕하 23:5,20). 그것은 바로 그동안 백성들이 섬겼던 우상숭배를 완전히 뿌리뽑기 위한 특단의 조치였습니다. 또한 갖은 핍박과 고난 속에서도 신앙을 지키고 우상숭배를 하지 않은 제사장들을 격려하고 사기를 높여주기 위해서였습니다. 그리고 백성들에게 깊이 물들어 있던 사이비적인 잘못된 제사의식을 제거하고 여호와 하나님께서 원하시는 올바른 제사제도를 정착시키기 위해서였습니다. 그는 아주 철저하게 종교를 개혁했습니다. 우리들의 신앙생활에서도 비성경적인 요소들을 깨끗하게 제거해야겠습니다.

사랑하는 여러분!
우리들도 우리의 조상들로부터 내려온 모든 우상숭배들을 철저하게 배격합시다. 또한 우리들의 의식 속에 잠재되어 있는 비성경적인 요소들을 깨끗이 씻어 버립시다. 그리고 우리 주위에 있는 우상숭배자들을 깨우쳐서 주님 앞으로 인도해야겠습니다.

3. 말씀으로 백성들을 깨우쳤습니다.

첫째로 율법책을 발견했습니다.
요시야가 왕위에 오른지 18년 되는 해에 유다 전역의 우상들을 완전히 제거한 후에 하나님의 성전을 수리했습니다(왕하 22:3-6). 왜냐하면 그동안 므낫세와 아몬의 우상정책에 의해 성전이 너무 더러워졌기 때문이었습니다. 그런데 제사장 힐기야가 성전을 수리하다가 여호와의 성전에서 율법책을 발견했습니다(왕하 22:8; 대하 34:14). 이 율법책은 아마도 므낫세와 아몬의 학정 때에 연보궤 안에 누가 몰래 숨겨두었던 것으로 보입니다. 그동안은 율법책이 없었기 때문에 종교개혁에 대한 확실한 근거가 없었습니다. 때문에 요시야의 종교개혁은 한계가 있을 수밖에 없었습니다. 그러나 이제 율법책을 발견함으로 인해 요시야의 종교 개혁이 힘을 얻고 박차를 가할 수 있었으며 율법으로 백성들도 깨우칠 수 있었습니다.

둘째로 여호와의 말씀을 듣고 회개했습니다.
요시야는 제사장 힐기야가 연보궤 안에서 발견한 율법책을 서기관 사반에게 읽게 하여 크게 감동 받고 옷을 찢으며 회개했습니다(왕하 22:11). 바로 이 율법책이 요시야와 유다 백성들의 참회의 기준이요, 삶의 지침서가 되었습니다. 때문에 그는 곧바로 신하들에게 "너희는 가서 나와 백성과 온 유다를 위하여 이 발견한 책의 말씀에 대하여 여호와께 물으라 우리 조상들이 이 책의 말씀을 듣지 아니하며 이 책에 우리를 위하여 기록된 모든 것을 행하지 아니하였으므로 여호와께서 우리에게 내리신 진노가 크도다"(왕하 22:13)라고 했습니다. 그렇습니다. 말씀이 생명을 살립니다. 그러므로 우리들이 여호와의 말씀을 보고, 듣고, 전하는 것은 대단히 중요합니다. 우리 모두 이 말씀을 열심히 읽고 전합시다. 그리하여 생명을 살리고 주님의 몸된 교회를 부흥시키는 복된 삶을 사시기 바랍니다.

셋째로 백성들에게 율법을 지키도록 명했습니다.
서기관 사반이 읽어준 율법책을 통해 은혜를 받은 요시야는 "유다 모든 사람과 예루살렘 주민과 제사장들과 선지자들과 모든 백성이 노소를 막론하고 다 왕과 함께 한지라 왕이 여호와의 성전 안에서 발견한 언약책의 모든 말씀을 읽어 무리의 귀에 들리고 왕이 단 위에 서서 여호와 앞에서 언약을 세우되 마음을 다하고 뜻을 다하여 여호와께 순종하고 그의 계명과 법도와 율례를 지켜 이 책에 기록된 이 언약의 말씀을 이루게 하리라 하매 백성이 다 그 언약을 따르기로"(왕하 23:2,3)했습니다. 요시야는 율법을 통해 은혜를 받고 그 말씀을 곧바로 백성들에게 전파하여 백성들로 하여금 그 말씀을 따르도록 촉구했습니다. 그리고 그는 39세의 젊은 나이에 아깝게 이 세상을 떠났습니다.

사랑하는 여러분!
우리들도 그동안 소홀했던 하나님의 말씀을 열심히 읽고 묵상하여 하나님의 뜻을 찾아야겠습니다. 또한 그 말씀이 원하시는 대로 살아야겠습니다. 그리고 이 말씀을 이웃에게 전하여 그들 모두가 다 구원받게 하는 전도자들이 되시기 바랍니다.

 # 요아스

[왕하 11:1-8]

아하시야의 어머니 아달랴가 그의 아들이 죽은 것을 보고 일어나 왕의 자손을 모두 멸절하였으나 요람 왕의 딸 아하시야의 누이 여호세바가 아하시야의 아들 요아스를 왕자들이 죽임을 당하는 중에서 빼내어 그와 그의 유모를 침실에 숨겨 아달랴를 피하여 죽임을 당하지 아니하게 한지라 요아스가 그와 함께 여호와의 성전에 육 년을 숨어 있는 동안에 아달랴가 나라를 다스렸더라 일곱째 해에 여호야다가 사람을 보내 가리 사람의 백부장들과 호위병의 백부장들을 불러 데리고 여호와의 성전으로 들어가서 그들과 언약을 맺고 그들에게 여호와의 성전에서 맹세하게 한 후에 왕자를 그들에게 보이고 명령하여 이르되 너희가 행할 것이 이러하니 안식일에 들어온 너희 중 삼분의 일은 왕궁을 주의하여 지키고 삼분의 일은 수르 문에 있고 삼분의 일은 호위대 뒤에 있는 문에 있어서 이와 같이 왕궁을 주의하여 지키고 안식일에 나가는 너희 중 두 대는 여호와의 성전을 주의하여 지켜 왕을 호위하되 너희는 각각 손에 무기를 잡고 왕을 호위하며 너희 대열을 침범하는 모든 자는 죽이고 왕이 출입할 때에 시위할지니라 하니

> 성경에는 요아스라는 이름의 동명이인이 8명이나 있었습니다. 또한 그들 중에는 유다 왕 요아스와 이스라엘 왕 요아스도 있습니다. 이 시간에는 유다 왕 요아스에 대해 말씀드리겠습니다. 요아스는 아하시야의 동생이며 제사장 여호야다의 아내였던 여호세바가 그의 나이 1세였을 때에 몰래 훔쳐서 6년 동안 성전에서 길렀기 때문에 그의 할머니인 아달랴에 의해 살해되지 않고 살아서 유다 왕으로 즉위할 수 있었습니다.

1. 즉위와 선정

첫째로 여호야다에 의해 왕이 되었습니다.

유다 왕 아하시야는 아람과의 전쟁에서 부상당한 이스라엘 왕 요람을 문병하러 갔다가 이스라엘에서 혁명을 일으킨 예후에 의해 죽었습니다(왕하 8:29, 9:27). 다시 말하면 예후에 의해 북왕국의 요람왕과 남왕국의 아하시야왕이 모두 다 죽임을 당했습니다. 이에 그의 모친이었던 아달랴는 자신의 손자들과 조카뻘 되는 왕자들을 모두 죽였습니다. 그런데 아하시야왕의 이복누이였고 제사장 여호야다의 아내였던 여호세바가 한 살 된 요아스를 훔쳐내어 유모와 함께 성전에다 숨겨놓고 6년 동안이나 기르게 했습니다(왕하 11:1,2). 그 6년 동안은 아달랴가 유다를 다스렸습니다(왕하 11:3). 아달랴의 학정이 7년째 되던 해에 제사장 여호야다는 다윗 왕권을 회복하기 위해 혁명을 일으켰습니다. 여호야다는 백부장이 이끄는 호위병들과 결탁하여 하나님의 전에서 언약을 체결하고 맹세케 한 후에 왕자를 보였습니다(왕하 11:4). 또한 백부장들과 안식일에 교대하여 제사장들에게 각각의 위치와 임무를 부여했습니다. 새로 들어오는 제사장들에게는 왕궁을 주의하여 지키게 하고(왕하 11:5,6) 교대해서 나가는 제사장들에게는 왕을 호위하고 성전을 침범하는 자들을 죽이도록 했습니다(왕하 11:7,8). 그리고 그는 요아스에게 왕관을 씌우고 하나님의 말씀으로 나라를 다스리도록 율법책을 주었으며 기름을 부어 왕으로 즉위시켰습니다(왕하 11:9-12). 이러한 소식을 아달랴가 듣고 "옷을 찢으며... 반역이로다 반역이로다"라고 외치며 성전으로 달려오자 그녀를 밖으로 끌어내어 죽이도록 했습니다.

둘째로 여호야다의 지도를 받았습니다.

요아스는 왕이 되기 전부터 제사장인 여호야다의 양육 지도를 받았습니다. 그는 요아스가 왕이 된 후에도 왕 옆에서 계속 지도해주었습니다. 그래서 요아스는 어려운 시기였음에도 불구하고 하나님을 잘 섬겼습니다.

셋째로 선정을 베풀었습니다.

먼저 우상을 허물었습니다. 제사장 "여호야다가 왕과 백성에게 여호와와 언약을 맺어 여호와의 백성이 되게 하고… 온 백성이 신당으로 가서 그 신당을 허물고 그 제단들과 우상들을 철저히 깨뜨리고 그 제단 앞에서 바알의 제사장 맛단을 죽"(왕하 11:17-18)였습니다. 또한 유다의 정통왕조를 회복했습니다. 그동안 아달랴에 의해 중단되었던 유다의 정통왕조를 회복했습니다. 때문에 하나님께서 그들과 함께 하심으로 정치적으로나 종교적으로 안정을 되찾게 되었습니다. 그렇습니다. 진정한 신앙의 회복만이 평안한 삶을 살 수 있습니다. 그리고 요아스는 제사장들에게 지시하여 성전을 수리했습니다(왕하 12:4-8). 그는 7세의 어린 나이에 왕이 되었지만 즉위하자마자 가장 중요하고 시급한 일부터 해결하는 선정을 베풀었습니다.

사랑하는 여러분!
우리들도 하나님의 인도하심만 믿고 따릅시다. 또한 교회의 가르침에 최선을 다해 순종합시다. 그리고 일에 우선순위를 분명하게 정하여 하나님께서 기뻐하시는 일부터 처리하는 지혜로운 삶을 사시기 바랍니다.

2. 타락과 범죄

첫째로 산당을 제거하지 않았습니다.
제사장 여호야다가 살아있었을 때에는 그의 지도를 받은 요아스와 유다 백성들이 하나님을 잘 섬겼습니다. 그러나 여호야다가 죽고 나자 그들은 곧바로 가증한 우상숭배의 죄악에 빠지고 말았습니다. 그렇습니다. 한 사람의 지도자가 이 세상에 끼치는 영향력은 이렇게 대단합니다. 요아스왕이 제사장 여호야다의 교훈을 받을 때에는 그가 하나님 보시기에 정직히 행하고 선정을 베풀었습니다. 그러나 여호야다가 죽고 난 다음에는 그의 교훈을 받지 못하자 곧바로 타락하게 되었습니다. 바로 왕과 유다 백성들이 산당에서 제사했습니다. 그것은 바로 그가 산당에 있는 우상들은 허물었으나 산당을 완전히 제거하지 않았기 때문이었습니다(왕하 12:3). 한마디로 그의 미진한 종교개혁 때문이었습니다. 그렇습니다. 언제나 일의 시작과 진행, 마무리를 깨끗하게 해야 합니다.

둘째로 하나님의 말씀을 기억하지 않았습니다.

그는 그동안 한 살 때부터 계속해서 제사장 여호야다의 수하에서 하나님의 말씀으로 양육 받았습니다. 그가 그때에 하나님의 말씀을 마음에 깊이 새기고, 그 말씀을 늘 묵상하며, 그 말씀대로 자신의 삶을 가꾸었다고 하면 여호야다가 비록 이 세상을 떠났다고 할지라도 그가 계속 하나님의 말씀대로 살아갈 수 있었을 것입니다. 그런데 그가 여호야다의 죽음으로 말미암아 그토록 쉽게 타락했다는 것은 그의 심령 속에 하나님의 말씀이 깊이 뿌리내리지 않았었다는 것을 알 수 있습니다(시 119:9-11). 그렇습니다. 가장 견고한 삶은 외형적인 것이 아니라 하나님의 말씀을 통한 깊은 심령의 변화에서 비롯됩니다.

셋째로 무서운 범죄를 저질렀습니다.

먼저 우상을 섬겼습니다. 성경은 "여호야다가 죽은 후에 유다 방백들이 와서 왕에게 절하매 왕이 그들의 말을 듣고 그의 조상들의 하나님 여호와의 전을 버리고 아세라 목상과 우상을 섬겼으므로 그 죄로 말미암아 진노가 유다와 예루살렘에 임하니라 그러나 여호와께서 그들에게 선지자를 보내사 다시 여호와에게로 돌아오게 하려 하시매 선지자들이 그들에게 경고하였으나 듣지 아니하니라"(대하 24:17-19)고 하셨습니다. 그가 우상을 숭배했기 때문에 여호와의 진노가 유다와 예루살렘에 임했습니다. 그러나 그는 회개할 줄 몰랐습니다. 또한 여호야다의 아들 스가랴를 죽였습니다. 여호와께서는 우상숭배에서 돌이킬 줄 모르는 요아스와 백성들을 깨우치시기 위해 제사장 스가랴를 저들에게 보내어 회개하고 돌아올 것을 촉구하게 하셨습니다. 그럼에도 불구하고 그는 회개하기는커녕 백성들에게 명령하여 스가랴를 돌로 쳐 죽이게 했습니다(대하 24:20-22). 자기 형제들이 아달랴에 의해 모조리 다 죽임을 당할 때에 여호야다의 부인에 의해 구출되어 자신을 잘 길러서 왕으로 세워준 은인의 아들인 스가랴를 죽인 것을 보면 그는 은혜를 악으로 갚는 참으로 배은망덕한 인간이었습니다.

사랑하는 여러분!
우리들의 삶 속에 있는 우상의 요소들을 깨끗하게 제거합시다. 또한 하나님의 말씀을 마음속 깊은 곳에 새기고 그 말씀대로 삽시다. 그리고 우리의 생명이 다하는 그 날까지 오직 하나님만 믿고 의지하는 견고한 삶을 사시기 바랍니다.

3. 징계와 죽음

첫째로 하사엘의 침략을 받았습니다.
여호야다에 의해 유다 왕으로 즉위하여 선정을 베풀었던 요아스가 여호야다의 죽음 이후에 타락하여 곧바로 우상을 숭배하고(대하 24:15-18) 여호야다의 뒤를 이을 제사장 스가랴를 돌로 죽이는 악행을 저질렀습니다. 이에 하나님께서는 아람 왕 하사엘로 하여금 유다를 침략하게 하셨습니다. 아람의 침략은 북이스라엘과 남유다의 왕들이 범죄했을 때에 번번히 일어나는 일이었습니다. 아람 왕 하사엘은 남유다의 가드를 쳐서 취하고 예루살렘을 향해 계속 진격했습니다(왕하 12:17). 아람 군대는 유다 방백들을 멸절시키고 물건들을 노략질해 갔습니다(대하 24:23). 그렇습니다. 하나님의 말씀을 저버리면 반드시 이렇게 징계를 받게 됩니다.

둘째로 성물을 뇌물로 주었습니다.

아람 왕 하사엘의 침략으로 인해 참패한 요아스는 조상 때부터 여호와의 바쳐진 모든 성물들을 하사엘에게 뇌물로 바쳤습니다. 그동안 유다의 왕들은 외침을 받을 때면 언제나 뇌물을 주어 전쟁을 끝내려고 하는 경향이 있었습니다. 그래서 아사왕이 아람 왕 벤하닷에게 조공을 바쳤습니다(왕상 15:18). 아하스가 앗수르 왕 디글랏 빌레셀에게 뇌물을 주었습니다. 그러나 하나님께 바쳐진 성물을 뇌물로 주는 것은 무서운 범죄인 것입니다. 징계의 채찍을 당할 때에는 곧바로 회개하고 하나님께로 돌이켜야 합니다. 그런데 요아스는 하나님의 징계를 돈으로 해결하려고 했습니다. 참으로 어리석은 왕이었습니다.

셋째로 신하들에게 죽임을 당했습니다.

요아스는 신하들이 일으킨 모반에 의해 죽임을 당했습니다. 요아스가 아람 왕 하사엘의 침략을 받아 대패하고 부상을 당하게 되자 그 틈을 이용하여 신하들이 그를 쳐죽였습니다(대하 24:25). 그는 이제 믿음도 잃었고 성물도 잃었으며 건강도 빼앗겼고 자신의 신하에 의해 목숨까지도 잃게 되었습니다. 뿐만 아니라 다윗 성에는 장사되었으나 열왕의 묘실에는 들어가지 못했습니다(대하 24:25). 그렇습니다. 하나님께서는 바로 하나님을 배신한 인간의 비극적인 종말의 모습을 보여준 것입니다.

사랑하는 여러분!

우리들은 시종이 여일하게 하나님을 잘 믿는 신앙인들이 되어야겠습니다. 또한 징계의 채찍이 임하기 전에 속히 회개하고 주께로 돌아와야 합니다. 그리고 언제, 어디서나 하나님의 사랑을 받고 사람들의 신뢰를 받는 아름다운 삶을 평생토록 이어가시기 바랍니다.

# 요압

[삼하 19:1-7]

어떤 사람이 요압에게 아뢰되 왕이 압살롬을 위하여 울며 슬퍼하시나이다 하니 왕이 그 아들을 위하여 슬퍼한다 함이 그 날에 백성들에게 들리매 그 날의 승리가 모든 백성에게 슬픔이 된지라 그 날에 백성들이 싸움에 쫓겨 부끄러워 도망함 같이 가만히 성읍으로 들어가니라 왕이 그의 얼굴을 가리고 큰 소리로 부르되 내 아들 압살롬아 압살롬아 내 아들아 내 아들아 하니 요압이 집에 들어가서 왕께 말씀 드리되 왕께서 오늘 왕의 생명과 왕의 자녀의 생명과 처첩과 비빈들의 생명을 구원한 모든 부하들의 얼굴을 부끄럽게 하시니 이는 왕께서 미워하는 자를 사랑하시며 사랑하는 자는 미워하시고 오늘 지휘관들과 부하들을 멸시하심을 나타내심이라 오늘 내가 깨달으니 만일 압살롬이 살고 오늘 우리가 다 죽었더면 왕이 마땅히 여기실 뻔하였나이다 이제 곧 일어나 나가 왕의 부하들의 마음을 위로하여 말씀하옵소서 내가 여호와를 두고 맹세하옵나니 왕이 만일 나가지 아니하시면 오늘 밤에 한 사람도 왕과 함께 머물지 아니할지라 그리하면 그 화가 왕이 젊었을 때부터 지금까지 당하신 모든 화보다 더욱 심하리이다 하니

> 요압은 다윗의 이복자매인 스루야의 장남으로서 다윗의 군대장관이었습니다. 다윗은 군사적인 문제의 대부분을 그에게 맡겼습니다. 그는 뛰어난 군사전략을 세워 모든 전쟁을 승리로 이끈 명장이었습니다. 그러나 다윗의 마음을 정확히 읽지 못하고 자기 마음대로 행동함으로써 다윗을 분노케 했고 심지어는 부딪치는 일까지 발생했었습니다. 때문에 다윗은 자기 아들 솔로몬에게 요압을 처형하도록 유언하여 결국은 비참하게 이 세상을 떠났습니다.

1. 탁월한 군사전략가였습니다.

첫째로 이스보셋의 군대를 물리쳤습니다.

사울이 길보아 전투에서 참패를 당하고 죽게 되자 다윗은 헤브론에 무혈 입성할 수 있었습니다. 그런데 사울의 군대장관이었던 아브넬이 사울왕의 넷째 아들인 이스보셋을 왕으로 세워 다윗이 다스리는 유다 지파를 제외한 나머지 이스라엘 지파들을 다스리도록 했습니다(삼하 2:8,9). 이러한 아브넬의 행위는 표면적으로 볼 때에는 사울에 대한 충정같이 보일지 모르지만 실상은 자신의 권력을 계속 유지하려는 욕망에서 비롯된 것으로서 다윗에 대한 반역이요 하나님의 뜻을 거역한 범죄행위였습니다. 이로 인해 이스라엘은 두 왕국으로 분열되어 약 7년 6개월 동안 피비린내 나는 동족상잔의 비극을 겪어야 했습니다(삼하 2:11). 그런데 다윗의 군대장관 요압의 군대가 이스보셋의 아브넬 군대를 완전히 제압했습니다(삼하 2:10-17). 이것은 바로 탁월한 요압의 군사전략에 의한 것이었습니다. 이로 인해 아브넬의 정권야욕은 물거품이 되었습니다.

둘째로 암몬과 아람의 연합군을 격파했습니다.

다윗은 암몬 나라 왕이었던 나하스 생전에 그에게 은혜를 입었기 때문에 그의 아들인 "하눈에게 은총을 베풀되 그의 아버지가 내게 은총을 베푼 것같이 하리라 하고 다윗이 그의 신하들을 보내 그의 아버지를 조상하라…"(삼하 10:2)고 했습니다. 원래 암몬은 이스라엘의 적국이었습니다(삼상 11:2). 그런데 나하스왕은 아마도 다윗에게는 친절을 베풀었던 것 같습니다. 그러나 암몬의 방백들이 하눈 왕에게 "왕은 다윗이 조객을 당신에게 보낸 것이 왕의 아버지를 공경함인 줄로 여기시나이까 다윗이 그의 신하들을 당신에게 보내 이 성을 엿보고 탐지하여 함락시키고자 함이 아니니이까"(삼하 10:3)라고 의혹을 제기했습니다. 이에 다윗의 선한 뜻을 오해한 하눈은 다윗의 신하들을 잡아 수염을 깎고 그들의 옷을 중동볼기까지 자르고 돌려보냈습니다. 그는 선을 악으로 갚았습니다. 중동지방에서의 수염은 자유인이라는 표시였습니다. 그러므로 수염을 깎는 것은 노예 취급을 하는 것으로서 대단한 모욕이었습니다. 또한 당시에는 제사장들만 속옷을 입었고 일반인들은 입지 않았습니다(출 28:4). 그런데 속옷이 없는 사신들의 겉옷을 엉덩이 바로 위까지 짤랐다는 것은 모독이요, 수치스러운 일이었습니다. 암몬은 이로 인해 다윗의 미움을 산 줄 알고 아람과 연합하여 이스라엘을 공격했습니다(삼하 10:6). 그러나 요압의 군대는 탁월한 군사전략으로 그를 완전히 물리쳤습니다(삼하 10:7-19). 한마디로 그는 탁월한 명장이었습니다.

셋째로 압살롬과 세바의 반란을 진압시켰습니다.
4년 동안 거사를 준비한 압살롬은 드디어 반란을 일으켰습니다. 그로 인해 다윗은 할 수 없이 신하들과 함께 왕궁을 떠나 피난길에 올랐습니다(삼하 15:7-14). 기세 등등한 압살롬은 아버지인 다윗을 죽이려고 계속 추적했습니다(삼하 17:1-29). 그런데 그러한 압살롬을 요압이 에브라임 수풀 전투에서 죽였습니다(삼하 18:6-15). 또한 압살롬이 죽은 후 다윗이 예루살렘 귀환문제를 놓고 갈등하고 있을 때에 세바가 반역을 일으켰습니다(삼하 20:1-2). 세바의 반란 시에는 이스라엘의 10지파가 합류했습니다. 그런데 요압은 소수의 군사를 이끌고 반란을 진압했습니다(삼하 20:14-22). 요압은 백전백승의 사람이었습니다.

사랑하는 여러분!
우리는 이 세상을 이기신 예수 그리스도의 군사들입니다. 그러므로 그 어떤 대적도 무섭지 않습니다. 또한 제 아무리 악하게 도전해 오는 이 세상의 악도 전혀 두려울 것이 없습니다. 그리고 그 사악한 사탄의 계략도 겁낼 것 없습니다. 우리 모두는 하나님의 자녀답게 자신 있게 살아야 합니다.

2. 인명살상에 능한 자였습니다.

첫째로 이스보셋의 아브넬을 죽였습니다.

기브온 전투에서 이스보셋의 아브넬 군대가 패하여 퇴각할 때에 요압의 막내 동생 아사헬이 아브넬을 집요하게 추격했습니다. 아사헬은 아브넬을 죽임으로써 전쟁의 영웅이 되고자 했습니다. 아브넬은 사울왕 때부터 이스라엘의 군대장관이었는데 사울왕이 죽은 후에도 사울왕의 아들인 이스보셋으로 하여금 왕위를 계승케 하고 계속 군대장관으로 중임하고 있었습니다. 그는 전쟁에 패해 도망하면서도 자기의 적수가 되지 못하는 아사헬에게 추격하지 말 것을 거듭 충고했습니다. 그럼에도 불구하고 아사헬은 아브넬의 충고를 무시하고 무모하게 계속 추격하다가 아브넬의 칼에 의해 죽고 말았습니다(삼하 2:18-23). 다시 말하면 아브넬이 요압의 동생 아사헬을 죽인 것은 정당방위였습니다. 그런데 요압은 아브넬의 간절한 휴전 요청에도 불구하고 아브넬을 죽였습니다(삼하 3:26-30).

둘째로 에브라임에서 압살롬을 죽였습니다.

다윗은 요압과 아비새, 잇대에게 "나를 위하여 젊은 압살롬을 너그러이 대우하라..."(삼하 18:5)고 명령했습니다. 다윗은 압살롬이 비록 반역을 일으켰지만 자식이기 때문에 이미 용서한 것이었습니다(삼하 18:5). 그런데 압살롬이 에브라임 전투에서 노새를 타고 상수리나무 밑을 지나가던 중 압살롬이 상수리나무에 걸려 매달려 있는 것을 본 한 사람이 사실을 요압에게 알렸습니다. 요압은 그 사람에게 왜 그 사람을 당장 죽이지 않았느냐고 책망했습니다. 이에 그는 왕의 명령을 어기고 왕의 아들에게 손을 댈 수 없다고 했습니다(삼하 18:12,13). 그러나 요압은 자신이 직접 압살롬의 심장을 찔러 죽였습니다(삼하 18:14,15). 요압은 자신이 섬기는 다윗 왕의 명령을 거부하고 자기 생각과 고집대로 했습니다.

셋째로 친족인 아마사를 죽였습니다.
요압의 살인행위는 모두가 다 질투와 원한에 의한 것이었습니다. 그는 근동지방의 인사법대로 아마사의 수염을 잡고 입맞추는 척 하면서 미리 준비해둔 단검으로 자기 친족인 아마사를 죽였습니다. 그리하여 그는 자신의 정적을 몰아내고 실권을 회복하는 기회를 맞았습니다. 그러나 그는 자기 친족도 몰라볼 정도로 사악한 감정에 사로잡힌 자였습니다(대상 2:14-17). 그의 살인행위는 아브넬, 압살롬, 아마사까지 계속해서 행해졌습니다. 이 모두는 다 자신의 정치적인 야욕을 위한 것이었습니다.

사랑하는 여러분!
우리는 언제나 내가 먼저 화해의 손길을 내밀어야 합니다. 또한 다른 사람의 화해요구를 절대로 거절해서는 안 됩니다. 그리고 언제나 내 기분과 감정이 아닌 하나님을 의식하고 살아야 합니다.

3. 술수가 뛰어난 자였습니다.

첫째로 동생 아사헬의 원수를 갚았습니다.
다윗의 초창기에는 사울의 아들인 이스보셋이 사울 왕통을 계승하여 나라를 다스리고 있었기 때문에 사울의 세력이 여전히 강한 상태였습니다. 그래서 다윗의 군사와 이스보셋의 군사 사이에 암투와 전쟁이 계속되고 있었습니다. 이때에 요압의 친동생인 아사헬이 아브넬과 싸우다가 죽었습니다(삼하 2:23). 그런데 아브넬은 사울의 첩과의 관계 때문에 이스보셋에게 힐난을 당하고 난 다음에 이스보셋을 배반하고 다윗과 평화조약을 맺고 다윗에게로 귀순했고, 다윗은 그를 따뜻하게 맞이해 주었습니다(삼하 3:7-21). 그런데 요압은 아브넬에게 조용히 말하려는 듯이 성문으로 들어가서 갑자기 그의 배를 찔러 죽였습니다. 그것은 바로 아브넬이 기브온 전쟁에서 아사헬을 죽였기 때문이었습니다(삼하 3:30). 그러나 실제는 아브넬이 자신의 경쟁자였기 때문이었습니다.

둘째로 다윗이 압살롬을 용납하도록 했습니다.
압살롬은 자기 여동생 다말이 암논에게 욕을 당했다는 소식을 듣고 사환들을 시켜서 암논을 죽였습니다(삼하 13:28, 29). 그리고 그는 아버지가 두려워 멀리 도망갔습니다(삼하 13:34-37). 그런데 다윗은 암논은 이미 죽었다고 할지라도 멀리 도망간 압살롬이 3년이 되어도 나타나지 않자 안타까워했습니다(삼하 13:38, 39). 이에 요압은 드고아 여인을 시켜 다윗의 마음을 돌이켜서 압살롬과 화해케 했습니다(삼하 14:1-21). 참으로 대단한 술수가였습니다.

셋째로 아도니야의 반역에 가담했습니다.
다윗의 말년에 다윗의 넷째 아들인 아도니야가 아버지의 뒤를 잇고자 야망을 품고 작업을 했습니다. 그때에 아도니야와 함께 한 사람이 바로 요압이었습니다. 그러나 다윗이 40년간 이스라엘을 다스리고 죽게 되자 솔로몬이 왕위를 계승하였고 나라를 아주 견고케 했습니다(왕상 2:12). 때문에 왕위에 대한 야심을 가진 아도니야의 반란에 가담했던 요압은 솔로몬에 의해 비참하게 죽임을 당했습니다(왕상 2:22-34). 탁월한 그의 군사력이나 인명살상에 능했으며 술수가 뛰어난 자였지만 그의 모든 것은 다 물거품이 되었습니다.

사랑하는 여러분!
원수는 하나님께 맡기고 마땅히 우리의 길을 성실하게 걸어가야 합니다. 또한 조건 없이 모든 사람들과 화해해야 합니다. 그리고 그 어떤 이유로도 남을 해치지 말고 살리는 일에 쓰임 받는 복된 자들이 되시기 바랍니다.

 # 요 엘

[욜 2:28-32]

그 후에 내가 내 영을 5)만민에게 부어 주리니 너희 자녀들이 장래 일을 말할 것이며 너희 늙은이는 꿈을 꾸며 너희 젊은이는 이상을 볼 것이며 그 때에 내가 또 내 영을 남종과 여종에게 부어 줄 것이며 내가 이적을 하늘과 땅에 베풀리니 곧 피와 불과 연기 기둥이라 여호와의 크고 두려운 날이 이르기 전에 해가 어두워지고 달이 핏빛 같이 변하려니와 누구든지 여호와의 이름을 부르는 자는 구원을 얻으리니 이는 나 여호와의 말대로 시온 산과 예루살렘에서 피할 자가 있을 것임이요 남은 자 중에 나 여호와의 부름을 받을 자가 있을 것임이니라

> 성경에는 요엘(여호와는 하나님이시다란 뜻)이란 이름을 가진 동명이인이 14명이 있습니다. 이 시간에는 그 중에서도 브두엘의 아들로서 웃시야 당시의 예언자였던 요엘에 대해서 말씀드리겠습니다. 성경의 그 어디에도 그에 대한 신상이나 가족사항에 대해서는 전혀 언급되어 있지 않습니다. 그러나 그는 유다 백성들에게 임할 재앙을 경고하고 진실한 회개를 촉구했습니다. 그리고 회개하면 하나님께서 용서해주시고 은혜를 주셔서 새롭게 해주시고 성령으로 충만케 하시고 승리하게 해주실 것이라고 선언했습니다.

1. 유다에 임할 재앙에 대한 경고입니다.

첫째로 메뚜기 떼의 재앙이었습니다.

요엘은 "팥중이가 남긴 것을 메뚜기가 먹고 메뚜기가 남긴 것을 느치가 먹고 느치가 남긴 것을 황충이 먹었도다"(욜 1:4)라고 했습니다. 본문의 팥중이와 메뚜기, 느치와 황충은 히브리어 원어에서는 모두 다 한 종류의 메뚜기를

다양하게 표현한 것입니다. 그것은 바로 당시의 메뚜기 재앙이 시간 간격을 두고 점진적으로 계속 임할 것임을 강조하기 위한 것이었습니다. 이와 같이 하나님께서는 우리 성도들이 완악하여 자신들의 죄를 깨닫지 못하고 계속해서 범죄할 때에는 여러 번 경고하셔서 그들이 죄를 깨닫도록 계속 강권하시면서 기다리십니다(벧후 3:9). 그러므로 우리는 하나님께서 우리들을 깨우치실 때에는 지체함이 없이 곧바로 즉시 회개하고 하나님께로 돌이켜야 합니다.

둘째로 제사장들이 탄식했습니다.
요엘은 "다른 한 민족이 내 땅에 올라왔음이로다 그들은 강하고 수가 많으며 그 이빨은 사자의 이빨 같고 그 어금니는 암사자의 어금니 같도다"(욜 1:6)라고 했습니다. 그는 메뚜기 떼를 한 나라의 침략자들로 표현한 것이었습니다. 수가 많은 아주 강한 군대와 같이 모든 농작물들을 다 초토화시켜 버렸다는 것이었습니다. 그래서 이스라엘 백성들이 매일 아침, 저녁으로 곡물로 준비하여 드리는 소제와 전제를 드릴 수 없었습니다. 때문에 하나님 앞에 반드시 드려야 할 제사가 끊어진 것을 보고 제사장들이 안타까워서 슬퍼했습니다(욜 1:9). 그렇습니다. 성도들을 맡고 있는 목회자들은 그 어떤 이유로든지 성도들이 예배에 소홀한다든지 빠지게 될 때에 가장 마음을 아파하고 괴로워합니다. 그러므로 이 자리에 있는 우리 성도들은 그 어떤 일이 있어도 예배에 소홀하거나 빠지는 일이 없어야겠습니다. 우리 모두는 이유 여하를 막론하고 반드시 예배에 성공해야 합니다. 바로 거기에 은혜와 축복이 있습니다.

셋째로 여호와의 심판이 가까웠다고 했습니다.
요엘은 "슬프다 그 날이여 여호와의 날이 가까웠나니 곧 멸망 같이 전능자에게로부터 이르리로다"(욜 1:15)라고 했습니다. 이 말은 바로 그동안 하나님을 배신하고 범죄한 이스라엘이 하나님의 심판에 의해 앗수르 군에게 멸망할 날이 가까웠다는 것입니다. 이 말씀대로 이스라엘은 주전 약 723년경에 멸망했습니다(왕하 17:6-8). 또한 본절에서의 "여호와의 날"은 주님이 이 세상을 심판하시기 위해 다시 오시는 재림의 날을 의미하기도 합니다. 그러므로 우리는 주님의 재림이 가까웠음을 깨닫고 경성하여 사명을 잘 감당해야겠습니다. 이 세상 사람들이나 이단 사이비 집단들은 종말을 핑계로 정상적인 삶을 포기하고 인생을 자포자기하는 자들도 있고 산 속에서 은닉생활을 하기도 합니다. 그리고 종말을 핑계로 선량한 사람들의 물질을 착취하는 집단들도 있습니다. 그러나 우리 하나님의 사람들은 "오늘 종말이 온다고 할지라도 나는 한그루의 나무를 심겠다"는 루터의 말(나중에 스피노자가 인용함)처럼 주님 오시는 그 날까지 현재의 삶에서 최선을 다해야 할 것입니다.

사랑하는 여러분!
이 세상에서 발생하는 모든 천재지변은 바로 하나님께서 우리들에게 주시는 경고의 메시지입니다. 또한 하나님의 징계의 채찍으로 우리들이 예배를 드릴 수 없는 불행한 일이 결코 없어야겠습니다. 그리고 주님의 재림의 때가 가까운 줄 알고 언제나 경성하여 맡은 바 사명을 잘 감당해야겠습니다.

2. 유다의 진실한 회개의 촉구입니다.

첫째로 상한 심령으로 돌아오라고 했습니다.
요엘은 "여호와의 말씀에 너희는 이제라도 금식하고 울며 애통하고 마음을 다하여 내게로 돌아오라 하셨나니"(욜 2:12)라고 했습니다. 이것은 바로 하나님께서 내리신 메뚜기 재앙과 그로 인한 소제와 전제의 멈춤, 여호와의 날에 대한 심판의 예언을 통하여 장차 유다에 임할 심판의 심각성을 경고했음에도 불구하고 회개치 않는 그들을 참고 기다리고 계시다는 것입니다. 또한 이제 어서 빨리 회개하고 하나님께로 돌아오라고 촉구했습니다. 여호와께서 "너희는 이제라도..."라고 말씀하신 것은 하나님께서는 그동안 유다를 향한 사랑을 가지시고 지금까지 기다렸으니 속히 돌아오라는 것입니다. 그러므로 우리들은 더 이상 지체하지 말고 어서 빨리 하나님의 품으로 돌이켜야 합니다. 그것이 바로 우리가 사는 길 입니다.

둘째로 마음을 찢으라고 했습니다.
구약시대의 유대인들은 애통하는 일이나 슬픔을 당했을 때에는 자신의 옷을 찢고 재를 뒤집어쓰고 부르짖는 관습이 있었습니다(에 4:1; 사 58:5). 그래서 유대인들이 회개할 때에는 이러한 버릇들이 아주 습관화 되어있었습니다. 당시의 유대인들도 실제로는 자신이 지은 죄를 진실하게 회개하지 않으면서도 그냥 형식적으로 자신의 옷을 찢고 재를 뒤집어쓰며 소리를 지르면서 회개하는 척 하기도 했습니다. 때문에 요엘이 "너희는 옷을 찢지 말고 마음을 찢고 너희 하나님 여호와께로 돌아올지어다..."(욜 2:13上)라고 진정한 회개를 촉구한 것입니다. 이것은 바로 우리들을 향한 요엘의 외침인 것입니다. 왜냐하면 오늘의 우리들도 순간적인 기분이나 감정의 뉘우침이나 반성은 있으나 근본적인 언행심사의 변화가 나타나지 못하고 있습니다. 그러므로 우리는 반드시 회개에 합당한 열매(눅 3:8)를 맺어야 합니다.

셋째로 하나님의 성품에 대해 설명했습니다.
요엘은 "...너희 하나님 여호와께로 돌아올지어다 그는 은혜로우시며 자비로우시며 노하기를 더디하시며 인애가 크시사 뜻을 돌이켜 재앙을 내리지 아니하시나니"(욜 2:13下)라고 했습니다. 다시 말하면 사랑의 하나님께서는 죄는 미워하시지만 죄인은 미워하시지 않으시기 때문에 회개하고 여호와께 돌아오기만 하면 무한하신 사랑으로 다 용납하신다는 것입니다. 그렇습니다. 하나님은 사랑(요일 4:8)이십니다.

사랑하는 여러분!
우리 모두 지은 죄를 철저하게 회개하고 상한 심령으로 하나님께로 돌이킵시다. 또한 마음을 찢는 진실한 회개를 합시다. 그리고 지금 이 시간에도 풍성하신 사랑으로 오래 참으시고 기다리시는 하나님의 품으로 어서 속히 돌아오시기 바랍니다. 그리하여 영육이 풍성한 복된 삶을 사시기 바랍니다.

3. 돌아온 자들에 대한 복입니다.

첫째로 현세의 복을 약속하셨습니다.
하나님께서는 회개한 자들에게 현세의 복을 주신다고 약속하셨습니다. 먼저 하나님께서는 회개한 자들을 뜨거운 마음을 가지시고 긍휼히 여기십니다(욜 2:18). 심히 부족하고 연약한 우리 인간들이 이 세상을 살아갈 때에 우리 인간들의 생사화복을 주장하시는 하나님께 긍휼히 여김을 받는다는 것은 이 세상의 그 무엇보다도 가장 크고 아름다운 복입니다. 또한 물질적인 복을 약속하셨습니다. 다시 말하면 "곡식과 새 포도주와 기름을"(욜 2:19) 풍족하게 주심으로 "마당에는 밀이 가득하고 독에는 새 포도주와 기름이 넘치리로다"(욜 2:24)라고 했습니다. 우리가 육신을 입고 이 세상을 살아가는 동안에는 이 물질은 절대적으로 필요합니다. 그런데 하나님께서 우리에게 주신 약속은 이 물질을 흡족하게 주시겠다고 하신 것입니다. 다시 말하면 하나님의 자녀들인 우리 성도들이 이 세상을 살아가는 데에 필요한 모든 물질을 완전히 책임져주시겠다는 것입니다. 참으로 놀라운 축복입니다. 그리고 재난을 제거해주신다고 하셨습니다(욜 2:20). 이 세상은 지금 천재지변과 인재지변으로 인해 난리와 난리가 계속 터지고 있습니다. 그러므로 하나님께서 우리들의 삶 속에서 재난을 제거해 주신다고 하는 것은 더 없이 귀한 축복입니다.

둘째로 종말의 복을 약속하셨습니다.
먼저 하나님께서는 "내가 내 영을 만민에게 부어 주리니…"(욜 2:28)라고 하셨습니다. 바로 성령으로 충만케 하시겠다는 것입니다. 마지막 때에는 성령으로 충만해야 능력 있는 삶을 살 수 있습니다. 또한 하늘과 땅에 큰 이적을 베풀어주시겠다(욜 2:30)고 하셨습니다. 그리고 여호와의 이름을 부르는 자는 구원해주시겠다(욜 2:32)고 하셨습니다. 이 모든 복은 하나님을 찾는 모든 자들에게 주어지는 복입니다.

셋째로 최후 승리와 복을 약속하셨습니다.
하나님께서는 그동안 이스라엘을 괴롭혔던 사면의 민족들을 심판(욜 3:12)하시고 이스라엘에게 최후의 승리와 복을 주시겠다(욜 3:16-21)고 하셨습니다. 그러므로 우리는 이 세상의 그 어떠한 고난도 두렵지 않습니다. 그렇습니다. 우리 성도들은 이미 이겨놓은 삶을 살고 있는 것입니다. 그러므로 언제, 어디서나, 항상 자신 있는 삶을 살아야 합니다.

사랑하는 여러분!
하나님이 주시는 현세의 복이 여러분의 삶의 현장에 넘치시기 바랍니다. 또한 성령으로 충만하여 능력 있는 삶을 사시기 바랍니다. 그리고 궁극적인 승리자임을 믿고 이 세상을 자신 있게 살아가는 멋있는 성도들이 되시기 바랍니다.

 # 욥

[욥 1:1-5]

우스 땅에 욥이라 불리는 사람이 있었는데 그 사람은 온전하고 정직하여 하나님을 경외하며 악에서 떠난 자더라 그에게 아들 일곱과 딸 셋이 태어나니라 그의 소유물은 양이 칠천 마리요 낙타가 삼천 마리요 소가 오백 겨리요 암나귀가 오백 마리이며 종도 많이 있었으니 이 사람은 동방 사람 중에 가장 훌륭한 자라 그의 아들들이 자기 생일에 각각 자기의 집에서 잔치를 베풀고 그의 누이 세 명도 청하여 함께 먹고 마시더라 그들이 차례대로 잔치를 끝내면 욥이 그들을 불러다가 성결하게 하되 아침에 일어나서 그들의 명수대로 번제를 드렸으니 이는 욥이 말하기를 혹시 내 아들들이 죄를 범하여 마음으로 하나님을 욕되게 하였을까 함이라 욥의 행위가 항상 이러하였더라

> 욥(박해받는 자, 돌아오는 자, 회개하는 자란 뜻)은 동명이인이 두 명이 있습니다. 오늘 이 시간에는 욥기서의 주인공인 욥에 대해서 말씀드리고자 합니다. 그는 셈의 아들인 아람의 자손으로서 우스 땅에 사는 의인이었습니다. 그는 칠남 삼녀를 둔 가장으로서 물질적으로도 부요하게 산 사람이었습니다. 그는 하나님께서 인정하실 정도로 하나님을 잘 믿는 사람이었습니다. 그런데 사탄의 질투로 인해 말할 수 없는 큰 시련을 당했습니다. 그러나 하나님을 경외하는 순전한 신앙으로 완전한 승리를 이룬 모범적인 신앙인이었습니다.

1. 인정받은 신앙

첫째로 우스 땅의 의인이었습니다.

욥은 팔레스틴의 남동쪽에 위치한 우스 땅에 사는 사람으로서 "온전하고

정직하여 하나님을 경외하며 악에서 떠난 자"(욥 1:1)였습니다. 먼저 그는 온전한 사람이었습니다. '온전' 하다는 것은 속과 겉이 한결같이 진실하다는 것입니다. 다시 말하면 그의 마음이 항상 선하고 아름다웠다는 것입니다. 또한 그는 정직한 사람이었습니다. 정직은 의인의 상징이며 성도들의 마땅한 자세입니다. 하나님께서는 언제나 정직한 자를 기뻐하시며 그와 동행하십니다. 그러므로 정직한 자는 하나님 안에서 반드시 승리하게 되어있습니다. 때문에 성경이 그를 우스 땅의 의인이라고 말씀하신 것입니다.

둘째로 하나님을 경외한 사람이었습니다.
그가 산 곳은 하나님을 믿지 않는 이방인들이 사는 지역이었습니다. 그러나 그는 철저하게 하나님을 경외했습니다. 때문에 그가 이 세상의 악에서 떠날 수 있었습니다. 그렇습니다. 하나님을 경외하는 자는 사탄이 주장하는 이 세상을 미워할 수밖에 없습니다. 그러므로 우리들도 창조주 하나님을 마땅히 경외해야 합니다. 그래야 매사에서 하나님을 의식하고 악을 미워하며 죄에 대한 육의 욕구를 다스릴 수 있습니다. 우리들도 욥처럼 하나님을 경외하고 악에서 떠난 믿음의 삶을 살아야겠습니다.

셋째로 하나님께서 칭찬하셨습니다.
하나님께서는 사탄에게 "네가 내 종 욥을 주의하여 보았느냐 그와 같이 온전하고 정직하여 하나님을 경외하며 악에서 떠난 자는 세상에 없느니라"(욥 1:8)고 욥을 칭찬하셨습니다. 하나님께서 사탄에게 욥을 "내 종"이라고 하신 것은 욥이 하나님께 예배하는 자요, 하나님의 일을 하는 자라는 것입니다. 하나님께서는 언제나 하나님을 믿고 의지하며 하나님의 일을 감당하는 자들에게 당신의 종이라고 말씀하셨습니다. 그래서 이스라엘 민족을 출애굽 시킨 모세를 "내 종"(민 12:7; 수 1:2)이라고 하셨습니다. 또한 하나님의 뜻에 순종하여 가나안 땅을 믿음의 눈으로 정탐한 갈렙을 "내 종"(민 14:24)이라고 하셨습니다. 그리고 전천후 신앙인 다윗에게도 "내 종"(삼하 3:18)이라고 하셨습니다. 뿐만 아니라 이사야 선지자를 "내 종"(사 20:3)이라고 하셨습니다. 그 외에 야곱에게도 "나의 종"(사 44:1)이라고 하셨습니다. 이들 모두는 다 믿음이 견고한 사명자들이었습니다. 그러므로 우리들도 하나님께서 내 종이라고 인정하실 수 있는 성도가 되어야겠습니다.

사랑하는 여러분!
우리들도 하나님께서 보시기에 순전하고 정직한 삶을 삽시다. 또한 철저하게 하나님을 경외하는 자들로서 이 세상의 악과 상관이 없는 삶을 삽시다. 그리하여 하나님께서 "내 종"이라고 인정하시고 칭찬하시는 멋진 신앙인들이 되시기 바랍니다.

2. 사탄에 의한 시련

첫째로 재산이 다 날아갔습니다.
하나님께서는 사탄에게 욥에 대해서 '내 종'이라고 말씀하시고 그의 인격과 신앙을 칭찬하셨습니다. 이에 사탄은 욥이 까닭 없이 그럴 리가 없습니다. 그가 그렇게 된 것은 하나님께서 욥과 그의 집은 물론 모든 소유에 복을 많이 주셨기 때문이라고 말하고 하나님께서 욥의 소유를 치신다면 곧바로 그가 욕할 것이라고 했습니다(욥 1:9-11). 이에 하나님께서는 사탄에게 "내가 그의 소유물을 다 네 손에 맡기노라 다만 그의 몸에는 네 손을 대지 말지니라…"(욥 1:12)고 하셨습니다. 이것이 바로 욥이 당한 시련의 원인이었습니다. 그때부터 사탄이 욥을 괴롭히기 시작했습니다. 하루는 욥의 자녀들이 큰아들 집에서 식사하고 있었는데 한 사람이 와서 말하기를 "소는 밭을 갈고 나귀는 그 곁에서 풀을 먹는데 스바 사람이 갑자기 이르러 그것들을 빼앗고 칼로 종들을 죽였나이다…"(욥 1:14-15)라고 했습니다. 또한 그의 말이 끝나기도 전에 한 사람이 와서 "하나님의 불이 하늘에서 떨어져서 양과 종들을 살라 버렸나이다…"(욥 1:16)라고 했습니다. 그리고 또 한 사람이 와서 "갈대아 사람이 세 무리를 지어 갑자기 낙타에게 달려들어 그것을 빼앗으며 칼로 종들을 죽였나이다…"(욥 1:17)라고 했습니다. 바로 하루아침에 그의 모든 재산이 다 없어진 것이었습니다.

둘째로 자녀들이 다 죽었습니다.

욥의 재산이 모두 다 없어졌다고 말하는 사람의 말이 끝나기도 전에 한 종이 와서 "주인의 자녀들이 그들의 맏아들의 집에서 음식을 먹으며 포도주를 마시는데 거친 들에서 큰 바람이 와서 집 네 모퉁이를 치매 그 청년들 위에 무너지므로 그들이 죽었나이다 나만 홀로 피하였으므로 주인께 아뢰러 왔나이다"(욥 1:18,19)라고 했습니다. 욥은 하루아침에 양과 소, 낙타들은 물론 종들과 칠남 삼녀의 자녀들까지 모두다 잃어버렸습니다. 참으로 인간으로서는 감당할 수 없는 엄청난 시련을 당했습니다.

셋째로 자신의 몸에 종기가 났습니다.

욥은 자신의 재산과 종들은 물론 심지어 십남매의 자녀들을 다 잃었음에도 불구하고 조금도 흔들림이 없이 "내가 모태에서 알몸으로 나왔사온즉 또한 알몸이 그리로 돌아가올지라 주신 이도 여호와시요 거두신 이도 여호와시오니 여호와의 이름이 찬송을 받으실지니이다"(욥 1:21)라고 오히려 하나님께 찬송과 영광을 돌렸습니다. 참으로 위대한 신앙인이었습니다. 하나님께서는 이러한 욥의 신앙에 대해 사탄에게 "…네가 나를 충동하여 까닭 없이 그를 치게 하였어도 그가 여전히 자기의 온전함을 굳게 지켰느니라"(욥 2:3)고 욥의 신앙을 다시 칭찬하셨습니다. 이에 사탄은 "이제 주의 손을 펴서 그의 뼈와 살을 치소서 그리하시면 틀림없이 주를 향하여 욕하지 않겠나이까"(욥 2:5)라고 이의를 제기했습니다. 그리하여 욥은 사탄에 의해 발바닥에서부터 정수리까지 종기가 나서 재 가운데 앉아서 질그릇 조각을 가지고 몸을 긁는 아픔을 겪었습니다(욥 2:7,8). 참으로 인간으로서는 상상할 수 없는 엄청난 시련이었습니다.

사랑하는 여러분!
욥은 하나님께서 자신을 칭찬하신 것 때문에 사탄의 시기와 질투를 받아 모든 재산과 종들을 다 빼앗겼습니다. 또한 십남매의 자녀들까지 잃어버렸습니다. 그리고 자신의 몸까지 종기로 만신창이가 되었습니다. 그러나 그는 이 세상이나 그 누구를 원망하거나 낙심하지 않았습니다.

3. 심지가 견고한 신앙

첫째로 그의 신앙은 여전히 견고했습니다.
욥은 자신의 모든 재산과 종들은 물론 십남매의 자녀들까지 다 없어졌음에도 불구하고 그는 오히려 "내가 모태에서 알몸으로 나왔사온즉 또한 알몸이 그리로 돌아가올지라 주신 이도 여호와시요 거두신 이도 여호와시오니 여호와의 이름이 찬송을 받으실지니이다"(욥 1:21)라고 하나님께 영광을 돌렸습니다. 참으로 우리 인간들이 상상할 수 없는 심지가 견고한 신앙인이었습니다. 또한 욥이 자신의 몸에 종기가 나서 재 가운데 앉아서 질그릇 조각으로 온 몸을 긁고 있었습니다(욥 2:7,8). 이것을 본 욥의 아내가 "당신이 그래도 자기의 온전함을 굳게 지키느냐 하나님을 욕하고 죽으라"(욥 2:9)고 했습니다. 그러나 욥은 그녀에게 "그대의 말이 한 어리석은 여자의 말 같도다 우리가 하나님께 복을 받았은즉 화도 받지 아니하겠느냐"(욥 2:10)라고 이해를 시켰습니다. 그리고 인과보응의 원리로 자신을 비웃고 괴롭혔던 세 친구들이 용서받도록 기도했습니다(욥 42:7-11). 그리고 그는 하나님께 자신의 구원을 위해 기도(욥 13:1-14:17)하고 내세와 부활에 대한 확실한 믿음을 가지고(욥 19:23-29) 끝까지 믿음을 지켰습니다.

둘째로 언행심사로 범죄하지 않았습니다.
그는 까닭 없이 하루아침에 그 많은 재산과 종들을 다 빼앗겼습니다. 또한 자신의 생명과 같은 십 남매를 한꺼번에 다 잃어버렸습니다. 그리고 하나님을 저주하고 죽으라는 아내의 비난도 받았습니다. 그러나 욥은 언행심사로 결코 범죄하지 않았습니다. 그는 참으로 아름다운 신앙인이었습니다.

셋째로 이전보다 갑절의 복을 받았습니다.
욥은 하나님께서 폭풍 가운데서 나타나셔서 하신 말씀을 듣고 하나님의 절대적인 주권 앞에 겸손히 무릎을 꿇고 회개했습니다(욥 42:1-6). 그리하여 그는 결국 이전보다 갑절의 복을 받았습니다. 하나님께서는 상상할 수 없는 시련 속에서도 하나님께 범죄하지 않고 겸손히 회개하는 그에게 십 남매는 물론 처음보다도 더 많은 물질까지 주셨습니다(욥 42:7-15). 그런데 전국에서 욥의 딸들처럼 아리따운 여자가 없었습니다(욥 42:15). 그는 백사십 세를 일기로 이 세상을 떠났습니다.

사랑하는 여러분!
우리 주님께서는 이 세상을 이기셨습니다. 그 어떠한 환난이 와도 두려워 맙시다. 또한 그 어떤 이유로도 우리들의 언행심사로 범죄하지 맙시다. 그리하여 처음보다 나중이 더 창대하게 되는 복을 누리시기 바랍니다.

 # 우리아

[삼하 11:11-13]

우리아가 다윗에게 아뢰되 언약궤와 이스라엘과 유다가 야영 중에 있고 내 주 요압과 내 왕의 부하들이 바깥 들에 진 치고 있거늘 내가 어찌 내 집으로 가서 먹고 마시고 내 처와 같이 자리이까 내가 이 일을 행하지 아니하기로 왕의 살아 계심과 왕의 혼의 살아 계심을 두고 맹세하나이다 하니라 다윗이 우리아에게 이르되 오늘도 여기 있으라 내일은 내가 너를 보내리라 우리아가 그 날에 예루살렘에 머무니라 이튿날 다윗이 그를 불러서 그로 그 앞에서 먹고 마시고 취하게 하니 저녁 때에 그가 나가서 그의 주의 부하들과 더불어 침상에 눕고 그의 집으로 내려가지 아니하니라

> 성경에 우리아는 동명이인이 2명이 있습니다. 오늘 이 시간에는 그 중에서도 다윗의 충성된 병사로서 밧세바의 남편인 우리아에 대해서 말씀드리겠습니다. 그는 원래 헷 사람으로서 이방인이었습니다. 그런데 이스라엘 사람으로 귀화한 것으로 추측됩니다. 왜냐하면 그의 이름의 뜻이 바로 "여호와는 빛이시다"라는 뜻을 가지고 있기 때문입니다. 다윗이 거느린 약 30여 명의 용사 중에 하나였습니다. 이 우리아가 신약에서는 우리야로 기록되어 있으며 동명이인도 6명이나 있습니다. 그러므로 특별히 유의해야 합니다.

1. 최선을 다한 충성의 사람

첫째로 헷 족속 출신이었습니다.

이 헷 족속은 애굽, 메소보다미아 민족과 함께 중동의 3대 민족 중의 하나였습니다. 여기에 히브리 민족을 넣어 중동의 4대 민족이라고 합니다. 그러나 히브리 민족은 헷 족속과 같은 대제국을 세워보지 못했습니다. 이 헷 족속

은 셈족이 아니요, 아리안 족속이었습니다. 중동 지역에서는 이 헷 족속이 기른 말들이 최고로 유명했습니다(왕상 10:28-29). 때문에 솔로몬의 좋은 말들은 모두 다 이 헷 왕국에서 사왔습니다. 또한 헷 족속은 블레셋보다도 2세기나 일찍 제철소를 두었습니다. 그리고 그들은 일찍부터 자신들의 상형문자로 역사서와 종교서를 기록할 정도로 앞선 민족이었습니다. 지금의 터키인들은 자신들이 헷 족속의 혈통임을 자랑스럽게 여기면서 유물들을 박물관에 보존해오고 있습니다.

둘째로 다윗의 정예용사였습니다.

다윗에게는 가장 큰 희생으로 왕을 보필한 처음 3인과 나중에 둔 3인 그리고 약 삼십 여 명의 정예용사들이 있었습니다(삼하 23:24-29). 이 삼십 여명은 항상 계속 유지되었습니다. 왜냐하면 유고가 생길 경우에는 곧바로 보충했기 때문입니다. 이 다윗의 용사들은 이스라엘 각 지파에 망라되어 있었으며 이방 출신까지 섞여 있었습니다(삼하 23:35-39). 이들은 대단히 용감했으며 왕에 대한 충성도가 대단했습니다. 그런데 우리아가 바로 이 다윗의 정예용사였습니다. 다시 말하면 우리아는 충성된 다윗의 용사였습니다.

셋째로 군인정신이 투철한 사람이었습니다.

겨울 동안 휴전되었던 전쟁이 봄이 되자 다시 시작되었습니다(삼하 11:1). 때문에 다윗은 군대장관 요압이 이끄는 온 이스라엘 군대를 요단강 동편에 위치한 랍바로 출전시켰습니다. 그러나 자신은 출전하지 않고 예루살렘의 왕궁에서 쉬고 있었습니다. 왜냐하면 팔레스틴에서는 뜨거운 대낮에는 잠을 자는 풍습이 있었습니다(삼하 4:5). 낮잠을 자고 난 다윗은 왕궁 옥상에 올라가서 한가롭게 거닐다가 한 여인이 목욕하는 것을 보았습니다(삼하 11:2). 다윗은 사람을 보내어 그가 누구인지 알아보게 한 다음 헷 사람 우리아의 아내인 밧세바라는 사실을 확인하고 그녀를 데려다가 동침했습니다(삼하 11:3,4). 그런데 밧세바가 자신이 임신한 것을 알고 이 사실을 다윗에게 알렸습니다(삼하 11:5). 이에 다윗은 전쟁터에 나가 싸우고 있는 요압에게 연락하여 우리아를 자신에게로 보내도록 했습니다. 그리하여 다윗은 자기에게 나아온 우리아에게 "네 집으로 내려가서 발을 씻으라"(삼하 11:8上)고 했습니다. 그러나 우리아는 자기 집으로 가지 않고 왕궁 문에서 왕의 신하들과 함께 잤습니다. 다윗은 이 소식을 듣고 우리아에게 "어찌하여 네 집으로 내려가지 아니하였느냐"(삼하 11:10下)고 꾸중했습니다. 이에 우리아는 나라가 전쟁 중에 있는데 "내가 어찌 내 집으로 가서 먹고 마시고 내 처와 같이 자리이까 내가 이 일을 행하지 아니하기로 왕의 살아 계심과 왕의 혼의 살아 계심을 두고 맹세하나이다"(삼하 11:11)라고 자신의 결심을 이야기했습니다. 다윗은 다시 한 번 기회를 주고 내일은 꼭 집에 들어가라고 했습니다. 그러나 그는 그 날도 가지 않았습니다(삼하 11:12). 그러자 다윗은 이제 우리아에게 술을 먹여서 취하게 한 다음 들어가도록 했습니다. 그러나 우리아는 신하들과 함께 침상에 그대로 쓰러져 잤습니다(삼하 11:13). 그는 군인정신이 투철한 사람이었습니다.

사랑하는 여러분!
출신이 중요한 것이 아니라 현재 내가 하나님을 믿고 있느냐 안 믿느냐가 중요합니다. 또한 우리들도 하나님의 군사로서 정예원이 되어야겠습니다. 그리고 지사 충성하는 자세로 사명을 철저하게 감당하는 멋진 성도들이 되시기 바랍니다.

2. 철저하게 배신당한 사람

첫째로 충성을 바친 왕에게 배신당했습니다.

다윗은 자신이 옥상에서 본 목욕하는 여인이 전쟁터에 나아가서 임무를 수행하고 있는 충성된 병사인 우리아의 아내라는 사실을 알고도(삼하 11:3) 그녀를 데려다가 동침했습니다. 그러나 우리아는 다윗왕의 명령에 의해 자신의 생명을 내놓고 전쟁터에 나아가 충성을 다 바치고 있었는데 그 다윗왕에게 배신을 당했습니다. 참으로 안타까운 일이었습니다. 그렇습니다. 이 세상에는 믿을 만한 것이 하나도 없습니다. 그러므로 우리는 어제나 오늘이나 영원토록 변함이 없으신 우리 주님만 믿고 의지해야 합니다.

둘째로 사랑하는 아내에게 배신당했습니다.

밧세바는 남편이 전쟁터에 나갔기 때문에 혼자 살고 있었습니다. 그러므로 집안도 아닌 마당에서 목욕한 것을 보면 조심성이 없는 여자였던 것 같습니다. 우리 자신들이 언행심사와 몸가짐을 주의해야 자신을 올바로 지켜갈 수 있습니다. 또한 자신이 비록 다윗 왕에게 불려갔다고 할지라도 우리아의 아내였기 때문에 다윗의 요구에 정중하게 거부할 수 있었습니다. 그러나 성경 그 어디에도 그러한 기사가 없습니다. 그러므로 우리아는 믿고 사랑한 아내에게도 배신당한 사람이었습니다.

셋째로 상사에게 배신당했습니다.

우리아는 전쟁터에서 상사인 요압의 명령에 따라 전쟁을 수행하는 정예요원이었습니다. 그러므로 우리아는 충성스러운 요압의 부하였습니다. 그럼에도 불구하고 요압은 다윗의 불의한 음모에 한 마디의 간언도 없이 적극적으로 가담했습니다. 만약에 요압에게 치열한 전쟁터에서 자신의 명령에 따라 목숨을 바쳐 충성하고 있는 부하에 대한 사랑이 조금만 있었다고 해도 다윗에게 우리아를 위한 충심 어린 간언을 했을 것입니다. 그러나 요압은 그 어떠한 고민도 하지 않았습니다. 그러므로 우리아는 상사에게도 배신당한 안타까운 사람이었습니다.

사랑하는 여러분!
우리는 그 어떤 이유로도 남을 배신하는 불행한 삶을 살지 맙시다. 또한 도울 힘이 없는 이 세상이나 인간을 의지하지 맙시다. 그리고 어제나 오늘이나 영원토록 변함없으신 하나님만 믿고 의지하는 지혜로운 삶을 사시기 바랍니다.

3. 억울하게 죽임 당한 사람

첫째로 다윗의 음모에 의해 죽임 당했습니다.
다윗은 우리아를 전쟁터에서 불러들여 그로 하여금 아내와 동침하게 함으로 밧세바가 임신한 자신의 아이가 우리아의 아이인 것처럼 덮어가려고 했습니다. 그러나 우리아는 왕의 명령을 받은 이스라엘군이 랍바를 점령하기 위해 요압 장군을 비롯하여 동료들이 전투를 벌이고 있는데 자신이 어찌 한가롭게 집에 가서 아내와 잘 수 있느냐는 충성스러운 생각 때문에 왕의 제안을 거절했습니다. 아마도 다윗이 제 정신을 가지고 있었다고 하면 일 계급을 특진시키고 크게 포상해야 할 사건이었습니다. 그런데 다윗은 엉뚱하게도 요압에게 명령을 내려 우리아를 최전방에 배치시켜 적의 화살에 의해 죽게 하라고 밀서를 보냈습니다(삼하 11:14,15). 그 편지도 전쟁터로 복귀하는 우리아 편에 보냈습니다. 참으로 양심이 마비된 악한 행위였습니다.

둘째로 요압이 다윗의 악에 동조했습니다.
우리아를 통해 다윗의 밀서를 받은 요압은 랍바성을 살펴보고 특별히 랍바의 강병이 지키고 있는 곳이 어디인지 파악한 다음 우리아를 그곳의 최전방에 투입하여 적군의 화살에 맞아 죽게 했습니다(삼하 11:16,17). 그는 불꽃같은 눈으로 감찰하시는 전지 전능하신 하나님을 의식하지 않고 충성된 자기 병사를 죽이는 다윗왕만 의식했습니다. 그러나 그것은 바로 우리 인생들의 생사화복을 주관하시는 하나님을 부인하는 무서운 범죄행위를 저지른 것이었습니다. 우리가 여기에서 한가지 깨달아야 할 것이 있습니다. 그것은 바로 그 어떤 경우에서도 이 세상이나 인간들의 비위 때문에 하나님의 법을 어길 수 없다는 것입니다.

셋째로 밧세바는 다윗의 아내가 되었습니다.

다윗은 자신이 범한 죄악을 감추기 위해 충성스러운 용사 우리아를 죽였습니다. 뿐만 아니라 우리아가 죽는 과정에서 다른 용사들도 죽었습니다(삼하 11:22-24). 그러나 다윗은 조금도 슬퍼하지 않았습니다. 그는 참으로 몰인정하고 잔인한 사람으로 변해 있었습니다. 또한 그는 우리아를 장사 지내고 나자 곧바로 사람을 보내어 밧세바를 데려다가 자기 아내로 삼았습니다(삼하 11:26,27). 이에 하나님께서는 나단을 다윗에게 보내어 비유로 그의 범죄를 지적하고 꾸짖으셨습니다(삼하 12:1-11). 다윗은 이 일로 인해 삶의 현장에서 많은 곤경을 겪게 되었으며, 요압 또한 평생토록 충성한 군대장관답지 않게 솔로몬에 의해 죽임을 당했습니다.

사랑하는 여러분!

그 어떤 이유로도 남을 해롭게 하거나 죽이는 악을 행치 맙시다. 또한 절대로 악에 이용되거나 동조하는 비참한 자가 되지 맙시다. 그리고 언제나 선과 의를 심는 복된 자들이 되시기 바랍니다.

웃시야

[대하 26:1-5]

유다 온 백성이 나이가 십육 세 된 웃시야를 세워 그의 아버지 아마샤를 대신하여 왕으로 삼으니 아마샤 왕이 그의 열조들의 묘실에 누운 후에 웃시야가 엘롯을 건축하여 유다에 돌렸더라 웃시야가 왕위에 오를 때에 나이가 십육 세라 예루살렘에서 오십이 년 간 다스리니라 그의 어머니의 이름은 여골리아요 예루살렘 사람이더라 웃시야가 그의 아버지 아마샤의 모든 행위대로 여호와 보시기에 정직하게 행하며 하나님의 묵시를 밝히 아는 스가랴가 사는 날에 하나님을 찾았고 그가 여호와를 찾을 동안에는 하나님이 형통하게 하셨더라

> 웃시야(여호와의 능력이란 뜻)는 성경에 동명이인이 6명이 있습니다. 오늘 이 시간에는 아마샤의 아들로서 16세에 유다의 10대 왕으로 즉위하여 52년간 통치한 웃시야에 대해 말씀드리겠습니다. 그는 스가랴의 신앙지도를 받아 여호와 보시기에 정직히 행하며 하나님을 경외했습니다. 때문에 하나님께서 그에게 복을 주셔서 나라를 부강하게 하셨습니다. 그러나 그가 정치, 경제, 군사적으로 나라가 강해지면서 그의 마음이 교만해졌습니다. 그는 제사장들을 업신여기고 여호와 제단에 분향하는 죄악을 범했습니다. 때문에 하나님께서 그에게 나병이 발하게 하셨습니다. 그리하여 그는 결국 왕궁에서 쫓겨나 별궁에서 거하다가 비참하게 죽었습니다.

1. 믿음으로 선정을 펼쳤습니다.

첫째로 스가랴의 신앙지도를 받았습니다.

웃시야의 부친 아마샤가 처음에는 여호와 앞에 정직히 행했으나 나중에는 여호와를 배신함으로 인해 하나님의 심판을 받아 살해되었습니다(대하 25:27,28). 때문에 웃시야는 16세의 어린 나이임에도 불구하고 유다의 10대 왕으로 즉위하여 장장 52년간을 치리했습니다. 웃시야의 통치기간은 전반기와 후반기로 나눌 수 있습니다. 전반기에는 그의 영적 지도자인 스가랴가 그에게 하나님의 뜻과 계시를 전하여 주고 그로 하여금 옳고 그른 것을 깨닫고 분별하도록 가르쳐 주었습니다. 어린 나이에 왕이 된 그에게 있어서는 참으로 복된 일이었습니다. 여기에서 우리가 유의해야 할 것은 본문의 스가랴는 선지자 스가랴(슥 1:1)와는 다른 사람이라는 점입니다. 그러므로 우리들이 주님의 몸 된 교회에서 건전한 신학사상을 가진 목회자를 통해서 신앙지도를 받는다는 것은 참으로 감사한 일입니다.

둘째로 여호와 보시기에 정직히 행했습니다.
본문에 보면 "웃시야가 그의 아버지 아마샤의 모든 행위대로 여호와 보시기에 정직하게 행하며"(대하 26:4)라고 말씀했습니다. 이 말씀은 웃시야가 그의 생애 전반기에 스가랴의 신앙지도를 받고 있었을 때의 상황에 대한 말씀입니다. 웃시야의 생애 전반기를 보면 그는 아버지 아마샤가 그랬던 것처럼 처음에는 여호와 보시기에 정직하게 행했습니다. 다시 말하면 훌륭한 영적 지도자인 스가랴가 그의 신앙을 지도했을 때에는 그가 늘 하나님의 현현하심을 의식하고 살았기 때문에 여호와 보시기에 정직하게 행할 수 있었습니다. 그러므로 우리들도 언제, 어디서나, 항상 하나님의 현현하심을 의식하고 살아야 합니다.

셋째로 여호와를 찾아 형통했습니다.
웃시야가 스가랴의 신앙지도를 받을 때에는 "...하나님을 찾았고 그가 여호와를 찾을 동안에는 하나님이 형통하게 하셨..."(대하 26:5)습니다. 여기에서 웃시야가 "하나님을 찾았다"는 것은 그가 하나님을 전적으로 의지하고 순종하며 그분의 뜻대로 행했다는 것입니다. 그렇습니다. 하나님께서는 언제나 신앙의 정도를 걸어가는 사람을 기뻐하시고 형통케 하십니다. 때문에 하나님께서는 하나님의 말씀대로 순종한 웃시야에게 복을 주시어 유다의 영토가 확장되고 산업이 번성함으로 군사대국이 되어 주변국들을 주장하는 강국이 되었습니다(대하 26:6-15). 이것이 바로 웃시야의 성공적인 전반기 생애였습니다.

사랑하는 여러분!
우리 모두 교회의 가르침에 아멘하여 순종하는 참된 성도들이 됩시다. 또한 다윗처럼 여호와 앞에서 정직히 행하는 신앙생활을 합시다. 그리고 전능하신 하나님을 전적으로 믿고 의지하여 범사가 형통하는 복을 누리시기 바랍니다.

2. 교만하여 변질되었습니다.

첫째로 신앙지도를 받지 못했습니다.
웃시야의 후반기 생애를 보면 전반기의 생애와는 전혀 달랐습니다. 스가랴의 사망으로 인하여 웃시야가 영적 지도자로부터 신앙지도를 받지 못하자 그의 신앙은 곧바로 타락하고 변질되었습니다. 그러므로 우리들이 한 교회를 섬기면서 한 목회자의 신앙지도를 받는다는 것이 얼마나 큰 축복인지 모릅니다. 유다가 국내외적으로 강해지고 물질적인 풍요를 누리게 되자 백성들은 사치와 연락에 빠졌습니다(사 3:16-23). 또한 웃시야는 교만하여 악을 행했습니다(대하 26:16). 그리고 그의 신앙은 돌이킬 수 없을 정도로 변질되었습니다(대하 26:16-18). 참으로 안타까운 일이었습니다. 그렇습니다. 제 아무리 믿음이 좋은 사람이라고 할지라도 목회자의 신앙지도를 받지 않으면 결국은 변질되고 타락하게 됩니다.

둘째로 월권하여 분향하려고 했습니다.

웃시야는 나라가 부강해지고 태평성대를 누리게 되자 교만하여져서 이 세상에서 자기 외에는 아무 것도 보이는 것이 없었습니다. 그는 자신이 유다의 왕으로서 언제나 제일인자인데 성전에 가면 언제나 제사장들이 분향하는 것을 보고 불만을 가졌는지 모르겠습니다. 거기다가 또한 당시 근동지방의 이방나라 왕들은 모두 다 왕들이 제사장직을 겸하고 있었습니다. 그래서 웃시야도 자신이 유다의 정치와 종교를 한 손에 거머쥐기 위해서 제사장직을 탐한 것이었습니다. 그러나 분향은 하나님께서 기름 부어 세우신 제사장만이 할 수 있는 고유권한이었습니다(출 30:1-10). 그럼에도 불구하고 웃시야가 분향하려고 한 것은 하나님의 섭리와 계획에 대한 무서운 도전행위였습니다. 또한 하나님께서 부여해주신 제사장의 권위를 월권하는 범죄행위였습니다. 때문에 하나님께서는 딱한 형편과 사정을 이유로 사무엘 선지자 대신 제사를 드린 사울왕을 폐위시키셨던 것입니다(삼상 13:8-14). 그러므로 우리들은 이유 여하를 막론하고 제사장의 권위를 무시하는 불행한 일이 없어야 합니다.

셋째로 제사장에게 노를 발했습니다.

대제사장 아사랴가 여호와의 제사장들 중에서 80명의 용맹한 자들을 뽑아 성소에서 하나님의 법을 어기고 분향하려는 웃시야에게 "...웃시야여 여호와께 분향하는 일은 왕이 할 바가 아니요 오직 분향하기 위하여 구별함을 받은 아론의 자손 제사장들이 할 바니 성소에서 나가소서 왕이 범죄하였으니 하나님 여호와에게서 영광을 얻지 못하리이다"(대하 26:18)라고 했습니다. 참으로 용감한 제사장들이었습니다. 그런데 자신의 잘못을 뉘우치고 회개했어야할 웃시야는 오히려 제사장들에게 화를 냈습니다. 이에 하나님께서는 그 즉시 그에게 나병이 생기게 하셨습니다(대하 26:19). 그렇습니다. 나병은 하나님께서 내리신 저주의 상징입니다. 때문에 하나님께서는 모세의 권위에 도전한 미리암도 나병으로 치셨고(민 12:1-10), 주의 종 엘리사를 속인 게하시도 나병으로 치셨으며(왕하 5:27), 제사장의 권위에 도전한 웃시야도 나병으로 치신 것입니다. 그래서 나병을 하늘이 내린 천병이라고 합니다.

사랑하는 여러분!
양들은 목자의 품안에서 반드시 지도를 받아야 합니다. 그러므로 목자 품을 벗어난 양은 살아갈 수 없습니다. 또한 그 어떤 이유로도 목자의 권위에 도전하거나 월권하는 일이 없어야 합니다. 그리고 철저한 순종의 삶으로 늘 강건하시길 바랍니다.

3. 병들어 쫓겨나 죽었습니다.

첫째로 성전에서 쫓겨났습니다.
유다의 10대 왕으로서 지위와 권세, 명예와 부를 한 몸에 지니고 전권을 행했던 그였지만 그에게 나병이 생기자 대제사장 아사랴와 제사장들이 웃시야를 성전에서 쫓아냈습니다(대하 26:20). 왜냐하면 나병환자는 부정한 자로 취급되기(레 13장; 민 5:2; 신 24:8) 때문에 거룩한 성전과 성도들은 물론 성물에까지도 가까이 할 수 없었습니다. 그렇습니다. 자신의 분수를 모르고 교만을 떠는 자는 하나님의 징계를 받아 반드시 무너지게 됩니다. 또한 이 세상에서의 영화는 잠시 잠깐이요, 언제 사라질지 모릅니다. 그러므로 우리들은 언제나 겸손히 순종하는 삶을 살아야 합니다.

둘째로 왕궁에서도 쫓겨났습니다.

대제사장 아사랴와 제사장들에 의해 성전에서 비참하게 쫓겨난 웃시야는 그동안 그토록 호화스럽게 영화를 누렸던 왕궁에도 들어갈 수 없었습니다. 다시 말하면 평생토록 누릴 것으로 믿었던 왕권까지 빼앗겼습니다(대하 26:21). 그는 하나님께서 세우신 주의 종의 권위를 무시하고 성소에 들어가 분향하려고 한 죄와 그것을 만류하는 제사장들에게 노를 발한 것 때문에 천벌인 나병이 생겨 가족과 교회, 민족과 나라는 물론 하나님으로부터도 완전히 버림을 받았습니다. 그렇습니다. 교만은 신앙과 인생을 비참하게 만드는 무서운 죄악입니다. 그러므로 우리는 언제나 겸손한 삶을 살아야 합니다.

셋째로 별궁에서 홀로 거하다가 죽었습니다.

웃시야는 성전과 성물은 물론 인간들로부터도 격리될 수밖에 없었습니다. 때문에 그는 이 세상이 기피하는 초라하고 불쌍한 존재가 되어 성전과 왕궁에서 쫓겨나 별궁에서 짐승처럼 살다가 죽었습니다. 그리고 그의 아들 요담이 그의 뒤를 이어 왕위를 계승받았습니다. 안타까운 것은 그가 52년 간이나 유다를 치리한 왕이었지만 열조의 왕들이 묻힌 묘실에 장사되지 못했습니다. 그렇습니다. 살았을 때에 인간답게 살지 못한 사람은 죽어서도 멸시를 받게 됩니다. 그러므로 우리들은 이 세상을 살아가는 동안에 최선을 다해 하나님의 말씀대로 아름답게 살아야겠습니다.

사랑하는 여러분!

우리 모두는 하나님의 교회에서 귀하게 쓰임 받는 기둥 같은 일꾼들이 됩시다. 또한 가정과 사회에서도 사랑 받고 존경받는 삶을 삽시다. 그리고 죽어서도 아름답게 기억될 수 있는 멋진 삶을 사시기 바랍니다.

 # 이드로

[출 18:1-12]

    모세의 장인이며 미디안 제사장인 이드로가 하나님이 모세에게 와 자기 백성 이스라엘에게 하신 일 곧 여호와께서 이스라엘을 애굽에서 인도하여 내신 모든 일을 들으니라 모세의 장인 이드로가 모세가 돌려 보냈던 그의 아내 십보라와 그의 두 아들을 데리고 왔으니 그 하나의 이름은 1)게르솜이라 이는 모세가 이르기를 내가 이방에서 나그네가 되었다 함이요 하나의 이름은 2)엘리에셀이라 이는 내 아버지의 하나님이 나를 도우사 바로의 칼에서 구원하셨다 함이더라 모세의 장인 이드로가 모세의 아들들과 그의 아내와 더불어 광야에 들어와 모세에게 이르니 곧 모세가 하나님의 산에 진 친 곳이라 그가 모세에게 말을 전하되 네 장인 나 이드로가 네 아내와 그와 함께 한 그의 두 아들과 더불어 네게 왔노라 모세가 나가서 그의 장인을 맞아 절하고 그에게 입 맞추고 그들이 서로 문안하고 함께 장막에 들어가서 모세가 여호와께서 이스라엘을 위하여 바로와 애굽 사람에게 행하신 모든 일과 길에서 그들이 당한 모든 고난과 여호와께서 그들을 구원하신 일을 다 그 장인에게 말하매 이드로가 여호와께서 이스라엘에게 큰 은혜를 베푸사 애굽 사람의 손에서 구원하심을 기뻐하여 이드로가 이르되 여호와를 찬송하리로다 너희를 애굽 사람의 손에서와 바로의 손에서 건져내시고 백성을 애굽 사람의 손 아래에서 건지셨도다 이제 내가 알았도다 여호와는 모든 신보다 크시므로 이스라엘에게 교만하게 행하는 그들을 이기셨도다 하고 모세의 장인 이드로가 번제물과 희생제물들을 하나님께 가져오매 아론과 이스라엘 모든 장로가 와서 모세의 장인과 함께 하나님 앞에서 떡을 먹으니라

    이드로(탁월함, 특출함)는 아랍족장인 동시에 미디안의 제사장이었습니다. 또한 모세의 장인으로서 원래 이름은 르우엘(하나님의 친구란 뜻)이었습니다. 이드로라는 이름은 그에게 특별히 부여된 이름으로서 그의 사위인 모세와의 관계에서만 사용되었습니다. 이드로의 등장이 모세와 관계에서만 나타나기 때문에 이드로

> 란 이름으로 말씀드리겠습니다. 모세는 바로의 칼을 피해 애굽에서 도피하는 중에 이드로의 일곱 딸들을 만나게 되었고 그 중에 한 사람인 십보라와 결혼하였습니다. 이드로는 이스라엘의 구출을 기뻐하고서 여호와께 희생제사를 드렸으며 모세를 도와서 행정과 재판을 갖추도록 했습니다.

1. 모세가 미디안으로 도망했습니다.

첫째로 애굽사람을 죽였습니다.

애굽의 궁중에서 공주의 보살핌으로 장성한 모세가 하루는 자기 민족이 고역하는 현장에 나갔다가 애굽사람이 히브리 사람을 치는 것을 보고 분노를 느껴 자기 민족을 때린 애굽 사람을 쳐서 죽이고 그 시체를 모래 속에 감추었습니다. 이튿날 그가 그곳에 다시 나가 보았더니 이제는 자기 민족끼리 서로 싸우고 있었습니다. 이것을 본 모세는 잠시 상황을 지켜본 다음 먼저 잘못했다고 생각하는 자에게 "네가 어찌하여 동포를 치느냐"(출 2:13)고 꾸짖으면서 같은 동족끼리 싸우지 말 것을 충고했습니다. 이에 꾸지람을 받은 자가 "누가 너를 우리를 다스리는 자와 재판관으로 삼았느냐 네가 애굽 사람을 죽인 것처럼 나도 죽이려느냐…"(출 2:14)고 소리를 쳤습니다. 압박 받는 자기 민족에 대한 사랑이 그를 살인자가 되게 했습니다. 그렇습니다. 인생은 이렇게 자기 기분이나 감정만 가지고는 살 수 없습니다.

둘째로 바로가 모세를 죽이려고 했습니다.

모세가 애굽인을 쳐서 죽이고 모래 속에 묻었을 때에는 그에 대해 아무도 모를 줄 알았을 것입니다. 그러나 그의 살인행위는 자기 동족에 의해 탄로되었고 그 소문은 즉시 바로 왕에게 보고되었습니다. 그리하여 바로는 모세를 죽이려고 찾았습니다(출 2:15). 때문에 모세는 할 수 없이 미디안 광야로 도피했습니다. 이제 그는 공주의 아들이라는 지위도 그가 가진 부귀와 영화도 하루아침에 다 잃고 황량한 광야로 도망할 수밖에 없었습니다. 그러나 이 모두는 다 애굽에서 고통받고 있는 자기 백성을 구원하시려는 하나님의 섭리요, 작정이셨습니다.

셋째로 이드로의 딸들을 만났습니다.
자신의 생명을 부지하기 위해 바로왕의 칼을 피해 미디안 광야로 도피한 모세는 하루는 우물 곁에 앉아 쉬고 있었습니다. 그런데 이드로의 일곱 딸들이 물을 길어 구유에 채우고 양무리에게 물을 먹이려고 하는데 다른 목자들이 와서 그녀들을 방해했습니다. 이것을 본 모세가 일어나 그녀들을 도와 양무리들에게 물을 먹였습니다. 때문에 이드로의 딸들은 다른 날보다는 훨씬 더 일찍 집으로 돌아올 수 있었습니다. 이를 본 이드로가 딸들에게 "너희가 오늘은 어찌하여 이같이 속히 돌아오느냐"(출 2:18)고 의아해 했습니다. 이에 딸들이 이드로에게 "한 애굽 사람이 우리를 목자들의 손에서 건져내고 우리를 위하여 물을 길어 양떼에게 먹였나이다"(출 2:19)라고 했습니다. 이것이 바로 모세가 이드로의 딸들을 만나게 된 경위였습니다.

사랑하는 여러분!
우리들이 이 세상을 살아가다가 보면 뜻하지 않은 어려움을 당하기도 합니다. 또한 우리 인간은 완전히 믿고 신뢰할 만한 존재가 되지 못합니다. 그리고 전능하신 하나님께서는 우리들이 당하는 그 어떠한 고난과 역경이라도 이겨낼 수 있도록 끝까지 함께 해주신다는 사실을 믿으시기 바랍니다.

2. 모세의 장인이었습니다.

첫째로 특별한 이방인이었습니다.
성경은 대부분이 이방인들에 대해서는 부정적으로 말씀하고 있습니다. 다시 말하면 그들은 하나님을 믿지 않고 우상을 섬기며 세상 연락만 취하는 타락된 존재들로 규정하고 있습니다. 그러나 이드로는 다른 이방인들과는 달리 하나님을 찬양하고 이스라엘 백성들을 도운 사람이었습니다. '하나님의 친구' 라든지 '탁월함이나 특출함' 이란 그의 이름의 뜻을 보더라도 그는 이방인이었음에도 불구하고 이미 하나님과 관계를 가지고 있던 사람이었음을 알 수 있습니다. 그리고 모세가 이스라엘 백성들을 이끌고 홍해를 건널 때에 하나님께서 어떻게 역사하시고 그들을 인도하시며 보호하심에 대해 설명하자 이드로는 너무나 감동되어 "이제 내가 알았도다 여호와는 모든 신보다 크시므로…" (출 18:11)라고 하나님을 찬양하고 희생제사를 드렸습니다. 다시 말하면 그는 이미 히브리 민족의 하나님을 알고 있었던 사람이었습니다.

둘째로 받은 은혜를 갚을 줄 아는 사람이었습니다.
평소보다 훨씬 더 일찍 양떼를 이끌고 집에 돌아온 딸들이 한 애굽사람의 도움을 받았기 때문이라고 말하자, 이드로는 곧바로 딸들에게 "그 사람이 어디에 있느냐 너희가 어찌하여 그 사람을 버려두고 왔느냐 그를 청하여 음식을 대접하라" (출 2:20)고 했습니다. 다시 말하면 그는 자신의 딸들에게 은혜를 끼친 사람을 어떻게 그냥 그대로 놔두고 왔느냐고 꾸중하고 그 사람을 바로 모시고 와서 음식을 대접하라고 한 것입니다. 그렇습니다. 귀한 손님을 자기 집에 초청하여 정성껏 준비한 음식을 대접하는 것은 고대 근동지역의 오래된 풍습이었습니다(창 18:5). 한마디로 이드로는 작은 일에도 자신이 받은 은혜를 잊지 않는 참으로 아름다운 성품을 가진 사람이었습니다. 오늘날 같이 배은망덕한 사람들이 많은 이 시대에 귀감이 되는 사람이었습니다.

셋째로 모세를 사위로 삼았습니다.
일곱 명의 딸들만 있는 이드로는 자신의 딸들을 구해준 믿음직스러운 모세가 아주 든든했을 것입니다. 그래서 모세에게 같이 살자고 한 것입니다. 또한 모세는 자신의 현재 처지를 생각했을 때에 같이 살자는 이드로의 제안이 가뭄의 단비처럼 기뻐할 수밖에 없었을 것입니다. 때문에 그는 조금도 주저함이 없이 이드로의 제안을 즉시 받아들였습니다. 그리고 이드로는 자신의 딸 십보라를 모세에게 주어 사위로 삼았습니다(출 2:21). 자신의 민족이 아니면 결혼하지 않는 히브리인으로서는 대단한 결단이었습니다. 애굽의 총리가 된 요셉도 애굽 제사장의 딸을 아내로 맞아들인 일이 있었습니다(창 41:45). 이것은 바로 구약시대 때부터 여호와의 신앙이 이방인들에게 활짝 열려 있었다는 사실을 보여주신 것입니다.

사랑하는 여러분!
우리들도 이드로처럼 하나님께 영광 돌리는 삶을 삽시다. 또한 우리들을 구원하여 주신 하나님의 사랑과 은혜에 감사 만만 하는 삶을 삽시다. 그리고 언제나 열려진 마음으로 모든 사람들을 귀하게 여기는 은혜로운 성도들이 되시기 바랍니다.

3. 모세의 조력자였습니다.

첫째로 모세의 사명을 도왔습니다.
하나님께서는 모세를 미디안 광야에서 40년 동안 목자훈련을 시키셨습니다. 그리고 그에게 "이제 가라 이스라엘 자손의 부르짖음이 내게 달하고 애굽 사람이 그들을 괴롭히는 학대도 내가 보았으니 이제 내가 너를 바로에게 보내어 너에게 내 백성 이스라엘 자손을 애굽에서 인도하여 내게 하리라"(출 3:9,10)고 사명을 주셨습니다. 때문에 모세는 하나님의 부르심을 받고 애굽에서 활동했기 때문에 아내와 두 아들을 장인인 이드로에게 맡겼습니다. 이드로는 딸과 손주들을 보호하고 양육함으로 인해 모세가 가족부양에 대한 걱정 없이 하나님께서 맡겨주신 이스라엘 민족의 해방에 대한 사명을 잘 감당할 수 있도록 했습니다. 그는 참으로 아름다운 조력자였습니다.

둘째로 효과적인 행정조직을 제안했습니다.

이스라엘 백성들을 출애굽 시킨 모세는 백성들을 이끌고 광야에서 진치고 있었습니다. 때에 이드로가 모세의 아내인 십보라와 모세의 두 아들을 데리고 모세가 있는 곳에 들렸습니다(출 18:1-6). 모세가 나가서 장인을 맞아 절하고 장막에 들어가서 하나님께서 애굽에서 역사하셨던 일들을 장인에게 고했습니다. 이에 이드로는 하나님께 영광을 돌리고 이스라엘 장로들과 함께 식사했습니다(출 18:12). 이튿날 모세가 백성들의 행정 책임자이며, 재판관으로서 모세가 백성들을 재판하는데 백성들이 아침부터 저녁까지 줄 서 있었습니다(출 18:13). 이것을 본 이드로가 모세에게 "...네가 이 백성에게 행하는 이 일이 어찌 됨이냐 어찌하여 네가 홀로 앉아 있고 백성은 아침부터 저녁까지 네 곁에 서 있느냐"(출 18:14)라고 했습니다. 그리고 모세에게 "또 온 백성 가운데서 능력 있는 사람들 곧 하나님을 두려워하며 진실하며 불의한 이익을 미워하는 자를 살펴서 백성 위에 세워 천부장과 백부장과 오십부장과 십부장을 삼아 그들이 때를 따라 백성을 재판하게 하라 큰 일은 모두 네게 가져갈 것이요 작은 일은 모두 그들이 스스로 재판할 것이니 그리하면 그들이 너와 함께 담당할 것인즉 일이 네게 쉬우리라"(출 18:21,22)고 말하고 모세에게는 총감독으로서 중요한 일만 하도록 제안했습니다.

셋째로 많은 일꾼들을 세웠습니다.
모세는 장인의 제안을 겸손히 받아들여 "이스라엘 무리 중에서 능력 있는 사람들을 택하여 그들을 백성의 우두머리 곧 천부장과 백부장과 오십부장과 십부장을 삼..."(출 18:25)았습니다. 그리하여 그들로 하여금 백성들을 재판하되 어려운 일만 자신이 재판할 수 있도록 했습니다.

사랑하는 여러분!
우리들도 주님의 일에 열심히 하는 사명자들을 도와 그들이 마음놓고 일할 수 있도록 합시다. 또한 모세와 같이 겸손한 자세로 사명을 감당합시다. 그리고 우리들도 이 시대에 필요한 훌륭한 일꾼들을 많이 세워야겠습니다.

 # 이사야

[사 6:1-8]

웃시야 왕이 죽던 해에 내가 본즉 주께서 높이 들린 보좌에 앉으셨는데 그의 옷자락은 성전에 가득하였고 스랍들이 모시고 섰는데 각기 여섯 날개가 있어 그 둘로는 자기의 얼굴을 가리었고 그 둘로는 자기의 발을 가리었고 그 둘로는 날며 서로 불러 이르되 거룩하다 거룩하다 거룩하다 만군의 여호와여 그의 영광이 온 땅에 충만하도다 하더라 이같이 화답하는 자의 소리로 말미암아 문지방의 터가 요동하며 성전에 연기가 충만한지라 그 때에 내가 말하되 화로다 나여 망하게 되었도다 나는 입술이 부정한 사람이요 나는 입술이 부정한 백성 중에 거주하면서 만군의 여호와이신 왕을 뵈었음이로다 하였더라 그 때에 그 스랍 중의 하나가 부젓가락으로 제단에서 집은 바 핀 숯을 손에 가지고 내게로 날아와서 그것을 내 입술에 대며 이르되 보라 이것이 네 입에 닿았으니 네 악이 제하여졌고 네 죄가 사하여졌느니라 하더라 내가 또 주의 목소리를 들으니 주께서 이르시되 내가 누구를 보내며 누가 우리를 위하여 갈꼬 하시니 그 때에 내가 이르되 내가 여기 있나이다 나를 보내소서 하였더니

> 이사야(여호와는 구원이시다)는 예루살렘에서 아모스(선지자가 아님)의 아들로 태어났습니다. 유대의 전통에 의하면 그는 웃시야 왕의 사촌으로서 왕궁에서 살았다고 합니다. 그는 국가의 위기 시에 성전에 들어가서 기도하다가 소명을 받고 선지자가 되어 웃시야, 요담, 아하스, 히스기야왕까지 4대에 걸쳐 예언한 위대한 선지자였습니다. 또한 그는 유다의 예언자로서 예수 그리스도의 탄생과 사역에 대해 예언했으며 이스라엘과 이방 나라에 대해서도 예언한 선지자였습니다. 그리고 그는 이사야서를 기록하기도 하였으며 전설에 의하면 므낫세의 박해로 인해 120세에 톱으로 잘려서 순교했다고 합니다.

1. 소명

첫째로 여호와의 영광을 보았습니다.

유다의 10대 왕인 웃시야가 52년 간 나라를 잘 통치하여 유다는 강성하여지고 국위가 온 천하에 크게 선양되었습니다. 그러나 그의 영적 지도자였던 스가랴의 사망으로 인해 그가 신앙지도를 받지 못하자 그의 신앙은 곧바로 타락하고 변질되었습니다. 또한 물질적인 풍요로 인해 백성들까지 사치와 연락에 빠졌습니다(사 3:16-23). 그리고 웃시야는 제사장들의 고유한 권위를 무시하고 성전에 들어가 분향하려고 했습니다. 이에 대제사장 아사랴가 여호와의 제사장들 중에서 80명의 용맹한 제사장들을 뽑아 웃시야의 분향을 말렸습니다(대하 26:16-18). 그러나 그가 제사장들에게 오히려 화를 냈습니다. 이에 하나님께서 그에게 나병을 생기게 하심으로 별궁에서 거하다가 죽었습니다. 그로 인해 국가가 위기에 처하게 됨으로 이사야가 성전에 들어가 기도하다가 여호와의 영광을 보았습니다(사 6:1-4).

둘째로 입술의 악과 죄를 사함 받았습니다.

성전에서 여호와의 영광을 본 이사야는 곧바로 "...화로다 나여 망하게 되었도다 나는 입술이 부정한 사람이요 나는 입술이 부정한 백성 중에 거주하면서 만군의 여호와이신 왕을 뵈었음이로다"(사 6:5)라고 마음을 찢으면서 회개했습니다. 때에 천사가 숯불을 그의 입술에 대며 "보라 이것이 네 입에 닿았으니 네 악이 제하여졌고 네 죄가 사하여졌느니라"(사 6:7)고 하셨습니다. 그렇습니다. 우리 인간은 언제나 이 입술이 문제입니다.

셋째로 부르심에 순종했습니다.

이사야의 죄를 용서해주신 하나님께서는 곧바로 "내가 누구를 보내며 누가 우리를 위하여 갈꼬"(사 6:8上)라고 사명자를 찾으셨습니다. 이에 이사야가 "...내가 여기 있나이다 나를 보내소서"(사 6:8下)라고 하나님의 부르심에 순종했습니다. 하나님께서는 언제나 어려운 시대에 당신의 종들을 불러서 사명을 맡기십니다. 이사야는 참으로 험악한 시대에 부름을 받았습니다. 이웃에는 강대국들이 있었으며 백성들은 마음이 악하여 하나님을 떠나고 방탕했습니다. 때문에 국가의 기강이 흔들리고 혼란만 가중 되어 나라가 위기에 처하게 되었습니다. 웃시야의 죽던 해에 유다 나라가 어려웠던 것처럼 오늘의 우리 현실이 그와 같은 상황인지도 모릅니다. 그러므로 우리 모두는 다 이사야 선지자의 자세로 하나님 앞에 나아가야겠습니다.

사랑하는 여러분!
오늘의 이 시대는 모두 다 하나님의 말씀을 떠나 살고 있는 타락된 시대입니다. 그러므로 이 세상의 모든 인간들은 다 하나님 앞에 나아와 죄사함을 받아야 합니다. 그리고 멸망해 가고 있는 이 세상 인간들에게 나아가 담대하게 복음을 전파하시기 바랍니다.

2. 헌신

첫째로 자신을 하나님께 드렸습니다.

살아 계신 하나님을 체험하고 죄를 용서받은 이사야는 하나님을 저버리고 사치와 연락에 빠져 있는 백성들과 기울어져 가는 나라를 구원하기 위해 자신을 하나님께 드렸습니다. 이제는 추하고 더러운 자신을 위한 삶이 아니라 하나님을 위한 삶이요, 국가와 민족을 위한 삶이었습니다. 이것이 바로 우리 하나님께서 원하시는 삶의 자세입니다. 그러므로 우리들도 이제부터는 열심히 전도하여 인류를 죄와 저주에서 구원하여 하나님의 자녀가 되게 해야 합니다. 또한 그들을 철저하게 교육시켜서 하나님의 뜻을 실현해 가는 일꾼으로 세워야 합니다. 우리는 바로 이 일을 위해서 이 세상에 태어났으며 남보다 더 앞서 부름받아 오늘까지 존재해 있는 것입니다.

둘째로 백성들에게 회개를 외쳤습니다.
하나님께서는 이사야에게 "가서 이 백성에게 이르기를 너희가 듣기는 들어도 깨닫지 못할 것이요 보기는 보아도 알지 못하리라"(사 6:9)고 외치라고 하셨습니다. 왜냐하면 유다 백성들이 그들의 고집과 반역으로 하나님의 율례를 깨달으려고 노력하거나 열심을 기울이지 않고 그들에게 전달되는 말씀의 참된 의도와 의미에 대해 그릇된 편견을 가질 것이기 때문이었습니다. 마찬가지로 오늘의 이 세상 인간들도 우리 성도들이 전하는 하나님의 말씀을 이러한 편견을 가지고 듣지 않고 있습니다. 그러나 우리는 조금도 위축되거나 나태할 수 없습니다. 이제 보다 더 끈기 있는 믿음과 열심을 가지고 우리들의 생명이 다 하는 그 날까지 끊임 없이 계속 전파해야 합니다.

셋째로 회복의 약속을 받았습니다.
하나님께서는 이사야에게 "...밤나무와 상수리나무가 베임을 당하여도 그 그루터기는 남아 있는 것같이 거룩한 씨가 이 땅의 그루터기니라"(사 6:13)고 말씀하셨습니다. 밤나무와 상수리나무는 생명력이 강하기 때문에 완전히 베임을 당해도 그 그루터기에서 다시 싹이 나는 강인한 속성이 있습니다. 그러므로 이 말씀은 유다의 백성들이 모두 다 멸절된다고 할지라도 그 중에 거룩한 씨는 남아 언약의 백성으로서의 맥을 이어 갈 것이라는 의미입니다. 다시 말하면 복음 전파나 회개의 메시지를 듣고도 믿지도 않고 회개하지도 않는 자들이 다 멸망 받는다고 할지라도 그 중에 몇 사람이라도 복음을 받아들여 예수 그리스도를 구주로 믿거나 회개한 사람들이 거룩한 씨가 되어 선민의 나라를 계속 이어 갈 것이라는 말씀입니다. 우리 모두가 다 오늘의 그루터기에서 나오는 거룩한 씨들이 되어 하나님 나라를 확장해 가야겠습니다.

사랑하는 여러분!
우리 모두 나 자신을 온전히 하나님께 드려 열심으로 사명을 감당합시다. 또한 때를 얻든지 못 얻든지 목이 곧은 이 세상 사람들에게 끝까지 전파합시다. 그리고 캄캄한 이 세상에서 어찌할 줄 모르고 방황하는 현대인들에게 생명의 길로 인도하는 사명자들이 되시기 바랍니다.

3. 예언

첫째로 메시야의 탄생을 예언했습니다.
이사야는 주전 700여년 전부터 "...보라 처녀가 잉태하여 아들을 낳을 것이요 그의 이름을 임마누엘(하나님이 우리와 함께 하신다)이라 하리라"(사 7:14)고 예수 그리스도께서 처녀의 몸에서 탄생하실 것을 예언했습니다. 당시 근동 지방에서는 태어난 아기의 이름을 짓는 것은 아버지의 고유권한이었습니다. 그러나 예수님의 이름은 육신의 아버지가 좌우할 것이 아니기 때문에 하나님께서 지으셔서 어머니인 마리아에게 위임시켜주셨습니다. 이 예언은 바로 그대로 실현되어서 우리 주님께서 동정녀인 마리아를 통해서 이 세상에 오셨습니다(마 1:23). 그러므로 메시야 탄생에 대한 예언은 인류 역사에 있어서 가장 위대하고 축복된 예언이었던 것입니다.

둘째로 예수님의 사역에 대해 예언했습니다.
이사야는 예수 그리스도의 탄생에 대해서만 예언한 것이 아니라 공의로 이 세상을 통치하실 것도 예언했습니다(사 11:1-5). 또한 가난하고 마음이 상한 자와 갇힌 자를 위로해 주시는 예수 그리스도에 대해서도 예언했습니다(사

61:1-3). 그리고 인류의 대속주로 오신 예수 그리스도의 고난과 십자가도 예언했습니다(사 53:1-12). 뿐만 아니라 "너희 모든 목마른 자들아 물로 나아오라 돈 없는 자도 오라 너희는 와서 사 먹되 돈 없이, 값없이 와서 포도주와 젖을 사라 너희가 어찌하여 양식이 아닌 것을 위하여... 수고하느냐 내게 듣고 들을지어다 그리하면 너희가 좋은 것을 먹을 것이며 너희 자신들이 기름진 것으로 즐거움을 얻으리라"(사 55:1-2)고 수고하고 무거운 짐진 자들이 예수님께 나아오면 자유하게 될 것도 예언했습니다.

셋째로 그 밖의 예언들도 있습니다.
예수님의 탄생과 그분의 사역에 대해 예언한 이사야는 범죄한 유다에 대한 앗수르의 침략을 예언했습니다. 유다 백성들이 여호와 하나님을 버리고 우상을 섬기고 헛된 것들을 의지했기 때문에 앗수르를 통한 강한 징벌로 인해 포로가 되어 비참한 삶을 살게 될 것이라고 했습니다(사 8:1-8). 또한 그동안 하나님의 선민을 괴롭혔던 바벨론이 하나님의 심판으로 인해 멸망당할 것을 예언했습니다(사 13:1, 14:32). 그리고 모압이 롯의 후손으로서 이스라엘 민족과는 친족이요 형제국이었지만 그들은 이스라엘이 광야생활을 할 때에 우상숭배에 빠지게 하는 악한 영향을 끼쳤고 가나안 땅에서도 괴롭혔습니다(민 25:1-5). 때문에 이사야는 "하룻밤에 모압 알이 망하여 황폐할 것이며"(사 15:1)라고 예언했습니다. 그 외에도 두로와 시돈과 산헤립의 멸망도 예언했습니다.

사랑하는 여러분!
우리들도 구원주로 오신 예수 그리스도에 대해 이 세상에 널리 전파합시다. 또한 누구든지 예수 그리스도를 구주로 믿기만 하면 구원받는다는 사실을 구체적으로 가르칩시다. 그리고 이유 여하를 막론하고 예수 그리스도를 구주로 믿지 않으면 멸망 받을 수밖에 없다는 사실도 전하시기 바랍니다.

이삭

[창 22:1-18]

그 일 후에 하나님이 아브라함을 시험하시려고 그를 부르시되 아브라함아 하시니 그가 이르되 내가 여기 있나이다 여호와께서 이르시되 네 아들 네 사랑하는 독자 이삭을 데리고 모리아 땅으로 가서 내가 네게 일러 준 한 산 거기서 그를 번제로 드리라 아브라함이 아침에 일찍이 일어나 나귀에 안장을 지우고 두 종과 그의 아들 이삭을 데리고 번제에 쓸 나무를 쪼개어 가지고 떠나 하나님이 자기에게 일러 주신 곳으로 가더니 제삼일에 아브라함이 눈을 들어 그 곳을 멀리 바라본지라 이에 아브라함이 종들에게 이르되 너희는 나귀와 함께 여기서 기다리라 내가 아이와 함께 저기 가서 예배하고 우리가 너희에게로 돌아오리라 하고 아브라함이 이에 번제 나무를 가져다가 그의 아들 이삭에게 지우고 자기는 불과 칼을 손에 들고 두 사람이 동행하더니 이삭이 그 아버지 아브라함에게 말하여 이르되 내 아버지여 하니 그가 이르되 내 아들아 내가 여기 있노라 이삭이 이르되 불과 나무는 있거니와 번제할 어린 양은 어디 있나이까 아브라함이 이르되 내 아들아 번제할 어린 양은 하나님이 자기를 위하여 친히 준비하시리라 하고 두 사람이 함께 나아가서 하나님이 그에게 일러 주신 곳에 이른지라 이에 아브라함이 그 곳에 제단을 쌓고 나무를 벌여 놓고 그의 아들 이삭을 결박하여 제단 나무 위에 놓고 손을 내밀어 칼을 잡고 그 아들을 잡으려 하니 여호와의 사자가 하늘에서부터 그를 불러 이르시되 아브라함아 아브라함아 하시는지라 아브라함이 이르되 내가 여기 있나이다 하매 사자가 이르시되 그 아이에게 네 손을 대지 말라 그에게 아무 일도 하지 말라 네가 네 아들 네 독자까지도 내게 아끼지 아니하였으니 내가 이제야 네가 하나님을 경외하는 줄을 아노라 아브라함이 눈을 들어 살펴본즉 한 숫양이 뒤에 있는데 뿔이 수풀에 걸려 있는지라 아브라함이 가서 그 숫양을 가져다가 아들을 대신하여 번제로 드렸더라 아브라함이 그 땅 이름을 1)여호와 이레라 하였으므로 오늘날까지 사람들이 이르기를 여호와의 산에서 준비되리라 하더라 여호와의 사자가 하늘에서부터 두 번째 아브라함을 불러 이르시되 여호와께서 이르시기를 내가 나를 가리켜 맹세하노니 네가 이같이 행하여 네 아들 네 독자도 아끼지 아니하였은즉 내가 네게 큰 복을 주고 네 씨가 크게 번성하여 하늘의 별과 같고 바닷가의 모래와 같게 하리니 네 씨가 그 대적의 성문을 차지하리라 또 네 씨로 말미암아 천하 만민이 복을 받으리니 이는 네가 나의 말을 준행하였음이니라 하셨다 하니라

> 이삭(웃음)은 B.C.2066년경에 브엘세바에서 아브라함과 사라 사이에서 태어났습니다. 하나님께서는 아브라함이 75세 때에 이삭의 출생을 약속해주셨는데 25년 후인 아브라함이 백세가 되었을 때에 말씀하신 대로 이삭을 허락해 주셨습니다. 이삭은 태어난 지 8일 만에 할례를 받음으로서 히브리인들 가운데서 제일 처음 할례 받은 사람이었습니다. 하나님께서는 그를 예수 그리스도의 예표로 세워주셨으며 우리들에게는 새로운 신앙지표로 세워주셨습니다

1. 순종의 사람

첫째로 아버지를 신뢰했습니다.

아브라함은 자신이 백세에 난 이삭을 번제로 드리라는 하나님의 명령을 받자 조금도 지체하지 않고 "아침에 일찍이 일어나 나귀에 안장을 지우고 두 종이 그의 아들 이삭을 데리고 번제에 쓸 나무를 쪼개어 가지고 떠나 하나님이 자기에게 일러 주신 곳으로..."(창 22:3)갔습니다. 그리고 제 삼일에 아브라함은 사환에게 "너희는 나귀와 함께 여기서 기다리라 내가 아이와 함께 저기 가서 경배하고 우리가 너희에게로 돌아오리라 하고 아브라함이 이에 번제 나무를 가져다가 그의 아들 이삭에게 지우고 자기는 불과 칼을 손에 들고 두 사람이 동행..."(창 22:5,6)했습니다. 그런데 이삭이 아브라함에게 "...내 아버지여 ...불과 나무는 있거니와 번제할 어린 양은 어디 있나이까"(창 22:7)라고 물었습니다. 이에 아브라함은 "...아들아 번제할 어린 양은 하나님이 자기를 위하여 친히 준비하시리라"(창 22:8)고 대답했습니다. 하나님께 드릴 제물은 원래 하나님께서 준비하는 것이 아니라 번제를 드리는 자가 반드시 준비해야 합니다. 때문에 이삭은 하나님이 직접 제물을 준비하시는 것을 한 번도 본 적이 없습니다. 그러나 이삭은 아브라함의 말을 그대로 믿고 신뢰했습니다. 이것이 바로 순종하는 신앙입니다.

둘째로 순수하게 결박되었습니다.

"번제할 어린 양은 하나님이 자기를 위하여 친히 준비하시리라"고 대답했던 아브라함은 번제 드릴 장소에 도착하자마자 그곳에 제단을 쌓고 나무를 벌여 놓은 다음 이삭을 결박하여 제단의 나무 위에 올려놓았습니다(창 22:9). 당시 이삭의 나이가 17세에서 20세 정도였을 것이라고 추측합니다. 그렇다고 하면 아브라함의 나이가 약 120세 정도였을 것입니다. 다시 말하면 아브라함은 힘없는 노인이었고 이삭은 한창 힘쓸 수 있는 젊음이 넘치는 시기였습니다. 그러므로 힘으로 한다면 아브라함이 이삭을 당할 수 없는 상황이었습니다. 제 아무리 효자라고 할지라도 자기를 잡아서 불태워 죽이려고 결박하는 아버지를 그냥 두지 않을 것입니다. 그러나 이삭은 그 어떤 반항도 하지 않고 그대로 순종하여 결박되었습니다. 참으로 상상을 초월한 순종의 모습이었습니다.

셋째로 자기를 완전히 포기했습니다.

이삭이 당한 아브라함의 행동은 참으로 몰인정하고 잔인했습니다. 왜냐하면 보통 인간들에게 나타나는 아들에 대한 아버지의 정감을 발견할 수 없기 때문입니다. 이삭을 결박한 아브라함은 이제 이삭을 죽이려고 했습니다(창 22:10). 그 어떤 효자라고 할지라도 이러한 상황에 처하면 비명을 지르면서 살기 위해 있는 힘을 다해 몸부림 칠 것입니다. 그러나 이삭은 전혀 그렇지 않았습니다. 이제 자신의 생명을 완전히 내려놓은 포기와 순종의 모습을 보였습니다. 그의 생애 어디를 보아도 불순종이나 반항의 흔적이 전혀 없습니다. 이것은 바로 하나님의 뜻에 순종하기 위해 자기 자신의 목숨을 버리신 예수 그리스도의 모습이었습니다. 그렇습니다. 진정한 신앙은 철저하게 자기를 포기하고 하나님의 뜻에 순종하는 것입니다.

사랑하는 여러분!

우리 모두는 하나님만 믿고 따라야 합니다. 또한 이유 여하를 막론하고 무조건 순종해야 합니다. 그리고 나 자신을 포기하고 주님의 뜻에 철저하게 순종하는 성숙한 삶을 사시기 바랍니다.

2. 평화의 사람

첫째로 온유한 사람이었습니다.

이삭은 그의 이름의 뜻이 '웃음'인 것처럼 그의 성품 또한 대단히 온유했습니다. 그는 아브라함이 100세에 낳은 아들이었기에 아브라함과 사라의 사랑을 독차지했습니다. 때문에 이스마엘이 이삭을 놀렸다는 이유로 사라가 아브라함에게 요구하여 하갈과 이스마엘이 쫓겨나기까지 했습니다(창 21:8-14). 또한 아브라함이 이삭을 얼마나 사랑했으면 하나님께서 아브라함이 하나님보다도 이삭을 더 사랑하는지 그렇지 않은지를 점검해 보시기 위해서 이삭을 번제물로 드리라고 하셨겠습니까? 그럼에도 불구하고 그는 참으로 온유하고 차분한 성품을 가지고 있었습니다. 때문에 성경 그 어디에도 이삭의 품행이 거칠고 악하게 표현된 곳이 없습니다.

둘째로 양보하는 사람이었습니다.

블레셋 땅 그랄에 정착한 이삭의 가족은 농사를 짓기 시작하여 그 해에 백 배의 추수를 하여 큰 부자가 되었습니다(창 26:12-13). 때문에 블레셋 사람들이 그를 시기하여 "그 아버지 아브라함 때에 그 아버지의 종들이 판 모든 우물을 막고 흙으로 메웠"(창 26:15)습니다. 물이 귀한 팔레스틴에서의 이러한 행위는 바로 선전포고나 다름이 없었습니다(왕하 3:25; 사 15:6). 또한 이것은 이삭을 추방하기 위한 협박이었습니다. 그리고 그랄 왕 아비멜렉은 이삭에게 "...네가 우리보다 크게 강성한즉 우리를 떠나라"(창 26:16)고 공식적으로 추방명령까지 내렸습니다. 아비멜렉은 처음에는 이삭을 후대했으나 이삭이 형통하고 크게 부하게 되자 그를 경계하여 추방한 것이었습니다. 이에 이삭은 할 수없이 그곳을 떠나 그랄 골짜기에 장막을 치고 거기 거하면서 아브라함 때에 팠던 우물을 다시 팠습니다. 그런데 그랄 목자들이 이삭의 목자들과 다투어 말하기를 "이 물은 우리의 것"(창 26:20上)이라고 했습니다. 그러나 이삭은 다투지 않고 양보하고 다른 곳으로 옮겨가며 다시 우물을 팠습니다.

셋째로 복 받은 사람이었습니다.

하나님께서는 이삭의 온유한 성품과 양보하는 성숙한 마음을 보시고 복을 주셨습니다. 이제 이삭의 생활영역이 넓어졌습니다(창 26:22). 또한 하나님께서는 이삭에게 "...두려워하지 말라 내 종 아브라함을 위하여 내가 너와 함께 있어 네게 복을 주어 네 자손이 번성하게 하리라"(창 25:11, 26:24)고 자손의 번성을 약속하셨습니다. 이러한 사실을 목격한 아비멜렉은 이삭이 하나님의 복을 받은 자라는 사실을 인정하고 이삭을 찾아와 평화조약을 맺었습니다(창 26:26-33). 그리하여 하나님께서는 이삭의 권위를 높여 주셨습니다.

사랑하는 여러분!
온유한 자가 땅을 차지합니다. 다시 말하면 승리하게 됩니다. 또한 하나님께서는 온유한 자에게 풍성한 복을 허락하십니다. 그리고 영적 권위도 세워 주시고 존귀케 하십니다.

3. 예표의 사람

첫째로 출생의 예표였습니다.

아브라함이 늙어 백세가 되었고 그의 아내 사라도 늙어 구십 세가 되어 경도가 끊어졌기 때문에 생리학적으로는 이미 잉태할 수 없는 상태였습니다. 그런데 하나님께서 그에게 "...네 아내 사래는 이름을 사래라 하지 말고 사라라 하라 내가 그에게 복을 주어 그가 네게 아들을 낳아 주게 하며 내가 그에게 복을 주어 그를 여러 민족의 어머니가 되게 하리니 민족의 여러 왕이 그에게서 나리라"(창 17:15,16)고 약속해주셨습니다. 그리고 그 약속의 말씀대로 "사라가 임신하고 하나님이 말씀하신 시기가 되어 노년의 아브라함에게 아들을 낳으니 아브라함이 그에게 태어난 아들 곧 사라가 자기에게 낳은 아들을 이름하여 이삭이라"(창 21:2-3)고 했습니다. 마찬가지로 우리 예수님께서도 동정녀인 마리아를 통해서 성령으로 잉태되어 이 세상에 오셨습니다.

둘째로 제물의 예표였습니다.

하나님께서는 아브라함에게 "...네 아들 네 사랑하는 독자 이삭을 데리고 모리아 땅으로 가서 내가 네게 일러준 한 산 거기서 그를 번제로 드리라"(창 22:2)고 하셨습니다. 이에 "아브라함이 ...번제 나무를 가져다가 그의 아들 이삭에게 지우고 자기는 불과 칼을 손에 들고 두 사람이 동행..."(창 22:6)하여 하나님이 지시하신 곳에 이르러 그 곳에 제단을 쌓고 나무를 벌여 놓은 다음 이삭을 결박하여 번제단에 올려놓았습니다(창 22:7-9). 여기에서 이삭이 자신을 번제물로 드릴 장작을 지고 모리아 산으로 오른 것처럼 예수님께서도 자신이 못 박히실 십자가를 지시고 갈보리 산으로 올라가셨습니다. 또한 이삭이 아브라함의 독자로서 제물이 된 것처럼 하나님의 독생자이신 예수님께서도 우리 인류의 대속 제물이 되셨습니다.

셋째로 부활의 예표였습니다.

아브라함이 하나님의 말씀에 순종하여 번제 나무를 취하여 이삭에게 지우고 모리아 산으로 올라가서 번제단의 나무 위에 결박된 이삭을 올려놓았습니다(창 22:6-9). 그리고 칼을 빼어 독자 이삭을 잡으려하자 하나님께서는 사자를 통해서 "...아브라함아 아브라함아... 그 아이에게 네 손을 대지 말라 그에게 아무 일도 하지 말라 네가 네 아들 네 독자까지도 내게 아끼지 아니하였으니 내가 이제야 네가 하나님을 경외하는 줄을 아노라"(창 22:11,12)고 하셨습니다. 그리하여 이삭이 죽음 직전에 다시 살아난 것처럼 예수님께서도 장사된 지 삼일만에 다시 살아나셨습니다.

사랑하는 여러분!

우리들도 선택받은 사람답게 살아야 합니다. 또한 하나님께 드려진 산제물로서 예배에 최선을 다해야 합니다. 그리고 부활의 소망을 가지고 나날을 힘차게 살아가시기 바랍니다.

 # 이 새

[사 11:1-5]

이새의 줄기에서 한 싹이 나며 그 뿌리에서 한 가지가 나서 결실할 것이요 그의 위에 여호와의 영 곧 지혜와 총명의 영이요 모략과 재능의 영이요 지식과 여호와를 경외하는 영이 강림하시리니 그가 여호와를 경외함으로 즐거움을 삼을 것이며 그의 눈에 보이는 대로 심판하지 아니하며 그의 귀에 들리는 대로 판단하지 아니하며 공의로 가난한 자를 심판하며 정직으로 세상의 겸손한 자를 판단할 것이며 그의 입의 막대기로 세상을 치며 그의 입술의 기운으로 악인을 죽일 것이며 공의로 그의 허리띠를 삼으며 성실로 그의 몸의 띠를 삼으리라

> 이새(여호와께서 현존하신다 또는 여호와는 확고부동하시다란 뜻)는 성경에 동명이인이 4명이 있습니다. 이 시간에는 그 중에서도 다윗의 조상이 된 이새에 대해 말씀드리겠습니다. 그는 다윗왕의 아버지이고, 오벳의 아들이었습니다. 또한 그는 부유한 베들레헴 사람인 보아스와 그의 아내 룻의 손자였습니다. 그 중에서도 가장 중요한 것은 그가 인류를 죄와 저주에서 건져주신 예수 그리스도의 조상이 되었다는 점입니다.

1. 가 계

첫째로 특수한 가계 이력을 갖고 있습니다.

이새가 태어난 가계의 배경을 보면 이새의 아버지는 오벳이며 조부는 보아스입니다(룻 4:21,22). 그런데 보아스는 살몬이 기생 라합에게서 낳은 아들로서 남편과 사별한 이방 여인과 결혼하여 이새의 아버지인 오벳을 낳았습니다. 또한 그 윗대로 계속 올라가면 이새의 조상 베레스가 나오는데 이 베레스

는 불륜관계에서 태어난 자입니다. 내용인즉 유다의 장자인 엘이 다말이라는 여자와 결혼했습니다. 그런데 그가 "여호와가 보시기에 악하므로 여호와께서 그를 죽이…"(창 38:7)셨습니다. 그는 대를 이을만한 자식도 없이 죽었습니다. 때문에 유다는 차남인 오난에게 부탁하여 형수에게 들어가서 "네 형을 위하여 씨가 있게 하라"(창 38:8)고 했습니다. 이는 고대의 관습이었으며 이 관습은 모세 때에 법으로 성문화되었습니다(신 25:6). 그럼에도 불구하고 오난은 자신이 낳은 아들이 죽은 형의 아들이 되는 것을 싫어했습니다. 그래서 그는 다말과 함께 잠자리는 하면서도 교묘하게 임신되지 않도록 했습니다(창 38:9). 그러나 그의 행위는 아버지의 명령에 대한 불순종이요 신성한 결혼제도와 목적을 거스르는 범죄행위였습니다. 이에 하나님께서 그를 악하게 여기시고 죽이셨습니다(창 38:10). 이에 두 아들을 잃은 유다는 이제 셋째 아들 셀라를 다말에게 장가보내면 그마저도 죽게 될까봐 염려되어 다말에게 "…수절하고 네 아버지 집에 있어 내 아들 셀라가 장성하기를 기다리라…"(창 38:11)고 친정으로 보냈습니다. 이것은 바로 셀라를 다말에게 주기를 거절한 것이었습니다. 그러나 유다의 이러한 행위는 부당한 것이었습니다. 때문에 다말은 셀라가 장성함을 보았음에도 불구하고 유다가 셀라를 자기에게 주지 않음을 인하여(창 38:14) 과부의 옷을 벗고 창녀로 위장하여서 아버지인 유다를 꾀어 동침해서 쌍둥이를 낳았는데 그 중에 장남이 이새의 조상 중 하나인 베레스였습니다(창 38:15-30). 한마디로 이새는 특수한 가계도를 가지고 있습니다.

둘째로 경건한 가계 이력도 갖고 있습니다.
이새의 조부인 보아스는 부유하고 명예로운 유다 족속으로서 경건한 신앙인이었습니다. 그는 하나님을 경외하는 진실한 신앙인이었습니다. 그는 부요한 지주로서 추수하는 현장에 나와서도 일꾼들에게 "…여호와께서 너희와 함께 하시기를 원하노라…"(룻 2:4)고 축복했습니다. 그는 하나님께서 우리 자신들의 삶을 감찰하심을 믿었습니다. 때문에 그는 룻에게 이방 여인으로서 남편이 죽은 후에도 시어머니인 나오미를 잘 봉양하기 위해 고국을 떠나 낯선 땅에 와서 고생하고 있다는 사실을 들었다고 하면서 "여호와께서 네가 행한 일에 보답하시기를 원하며 이스라엘의 하나님 여호와께서 그의 날개 아래에 보호를 받으러 온 네게 온전한 상 주시기를 원하노라"(룻 2:12)고 축복했습니다. 또한 그는 따뜻하고 인정 많은 사람이었습니다. 그는 외롭게 살아가는 이방 여인인 룻을 자신과 가까이 있게 하고 선대했습니다(룻 2:8-16). 그리고 그는 정도로 살아가는 사람이었습니다. 그는 자신을 잘 다스렸습니다(룻 3:1-4). 뿐만 아니라 그는 모든 일에서 법을 존중하고 그 절차에 따랐습니다(룻 3:10,11). 더 나아가 이새의 할머니인 룻은 하나님을 잘 믿고 시어머니를 잘 공경하는 경건한 사람이었습니다. 한마디로 이새는 경건한 조부모를 둔 행복한 사람이었습니다.

셋째로 명문가의 출발점이 되었습니다.

이새 이전에는 별 볼일 없는 가문이었습니다. 그러나 성경은 "이새의 줄기에서 한 싹이 나며 그 뿌리에서 한 가지가 나서 결실할 것이요…만민의 기치로 설 것이요 열방이 그에게로 돌아오리니 그가 거한 곳이 영화로우리라"(사 11:1-10)고 이새가 명문가의 출발점이 될 것임을 분명하게 말씀하셨습니다. 성경의 말씀과 같이 이새의 후손인 다윗과 솔로몬 등은 모두가 다 이스라엘 역사의 큰 획을 이루는 큰 자들이었습니다.

사랑하는 여러분!

우리의 조상이나 출신이 절대로 문제 될 수 없습니다. 또한 우리는 지금 하나님의 자녀요, 천국의 백성들입니다. 그리고 부족하지만 하나님의 자녀가 된 우리들을 통해서 축복의 계대가 계속 이루어질 줄로 믿습니다. 그러므로 우리의 다음 세대를 위해 열심히 기도하시기 바랍니다.

2. 신 앙

첫째로 하나님을 경외했습니다.

이새는 신앙이 좋은 조부모인 보아스와 룻의 영향을 많이 받아 하나님을 잘 경외하는 경건한 신앙인이었음이 분명합니다. 왜냐하면 성경에서 이새에 관한 기록이나 그 주변에서 일어난 모든 일들이 다 하나님께 영광이요 합당한 일들로만 나타났기 때문입니다(삼상 16:10-19). 성경은 이새의 줄기에서 "한 싹이 나며 그 뿌리에서 한 가지가 나서 결실할 것이요"(사 11:1)라고 메시야가 이새의 후손으로 오실 것을 분명하게 말씀하셨습니다(사 11:1-10). 그리고 하나님께서는 사무엘에게 "이새를 제사에 청하라 내가 네게 행할 일을 가르치리니 내가 네게 알게 하는 자에게 나를 위하여 기름을 부을지니라"(삼상 16:3)고 하셨습니다. 다시 말하면 이새의 후손을 통해서 이스라엘 왕을 세우시겠다는 것이었습니다. 이 모두는 다 그가 하나님을 잘 경외했음을 증언하는 말씀인 것입니다.

둘째로 인정받는 신앙인이었습니다.

하나님께서는 범죄한 사울왕을 폐하시고 제2대 이스라엘 왕을 뽑으실 때에 사무엘에게 "내가 이미 사울을 버려 이스라엘 왕이 되지 못하게 하였거늘 네가 그를 위하여 언제까지 슬퍼하겠느냐 너는 뿔에 기름을 채워 가지고 가라 내가 너를 베들레헴 사람 이새에게로 보내리니 이는 내가 그의 아들 중에서 한 왕을 보았느니라"(삼상 16:1)고 하셨습니다. 이 말씀은 바로 이새가 하나님께 인정받은 신앙인이었다는 것을 증언하시는 것입니다.

셋째로 신앙의 계대를 이루었습니다.

우리들이 이 세상을 살아가면서 받아야할 복이 많이 있지만 그 중에서도 우리의 자녀들이 신앙생활을 잘한다는 것이 가장 큰복입니다. 그런데 이새는 자신의 신앙을 통해서 자녀들에게 하나님을 경외하는 신앙을 잘 계대 시켰다는 것입니다. 때문에 하나님께서는 사무엘을 이새에게 보내어 그의 자녀들 중에서 하나를 선택하여 이스라엘의 제2대 왕으로 세우시려고 하신 것이었습니다. 결국 하나님께서는 이새의 막내아들인 다윗을 선택하여 기름 부으시고 이스라엘의 제2대 왕으로 세우셨습니다(삼상 16:10-13; 삼하 2:4). 그러므로 우리들도 자녀들을 신앙으로 잘 키워서 아름다운 신앙의 계대를 이루어야겠습니다.

사랑하는 여러분!

우리들도 언제, 어디서나, 항상 하나님을 잘 경외하는 삶을 삽시다. 또한 무엇보다도 우리 하나님께 인정받는 신앙인들이 됩시다. 그리고 자손만대에 이르기까지 신앙의 계대를 잘 이루어 가시기 바랍니다.

3. 결 국

첫째로 다윗 왕가의 조상이 되었습니다.

어느 나라에서든지 간에 한 나라의 왕조를 이루는 조상이 된다는 것은 참으로 영광스러운 일입니다. 그런데 이새는 그의 아들인 다윗을 통해서 그러한 영광을 이룬 사람이었습니다. 그래서 성경은 "살몬은 라합에게서 보아스를 낳고 보아스는 룻에게서 오벳을 낳고 오벳은 이새를 낳고 이새는 다윗왕을 낳으니라"(마 1:5,6)고 말씀하셨습니다. 이새의 아들인 다윗은 이스라엘의 제2대 왕이 되어 이스라엘의 역사 가운데서 가장 큰 나라를 세웠을 뿐만 아니라 대대로 다윗 왕조를 세워갔습니다. 그는 참으로 이 세상의 그 누구보다도 큰복을 받은 사람이었습니다.

둘째로 예수님의 조상이 되었습니다.
이새는 한 나라의 왕가를 이룬 조상이 되었을 뿐만 아니라 인류를 죄와 저주는 물론 멸망에서 구원하시는 예수 그리스도의 조상의 대열에 서는 영광까지 얻었습니다. 그래서 마태는 "아브라함과 다윗의 자손 예수 그리스도의 계보라"(마 1:1)고 다윗이 예수 그리스도의 조상이 됨을 분명하게 말했습니다. 예수 그리스도는 하나님의 아들이시요, 인류의 구세주이십니다. 그런데 그분이 바로 이새의 후손으로 이 세상에 오셨습니다. 그러므로 이새의 결국은 이 세상의 그 누구도 누릴 수 없는 최고의 영광을 얻은 자였습니다. 우리들도 최선을 다하여 이 복음을 전하므로 이 세상의 모든 사람들을 하나님께로 인도해야겠습니다.

셋째로 선민의 조상이 되었습니다.
아브라함의 후손으로 태어난 이새는 선민인 이스라엘 백성들의 조상이 되었습니다. 또한 그는 자신의 후손들이 대대적으로 영원하신 하나님의 백성이 되게 했습니다. 이러한 역사는 인류 역사에서 그 누구도 누릴 수 없는 최고의 역사였습니다.

사랑하는 여러분!
우리들의 후손들을 신앙심이 좋은 지도자들로 세워갑시다. 또한 우리들도 열심히 전도하여 영혼을 살리는 삶을 삽시다. 그리고 모든 사람들을 복된 길로 인도하는 새로운 삶의 이정표가 되시기 바랍니다.

 # 이세벨

[왕하 9:30-37]

예후가 이스르엘에 오니 이세벨이 듣고 눈을 그리고 머리를 꾸미고 창에서 바라보다가 예후가 문에 들어오매 이르되 주인을 죽인 너 시므리여 평안하냐 하니 예후가 얼굴을 들어 창을 향하고 이르되 내 편이 될 자가 누구냐 누구냐 하니 두어 내시가 예후를 내다 보는지라 이르되 그를 내려던지라 하니 내려던지매 그의 피가 담과 말에게 튀더라 예후가 그의 시체를 밟으니라 예후가 들어가서 먹고 마시고 이르되 가서 이 저주 받은 여자를 찾아 장사하라 그는 왕의 딸이니라 하매 가서 장사하려 한즉 그 두골과 발과 그의 손 외에는 찾지 못한지라 돌아와서 전하니 예후가 이르되 이는 여호와께서 그 종 디셉 사람 엘리야를 통하여 말씀하신 바라 이르시기를 이스르엘 토지에서 개들이 이세벨의 살을 먹을지라 그 시체가 이스르엘 토지에서 거름같이 밭에 있으리니 이것이 이세벨이라고 가리켜 말하지 못하게 되리라 하셨느니라 하였더라

> 이세벨(정숙한이란 뜻)은 시돈 왕이요 제사장인 엣바알의 딸로서 북이스라엘의 아합왕과 결혼하여 왕비가 되었습니다. 그녀는 남편인 아합왕을 충동하여 북이스라엘의 수도인 사마리아에 바알 산당을 건축하여 단을 쌓고 아세라 목상을 만들어 섬기게 했습니다. 또한 그녀는 우상숭배의 잘못을 지적한 엘리야와 여호와의 선지자들을 박해하고 죽였습니다. 그리고 나봇의 포도원을 탐낸 남편을 위해 그를 죽이기까지 했습니다. 그녀는 '정숙한'이란 의미의 이름에 부합되지 않는 악한 삶을 살다가 비참하게 이 세상을 떠난 불행한 여인이었습니다.

1. 우상숭배자

첫째로 엣바알의 딸이었습니다.

엣바알은 아스다롯의 제사장으로 있으면서 히람 1세의 마지막 후손을 살해하고 자신이 시돈 왕으로 즉위했습니다. 이세벨은 그의 딸로서 철저한 우상숭배자였습니다. 또한 그녀는 천성이 악하고 권모술수가 뛰어났습니다(왕하 9:22). 그래서 성경은 그녀에 대해 이 세상에서 가장 악한 여인이라고 규정했습니다(계 2:20). 그러므로 우리들은 하나님께서 보시기에 언제나 아름다운 신앙인이 되도록 최선을 다해야 합니다.

둘째로 극렬한 우상숭배자였습니다.
이세벨은 광신적으로 바알과 아스다롯을 섬겼습니다. 시돈 사람들이 숭배하는 여신인 아스다롯을 그녀만큼 열렬하게 숭배하는 사람은 없었습니다. 이방 출신인 그녀는 북왕국 이스라엘에 자기 나라의 우상숭배를 이식시키는 것에 만족하지 않고 북왕국 이스라엘 전체를 바알 종교국가로 개종시키려고 했습니다. 그녀는 이를 위해 바알의 산당과 아세라 산당을 세우고 450명의 바알의 선지자와 400명의 아세라 선지자들을 세워서 그들로 하여금 모두가 다 자기 상에서 같이 먹게 했습니다(왕상 18:19). 이것은 바로 그녀가 아스다롯의 제사장이었던 아버지인 엣바알의 영향을 받았다는 증거인 것입니다. 그러므로 우리들은 자녀들이 여호와 하나님을 잘 섬기도록 신앙으로 잘 양육해야 합니다.

셋째로 아합과 결혼했습니다.
이세벨은 북왕국 이스라엘의 7대 왕인 아합과 결혼했습니다. 그녀는 아합을 충동하여 북왕국 이스라엘의 수도인 사마리아 성 안에 바알의 산당을 건축하고 바알을 위하여 제단을 쌓고 아세라 목상을 만들게 했습니다(왕상 21:25). 그리하여 북왕국 이스라엘 백성들로 하여금 무서운 우상숭배의 죄악에 빠지게 했습니다. 이로 인해 아합은 이전의 그 어떤 왕들보다도 더욱 사악한 정치를 했습니다(왕상 16:29-32). 다시 말하면 아합이 하나님을 배신하고 바알 우상을 섬기면서 전례 없는 악한 왕으로 전락된 것은 그의 아내 이세벨의 영향을 받았기 때문이었습니다. 한마디로 그녀는 남편을 좌지우지하는 여자였습니다. 그렇습니다. 솔로몬도 이방 여인들의 영향을 받아 인생말년에 하나님을 배신하고 우상을 섬기는 실패자로 전락했습니다. 그런데 아합도 마찬가지였습니다. 그러므로 우리들은 그 어떤 경우에서도 악한 이 세상이나 불완전한 인간의 영향을 받지 말고 어제나 오늘이나 영원토록 변함이 없으신 하나님의 영향을 받아야 합니다. 그래야만 성공적인 인생을 살아갈 수 있습니다.

사랑하는 여러분!
우리 모두는 자녀들에게 하나님을 잘 믿는 아름다운 신앙의 모습을 보여주어야겠습니다. 또한 우리 가족전체가 다 하나님을 잘 믿는 믿음의 가정이 되게 합시다. 그리고 교회와 이웃들에게 아름다운 영향력을 끼치는 복된 자들이 되시기 바랍니다.

2. 악한 대적자

첫째로 엘리야의 경고를 받았습니다.
아합과 이세벨에 의해 온 이스라엘이 다 여호와 섬기기를 포기하고 바알을 섬겼습니다. 그러나 선지자로 부름 받은 엘리야는 그들에게 굴복하지 않고 끝까지 신앙을 지켰습니다(왕상 17:5). 또한 그는 자신의 생명을 부지하기 위해 세상 권력에 아부하지도 않았습니다. 그는 광야에서 가죽을 입고 살면서 바알 우상을 섬기는 아합에게 "내가 섬기는 이스라엘의 하나님 여호와께서 살아 계심을 두고 맹세하노니 내 말이 없으면 수년 동안 비도 이슬도 있지 아니하리라"(왕상 17:1)고 하나님의 징계로 인한 가뭄을 경고했습니다. 엘리야의 이와 같은 행동은 아합과 이세벨은 물론 바알을 숭배하는 모든 자들에 대한 정면 도전이었습니다. 왜냐하면 바알 숭배자들은 땅에 비를 내리는 것은 바알에게 달려 있다고 믿었기 때문입니다. 엘리야의 경고대로 이스라엘은 3년 6개월 동안의 긴 가뭄으로 인해 극심한 기갈과 굶주림에 시달렸습니다. 이에 아합왕까지도 친히 물을 찾아 나설 수밖에 없는 처지였습니다(왕상 18:5-6). 한마디로 비극적인 상황이었습니다.

둘째로 엘리야와의 대결에서 패했습니다.

극심한 가뭄으로 생명의 위협을 느낀 아합은 엘리야에게 "…이스라엘을 괴롭게 하는 자"(왕상 18:17)라고 했습니다. 이에 엘리야는 아합에게 "내가 이스라엘을 괴롭게 한 것이 아니라 당신과 당신의 아버지의 집이 괴롭게 하였으니 이는 여호와의 명령을 버렸고 당신이 바알들을 따랐음이라"(왕상 18:18)고 오히려 책망했습니다. 그리고 아합에게 "온 이스라엘과 이세벨의 상에서 먹는 바알의 선지자 사백오십 명과 아세라의 선지자 사백명을 갈멜산으로 모아 내게로 나아오게 하소서"(왕상 18:19)라고 요청했습니다. 이에 아합은 즉시 모든 백성들과 그를 따르는 850명의 우상 선지자들을 갈멜산으로 모이게 했습니다. 대결을 요청한 엘리야는 "너희는 너희 신의 이름을 부르라 나는 여호와의 이름을 부르리니 이에 불로 응답하는 신 그가 하나님이니라…"(왕상 18:24)말하고 하나님께 기도하여 응답 받은 다음(왕상 18:37-39) 850명의 거짓 선지자들을 기손 시냇가에서 모두 다 죽였습니다(왕상 18:40). 완전한 승리를 거둔 것이었습니다.

셋째로 엘리야를 대적했습니다.

"아합이 엘리야가 행한 모든 일과 그가 어떻게 모든 선지자를 칼로 죽였는지를 이세벨에게 말하…"(왕상 19:1)자 이세벨이 엘리야를 죽이려고 했습니다(왕상 19:2). 그녀는 그 전에도 엘리야를 찾지 못하자 많은 선지자들을 죽였습니다(왕상 18:13). 이세벨은 하나님의 종들을 대적하고 죽이는 참으로 악한 대적자였습니다.

사랑하는 여러분!
하나님의 말씀을 늘 묵상하고 그 말씀대로 순종하는 삶을 삽시다. 또한 우리들도 예수 그리스도의 이름으로 엘리야처럼 자신 있게 나아가 싸웁시다. 그리고 이 세상의 그 어떤 악도 두려워하지 말고 자신 있게 사시기 바랍니다.

3. 비참한 최후

첫째로 예후를 경멸했습니다.
하나님께서는 엘리사와 그의 생도를 통해서 예후를 북이스라엘의 왕으로 세우시고 "너는 네 주 아합의 집을 치라 내가 나의 종 곧 선지자들의 피와 여호와의 종들의 피를 이세벨에게 갚아 주리라"(왕하 9:7)고 하셨습니다. 이에 예후는 아합의 아들인 요람을 죽였습니다. 이로써 오므리 왕가는 4대만에 막을 내렸습니다. 그리고 예후는 이세벨에게 향했습니다. 이것은 바로 아합과 이세벨 왕가에 대한 심판의 시작이었습니다. 예후가 이세벨의 집에 도착했을 때에 "이세벨이 듣고 눈을 그리고 머리를 꾸미고 창에서 바라보다가 예후가 문에 들어오매 이르되 주인을 죽인 너 시므리여 평안하냐"(왕하 9:30,31)라고 했습니다. 여기에서 시므리는 바아사 왕가를 가장 비열한 방법으로 몰락시킨 후 단 일주일 동안 왕위에 올랐던 자였습니다. 그러므로 이세벨이 예후를 시므리에 빗댄 것은 예후도 시므리처럼 될 것이라는 의미로서 가장 심한 모독이요, 경멸이었습니다.

둘째로 내시에 의해 창밖으로 던져졌습니다.
이세벨의 경멸을 받은 예후는 창을 향해 "내 편이 될 자가 누구냐…"(왕하 9:32)고 외쳤습니다. 이에 소리를 듣고 내다보는 내시들에게 예후가 "그를 내려 던지라"(왕하 9:33上)고 하자 그들이 이세벨을 창 밖으로 내던짐으로 박살나서 죽었습니다. 그래도 예후는 그녀가 왕의 딸이었기 때문에 시체를 장사하라고 했습니다. 그러나 그녀의 시체는 두골과 발과 손바닥 외에는 찾을 수 없었습니다. 왜냐하면 이미 개들이 그녀의 시체를 다 뜯어먹었기 때문이었습니다(왕하 9:34-37). 그녀의 최후는 참으로 비참했습니다.

셋째로 말씀의 성취였습니다.
이세벨은 아합왕에게 나봇의 포도원을 뺏어 주기 위해 나봇을 백성 가운데 높이 앉힌 후에 두 명의 불량자(쓸모 없는 자)들을 나봇 앞에 앉히고 나봇이 하나님과 왕을 저주하였다고 거짓으로 증언하게 한 다음 곧바로 끌고 나가서 돌로 쳐죽였습니다. 그리고 이세벨은 아합에게 나봇의 포도원을 취하도록 했습니다(왕상 21:14-16). 이러한 모든 상황을 다 살피신 여호와께서는 엘리야에게 "너는 일어나 내려가서 사마리아에 있는 이스라엘의 아합 왕을 만나라 그가 나봇의 포도원을 차지하러 그리로 내려갔나니 너는 그에게 말하여 이르기를 여호와의 말씀이 네가 죽이고 또 빼앗았느냐고 하셨다 하고 또 그에게 이르기를 여호와의 말씀이 개들이 나봇의 피를 핥은 곳에서 개들이 네 피 곧 네 몸의 피도 핥으리라"(왕상 21:18,19)고 아합에게 말하도록 하셨습니다. 그런데 그 말씀이 그대로 그녀에게 이루어졌습니다. 그렇습니다. 하나님의 말씀은 일점일획도 어김이 없이 반드시 이루어집니다.

사랑하는 여러분!
우리는 그 어떤 이유로도 남을 경멸하는 악을 행치 맙시다. 또한 믿고 신뢰 받을 수 있는 사람이 됩시다. 그리고 언제, 어디서나, 끝까지 선을 행하는 복된 자들이 되시기 바랍니다.

 # 이스마엘

[창 16:1-16]

아브람의 아내 사래는 출산하지 못하였고 그에게 한 여종이 있으니 애굽 사람이요 이름은 하갈이라 사래가 아브람에게 이르되 여호와께서 내 출산을 허락하지 아니하셨으니 원하건대 내 여종에게 들어가라 내가 혹 그로 말미암아 자녀를 얻을까 하노라 하매 아브람이 사래의 말을 들으니라 아브람의 아내 사래가 그 여종 애굽 사람 하갈을 데려다가 그 남편 아브람에게 1)첩으로 준 때는 아브람이 가나안 땅에 거주한 지 십 년 후였더라 아브람이 하갈과 동침하였더니 하갈이 임신하매 그가 자기의 임신함을 알고 그의 여주인을 멸시한지라 사래가 아브람에게 이르되 내가 받는 모욕은 당신이 받아야 옳도다 내가 나의 여종을 당신의 품에 두었거늘 그가 자기의 임신함을 알고 나를 멸시하니 당신과 나 사이에 여호와께서 판단하시기를 원하노라 아브람이 사래에게 이르되 당신의 여종은 당신의 수중에 있으니 당신의 눈에 좋을 대로 그에게 행하라 하매 사래가 하갈을 학대하였더니 하갈이 사래 앞에서 도망하였더라 여호와의 사자가 광야의 샘물 곁 곧 술 길 샘 곁에서 그를 만나 이르되 사래의 여종 하갈아 네가 어디서 왔으며 어디로 가느냐 그가 이르되 나는 내 여주인 사래를 피하여 도망하나이다 여호와의 사자가 그에게 이르되 네 여주인에게로 돌아가서 그 수하에 복종하라 여호와의 사자가 또 그에게 이르되 내가 네 씨를 크게 번성하여 그 수가 많아 셀 수 없게 하리라 여호와의 사자가 또 그에게 이르되 네가 임신하였은즉 아들을 낳으리니 그 이름을 2)이스마엘이라 하라 이는 여호와께서 네 고통을 들으셨음이니라 그가 사람 중에 들나귀 같이 되리니 그의 손이 모든 사람을 치겠고 모든 사람의 손이 그를 칠지며 그가 모든 형제와 대항해서 살리라 하니라 하갈이 자기에게 이르신 여호와의 이름을 나를 살피시는 하나님이라 하였으니 이는 내가 어떻게 여기서 나를 살피시는 하나님을 뵈었는고 함이라 이러므로 그 샘을 3)브엘라해로이라 불렀으며 그것은 가데스와 베렛 사이에 있더라 하갈이 아브람의 아들을 낳으매 아브람이 하갈이 낳은 그 아들을 이름하여 이스마엘이라 하였더라 하갈이 아브람에게 이스마엘을 낳았을 때에 아브람이 팔십육 세였더라

> 성경에 이스마엘(하나님께서 고통을 들으셨다는 뜻)은 동명이인이 6명이 있습니다. 이 시간에는 아브라함이 86세 때에 그의 아내 사라의 애굽 시녀인 하갈을 통해서 낳은 아들에 대해 살펴보겠습니다. 그의 어머니인 하갈은 그를 임신한 상태에서 아브라함의 본처인 사라에 의해 집에서 쫓겨난 일이 있었습니다. 그러나 그녀는 하나님의 은혜로 다시 귀가하여 집에서 그를 해산했습니다. 한마디로 이스마엘의 삶은 잉태한 순간부터 힘든 삶이었습니다. 그가 사라가 낳은 동생인 이삭을 놀렸다는 이유로 다시 어머니와 함께 영구히 추방되어 광야에서 살았습니다. 그렇지만 그는 크게 번성하여 오늘의 중동지역에 사는 모든 아랍인들의 조상이 되었습니다.

1. 육체를 따라 출생

첫째로 사래가 하갈을 아브람에게 주었습니다.

아브람은 자신에게 상속자를 삼을 만한 아들이 없자 다메섹 출신의 종으로서 자기 집안의 신실한 청지기인 엘리에셀을 자신의 기업을 이을 상속자로 삼으려고 했습니다(창 15:2,3). 그러나 하나님께서는 "그 사람이 네 상속자가 아니라 네 몸에서 날 자가 네 상속자가 되리라 하시고 그를 이끌고 밖으로 나가… 하늘을 우러러 뭇 별을 셀 수 있나 보라… 네 자손이 이와 같으리라"(창 15:4,5)고 하셨습니다. 그리고 "아브람이 여호와를 믿으니 여호와께서 이를 그의 의로"(창 15:6) 여기셨습니다. 다시 말하면 아브람의 아내인 사래가 자신이 아이를 낳지 못하자 아브람에게 "여호와께서 내 출산을 허락하지 아니하셨으니 원하건대 내 여종에게 들어가라 내가 혹 그로 말미암아 자녀를 얻을까 하노라…"(창 16:2)고 간청했습니다. 이에 아브람이 사래의 말을 들었습니다. 아브람은 하나님께서 상속자를 주시겠다고 분명히 약속하셨음에도 불구하고 그것을 무시하고 사래의 유혹에 넘어간 것이었습니다. 여기에서 우리는 인간의 믿음이 한없이 연약함을 보게 됩니다.

둘째로 하갈이 사래를 무시했습니다.

아브람이 사래의 꾐에 빠져 하나님의 말씀을 저버리고 하갈과 동침함으로 잉태하게 되었습니다. 그 때부터 하갈이 그 집의 여주인인 사래를 멸시하기 시작했습니다(창 16:4). 당시 근동지방에서는 자녀가 많은 것을 하나님이 주신 큰 축복으로 생각했습니다(시 127:3). 그래서 하갈은 자식이 없는 집안에서 자신이 집주인인 아브람의 아이를 임신하게 되자 자신의 신분을 망각하고 여주인인 사래를 하찮게 생각한 것이었습니다. 어쩌면 하갈이 여주인의 자리까지 넘보았을지도 모릅니다. 이에 사래는 아브람에게 "내가 받는 모욕은 당신이 받아야 옳도다 내가 나의 여종을 당신의 품에 두었거늘 그가 자기의 임신함을 알고 나를 멸시하니 당신과 나 사이에 여호와께서 판단하시기를 원하노라(창 16:5)고 했습니다. 사래는 일은 자기가 저질러 놓고 책임은 아브람에게 묻는 것이었입니다. 이것은 바로 자신의 잘못은 생각지 않고 남만 탓하는 부패된 인간의 본성을 드러내는 것입니다.

셋째로 육체를 따라 난 자였습니다.

이스마엘은 아브람이 사래의 여종인 하갈을 통해서 낳은 자로서 분명히 아브람의 혈통을 받은 자였습니다. 그러나 그는 아브라함의 유업을 상속받는 상속자가 되지 못했습니다. 성경은 그 이유에 대해서 그가 육체를 따라 낳았기 때문이라고 말씀하고 있습니다(갈 4:22,23). 반면에 아브라함의 정식 부인인 사라가 낳은 이삭이 아브라함의 유업을 상속받을 자였습니다. 그러므로 우리들도 어떤 순간적인 기분이나 감정, 상황에 따라 살지 말고 반드시 하나님의 말씀과 성령님의 인도하심을 받는 삶을 살아야 합니다.

사랑하는 여러분!

구원받은 우리는 하나님의 자녀들입니다. 그러므로 절대로 어떤 순간적인 기분이나 감정대로 살지 말고 하나님께서 허락하신 약속의 말씀대로 삽시다. 또한 이유 여하를 막론하고 어느 누구를 미워하거나 무시하지 맙시다. 그리고 언제나 육체의 소욕을 죽이고 언약의 말씀대로 사시기 바랍니다.

2. 황량한 광야의 삶

첫째로 집에서 추방되었습니다.
하갈의 무시를 받은 사래가 아브람에게 책임을 묻자 아브람은 사래에게 "당신의 여종은 당신의 수중에 있으니 당신의 눈에 좋은 대로 그에게 행하라..."(창 16:6)고 했습니다. 이에 사래가 하갈을 학대하자 그녀가 사래 앞에서 도망했습니다. 이제 하갈은 주인집에서 의식주와 보호는 물론 모든 것을 다 박탈당하고 광야로 내어 쫓기게 되었습니다. 그렇습니다. "교만은 패망의 선봉이요 거만한 마음은 넘어짐의 앞잡이..."(잠 16:18)입니다. 그러므로 성도들은 잘 되면 잘 될 수록 더욱 더 겸손해야 합니다.

둘째로 광야에서 살았습니다.
광야로 도망간 하갈은 광야의 샘물 곁에서 하나님의 사자 즉 현현하신 하나님을 만났습니다(창 16:7). 하나님께서는 그녀에게 "사래의 여종 하갈아 네가 어디서 왔으며 어디로 가느냐..."(창 16:8上)고 물으셨습니다. 이에 하갈은 "... 나는 내 여주인 사래를 피하여 도망하나이다"(창 16:8下)라고 했습니다. 그녀의 말을 들으신 하나님께서는 그녀에게 "... 네 여주인에게로 돌아가서 그 수하에 복종하라"(창 16:9)고 하셨습니다. 또한 그녀가 아들을 잉태하였음을 말씀하시고 아들의 이름을 '이스마엘'이라고 부르도록 하셨습니다. 그리하여 그녀는 다시 아브람의 집에 들어가서 이스마엘을 낳았습니다. 그러나 그 이후에 하나님께서 아브라함에게 언약하신 대로 아브라함이 사라를 통해서 이삭을 낳게 되자 이삭이 젖떼는 날에 잔치를 벌였습니다(창 21:8). 그 때에 이스마엘이 이삭을 놀리는 사건으로 인해 다시 다툼이 나타나서 결국은 하갈과 이스마엘이 집에서 쫓겨났습니다(창 21:9-18). 이것은 바로 이미 하나님께서 언약하신(창 16:11,12) 것이었습니다.

셋째로 활 쏘는 용사가 되었습니다.

아브라함의 집에서 쫓겨나 황량한 광야에서 들나귀처럼 자란 이스마엘은 활을 잘 쏘는 용사가 되었습니다(창 21:20). 하나님의 말씀대로 이스마엘의 후예들인 지금의 아랍인들은 지금도 생육하고 번성하여 그 넓은 모래광야인 중동지역을 차지하고 살면서 지구촌 곳곳에서 테러와 전쟁을 일으키고 있습니다. 그래서 지금도 세계인들은 모두가 다 이스마엘의 후손인 아랍인들이 사는 중동지역을 세계의 화약고라고 말하고 있습니다. 그렇습니다. 성경 말씀은 지금도 일점 일획도 어김없이 그대로 이루어지고 있습니다.

사랑하는 여러분!
우리 모두는 언제, 어디서나, 어떠한 상황에서든지 남들을 힘들게 하는 일이 없어야 합니다. 또한 이유 여하를 막론하고 상대방을 이해하고 배려하는 넉넉한 삶을 살아야 합니다. 그리고 우리들이 이 세상을 살아가는 동안에 그 어떤 경우에서도 시비를 걸고 다투는 일이 없어야 합니다.

3. 언약 밖의 사람

첫째로 큰 민족을 이루었습니다.

황량한 광야에서 들나귀처럼 힘들게 자라난 이스마엘은 하나님의 은혜로 장성하여 바란 광야에서 애굽 여인과 결혼하여 가정을 이루었습니다(창 21:21). 사랑의 하나님께서는 이스마엘에게 약속하신 대로 그의 생명을 지켜 주셨을 뿐만 아니라 하갈에게 "내가 네 씨를 크게 번성하여 그 수가 많아 셀 수 없게 하리라"(창 16:10)고 말씀하신 대로 이스마엘에게 생육하고 번성하는 축복을 주셨습니다. 그래서 이스마엘은 십이 방백의 거대한 족속의 조상이 되었습니다(창 25:16). 그들이 바로 오늘의 아랍인들입니다. 때문에 지금 현재도 이삭의 후손인 이스라엘 사람들(약 720만) 보다 이스마엘의 후손인 아랍 사람들(약 3억 4천 7백만)이 약 48배나 더 많습니다. 양적으로 볼 때에는 이스마엘의 후손들인 아랍사람들이 이삭의 후예들인 이스라엘 사람들과는 비교가 되지 않을 정도로 크게 번성했습니다. 하나님께서 아브라함에게 여종의 아들도 네 씨니 내가 그로 한 민족을 이루게 하리라(창 17:20)는 말씀이 그대로 이루어진 것이었습니다.

둘째로 언약 밖의 사람이었습니다.
이스마엘은 이삭과 마찬가지로 똑같이 아브라함의 피를 받은 아들이었습니다. 다른 점이 있다고 하면 이삭은 하나님의 언약에 의해 본처인 사라를 통해서 출생했고 이스마엘은 아브람과 사래가 하나님께서 이미 아들을 주시겠다고 언약해 주셨음에도 불구하고 그 언약의 실현을 기다리지 못하고 조급하여 인간적인 생각으로 수단을 부려서 출생한 것이었습니다. 때문에 성경은 이삭은 언약의 아들이요 이스마엘은 언약 밖의 아들이라고 한 것입니다.

셋째로 하늘의 유업을 받지 못했습니다.
이스마엘은 그가 비록 아브라함의 혈통을 받고 태어났고 그토록 강하고 크게 번성했지만 안타까운 것은 하늘의 유업을 받지 못했다는 것입니다. 그래서 그들은 지금도 하나님을 믿지 않고 알라를 믿고 있습니다. 또한 이삭의 후손으로서 하나님의 선민인 이스라엘을 계속 괴롭히고 있습니다. 여기에서 우리들은 깨달아야 합니다. 제 아무리 높은 권세가 있고 많은 물질을 소유하고 세상적인 향락을 누린다고 할지라도 하늘나라를 소유하는 영적인 축복을 받지 못한다고 하면 가장 불쌍한 자인 것입니다. 그러므로 우리 모두는 우리의 자손들이 대대로 하늘의 유업을 받는 영적 상속자들이 되게 해야겠습니다.

사랑하는 여러분!
하나님의 은혜로 생육하고 번성하시기 바랍니다. 또한 이유 여하를 막론하고 육신적이고 세상적인 생각을 포기하고 언약의 말씀대로 삽시다. 그리고 자손만대에 이르기까지 하늘의 유업을 받는 영적인 상속자들이 되시기 바랍니다.

 # 이스보셋

[삼하 2:8-11]

사울의 군사령관 넬의 아들 아브넬이 이미 사울의 아들 이스보셋을 데리고 마하나임으로 건너가 길르앗과 아술과 이스르엘과 에브라임과 베냐민과 온 이스라엘의 왕으로 삼았더라 사울의 아들 이스보셋이 이스라엘 왕이 될 때에 나이가 사십 세이며 두 해 동안 왕위에 있으니라 유다 족속은 다윗을 따르니 다윗이 헤브론에서 유다 족속의 왕이 된 날 수는 칠 년 육 개월이더라

> 이스보셋은 사울왕의 넷째 아들이었습니다. 그의 본래 이름은 에스바알이었는데 후에 이스보셋으로 바뀌었습니다. 그는 하나님의 뜻과는 달리 자신의 정권을 계속 유지하고자 하는 아브넬에 의해 마하나임에서 이스라엘의 왕으로 옹위 되었습니다. 그러나 사울의 군장이었던 아브넬의 배신과 자신의 군장들인 레갑과 바아나에 의해 암살되었습니다.

1. 사울왕의 아들

첫째로 사울왕의 넷째 왕자였습니다.

이스라엘의 초대 왕 사울은 "요나단과 말기수아와 아비나답과 에스바알을 낳았..."(대상 8:33)습니다. 다시 말하면 에스바알은 이스라엘의 넷째 왕자로서 남다른 지위와 명예, 권세를 한 몸에 지니고 부요한 삶을 살았습니다. 그러므로 그는 이 세상에서 그 누구보다도 좋은 조건과 환경에서 태어난 사람이라고 할 수 있습니다. 그러나 우리 모두는 전능하신 하나님의 자녀요, 천국의 백성들입니다. 다시 말하면 우리는 최고의 배경과 환경을 가진 자들입니다. 그러므로 창조주 하나님의 주권에 감사하고 자신에게 주어진 사명을 최

선을 다해 감당해야 합니다.

둘째로 이스보셋으로 이름을 바꾸었습니다.

성경에 보면 하나님께서는 이미 주어졌던 이름을 그의 신앙 인격이나 상황의 변화에 따라 이름을 바꾸어주신 경우가 있습니다. 그래서 하나님께서는 '고귀한 아버지'란 뜻의 아브람을 '여러 민족의 아버지'란 뜻의 아브라함으로, '여주인'이란 뜻의 사래를 '열국의 어미'란 뜻의 사라로 바꾸어주시고 그들이 낳은 이삭을 통해서 민족의 번성을 약속해 주셨습니다(창 17:1-16). 또한 '속이는 자, 빼앗는 자'란 부정적인 의미를 가진 야곱이란 이름을 '하나님과 씨름하는 자'란 의미를 가진 이스라엘로 바꾸어주셨습니다(창 32:27, 28). 그 외에도 '간청하다, 요구하다'란 뜻을 가진 다소 사람 사울이 회심한 후에는 '보잘것없는'이란 겸손한 의미를 가진 바울로 바뀌기도 했습니다. 다시 말하면 성경에서의 이름은 그 사람의 인격과 사명은 물론 환경을 대변해 왔습니다. 원래 바알은 '영주, 주인'이란 좋은 뜻의 이름입니다. 그런데 이스라엘에 이교인 바알 숭배가 시작되면서부터 바알이란 이름은 수치스러운 이름이 되었습니다. 그래서 '바알의 사람'이란 의미의 '에스바알'이 '수치스러운 사람'이란 의미의 이스보셋으로 바뀐 것이었습니다.

셋째로 우리들도 이름 값을 해야 합니다.

예수 그리스도를 구주로 믿고 구원 받은 우리들은 모두 다 하나님의 자녀요, 천국의 백성들입니다. 그러므로 하나님의 자녀다운 언행심사와 삶의 자세가 이루어져야 합니다. 또한 천국의 백성답게 맡은 바 사명을 잘 감당해야 합니다. 그리고 각자 개인들에게 주어진 이름들이 있습니다. 그 이름들은 모두가 다 좋은 의미를 가지고 있습니다. 그러므로 반드시 그 좋은 이름의 뜻에 부합된 삶을 살아야 합니다. 그것이 바로 우리 하나님이 요구하신 삶입니다.

사랑하는 여러분!

나 자신이 출생한 환경이나 배경이 어떠하든지 간에 하나님께 감사하고 맡겨주신 사명에 생명을 걸어야 합니다. 또한 언제, 어디서나 하나님의 백성다운 삶의 자세를 가집시다. 그리고 아름다운 이름에 걸맞은 복된 삶을 사시기 바랍니다.

2. 북이스라엘의 왕

첫째로 사울왕과 세 아들이 전사했습니다.

성경은 "블레셋 사람들이 이스라엘을 치매 이스라엘 사람들이 블레셋 사람들 앞에서 도망하여 길보아 산에서 엎드러져 죽으니라 블레셋 사람들이 사울과 그의 아들들을 추격하여 사울의 아들 요나단과 아비나답과 말기수아를 죽이니라 사울이 패전하매 활 쏘는 자가 따라잡으니 사울이 그 활 쏘는 자에게 중상을 입은지라 그가 무기를 든 자에게 이르되 네 칼을 빼어 그것으로 나를 찌르라 할례 받지 않은 자들이 와서 나를 찌르고 모욕할까 두려워하노라 하나 무기를 든 자가 심히 두려워하여 감히 행하지 아니하는지라 이에 사울이 자기의 칼을 뽑아서 그 위에 엎드러지매 무기를 든 자가 사울이 죽음을 보고 자기도 자기 칼 위에 엎드러져 그와 함께 죽으니라 사울과 그의 세 아들과 무기를 든 자와 그의 모든 사람이 다 그 날에 함께 죽었더라"(삼상 31:1-6; 대상 10:1-6)고 하셨습니다. 다시 말하면 사울왕과 그의 아들들인 요나단과 말기수아와 아비나답이 모두 다 죽고 4형제 중에서 막내인 이스보셋만 살아남았습니다.

둘째로 아브넬에 의해 이스라엘 왕으로 옹위 되었습니다.

사울의 칼을 피해 도피 중에 있던 다윗은 사울왕과 요나단이 블레셋과의 길보아 전투에서 전사했다는 소식을 듣고 "이스라엘아 네 영광이 산 위에서 죽임을 당하였도다 오호라 두 용사가 엎드러졌도다"(삼하 1:19)라고 슬퍼했습니다. 또한 다윗은 자신이 사울을 죽였다고 거짓 보고한 아말렉 청년에게 "네가 어찌하여 손을 들어 여호와의 기름부음 받은 자 죽이기를 두려워하지 아니하였느냐"(삼하 1:14)고 꾸짖고 즉시 처단하도록 명했습니다. 또한 그는 사울이 죽음으로 생명에 대한 위협이 사라졌음을 깨닫고 하나님께 기도하여 응답을 받고 헤브론에서 유다 족속의 왕이 되었습니다(삼하 2:1-7). 바로 하나님의 뜻이 그대로 이루어진 것이었습니다. 그런데 사울의 군사령관이었던 아브넬은 이스보셋을 데리고 마하나임으로 건너가서 그 곳에서 유다 족속을 제외한 열한 지파들을 결집하여 이스보셋을 이스라엘의 왕으로 세웠습니다(삼하 2:8,9). 때문에 이스보셋이 다윗이 거하던 유다 지파 땅을 제외하고는 전체 이스라엘의 통치자가 되었습니다. 그러나 이 모두는 다 아브넬이 자신의 기득권과 정권연장을 위해 하나님의 뜻을 거역하고 반란을 일으킨 것이었습니다.

셋째로 지도력이 없는 무능한 왕이었습니다.
이스보셋이 40세에 왕이 되어 2년 동안 이스라엘을 다스렸습니다(삼하 2:10). 그러나 그는 이름만 왕이었지 나라에 대한 통치력을 전혀 발휘하지 못했습니다. 왜냐하면 아브넬이 그를 왕으로 세워놓았지만 실제적으로는 자신이 전권을 행사하고 있었기 때문이었습니다. 다시 말하면 그는 허울뿐인 힘없는 왕이었습니다.

사랑하는 여러분!
그 어떤 일이 있어도 우리는 하나님과 주님의 몸된 교회에 대한 반역을 저지르지 맙시다. 또한 자신의 세속적인 욕심을 위해 하나님의 뜻을 저버리고 악을 행하는 불행한 일이 없도록 합시다. 그리고 이유 여하를 막론하고 맡은 바 사명에 생명을 거는 적극적인 삶을 사시기 바랍니다.

3. 비극적인 종말

첫째로 아브넬을 책망했습니다.

아브넬은 이스보셋을 명목상의 왕으로 세워놓고 자신이 전권을 행사하는 실제적인 통치자였습니다. 때문에 교만해진 그는 자신이 모셨던 사울왕의 애첩인 리스바를 취하기도 했습니다(삼하 3:6,7上). 당시에는 왕의 후궁들은 후계자의 특별한 상속물로 여겼기 때문에 그가 사울왕의 후궁을 취한 것은 자신이 실제적인 왕인 것으로 착각한 데서 비롯되었을 것입니다. 때문에 이스보셋이 아브넬에게 "네가 어찌하여 내 아버지의 첩과 통간하였느냐"(삼하 3:7下)고 그의 부당성을 지적하고 책망했습니다. 이에 아브넬은 "내가 유다의 개 머리냐 내가 오늘 당신의 아버지 사울의 집과 그의 형제와 그의 친구에게 은혜를 베풀어 당신을 다윗의 손에 내주지 아니하였거늘 당신이 오늘 이 여인에게 관한 허물을 내게 돌리는도다"(삼하 3:8)라고 심하게 반발했습니다. 그러나 이스보셋은 아브넬이 두려워서 한 말도 하지 못했습니다. 참으로 유약한 왕이었습니다.

둘째로 아브넬에게 배신당했습니다.

이스보셋의 책망을 받은 아브넬은 자신이 다윗의 군사령관인 요압과 싸워서 실패한 경험이 있었습니다. 때문에 그는 그동안 세력이 크게 확장된 남유다의 다윗 왕국에 대세가 기울였다고 생각하고 다윗에게 붙기 위해 이스보셋을 배신했습니다. 때문에 그는 곧바로 다윗에게 사자들을 보내어 "이 땅이 누구의 것이니이까… 당신은 나로 더불어 언약을 맺사이다 내 손이 당신을 도와 온 이스라엘이 당신에게 돌아가게 하리이다"(삼하 3:12)라고 간청했습니다. 한마디로 그는 배신자였습니다. 그리고 그는 곧바로 장로들과 백성들을 설득하여 그들의 마음을 다윗에게로 돌이켰습니다(삼하 3:17-21). 그는 권모술수가 아주 능한 자로서 상황을 따라 변하는 기회주의자였습니다. 오늘의 이 세상도 바로 이런 사람들 때문에 문제입니다.

셋째로 신하들에게 암살 당했습니다.

그런데 다윗에게 돌이킨 아브넬은 다윗의 군사령관인 요압에게 죽임을 당했습니다(삼하 3:27-30). 아브넬이 요압에 의해 헤브론에서 죽었다는 소식을 들은 이스보셋은 손 맥이 풀렸고 온 이스라엘은 놀랐습니다(삼하 4:1). 왜냐하면 그가 이스라엘 열한 지파의 왕이 된 것은 자신이 능력이 있어서가 아니라 선왕의 군사령관이요, 그의 당숙인 아브넬에 의한 것이기 때문이었습니다. 그러나 이러한 그의 초라한 모습은 바로 그가 하나님을 의지하지 않고 인간을 의지하는 불신앙적인 삶을 살았다는 증거인 것입니다. 또한 그는 국가가 절망적인 상황에 처했음에도 불구하고 낮잠을 자다가 자신의 국지휘관들인 레갑과 바아나에 의해 비참하게 암살되었고 그의 머리는 곧 다윗에게 전달되었습니다(삼하 4:5-8). 이로써 하나님의 사람 다윗을 괴롭혔던 사울 왕가는 완전히 몰락되었습니다.

사랑하는 여러분!

우리들의 생애에 있어서는 남을 고통스럽게 하는 불행한 일이 없어야겠습니다. 또한 이유 여하를 막론하고 배신하는 반역자가 되지 맙시다. 그리고 전능하신 하나님의 보호 아래서 만세 수를 누리는 복된 자들이 되시기 바랍니다.

 # 입 다

[삿 11:1-11]

길르앗 사람 입다는 큰 용사였으니 기생이 길르앗에서 낳은 아들이었고 길르앗의 아내도 그의 아들들을 낳았더라 그 아내의 아들들이 자라매 입다를 쫓아내며 그에게 이르되 너는 다른 여인의 자식이니 우리 아버지의 집에서 기업을 잇지 못하리라 한지라 이에 입다가 그의 형제들을 피하여 돕 땅에 거주하매 잡류가 그에게로 모여 와서 그와 함께 출입하였더라 얼마 후에 암몬 자손이 이스라엘을 치려 하니라 암몬 자손이 이스라엘을 치려 할 때에 길르앗 장로들이 입다를 데려오려고 돕 땅에 가서 입다에게 이르되 우리가 암몬 자손과 싸우려 하니 당신은 와서 우리의 장관이 되라 하니 입다가 길르앗 장로들에게 이르되 너희가 전에 나를 미워하여 내 아버지 집에서 쫓아내지 아니하였느냐 이제 너희가 환난을 당하였다고 어찌하여 내게 왔느냐 하니라 그러므로 길르앗 장로들이 입다에게 이르되 이제 우리가 당신을 찾아온 것은 우리와 함께 가서 암몬 자손과 싸우게 하려 함이니 그리하면 당신이 우리 길르앗 모든 주민의 머리가 되리라 하매 입다가 길르앗 장로들에게 이르되 너희가 나를 데리고 고향으로 돌아가서 암몬 자손과 싸우게 할 때에 만일 여호와께서 그들을 내게 넘겨 주시면 내가 과연 너희의 머리가 되겠느냐 하니 길르앗 장로들이 입다에게 이르되 여호와는 우리 사이의 증인이시니 당신의 말대로 우리가 그렇게 행하리이다 하니라 이에 입다가 길르앗 장로들과 함께 가니 백성이 그를 자기들의 머리와 장관을 삼은지라 입다가 미스바에서 자기의 말을 다 여호와 앞에 아뢰니라

> 입다(그가 여신다 또는 그가 석방시켜주신다는 뜻)는 길르앗이 기생을 통해서 낳은 아들이었습니다. 때문에 그는 본처의 아들들에 의해 집에서 쫓겨나 돕 땅에서 그에게 몰려든 잡류들과 함께 살았습니다. 그러나 이스라엘의 사사가 되어 암몬 족속의 침략을 봉쇄하고 나라와 민족을 지켰습니다. 그는 이스라엘을 6년 동안 다스렸습니다. 그러나 경솔한 서약으로 인해 자신의 무남독녀를 제물로 드려야 하는 아픔을 겪기도 했습니다.

1. 출생과 삶

첫째로 기생의 아들로 태어났습니다.

입다는 길르앗 지방에 사는 길르앗이 기생을 통해서 낳은 아들이었습니다. 본문에서의 기생이란 말의 히브리 원어 '일샤조나'는 '돈을 벌기 위해 자리를 옮겨가며 윤락행위를 하는 창녀'를 가리키는 말입니다. 때문에 우리들이 일반적으로 생각하는 기생의 개념과는 전혀 다른 처지의 사람이었습니다. 어떻게 보면 그는 이 세상에서 그 누구에게도 비교할 수 없는 가장 비천한 처지에서 태어난 사람이었습니다. 그러나 성경 그 어디에도 그가 자신의 비천한 출생에 대해 부모를 탓하거나 자신의 처지에 대해 비관했다는 기록이 없습니다. 참으로 그는 멋진 사람이었습니다. 그러므로 우리들도 입다와 같이 우리들의 출생배경이 어떠했다고 할지라도 나를 이 세상에 있게 하신 하나님께 감사하고 최선을 다해 아름답게 살아야 합니다.

둘째로 본처의 자식들에 의해 쫓겨났습니다.

길르앗의 본처 아들들이 창기를 통해서 낳은 입다를 미워하며 "그에게 이르되 너는 다른 여인의 자식이니 우리 아버지의 집에서 기업을 잇지 못하리라"(삿 11:2) 하고 집에서 쫓아냈습니다. 당시 구약시대의 상속에 관한 규례를 보면 매우 엄격했습니다. 또한 아주 불공정한 면도 있었습니다. 그것은 바로 노예나 첩이 낳은 아들에 대한 상속권의 제한조치였습니다. 이러한 이유에서 입다는 배다른 형제들의 학대를 받고 집에서 쫓겨나야 했습니다. 그래서 아브라함이 하갈에게서 낳은 이스마엘도 사라의 미움을 받아 아무런 기업도 받지 못하고 하갈과 함께 아브라함의 집에서 쫓겨나야 했습니다. 그러한 서러움을 받은 아랍인들의 원한이 지금 이 시간에도 이스라엘을 괴롭히고 있는 것입니다.

셋째로 돕 땅에서 잡류들과 함께 살았습니다.

이 돕 땅은 길르앗에서 그리 멀리 떨어지지 않은 곳으로만 알려졌을 뿐 자세한 위치는 밝혀지지 않고 있습니다. 부모의 따뜻한 사랑도 받지 못하고 집에서 쫓겨난 입다는 이복 형제들의 눈을 피해 그 곳에서 살았습니다. 그런데 그에게 많은 잡류들 즉 불량배들이 몰려들었습니다. 한마디로 말하면 입다는 그 지역 불량배들의 유명한 두목이 되었습니다. 그리하여 입다의 용맹심이 길르앗의 땅에까지 알려지게 된 것이었습니다. 다시 말하면 그는 그처럼 열악한 환경에서도 절망하지 않고 굳게 일어선 사람이었습니다.

사랑하는 여러분!
제 아무리 비천한 처지에서 태어났다고 할지라도 당당하게 삽시다. 또한 인간들의 사랑을 받지 못했다고 할지라도 어제나 오늘이나 영원토록 변함없으신 하나님을 믿고 의지합시다. 그리고 절대로 자학하지 말고 하늘의 소망을 품고 기쁨으로 사시기 바랍니다.

2. 사역과 승리

첫째로 장관으로 추대되었습니다.
암몬의 공격 위협에 직면한 길르앗의 장로들이 돕 땅에 있는 입다의 소문을 듣고 그에게 찾아가서 "우리가 암몬 자손과 싸우려 하니 당신은 와서 우리의 장관이 되라"(삿 11:6)고 했습니다. 이에 입다는 "너희가 전에 나를 미워하여 내 아버지 집에서 쫓아내지 아니하였느냐 이제 너희가 환난을 당하였다고 어찌하여 내게 왔느냐"(삿 11:7)고 일단 거절했습니다. 그러나 그들의 거듭된 요청에 자신을 길르앗의 지도자로 삼는다는 분명한 약속을 받고 길르앗의 장관이 되었습니다(삿 11:8-11). 이제 그동안 자신을 배신하고 버렸던 민족과 조국을 위해 헌신하기로 작정한 것이었습니다. 그렇습니다. 언제나 준비된 사람은 귀하게 쓰임 받을 수 있습니다. 그러므로 우리는 절대로 허송세월해서는 안 됩니다.

둘째로 대화를 추구했습니다.

길르앗의 장관이 된 입다는 암몬 족속에게 사자를 보내어 자신의 입장을 설명하고 그들의 요구에 대화를 통해 평화적으로 해결하려고 노력했습니다. 그래서 그는 암몬 왕에게 전쟁의 이유를 묻고 그 전쟁의 이유가 부당함을 구체적인 실례를 들어서 제시했습니다. 내용인즉 이스라엘이 가나안을 향해 나아갈 때에는 그 땅이 아모리 족속의 땅이었는데 아모리 왕 시혼이 이스라엘에게 길을 내어주려 하지 않고 도리어 치려 했기 때문에 하나님께서 그들을 이스라엘의 손에 넘겨 치게 하셨으므로 암몬 자손과는 전혀 상관이 없다는 것이었습니다(삿 11:12-23). 또한 그는 그 땅은 하나님께서 이스라엘에게 주신 땅이기 때문에 절대로 양보할 수 없다는 것이었습니다. 그는 지금까지 이스라엘이 300년 동안이나 영토 분쟁 없이 잘 지내었는데 이제 와서 영유권을 주장하는 것은 있을 수 없다는 것을 분명히 밝혔습니다(삿 11:25,26).

셋째로 하나님께서 승리케 하셨습니다.

입다는 무력보다는 대화로 사태를 해결하려고 노력하고 모든 것을 하나님께 맡겼습니다(삿 11:27). 그러나 암몬 족속의 왕은 이를 받아들이지 않았습니다(삿 11:28). 다시 말하면 암몬 왕은 무력으로 이스라엘을 능히 이길 수 있다고 확신하고 전쟁을 택했습니다. 그러나 이것은 하나님의 능력을 무시하는 무모한 행위였습니다. "이에 여호와의 영이 입다에게 임하시니… 암몬 자손에게 이르러 그들과 싸우더니 여호와께서 그들을 그의 손에 넘겨주시매 아로엘에서부터 민닛에 이르기까지 이십 성읍을 치고 또 아벨 그리밈까지 매우 크게 무찌르니 이에 암몬 자손이 이스라엘 자손 앞에 항복하였…"(삿 11:29-33)습니다. 다시 말하면 하나님의 은혜에 의한 입다의 완전한 승리였습니다.

사랑하는 여러분!

자신의 처지와 환경을 탓하지 말고 하나님의 마음에 드는 삶을 삽시다. 또한 이유 여하를 막론하고 평화를 추구하는 자가 됩시다. 그리고 언제, 어디서나 동행하시는 하나님을 믿고 자신 있게 사시기 바랍니다.

3. 신앙과 서원

첫째로 믿음의 사람이었습니다.

창기의 아들로 태어나 본처의 아들들에 의해 쫓겨나서 험악한 세상에서 잡류들과 함께 살았던 그였지만 그의 신앙은 참으로 견고했습니다. 그는 길르앗의 장로들이 찾아와서 자신들의 장관이 되어달라고 했을 때에도 "… 너희가 나를 데리고 고향으로 돌아가서 암몬 자손과 싸우게 할 때에 만일 여호와께서 그들을 내게 넘겨주시면 내가 과연 너희의 머리가 되겠느냐"(삿 11:9)라고 하나님이 도와주셔야만 승리할 수 있다는 믿음을 보였습니다. 또한 암몬 왕에게 상황을 설명하면서도 하나님께서 이스라엘의 가나안 행을 방해한 아모리 사람의 땅을 이스라엘에게 허락하셨다는 믿음을 보였습니다(삿 11:19-23). 그리고 암몬 왕에게 대화를 촉구하고 나서 "… 원하건대 심판하시는 여호와께서 오늘 이스라엘 자손과 암몬 자손 사이에 판결하시옵소서"(삿 11:27)라고 모든 것을 하나님께 맡겼습니다. 때문에 하나님께서 그를 귀하게 쓰신 것입니다. 그렇습니다. 우리의 믿음이 하나님의 마음에 들기만 하면 하나님께서 크게 사용하십니다.

둘째로 경솔한 서원을 했습니다.

입다는 암몬 자손과의 전투를 시작하기에 앞서 하나님께 서원했습니다. 이스라엘 백성들은 중요한 일을 놓고 하나님의 도우심을 간절히 바랄 때에는 반드시 서원을 했습니다. 그래서 야곱도 위급할 때 서원하며 기도했습니다

(창 28:21-22). 위기에 처한 이스라엘이 서원하며 기도했습니다(민 21:2). 아들을 간절히 바란 한나도 서원하며 기도했습니다(삼상 1:11). 우리들도 마찬가지입니다. 다급하면 이 병을 고쳐주시면 나 자신을 바치겠습니다, 나를 살려주시면 하나님께 충성하겠습니다, 문제를 해결해주시면 무엇을 바치겠습니다라고 하나님 앞에 서원합니다. 그래서 입다도 "... 주께서 과연 암몬 자손을 내 손에 넘겨주시면 내가 암몬 자손에게서 평안히 돌아올 때에 누구든지 내 집 문에서 나와서 나를 영접하는 그는 여호와께 돌릴 것이니 내가 그를 번제물로 드리겠나이다"(삿 11:30,31)라고 한 것입니다. 참으로 그는 하나님의 은혜에 감사할 줄 아는 사람이었습니다. 그러나 그의 서원은 생각이 깊지 못한 경솔한 것이었습니다.

셋째로 서원을 지켰습니다.
입다가 암몬과의 전쟁에서 승리하고 미스바로 돌아와 자기 집에 이를 때에 그의 무남독녀 딸이 소고를 치고 춤을 추며 나아와서 아버지 입다의 개선을 환영했습니다(삿 11:34). 이를 본 입다는 "자기 옷을 찢으며 이르되 어찌할꼬 내 딸이여 너는 나를 참담하게 하는 자요 너는 나를 괴롭게 하는 자 중의 하나로다 내가 여호와를 향하여 입을 열었으니 능히 돌이키지 못하리로다"(삿 11:35)라고 했습니다. 이에 입다의 딸은 아버지의 서원을 받아들이고 두 달 동안의 기한을 허락 받아 처녀로 죽게 됨을 슬퍼하고 기도한 다음 내려와서 하나님께 바쳐졌습니다(삿 11:38-40). 그렇습니다. 서원은 이렇게 중요합니다.

사랑하는 여러분!
우리들도 믿음대로 삽시다. 하나님께서 크게 사용하실 것입니다. 또한 절대로 경솔한 서원을 하지 맙시다. 그리고 서원한 것은 이유 여하를 막론하고 반드시 지키시기 바랍니다.

 # 잇사갈

[창 49:14, 15]

잇사갈은 양의 우리 사이에 꿇어앉은 건장한 나귀로다 그는 쉴 곳을 보고 좋게 여기며 토지를 보고 아름답게 여기고 어깨를 내려 짐을 메고 압제 아래에서 섬기리로다

> 잇사갈(여기에 있다 또는 보상이란 뜻)은 동명이인이 두명이 있습니다. 오늘은 야곱의 아홉째 아들이며, 레아가 낳은 다섯째 아들로서 잇사갈 지파의 조상이 된 잇사갈에 대해 말씀드리겠습니다. 그런데 문제는 성경의 그 어디에도 그의 출생 이후의 개인적인 활동상황에 대한 기록이 전혀 없습니다. 그러므로 이 시간에는 야곱이 그에 대해 예언한 것과 시조인 잇사갈 지파를 통해서 교훈을 받고자 합니다.

1. 야곱이 예언한 잇사갈

첫째로 건장한 나귀라고 했습니다.

나귀는 고대 팔레스틴 지역과 같은 사막지대에서는 여러 모로 매우 유용한 동물이었습니다. 특히 나귀는 성격이 온순하고 지구력이 있어서 교통과 운반 수단으로 널리 이용되었습니다. 그런데 야곱은 잇사갈에 대해서 "양의 우리 사이에 꿇어앉은 건장한 나귀로다"(창 49:14)라고 했습니다. 이것은 바로 잇사갈 지파가 건장한 나귀와 같이 힘이 센 지파가 될 것이라는 예언이었습니다. 또한 나귀가 주인에게 이끌려 끊임없이 일해야 되는 것처럼 그들에게도 끊임없이 일해야 하는 막중한 사명이 있다는 것을 알려준 것이었습니다. 그리고 나귀가 태어날 때부터 팔레스타인 지역에 적합한 생리와 구조를 가

지고 태어났다는 것입니다. 마찬가지로 우리 성도들이 예수 그리스도를 구주로 믿고 새로운 피조물이 된 것은 하나님의 자녀요, 이 세상에 세워진 교회의 적합한 일꾼으로 세우기 위함입니다. 그러므로 건장한 나귀가 주인의 손에 이끌려 주어진 사명을 잘 감당하듯이 우리들도 하나님의 손에 이끌려 맡은 바 사명에 생명을 걸어야 합니다.

둘째로 농업분야의 종사자라고 했습니다.
야곱은 잇사갈에게 "그는 쉴 곳을 보고 좋게 여기며 토지를 보고 아름답게 여기고…"(창 49:15上)라고 했습니다. 이것은 바로 잇사갈의 후손들이 땅을 갈고 농사를 지으면서 살게 될 것임을 예언한 것이었습니다. 모세도 "…잇사갈이여 너는 장막에 있음을 즐거워하라"(신 33:18)고 했습니다. 그들의 예언과 같이 잇사갈 지파는 가나안 땅에 들어가 갈릴리 호수 남쪽연안의 비옥한 땅을 거처로 삼아 조용한 농경생활을 영위하는 삶을 살았습니다. 바로 야곱과 모세의 예언이 그대로 성취된 것이었습니다. 마찬가지로 우리 모두는 다 각 분야에서 농사하는 사람들입니다. 그러므로 기회를 잃지 말고 열심히 최선을 다해 일해야 합니다.

셋째로 압제 아래서 섬긴다고 했습니다.
야곱은 잇사갈에게 "…어깨를 내려 짐을 메고 압제 아래에서 섬기리로다"(창 49:15下)라고 했습니다. 잇사갈 지파는 이와 같은 야곱의 예언과 같이 상당히 어려운 삶을 살았습니다. 그들은 처음 가나안에 들어갈 때부터 가나안 사람들이 오랫동안 차지하고 있던 지역에 정착한 유일한 지파였습니다. 그래서 가나안 족속들과 잦은 충돌을 해야 했고 때로는 독립적인 생활을 하지 못한 적도 있었습니다. 그러나 그들은 모든 시련들을 이겨내고 다른 지파와 동등한 지위를 가지고 열두 지파의 대열에 참여했습니다. 마찬가지로 우리들도 이 세상 속에서 가나안 족속과 같은 불신자들과 늘 접촉하면서 살아야 합니다. 그러므로 우리 성도는 말씀과 성령으로 거듭난 신앙인으로서 겸손히 섬기는 삶을 살아야 합니다.

사랑하는 여러분!
사막지대에 사는 건장한 나귀와 같이 우리들도 능력 있는 일꾼들이 됩시다. 또한 맡은 바 사명에 생명을 걸어야 합니다. 그리고 사악한 이 세상과 싸워서 반드시 승리하는 성도들이 되시기 바랍니다.

2. 용감하고 담대한 지파

첫째로 드보라를 도와 야빈을 쫓아냈습니다.
잇사갈 지파는 참으로 용감하고 담대한 지파였습니다. 이스라엘은 에훗의 통치 하에서 80년이란 긴 세월을 태평성대를 누렸습니다. 그러나 에훗이 세상을 떠나자 백성들은 다시 우상숭배의 죄를 범했습니다. 이에 하나님께서는 이스라엘을 가나안 왕 야빈의 손에 파셨습니다(삿 4:2). 때문에 이스라엘은 야빈의 심한 학대를 받았습니다(삿 4:3). 이에 하나님께서는 이스라엘의 재판관이었던 드보라를 사사로 세우시고 바락과 함께 가나안 왕 야빈을 진멸하도록 하셨습니다(삿 4:1-24). 그런데 이스라엘의 열두 지파들 중에서는 야빈과의 전쟁에 대해 적극적으로 협력하는 지파들도 있었지만 방관하는 지파들도 있었습니다. 그러나 잇사갈 지파는 드보라와 바락을 적극적으로 도와 이스라엘이 승리하는 데에 큰 역할을 했습니다(삿 5:15). 그들은 야곱의 예언과 같이 참으로 용감하고 담대한 지파였습니다. 우리들도 하나님의 자녀답게 강하고 담대한 그리스도의 군사들이 되어 영적 전투에서 반드시 승리해야 합니다.

둘째로 다윗의 즉위를 도왔습니다.

이스라엘의 초대 왕 사울이 제사장의 권위를 월권하고 하나님 앞에 제사했습니다. 때문에 하나님께서 그를 버리심으로 그의 가문이 40년 만에 완전히 몰락했습니다(삼상 15:26). 하나님께서 사울왕을 죽인 것은 다윗을 이스라엘의 제2대 왕으로 삼으시기 위함이셨습니다(삼상 16:12,13). 그럼에도 불구하고 이스보셋이 하나님의 뜻을 거스리고 마하나임에서 이스라엘의 왕으로 즉위했습니다. 반면에 다윗은 헤브론에서 유다 지파들에 의해 왕으로 즉위했습니다. 그리하여 사울의 전사 이후에 이스라엘은 뜻하지 않게 두 명의 왕이 즉위한 것이었습니다. 때문에 두 왕들은 자연히 서로 대치할 수밖에 없는 긴장상태가 되었습니다. 때에 잇사갈 지파는 군사와 군수품으로 다윗을 지지하고 도왔습니다(대상 12:32-40). 당시의 이스보셋은 열한 지파로 사울의 뒤를 이어 왕통을 계승했습니다. 그런데 다윗은 단 한 지파인 유다 지파만으로 왕이 되었습니다. 그러나 잇사갈 지파는 인간적인 안목이 아닌 영적인 안목으로 하나님의 뜻을 따른 것이었습니다.

셋째로 바아사와 같은 반란자도 있었습니다.

북이스라엘을 세운 여로보암이 죽자 그의 아들 나답이 그의 뒤를 이어 왕위를 계승했습니다. 나답은 즉시 빼앗긴 깁브돈 성읍을 되찾기 위해 블레셋과 전쟁을 벌렸습니다. 바아사는 이 틈을 이용해 나답을 죽였습니다(왕상 15:27-30). 잃어버린 자국의 영토를 탈환하기 위해 전쟁 중에 있는 왕을 죽인다고 하는 것은 참으로 비열한 행위였습니다. 그리고 그는 자신이 북이스라엘의 왕으로 즉위했습니다(왕상 15:33). 그러나 그도 역시 선지자 예후의 책망을 받았으며 여호와의 징계로 이 세상을 떠났습니다(왕상 16:6). 그러므로 우리들은 언제, 어디서나 선하고 아름답게 쓰임 받는 사람이 되어야 합니다.

사랑하는 여러분!

우리들도 강하고 담대한 하나님의 자녀가 되어 이 세상을 정복하고 승리하는 삶을 삽시다. 또한 언제나 거룩하신 하나님의 뜻을 찾고 그 뜻대로 살아갑시다. 그리고 우리의 언행심사가 오직 선한 도구로만 사용되는 멋진 성도들이 되시기 바랍니다.

3. 여호와 규례를 어긴 지파

첫째로 유월절을 거행했습니다.

히스기야는 북이스라엘이 앗수르에 의해 멸망한 직후에 유다의 13대 왕으로 즉위했습니다. 그는 곧바로 이스라엘이 멸망한 원인을 찾았습니다. 그것은 바로 이스라엘 백성들이 하나님을 거역하고 우상을 섬기면서 죄악을 저질렀기 때문이었다는 사실을 발견했습니다. 또한 그는 유다 백성들도 마찬가지로 하나님 앞에 지은 죄악을 회개하지 않으면 멸망할 수밖에 없다는 사실을 깨달았습니다. 그래서 히스기야는 왕이 되자마자 그동안 폐지되었던 유월절을 회복하여 지키기로 결심했습니다. 그리고 그는 유월절의 절기를 통해서 유다 백성들의 신앙을 정립하는 기회로 삼으려고 했습니다. 참으로 훌륭한 신앙의 갱신이었습니다.

둘째로 지파 중에 유월절 규례를 어겼습니다.

그동안 유다 왕국은 너무나도 타락되어 있었습니다. 히스기야의 부왕 아하스가 곳곳에 우상들을 세워 놓았기 때문에 그것들을 치우는 데도 시간이 많이 걸렸습니다. 그러나 열심히 노력하여 유다 왕국은 모처럼 만에 유월절이라는 큰 절기를 지키면서 출애굽의 은혜를 다시 한 번 되새기게 되었습니다. 북 이스라엘 백성들까지도 초청된 유월절 행사는 큰 성황을 이루게 되었습니다(대하 30:12,13). 그리하여 남유다와 북이스라엘의 일부 백성들은 더불어 큰 은혜를 나누었습니다. 그런데 큰 문제가 발생했습니다. 그것은 바로 북이스라엘의 "에브라임과 므낫세와 잇사갈과 스불론의 많은 무리는 자기들을 깨끗하게 하지 아니하고 유월절 양을 먹어 규례를 어…"(대하 30:18)긴 것이었습니다. 참으로 안타까운 일이었습니다.

셋째로 히스기야가 위하여 기도했습니다.
히스기야는 유월절의 규례를 어긴 자들을 위해서 하나님께 기도했습니다. 그는 규례를 어긴 자들에게 특별히 사죄의 은총을 베풀어 달라고 기도했습니다. 하나님께서는 그의 중보 기도를 즉시 응답해주셨습니다. 때문에 유월절의 절기를 드린 다음 유다 백성들의 신앙생활은 완전히 새롭게 변화되었습니다. 그들은 자신들이 섬기던 우상을 버리고 유다 전역에 세워졌던 우상들을 철거했습니다. 그리고 그동안의 죄를 회개하고 잘못되었던 예배의식을 바로 잡았습니다(대하 31:1,2). 참으로 새로운 신앙회복의 역사가 이루어졌습니다.

사랑하는 여러분!
우리들도 예배를 회복하고 절기를 잘 지켜야 합니다. 또한 이유 여하를 막론하고 성경말씀대로 정성을 다해 드려야 합니다. 그리고 남을 위해 기도하여 복되게 하는 삶을 사시기 바랍니다.

 # 하만

[에 3:1-6]

그 후에 아하수에로 왕이 아각 사람 함므다다의 아들 하만의 지위를 높이 올려 함께 있는 모든 대신 위에 두니 대궐 문에 있는 왕의 모든 신하들이 다 왕의 명령대로 하만에게 꿇어 절하되 모르드개는 꿇지도 아니하고 절하지도 아니하니 대궐 문에 있는 왕의 신하들이 모르드개에게 이르되 너는 어찌하여 왕의 명령을 거역하느냐 하고 날마다 권하되 모르드개가 듣지 아니하고 자기는 유다인임을 알렸더니 그들이 모르드개의 일이 어찌 되나 보고자 하여 하만에게 전하였더라 하만이 모르드개가 무릎을 꿇지도 아니하고 절하지도 아니함을 보고 매우 노하더니 그들이 모르드개의 민족을 하만에게 알리므로 하만이 모르드개만 죽이는 것이 부족하다고 생각하고 아하수에로의 온 나라에 있는 유다인 곧 모르드개의 민족을 다 멸하고자 하더라

> 하만은 아각 사람 함므다다의 아들로서 아하수에로 왕의 총애를 받아 총리대신이 되었습니다. 그는 총리대신이 된 후 유대 사람 모르드개가 자신에게 절하지 않았다는 이유로 모르드개를 포함한 모든 유대인들을 몰살시키려는 음모를 꾸몄습니다. 그러나 유대인 출신인 에스더가 아하수에로 왕에게 이 사실을 직고하여 그의 음모는 실패하고 모르드개를 매달아 죽이기 위해 자기 집 마당에 세운 장대에 자신이 매달려 죽은 비참한 사람이 되었습니다.

1. 극에 달한 교만

첫째로 바사(페르시아)의 총리대신이었습니다.

바사의 아하수에로 왕은 아각 사람 함므다다의 아들 하만을 총리대신으로 세우고 대궐문에 있는 왕의 모든 신복들로 하여금 그에게 꿇어 절하도록 했

습니다(에 3:1,2). 하만은 바사 사람이 아닌 아말렉 사람이었습니다. 그러나 바사의 왕들의 정치적인 포용정책에 따라 갑자기 높은 지위에 오를 수 있었습니다. 마치 다니엘이 바사 사람이 아닌 유대인이었음에도 불구하고 바사의 총리가 되었던 것과 같습니다(단 6:2,3). 때문에 아하수에로 왕이 대궐문의 신복들에게 특별히 꿇어 절하도록 조치한 것이었습니다. 당시 바사 제국은 근동 지방을 모두 다 정복한 상태였습니다. 그러므로 하만이 바사 제국의 총리가 되었다는 것은 대단한 일이었습니다. 그러나 우리는 그보다 더 크신 천지만물을 창조하신 하나님의 자녀요, 천국의 백성이며, 주님의 몸된 교회의 일꾼들입니다.

둘째로 교만함이 극에 달했습니다.

아하수에로 왕은 바사 제국의 영토를 인도에서부터 에디오피아까지 확장했던 다리오 1세의 뒤를 이어 권좌에 오른 왕이었습니다. 때문에 바사 제국의 제2인자가 된 하만 또한 교만함이 극에 달해 있었습니다. 그래서 그는 자기 친구들과 자신의 아내를 불러다가 자기의 부유함과 지위는 물론 자녀가 많은 것을 자랑했습니다(에 5:10-12). 그가 만약에 하나님의 자녀였다고 하면 자신을 그토록 사랑하시고 크게 세워주신 하나님의 은혜에 감사하고 찬양했을 것입니다. 그러므로 우리는 나의 나 된 것은 모두가 다 하나님의 은혜이기 때문에 오직 하나님의 은혜에 감사함으로 영광 돌려야 합니다.

셋째로 모르드개가 절하지 않았습니다.

대궐문에 있는 왕의 모든 신복이 다 왕의 명대로 하만에게 꿇어 절했습니다. 그러나 모르드개는 꿇지도 않고 절하지도 않았습니다(에 3:2). 왜냐하면 당시 바사에서 무릎 꿇어 절하는 것은 신에 대한 경외를 표하는 의미였기 때문이었습니다. 다시 말하면 모르드개는 하나님 외에 그 어떤 것에도 경배할 수 없다는 믿음의 의지가 확고했습니다(신 6:13,14). 이것을 본 대궐문에 있는 왕의 신복이 모르드개에게 너는 어찌하여 왕의 명령을 거역하느냐고 말하고 하만에게 절하도록 날마다 권했습니다(에 3:3,4). 그러나 모르드개는 자신이 하나님을 믿는 유대인임을 밝히고 끝까지 절하지 않았습니다. 참으로 견고한 신앙인이었습니다.

사랑하는 여러분!
하나님의 자녀답게 자부심을 가지고 당당하게 살아갑시다. 또한 내가 나 된 것은 모두가 다 하나님의 은혜입니다. 조금도 교만하지 말고 겸손히 섬기는 삶을 삽시다. 그리고 모르드개처럼 철저하게 하나님만 섬기는 견고한 신앙인이 되시기 바랍니다.

2. 잔인한 음모

첫째로 모르드개의 행위에 대해 분노했습니다.
하만이 대궐문을 출입했을 때에 모르드개가 하만에게 꿇어 절하지 않았지만 하만의 눈에는 띄지 않았습니다. 왜냐하면 모르드개가 비교적 하위직이었으므로 대궐문에서 일하는 신하들 중에서는 항상 뒷전에 있었기 때문이었습니다. 그런데 대궐문에 있는 왕의 신하들이 자신들의 권유에도 불구하고 모르드개가 하만에게 끝까지 절하지 않자 그들은 "...모르드개의 일이 어찌 되나 보고자 하여 하만에게 전하였..."(에 3:4)습니다. 또한 그들은 하만에게 모르드개가 바사 사람이 아닌 유대인이라는 사실도 말했습니다(에 3:6). 이에 하만은 유대인인 모르드개에 의해서 자신의 권위가 도전 받는다는 사실에 분노했습니다(에 3:5). 그러나 우리는 분노가 자타를 해치는 무서운 독이라는 사실을 잊지 말아야 합니다. 신실한 신앙인은 쉽게 분노하지 않습니다.

둘째로 유대인들을 몰살하려 했습니다.

자신에게 꿇어 절하기를 거부한 모르드개의 일로 인해 심히 격노한 하만은 모르드개 뿐만 아니라 바사에 있는 그의 족속인 유대인들까지도 모두 다 몰살시킬 음모를 세웠습니다(에 3:6). 원래 유대인들과 아말렉인들은 원수관계였습니다. 때문에 하나님께서도 여호수아로 하여금 칼날로 아말렉을 파하게 하신 다음 "...내가 아말렉을 없이하여 천하에서 기억함도 못하게 하리라"(출 17:14)고까지 하셨습니다. 하만의 유대인 몰살 음모는 그의 잔인성을 보여주고 있습니다. 또한 그의 이스라엘에 대한 오랜 반감을 노출시킨 것이었는지 모릅니다. 그러나 우리 성도들은 그 어떤 이유에서든지 남에게 상처를 주거나 괴롭히는 일이 있어서는 안 됩니다. 또한 생명을 해하는 일은 더욱 있을 수 없습니다. 우리는 이유 여하를 막론하고 사람을 살리고 세우는 일만 해야 합니다.

셋째로 왕에게 아첨하여 조서를 내렸습니다.

하만은 모르드개와 바사에 있는 유다인들을 학살하기 위해 아하수에로 왕에게 "한 민족이 왕의 나라 각 지방 백성 중에 흩어져 거하는데 그 법률이 만민의 것과 달라서 왕의 법률을 지키지 아니하오니 용납하는 것이 왕에게 무익하니이다 왕이 옳게 여기시거든 조서를 내려 그들을 진멸하소서 내가 은 일만 달란트를 왕의 일을 맡은 자의 손에 맡겨 왕의 금고에 드리리이다"(에 3:8,9)라고 아첨과 뇌물로 왕의 환심을 샀습니다. 이에 아하수에로 왕은 자신의 반지를 빼어 하만에게 주면서 "...그 은을 네게 주고 그 백성도 그리하노니 너의 소견에 좋을 대로 행하라"(에 3:11)고 했습니다. 이에 하만은 정월 십삼일에 왕의 서기관을 소집하여 "...아달월 십삼일 하루 동안에 모든 유다인을 젊은이나 늙은이나 어린이 여인들을 막론하고 죽이고 도륙하고 진멸하고 또 그 재산을 탈취하라"(에 3:13)는 조서를 작성하여 왕의 반지로 인친 다음 역졸들을 시켜 각 지방에 보냈습니다. 그는 사람을 죽이는 악한 일에 혈안이 된 사람이었습니다.

사랑하는 여러분!
우리 모두는 그 어떠한 상황 속에서도 분노를 자제할 줄 아는 믿음의 능력을 가져야 합니다. 또한 이유 여하를 막론하고 우리의 평생 동안 선한 생각으로 가득 찬 삶을 삽시다. 그리고 언제나 남에게 아름다운 영향력을 끼치는 삶을 살아야겠습니다.

3. 비참한 몰락

첫째로 에스더가 왕에게 간청했습니다.
하만의 흉계에 의해 바사 전국에 있는 유다인을 모두 학살하고 재산을 강탈하라는 왕의 조서가 전국 각 지방에 전달되자 모르드개가 "…옷을 찢고 굵은 베옷을 입고 재를 뒤집어쓰고 성중에 나가서 대성통곡"(에 4:1)했습니다. 이것은 바로 자신과 민족이 당한 죽음의 위기와 억울함을 하나님과 사람들에게 나타내기 위함이었습니다. 그리고 모르드개는 에스더에게 하만의 흉계 사실을 설명하고 아하수에로 왕에게 나아가서 동족을 위해 탄원하라고 요청했습니다(에 4:4-8). 모르드개의 요청을 받은 에스더는 "…죽으면 죽으리이다"(에 4:16)라는 결단을 가지고 3일 동안 금식한 다음 왕에게 나아가 잔치를 베풀고 왕과 하만을 초청했습니다(에 5:5-8). 이 잔치 후에 왕은 모르드개가 왕을 모살하려는 음모를 사전에 고발했으나 그에게 그 어떤 관작도 베풀지 않았음을 발견했습니다(에 6:1-3). 또한 에스더는 두 번째 잔치를 열고 왕과 하만을 초청한 다음 왕에게 "나와 내 민족이 팔려서 죽임과 도륙함과 진멸함을 당하게 되었나이다…"(에 7:4)라고 말하고 하만이 작성하여 배포한 유다인 말살에 대한 조서를 취소해달라고 간청했습니다.

둘째로 하만이 장대에 달려 죽었습니다.
에스더의 간청을 받은 아하수에로 왕은 잔치자리를 박차고 일어나 후원으로 들어갔습니다. 때에 하만은 왕이 자기에게 화를 내리기로 결심한 줄 알고 에스더의 앉은 걸상 위에 엎드렸습니다(에 7:7,8). 아마도 살려달라고 애원했을 것입니다. 그런데 격양된 자신의 감정을 잠시 가라앉힌 왕이 잔치자리에 돌아와서 에스더의 앉은 걸상 위에 엎드려 있는 하만을 보고 "... 저가 궁중 내 앞에서 왕후를 강간까지 하고자 하는가..." (에 7:8)라고 말하고 하만이 모르드개를 매달아 죽이기 위해 세워둔 나무에 달아 죽이도록 명했습니다(에 7:9).

셋째로 열 아들의 시체도 장대에 달렸습니다.
하만을 처형시킨 아하수에로 왕은 그제서야 노가 그쳤습니다(에 7:10). 화가 그친 왕은 곧바로 하만의 집을 에스더에게 주고 모르드개를 바사 제국의 총리대신으로 세웠습니다(에 8:1,2). 또한 유다인들에 대한 왕의 조서가 다시 하달되었습니다. 이에 바사 제국은 완전히 유다인들이 주장하게 되었습니다(에 9:1-4). 때문에 유다인으로 교화하는 사람들이 많아졌습니다. 그리고 유다인들은 하만의 열 아들을 죽이고 그 시체를 나무에 달았습니다(에 9:12-14). 모르드개와 유다인들을 죽이려고 했던 하만의 가족은 비참한 몰락을 당했습니다.

사랑하는 여러분!
우리들도 세상 눈치 보지 말고 에스더처럼 생명을 걸고 기도합시다. 또한 심는 대로 거두는 것은 이 세상의 원리입니다. 언제나 선한 언행심사를 심읍시다. 그리고 다윗처럼 후손이 잘 되게 믿음의 삶을 사시기 바랍니다.

하 와

[창 2:18-25]

여호와 하나님이 이르시되 사람이 혼자 사는 것이 좋지 아니하니 내가 그를 위하여 돕는 배필을 지으리라 하시니라 여호와 하나님이 흙으로 각종 들짐승과 공중의 각종 새를 지으시고 아담이 무엇이라고 부르나 보시려고 그것들을 그에게로 이끌어 가시니 아담이 각 생물을 부르는 것이 곧 그 이름이 되었더라 아담이 모든 가축과 공중의 새와 들의 모든 짐승에게 이름을 주니라 아담이 돕는 배필이 없으므로 여호와 하나님이 아담을 깊이 잠들게 하시니 잠들매 그가 그 갈빗대 하나를 취하고 살로 대신 채우시고 여호와 하나님이 아담에게서 취하신 그 갈빗대로 여자를 만드시고 그를 아담에게로 이끌어 오시니 아담이 이르되 이는 내 뼈 중의 뼈요 살 중의 살이라 이것을 남자에게서 취하였은즉 여자라 부르리라 하니라 이러므로 남자가 부모를 떠나 그의 아내와 합하여 둘이 한 몸을 이룰지로다 아담과 그의 아내 두 사람이 벌거벗었으나 부끄러워하지 아니하니라

> 하나님께서는 이 세상 만물들을 모두 다 말씀으로 창조하셨습니다. 그러나 우리 인간은 손으로 직접 만드셨습니다. 인류의 조상인 아담은 흙으로 그의 육체를 지으시고 생기를 코에 불어넣어 생령 즉 사람이 되게 하셨습니다. 또한 그의 아내 하와는 아담을 잠들게 하신 후 그의 갈비뼈를 취하여 만드셨습니다. 그러므로 하와는 하나님께서 손으로 직접 만드신 최고의 작품입니다. 그런데 그가 인류 역사에 비극을 가져온 장본인이었습니다.

1. 돕는 배필

첫째로 에덴 동산을 창조하셨습니다.

하나님께서 아담과 하와를 창조하시기 전에 먼저 그들이 불편 없이 살 수 있도록 완벽한 삶의 터전인 에덴 동산을 창조하셨습니다. 아담은 그 모든 것들을 다스리고 주관하면서 풍성한 삶을 살 수 있었습니다. 다시 말하면 이 세상을 살아가는 데는 조금도 부족한 것이 없었습니다. 그래서 '에덴 동산'은 '기쁨 또는 행복'이란 뜻을 가지고 있습니다. 하나님께서 창조하신 에덴 동산은 참으로 아름답고 비옥한 땅이었습니다(창 2:8,15, 3:23,24). 그래서 하나님의 동산이라고 했습니다. 마찬가지로 하나님께서는 오늘 우리들이 사는 데에도 불편함이 없도록 이 우주 삼라만상을 아름답게 창조해주셨습니다.

둘째로 혼자 사는 것을 안타깝게 여기셨습니다.
하나님께서는 아담이 사는 데에 부족함이 없도록 이 세상적인 모든 것을 모두 다 완벽하게 구비해주셨습니다. 그러나 하나님께서 그가 "... 혼자 사는 것이 좋지 아니하니..."(창 2:18上)라고 하셨습니다. 이것은 바로 아담이 혼자 사는 것이 나쁘다는 것이 아니라 그가 혼자 사는 것이 외롭기 때문에 돕는 배필자와 같이 사는 것이 더 좋겠다는 의미인 것입니다. 왜냐하면 하나님께서는 이 세상 모든 삼라만상을 창조하시고 "보시기에 심히 좋았더라"(창 1:31)고 이미 말씀하셨기 때문입니다. 또한 우리는 여기에서 하나님께서는 인간을 보다 더 행복하게 하시기 위해 계속 살피고 계시는 분이심을 알 수 있습니다. 그리고 우리가 이 말씀을 통해서 교훈을 받을 수 있는 것은 사람은 이 세상의 물질적인 것이 제 아무리 완벽하게 구비되어 있다고 할지라도 외부적인 환경이나 그런 것들만 가지고는 만족하거나 행복할 수 없다는 것입니다.

셋째로 돕는 배필로 만드셨습니다.
하나님께서는 아담을 잠들게 하시고 그의 갈비뼈로 하와를 창조하신 것은 아담을 돕는 배필 즉 동반자가 필요했기 때문이었습니다(창 2:18). 여기에서 '돕는'이란 말의 히브리어 '케네그도'는 '서로 잘 맞는', '조화를 이루는'

등의 의미를 가지고 있습니다. 때문에 부부는 서로가 잘 맞고 조화를 이루도록 노력하고 애써야 합니다. 하나님께서 여자를 창조하신 것은 전적으로 남자를 위한 것이었습니다(창 2:18). 때문에 여자가 없는 남자는 무엇인가 초라하고 외로우며 불완전한 삶을 살 수밖에 없습니다. 그래서 남자는 그의 생애에서 여자가 절실하게 필요합니다. 다시 말하면 여자는 남자에게 주어진 최고의 축복이요, 보배로운 존재인 것입니다. 그러므로 여자는 창조의 목적대로 남자를 잘 보필해야 하며 남자는 하나님께서 내려주신 은혜에 감사하면서 아내를 지극히 사랑해야 합니다. 이것이 하나님의 뜻입니다.

사랑하는 여러분!
하나님께서 우리들에게 허락해주신 이 세계를 아름답게 가꾸어갑시다. 또한 우리들에게 같이 사랑하고 도우며 살 수 있도록 가정을 허락하신 하나님께 감사합시다. 그리고 내가 도울 수 있고 도움을 받을 수 있는 사람이 있다는 것을 감사하고 서로를 생각하고 도와주는 복된 삶을 사시기 바랍니다.

2. 유혹 받음

첫째로 하나님께서 삶의 규칙을 세우셨습니다.
에덴 동산을 창조하시고 아담과 하와를 지으신 다음 그들에게 명령하시기를 "... 동산 각종 나무의 열매는 네가 임의로 먹되 선악을 알게 하는 나무의 열매는 먹지 말라 네가 먹는 날에는 반드시 죽으리라"(창 2:16,17)고 하셨습니다. 여기에서 '먹지 말라'의 원어 '로 토칼'은 단순부정이 아니라 절대부정으로서 결코 먹어서는 안 된다는 강한 의지가 내포되어 있습니다. 다시 말하면 인간의 절대순종을 요구하는 하나님의 엄중한 금지명령입니다. 그렇습니다. 사람이 살고 죽는 것은 그 '열매' 자체에 있는 것이 아닙니다. 바로 순종과 불순종에 따른 것입니다. 또한 "네가 먹는 날"에의 원어 '베욤 아칼레카'는 '먹는 날 안에' 입니다. 다시 말하면 '먹는 즉시' 라는 말씀입니다. 그리고 "반드시 죽으리라"의 '모트 타무트'는 '죽다' 란 말이 두 번 반복 된 것입니다. 이것은 그 어떤 경우에도 죽음을 면할 수 없고 반드시 죽는다는 뜻입니다. 이 명령은 바로 선과 악, 의와 불의, 순종과 불순종에 선을 분명하게 세우신 것입니다. 그러므로 우리는 반드시 하나님의 말씀에 순종해야 합니다.

둘째로 사탄의 유혹을 받았습니다.

들짐승 중에 가장 간교한 뱀이 여자에게 "... 하나님이 참으로 너희에게 동산 모든 나무의 열매를 먹지 말라 하시더냐"(창 3:1)고 물었습니다. 여기에서 우리가 주의해야 할 것은 뱀이 하나님의 말씀을 인용한 것입니다(창 2:16,17). 그런데 문제는 하나님의 말씀과 비슷한 것 같은 데 전혀 다르다는 것입니다. 이것이 바로 사탄의 고등전략입니다. 이에 "여자가 뱀에게 말하되 동산 나무의 열매를 우리가 먹을 수 있으나 동산 중앙에 있는 나무의 열매는 하나님의 말씀에 너희는 먹지도 말고 만지지도 말라 너희가 죽을까 하노라 하셨느니라"(창 3:2,3)고 했습니다. 여자도 하나님의 명령과는 전혀 다르게 각색해서 대답했습니다. 그렇습니다. 문제는 언제나 하나님의 말씀대로 믿지 않고 가감시키는 데 있습니다. 여자의 말을 들은 뱀은 여자에게 "너희가 결코 죽지 아니하리라 너희가 그것을 먹는 날에는 너희 눈이 밝아져 하나님과 같이 되어 선악을 알 줄 하나님이 아심이니라"(창 3:4,5)고 했습니다. 바로 거짓말로 유혹한 것이었습니다.

셋째로 욕심에 이끌렸습니다.

뱀의 유혹을 받은 여자가 하나님께서 먹지 말라고 금하신 "그 나무를 본즉 먹음직도 하고 보암직도 하고 지혜롭게 할 만큼 탐스럽기도 한 나무..."(창

3:6)였습니다. 사탄의 달콤한 유혹의 말에 현혹된 그녀의 욕심이 식욕을 발동했습니다. 또한 그녀의 눈에 의한 소유욕이 생겼습니다. 그리고 그녀 자신이 하나님과 같이 될 수 있다는 말에 유혹되어 허영에 사로잡혔습니다. 그러므로 우리가 유혹을 받지 않으려면 철저하게 자기를 포기하고 하나님의 말씀 따라 살아야 합니다. 분명한 것은 말씀을 떠나 육신의 욕구를 따르는 자는 실패하게 됩니다.

사랑하는 여러분!
우리 모두는 이유 여하를 막론하고 하나님의 말씀대로만 삽시다. 또한 절대로 간교한 사탄의 유혹에 넘어가지 맙시다. 그리고 육신의 더러운 욕망을 쳐서 복종시키고 성령에 이끌려 사시기 바랍니다.

3. 범죄행위

첫째로 여자가 선악과를 따먹었습니다.
사탄의 유혹에 넘어간 여자는 육신의 욕심에 이끌려 하나님의 말씀을 저버리고 나무의 열매를 따먹었습니다(창 3:6). 그는 인류 역사상 최초로 사탄의 유혹을 받아 하나님의 말씀을 어기고 범죄한 사람이 되었습니다. 그녀는 하나님의 말씀에 불순종하고 마귀를 따랐습니다. 그렇습니다. 언제나 문제는 여기에서 발생하고 우리가 하나님의 말씀을 듣지 않고 사탄에게 이용된 인간의 말을 듣는 데서 비극적인 문제가 발생하게 됩니다.

둘째로 남편도 유혹하여 먹게 했습니다.
선악을 알게 하는 나무의 열매를 따먹은 여자는 "... 자기와 함께 한 남편에게도 주매 그도 먹..."(창 3:6)었습니다. 여기에서 죄의 무서운 전염성을 볼 수 있습니다. 사탄은 한사람만 유혹하여 범죄케 하는 것이 아니라 그 범죄자를 통한 죄악이 계속적으로 일어나게 합니다. 또한 하나님께서 그녀를 남자를 돕는 배필로 창조하셨음에도 불구하고 오히려 남자로 하여금 범죄하고 망하게 하는 존재로 전락했습니다. 그리고 여자에게 약한 남자의 특성을 보여주고 있습니다. 남자는 하나님으로부터 선악을 알게 하는 나무의 열매는 먹지 말라는 금지 명령을 하나님으로부터 직접 받은 사람이었습니다(창 2:17). 그러므로 여자의 범죄를 꾸중하고 회개케 해야 했습니다. 그런데 그 열매를 먹기를 원하는 여자의 제안에 아무런 거리낌 없이 그대로 받아먹었습니다(창 3:6). 아담은 여자의 유혹에 약했습니다.

셋째로 인류에게 비극을 가져왔습니다.
하나님께서는 사탄의 유혹을 받아 하나님의 말씀을 거역하고 범죄한 남자와 여자에게 큰 벌을 내리셨습니다. 먼저 "여자에게 이르시되 내가 네게 임신하는 고통을 크게 더하리니 네가 수고하고 자식을 낳을 것이며 너는 남편을 원하고 남편은 너를 다스릴 것이니라" (창 3:16)고 하셨습니다. 또한 남자에게는 "네가 네 아내의 말을 듣고 내가 네게 먹지 말라 한 나무의 열매를 먹었은즉 땅은 너로 말미암아 저주를 받고 너는 네 평생에 수고하여야 그 소산을 먹으리라" (창 3:17)고 하셨습니다. 그리고 "땅이 네게 가시덤불과 엉겅퀴를 낼 것이라" (창 3:18)고 하시고 그들의 죽음까지 선언하셨습니다. 다시 말하면 하와의 범죄는 인류 역사에 총체적인 비극을 가져왔습니다.

사랑하는 여러분!
죄는 생각지도 말고, 말하지도 말며, 행하지도 맙시다. 또한 우리들의 생애에서 남을 유혹하여 범죄케 하는 불행한 일이 없어야 합니다. 그리고 나 자신을 통해서 가정과 교회, 이 세상에 좋은 영향력을 끼치는 삶을 사시기 바랍니다.

학 개

[학 1:3-6]

여호와의 말씀이 선지자 학개에게 임하여 이르시되 이 성전이 황폐하였거늘 너희가 이 때에 판벽한 집에 거주하는 것이 옳으냐 그러므로 이제 만군의 여호와가 이같이 말하노니 너희는 너희의 행위를 살필지니라 너희가 많이 뿌릴지라도 수확이 적으며 먹을지라도 배부르지 못하며 마실지라도 흡족하지 못하며 입어도 따뜻하지 못하며 일꾼이 삯을 받아도 그것을 구멍 뚫어진 전대에 넣음이 되느니라

> 학개(거룩한 절기 또는 축제의 뜻)는 포로 귀환 후 스가랴와 함께 활동한 선지자로서 포로에서 귀환한 자들에게 처음으로 예언활동을 했습니다. 그는 바벨론에서 출생한 자로서 바사 왕 고레스가 유대인들의 고국 귀환과 예루살렘 성전 건축을 허락할 때에 스룹바벨과 함께 귀국한 것으로 추측됩니다. 포로 귀환 후 시작된 성전 재건공사가 15년 동안이나 중단되었을 때에 하나님께서 그를 통해서 유다 백성들에게 성전건축을 촉구하시고 독려하셨습니다.

1. 바벨론에서의 귀환

첫째, 고레스의 칙령이 있었습니다.

당시의 역사적인 배경을 보면 유다가 강대국 바벨론에게 패망하여 유다 민족이 포로로 잡혀갔습니다. 그런데 바사의 고레스 왕이 바벨론을 정복한 다음 유다인들로 하여금 고국에 돌아가서 무너진 성전을 재건하고 여호와를 섬기면서 자유롭게 살 것을 명했습니다(스 1:1-4). 여기에서 우리가 감사해야 할 것은 하나님께서는 이방나라 왕인 고레스를 당신의 백성들을 포로생활 70년 만에 고국으로 회복시키는 도구로 삼으셨다는 것입니다. 그렇습니다.

하나님께서는 언제나 가장 적절한 시기에 구원의 손길로 당신의 백성들을 인도하십니다. 그러므로 하나님의 자녀들인 우리 성도들이 이 세상을 살아가는 동안에 당하는 그 어떤 환난도 두려워할 필요가 없습니다.

둘째, 스룹바벨과 함께 귀국했습니다.

학개는 바로 이 고레스의 칙령에 의해 이루어진 1차 포로귀환 때인 B.C. 537~8년경에 성전재건의 주역이 될 스룹바벨과 함께 귀환할 수 있었습니다. 하나님께서 학개를 스룹바벨과 함께 귀환할 수 있도록 하신 것은 그들을 통해서 무너진 성전을 재건하시기 위한 특별한 섭리였습니다. 하나님께서는 학개에게 유다 총독 스룹바벨과 대제사장 여호수아 그리고 동료 선지자 스가랴를 붙여 주셨습니다(학 1:1). 그렇습니다. 하나님께서는 누구에게든지 당신의 일을 맡기실 때에는 언제나 그 일을 이룰 수 있는 조건이나 환경을 만들어주시고 함께 일할 수 있는 동역자도 붙여 주십니다. 그러므로 우리들은 하나님께서 사명을 맡기실 때에 전능하신 하나님께서 함께 하신다는 믿음을 가지고 자신 있게 감당해야 합니다.

셋째, 성전 재건을 시작했습니다.

고레스의 칙령에 따라 귀국한 학개는 총독 스룹바벨과 대제사장 예수아(여호수아의 다른 이름)와 함께 성전 재건을 시작했습니다. 그들은 모두가 다 무너져 버린 성전을 건축하려고 일어났습니다(스 1:5). 또한 하나님께서는 이방인들의 마음까지 움직이셔서 "...은 그릇과 금과 물품들과 짐승과 보물로 돕고 그 외에도 예물을 기쁘게 드..."(스 1:6)렸습니다. 그리고 고레스왕은 바벨론의 느부갓네살왕이 예루살렘 성전에서 빼앗아갔던 성전의 기명들까지도 모두 다 반환해주었습니다(스 1:7-11). 한마디로 모든 사람들이 최선을 다해 건축 헌물을 드렸습니다(스 2:68,69). 그리하여 스룹바벨과 예수아,

제사장들, 레위인들, 귀환자들이 함께 공사를 시작했습니다(스 3:8). 모두 다 하나님의 은혜였습니다.

사랑하는 여러분!

범사를 하나님께 맡기고 삽시다. 하나님께서 반드시 승리케 하실 것입니다. 또한 세상적인 어떤 환경이나 조건을 따지지 말고 주님만 의지하시기 바랍니다. 그리고 창조주 하나님을 믿고 맡겨주신 사명을 자신 있게 감당하시기 바랍니다.

2. 성전 재건 공사 방해

첫째, 사마리아인들이 동참케 해달라고 했습니다.

유다와 베냐민이 무너진 예루살렘 성전을 재건한다는 소식이 세상에 알려지자 대부분이 이교도들이요, 혼합민족인 사마리아인들이 자신들도 성전 재건에 참여케 해달라고 요청했습니다(스 4:1,2). 사마리아인들은 자신들도 하나님을 믿기 때문에 성전 재건에 동참하겠다는 것이었습니다. 그러나 실제로는 예루살렘을 중심으로 민족공동체를 새롭게 회복한 유대인들에게 자신들이 주도권을 장악하기 위함이었습니다. 이를 간파한 스룹바벨과 예수아를 위시한 유대지도자들은 선민으로서 순수한 신앙공동체를 지키기 위해 단호하게 거절했습니다(스 4:3). 그렇습니다. 하나님께서는 순수치 못한 다수보다 순수한 믿음의 소수를 더 기뻐하십니다(눅 12:32). 성전 재건공사에 배제당한 사마리아인들은 그 때부터 성전 재건을 적극적으로 방해했습니다(스 4:4). 그것은 바로 사탄의 역사였습니다.

둘째, 뇌물과 고발로 성전 재건을 방해했습니다.

성전 재건에 배제 당한 사마리아인들은 바사 왕 고레스 시대부터 다리오가 즉위할 때까지 관리들에게 뇌물을 주어 방해했습니다(스 4:5). 여기에서 관리들이란 왕의 모사들이나 비서관들로서 어떤 일을 상의하여 결정케하는 사람들이었습니다. 다시 말하면 정부관리들에게 뇌물을 주어서 성전 재건을 방해한 것이었습니다. 또한 고발을 통해 반대했습니다. 사마리아인들은 유다인들이 바사 정부에 대한 반역의 음모를 꾸미고 있다고 고발하기까지 했습니다(스 4:6). 이와 같은 고소, 고발은 오늘날에도 계속 되고 있습니다. 참으로 악랄한 방해공작이었습니다. 그들의 악의적인 고소, 고발은 여기에서 머물지 않고 계속되었습니다(스 4:7-23). 그렇습니다. 사탄은 언제나 우리들로 하여금 하나님의 일을 하지 못하도록 수단과 방법을 가리지 않고 방해합니다.

셋째, 공사가 중단되었습니다.

사마리아인들의 고소, 고발을 접수한 바사의 아닥사스 왕은 그가 가진 막강한 권력을 행사하여 예루살렘 성전 재건공사를 그치게 했습니다(스 4:24). 그가 그러한 결정을 하게 된 것은 과거에 유다 백성들이 앗수르와 바벨론 제국에 항거한 역사적인 전례가 있다는 사실을 알고 있었기 때문이었습니다. 또한 그는 다시는 유다 백성들이 다윗과 솔로몬 시대와 같은 번영을 누리지 못하게 하기 위함이었습니다. 때문에 제3차의 포로 귀환을 주도한 느헤미야는 곧바로 예루살렘 성벽 재건을 추진했습니다. 그러므로 우리는 언제나 믿음과 말씀, 성령으로 튼튼하게 무장해야 합니다.

사랑하는 여러분!

우리들을 유혹하는 사탄의 정체를 잘 분별하는 영적인 눈을 가지시기 바랍니다. 또한 사탄은 수단과 방법을 가리지 않고 우리들을 넘어뜨리려고 한다는 것을 잊지 마시기 바랍니다. 그리고 하나님의 일은 그 어떤 이유로도 중단될 수 없다는 것을 명심하시기 바랍니다.

3. 성전 재건 공사 촉구

첫째, 성전 재건을 촉구했습니다.

유다 백성들이 귀환하기 전부터 이미 자리잡고 있던 사마리아인들의 고발로 성전 재건 공사가 중단되었습니다(스 4:12-21). 이에 유다 백성들은 성전 재건에 대한 비관적인 생각을 갖게되었습니다. 그렇지 않아도 아직 안정되지 않은 상황 속에서 성전을 재건하느라고 여러 가지로 힘들어했던 그들은 성전 재건 공사가 시기상조라고 생각하고 완전히 포기해버렸습니다. 이것은 바로 경제적인 어려움이나 사마리아인들의 방해 때문이 아니라 무너져버린 하나님의 성전을 재건하고자 하는 그들의 마음과 의지가 부족했기 때문이었습니다. 그래서 성전 재건 공사가 중단된 지 15년이 지났음에도 불구하고 성전 재건 공사를 재개할 생각도 갖지 않았던 것입니다. 때문에 하나님께서는 학개 선지자를 통해서 "이 성전이 황폐하였거늘 너희가 이 때에 판벽한 집에 거주하는 것이 옳으냐 그러므로 이제 만군의 여호와가 이같이 말하노니 너희는 너희의 행위를 살필지니라 너희가 많이 뿌릴지라도 수확이 적으며 먹을지라도 배부르지 못하며 마실지라도 흡족하지 못하며 입어도 따뜻하지 못하며 일꾼이 삯을 받아도 그것을 구멍 뚫어진 전대에 넣음이 되느니라 만군의 여호와가 말하노니 너희는 자기의 행위를 살필지니라" (학 1:4-7)고 백성들의 사리사욕을 책망하시고 성전 재건을 촉구하셨습니다. 그리하여 중단되었던 성전 재건 공사가 다시 시작되었습니다.

둘째, 건축자들을 독려했습니다.

유다 백성들이 스룹바벨을 중심으로 예루살렘 성전을 재건했습니다. 그런데 솔로몬이 지었던 원래 성전보다는 너무나도 작고 초라했습니다(스 3:10-13). 때문에 모두가 다 안타까워했습니다. 그러나 하나님께서는 학개 선지자를 통해서 스룹바벨과 여호수아는 물론 모든 백성들에게 "… 내가 너희와 함께 하노라"(학 2:4)고 약속해주시고 힘과 용기를 주셨습니다. 또한 말씀하시기를 "이 성전의 나중 영광이 이전 영광보다 크리라…"(학 2:9)고 하셨습니다. 그리고 그들에게 평강을 주실 것을 약속하셨습니다(학 2:9). 그렇습니다. 하나님께서는 언제나 사명자와 함께 하시고 그들을 승리케 하십니다.

셋째, 백성들에게 복을 주셨습니다.

학개 선지자의 성전 재건 촉구와 독려에 의해 유다 백성들이 성전 재건을 완수하자 하나님께서는 "…오늘부터는 내가 너희에게 복을 주리라"(학 2:19)고 하셨습니다. 다시 말하면 그들의 모든 산업에 복을 주신다는 말씀인 것입니다. 또한 나라의 융성과 승리의 보장을 약속하셨습니다(학 2:21). 그리고 백성들을 이끌고 성전 건축을 완성한 스룹바벨을 택한 내 종이라고 높이셨습니다(학 2:23). 그렇습니다. 우리 하나님께서는 당신의 자녀를 사랑하시고 끝까지 책임져 주십니다.

사랑하는 여러분!

우리들도 모든 이들이 하나님의 일을 열심히 할 수 있도록 깨우쳐주는 삶을 살아야 합니다. 또한 주님의 일꾼들이 일을 더 잘할 수 있도록 끊임없이 격려해야 합니다. 그리고 모든 사람들로 하여금 복을 받게 하는 멋진 신앙인들이 되시기 바랍니다.

 # 헤 만

[대상 25:1-8]

다윗이 군대 지휘관들과 더불어 아삽과 헤만과 여두둔의 자손 중에서 구별하여 섬기게 하되 수금과 비파와 제금을 잡아 1)신령한 노래를 하게 하였으니 그 직무대로 일하는 자의 수효는 이러하니라 아삽의 아들들은 삭굴과 요셉과 느다냐와 아사렐라니 이 아삽의 아들들이 아삽의 지휘 아래 왕의 명령을 따라 1)신령한 노래를 하며 여두둔에게 이르러서는 그의 아들들 그달리야와 스리와 여사야와 2)시므이와 하사뱌와 맛디디야 여섯 사람이니 그의 아버지 여두둔의 지휘 아래 수금을 잡아 1)신령한 노래를 하며 여호와께 감사하며 찬양하며 헤만에게 이르러는 그의 아들들 북기야와 맛다냐와 웃시엘과 스브엘과 여리못과 하나냐와 하나니와 엘리아다와 깃달디와 로맘디에셀과 요스브가사와 말로디와 호딜과 마하시옷이라 이는 다 헤만의 아들들이니 나팔을 부는 자들이며 헤만은 하나님의 말씀을 가진 왕의 선견자라 하나님이 헤만에게 열네 아들과 세 딸을 주셨더라 이들이 다 그들의 아버지의 지휘 아래 제금과 비파와 수금을 잡아 여호와의 전에서 노래하여 하나님의 전을 섬겼으며 아삽과 여두둔과 헤만은 왕의 지휘 아래 있었으니 그들과 모든 형제 곧 여호와 찬송하기를 배워 익숙한 자의 수효가 이백팔십팔 명이라 이 무리의 큰 자나 작은 자나 스승이나 제자를 막론하고 다같이 제비 뽑아 직임을 얻었으니

> 헤만(신실하다, 충실하다의 뜻)은 동명이인이 3명이 있습니다. 이 시간에는 레위 지파 중에서도 그핫의 후손으로서 사무엘의 손자이며, 요엘의 아들인 헤만에 대해서 말씀드리겠습니다. 그는 지휘자요, 연주자였는데 다윗 시대에 성전에서 찬양대와 악단을 지휘하도록 임명되었습니다. 그는 다윗 때부터 솔로몬 통치 때까지 두 왕들의 수하에서 변함없이 충성스럽게 봉사했습니다. 그는 참으로 모범적인 사명자였습니다.

1. 음악적인 재능이 뛰어난 자

첫째, 하나님께서 각자에게 재능을 주셨습니다.

하나님께서는 우리 인간을 창조하실 때에 각자에게 그 사람에게 걸맞은 재능을 주셨습니다. 또한 자신의 부단한 훈련을 통해서 습득하게 되는 재능도 있습니다. 그러나 이것도 하나님께서 주신 재능인 것입니다. 다시 말하면 이 세상의 모든 인간은 하나님이 주신 재능을 가지고 반드시 자신이 감당해야 할 사명이 있습니다. 자신이 받은 이 재능을 어떻게 활용하느냐에 따라서 그 사람의 인생이 달라집니다. 이 세상에서 성공한 사람들은 모두가 다 자신의 재능을 최대한으로 활용한 사람들입니다. 특별히 우리 성도들은 하나님께서 허락하신 재능을 가지고 이 세상에 나아가 주님께서 분부하신 복음 전파 사명을 잘 감당해야 합니다.

둘째, 다윗이 찬양대를 조직했습니다.

다윗은 예루살렘 성을 정복하고 장막을 쳐서 언약궤를 안치하고 제사장과 레위인들의 성전 봉사 순서를 정한 다음 곧바로 찬양대를 조직했습니다. 그는 레위인 중에서 사천 명을 구별하여 찬양대와 악단으로 세우고 성전에서 여호와께 감사와 찬양을 드리도록 했습니다(대상 23:5, 25:1-31). 또한 그는 찬양대원들로 하여금 솔로몬이 예루살렘에서 여호와의 전을 세울 때까지 계속 찬양하도록 했습니다(대상 6:31,32). 다윗은 언약궤가 하나님의 임재와 통치의 상징이었기 때문에 그곳에 찬양대를 배치하여 하나님께 감사와 찬양을 드리도록 한 것이었습니다. 그러므로 구원받은 우리 성도들이 하나님께 드리는 이 감사와 찬양은 생명이 있는 한 끊임없이 계속되어야 합니다(시 104:33). 그 어떠한 이유로도 하나님의 은혜에 대한 감사와 찬양을 게을리하거나 중단할 수 없습니다.

셋째, 헤만은 찬양대의 중추적인 역할을 했습니다.

다윗이 만들었던 찬양대에서 중추적인 역할을 했던 사람들은 아삽과 헤만과 여두둔(에단과 동일인으로 추정함)이었습니다(대상 6:31-48). 이들 세 사람은 이스라엘의 음악 지도자들로서 그의 후손들에게 훌륭한 찬양을 전수했습니다(대상 25:2-31). 이들 세 사람의 아들들은 아삽이 4명, 헤만이 14명, 여두둔이 6명 등 모두 24명이었습니다. 그런데 그들 모두가 다 찬양대원들이었습니다. 온 가족이 찬양대원이 되어 교회에서 하나님의 성호를 찬양한다는 것은 이 세상의 그 무엇과 비교할 수 없는 가장 큰 은혜요, 축복입니다. 세 사람의 음악 지도자들 중에서도 헤만은 특별히 겸손한 지도자였습니다. 또한 그는 지휘자로서의 사명을 충실히 감당했으며 자녀들은 모두가 다 나팔을 불었습니다(대상 6:33, 25:5,6). 그들은 제금과 비파와 수금으로 가족 오케스트라를 구성한 참으로 멋진 가정이었습니다. 우리들도 온 가족이 다 하나님의 성호를 찬양하는 삶을 살아야겠습니다.

사랑하는 여러분!
하나님께서 내게 주신 달란트를 잘 활용하여 주신 사명을 철저하게 감당합시다. 또한 죄인 중에 괴수였던 우리들을 구원해주신 하나님께 넘치는 감사와 찬양을 드립시다. 그리고 하나님의 일에서 언제나 최선을 다하는 중추적인 일꾼들이 되시기 바랍니다.

2. 하나님의 영광만을 위한 자

첫째, 겸손한 자세로 사명을 감당했습니다.
그는 당대에서 막강한 사무엘 선지자의 손자였습니다(대상 6:33). 때문에 얼마든지 남다른 특권의식을 가지고 당당하게 행세할 수 있는 위치에 있는 사람이었습니다. 그러나 그는 그러한 자신의 권위적인 위치를 고집하지 않고 다윗의 지시를 받아 찬양대의 지휘자로 세움 받고 성전에서 자기 자녀들과 함께 열심히 찬양했습니다. 헤만의 이러한 믿음의 자세는 우리 모두가 다

본받아야 할 아주 귀한 섬김의 자세입니다. 우리가 찬양함은 한 개인이나 찬양대의 실력을 과시하고 뽐내기 위한 것이 아닙니다. 그러므로 우리는 우리를 구별하여 선택해주신 하나님께 감사하고 겸손한 마음으로 찬양해야 합니다. 그래야 하나님께서 그 찬양을 받으시고 그와 함께 하십니다.

둘째, 경건하게 믿음으로 찬양했습니다.

헤만을 비롯한 아삽과 여두둔은 모두가 다 경건한 자세로 찬양했습니다. 다시 말하면 그들이 바로 하나님께 올바른 찬양을 드린 것이었습니다. 왜냐하면 찬양의 주인이 바로 하나님이시기 때문입니다. 그렇습니다. 하나님만이 찬송의 대상이시며 우리들이 드리는 찬송을 받으실 분이십니다. 이 찬양은 내가 기분이 좋아서 부르는 것도 아니고 일이 잘 돼서 부르는 것도 아닙니다. 또한 흥분하여 즐기거나 스트레스를 풀기 위한 것도 아닙니다. 그리고 자신의 처지를 비관하거나 푸념하는 것도 아닙니다. 오직 거룩하신 하나님을 경배하고 그분께만 찬양 드리는 것입니다. 이 세상의 그 누구나 그 무엇도 찬양의 대상이 될 수 없습니다. 오직 우리 하나님뿐이십니다. 그러므로 찬양은 아주 경건해야 합니다.

셋째, 찬양대가 질서정연했습니다.

헤만을 중심으로 다윗이 만든 찬양대는 아주 질서정연한 찬양대였습니다. 우선 조직부터가 질서정연했습니다. 먼저 4,000명을 구별하여 선발했습니다. 그 중에서도 "여호와 찬송하기를 배워 익숙한 자"(대상 25:7)들 288명을 엄선하여 24반열로 조직하여 12명씩 찬양하도록 했습니다. 하나님은 질서의 하나님이십니다. 그래서 사도 바울은 "모든 것을 품위 있게 하고 질서있게 하라"(고전 14:40)고 했습니다. 우리는 예배도 질서정연하게 드려야 합니다. 찬송도 질서정연하게 불러야 합니다. 헌신과 봉사도 질서정연하게 해야 합니다. 교회의 모든 조직 속에서도 질서정연하게 사명을 감당해야 합니다. 그래야 하나님께 영광 돌릴 수 있습니다.

사랑하는 여러분!
우리 모두 겸손한 자세로 하나님께서 맡기신 사명을 감당합시다. 또한 경건하게 믿음으로 찬양합시다. 그리고 내 기분과 감정이 아닌 하나님이 원하시는 양식대로 질서정연한 삶을 사는 멋진 신앙인들이 되시기 바랍니다.

3. 올바른 찬양의 기틀을 세운 자

첫째, 그는 신령한 노래를 불렀습니다.
이 세상에서 가장 신령한 노래는 여호와의 성호를 찬양하는 것입니다. 헤만과 아삽, 여두둔의 찬양대는 여호와의 영에 감동되어 신령한 노래를 불렀습니다(대상 25:1). 그러므로 우리들이 창조주이신 하나님을 찬양할 때에는 반드시 신령한 노래를 불러야 합니다. 하나님께서는 이 세상의 삼라만상을 창조하시고 우리들이 이 세상을 살아가는 데에 필요한 모든 것들을 다 구비해주셨습니다. 한마디로 우리들의 삶의 터전을 완전하게 조성해주셨습니다. 또한 예수님께서는 우리들의 모든 죄와 저주, 허물을 용서해 주시기 위해 이 세상에 오셔서 십자가를 지셨습니다. 그리고 성령님께서는 지금 이 시간에도 쉼 없이 우리들과 함께 동행하시면서 지키시고 계십니다. 그러므로 우리 모두는 진심으로 감사하면서 찬양해야 합니다. 다시 말하면 하나님의 창조사역과 예수 그리스도의 대속의 은혜, 성령님의 동행하심에 대해 감사와 찬양을 드리는 것을 신령한 노래라고 합니다.

둘째, 최선을 다해 찬양했습니다.
그는 지휘자요, 연주자로서 하나님께 올바른 찬양을 드리기 위해 자신을 온전히 바쳤습니다. 그는 자신이 맡은 사명을 위해 최선을 다한 사람이었습니다. 그는 음악적인 재능이 남달리 탁월했지만 조금도 교만하지 않고 겸손히 배우고 익혔습니다. 그는 어떻게 하든지 보다 더 나은 찬양으로 하나님을 기쁘시게 하기 위해 최선을 다했습니다. 때문에 그는 훌륭한 지휘자요, 연주자며, 올바른 예배자로서 하나님께 영광을 돌릴 수 있었습니다. 그래서 다윗과 솔로몬이 그에게 거룩하신 하나님의 성전에서 찬양하는 거룩한 직분을 맡긴 것이었습니다. 그러므로 우리들도 하나님께 드리는 예배에 최선을 다해야 합니다. 이것이 바로 우리 성도들의 마땅한 본분입니다.

셋째, 변함 없이 사명을 감당했습니다.

헤만은 다윗에 의해서 찬양대 지휘자로 선택받은 이후 솔로몬 때까지 변함 없이 충성했습니다. 그는 자신은 물론 자신의 아들들까지도 모두가 다 찬양대원으로 헌신하도록 했습니다. 그런데 그와 그의 자녀들은 자신들이 맡은 사명을 감당할 때에 조금도 변함이 없이 끝까지 충성했습니다. 그들은 날이 가면 갈수록 열심을 더 했습니다. 때문에 그들의 실력은 나날이 더 향상되었습니다. 그렇습니다. 우리들도 하나님의 일을 감당할 때에 날마다 열심을 더해가야 합니다. 또한 소명의식이 불타야 합니다. 그리고 예배에 최선을 다해야 합니다. 이유 여하를 막론하고 맡은 바 사명에 생명을 걸어야 합니다. 그리하여 하나님께 귀하게 쓰임 받는 복된 삶을 사시기 바랍니다.

사랑하는 여러분!

우리 모두 신령한 노래로 하나님께 영광 돌립시다. 또한 우리를 구원하신 하나님의 은혜에 감사와 찬양으로 보답합시다. 그리고 변함없는 열심과 충성으로 사명을 감당합시다. 그리하여 하나님을 기쁘시게 하는 복된 삶을 사시기 바랍니다.

 호세아

[호 3:1-5]

여호와께서 내게 이르시되 이스라엘 자손이 다른 신을 섬기고 건포도 과자를 즐길지라도 여호와가 그들을 사랑하나니 너는 또 가서 타인의 사랑을 받아 음녀가 된 그 여자를 사랑하라 하시기로 내가 은 열다섯 개와 보리 한 호멜 반으로 나를 위하여 그를 사고 그에게 이르기를 너는 많은 날 동안 나와 함께 지내고 음행하지 말며 다른 남자를 따르지 말라 나도 네게 그리하리라 하였노라 이스라엘 자손들이 많은 날 동안 왕도 없고 지도자도 없고 제사도 없고 주상도 없고 에봇도 없고 드라빔도 없이 지내다가 그 후에 이스라엘 자손이 돌아와서 그들의 하나님 여호와와 그들의 왕 다윗을 찾고 마지막 날에는 여호와를 경외하므로 여호와와 그의 은총으로 나아가리라

> 성경에는 호세아(구원이란 뜻)라는 이름을 가진 동명이인이 5명이 있습니다. 이 시간에는 그 중에서도 잇사갈 지파의 자손으로서 북왕국 이스라엘에서 예언 활동을 한 브에리의 아들 호세아에 대해 말씀드리겠습니다. 그는 선지자들 중에서도 가장 오랫동안 예언활동을 한 사람이었습니다. 그는 대단히 가정적인 사람으로서 이해와 용서, 사랑이 많은 사람이었습니다. 그래서 그를 사랑의 선지자라고 부르기도 합니다.

1. 당시의 시대적인 상황

첫째, 번영을 누리던 때였습니다.

호세아 선지자가 활동하던 시기는 북왕국 이스라엘과 남왕국 유다가 최고의 풍요를 누리고 있던 시대였습니다. 그동안 북왕국 이스라엘에 위협이 되어왔던 수리아가 패망함으로 인해 군사적인 것은 물론 정치적으로도 안정되

었고 경제적으로도 초호황을 누리게 되었습니다. 그동안 축소되었던 북왕국 이스라엘의 영토는 전성기였던 솔로몬 시대의 영토로 다시 회복하게 되었습니다. 또한 무역중심지인 다메섹을 확보함으로 인해 무역과 경제활동이 활발해졌습니다. 때문에 군사강국이요, 경제대국이 되었습니다. 오늘의 우리나라도 하나님의 은혜로 OECD회원국으로서 세계 11위의 경제대국이 되었습니다. 이 모두가 다 하나님의 은혜입니다. 그러므로 우리 모두는 하나님의 은혜에 감사하고 삼가 근신하여 자신을 철저하게 관리하는 성실한 삶을 살아야 합니다.

둘째, 백성들이 타락했습니다.

나라가 부강해짐으로 인해 백성들의 생활이 윤택해지자 그들의 신앙은 해이해졌습니다. 그래서 영적인 신앙생활에는 전혀 관심이 없었습니다. 그들 모두는 다 걷잡을 수 없는 사치와 연락에 빠지게 되었습니다. 그들은 자신의 집을 장식하기 위해 호화스러운 건축자재를 외국으로부터 수입하기 시작했습니다. 그들은 생활필수품까지도 모두 다 수입해서 사용했습니다. 한마디로 그들의 사치와 연락은 극에 달했습니다. 또한 부자와 가난한 자들과의 차별이 심화되었습니다. 부자들은 가난한 자들의 인권을 짓밟고 노동력을 착취했으며 억압하기까지 했습니다. 그리고 윤리와 도덕이 땅에 떨어졌으며 극도로 부패된 사회의 질서와 기강은 말이 아니었습니다. 지금 우리가 살고 있는 오늘의 사회도 마찬가지입니다. 그러므로 우리들도 지금 바로 회개하고 주님께로 회복해야 합니다.

셋째, 우상숭배가 성행했습니다.

북왕국 이스라엘 백성들의 본격적인 우상숭배는 여로보암 1세가 벧엘과 단에 금송아지를 세우고 백성들에게 그 앞에서 절하도록 명하면서부터였습니다. 당시 여로보암은 북이스라엘 백성들이 남왕국 유다의 예루살렘으로 예배하러 가면 민심이 유다 왕국의 르호보암에게 치우칠 것을 두려워하여 우상을 세우고 그곳에서 경배하게 한 데서 비롯되었습니다. 그런데 이 우상숭배에서 발생한 악이 바로 매음, 폭력, 음주행위 등 갖가지 사회악의 조성이었습니다. 이 모두는 다 여호와께서 가증히 여기시고 미워하시는 것들이었습니다. 때문에 여호와께서는 우상숭배 하는 자들에게 그동안 주셨던 모든 것들을 다 **빼앗아 버리겠다**고 하셨습니다(호 2:8,9). 이 모두는 다 우상숭배에 대한 무서운 책벌이었습니다.

사랑하는 여러분!
우리는 지금 하나님의 은혜로 큰 번영을 누리고 있습니다. 사람은 언제나 건강하고 형통하며 살만 할 때에 타락하기 쉽습니다. 그러므로 말씀을 생각하면서 삼가 근신하는 삶을 삽시다. 그리고 우리 모두는 이유여하를 막론하고 하나님 외에 그 어떤 것도 섬길 수 없습니다. 오직 전능하신 하나님만 섬기는 견고한 믿음의 삶을 살아야 합니다.

2. 아내를 사랑했습니다.

첫째, 하나님의 명령에 순종했습니다.
하나님께서는 여호와를 떠나 우상을 숭배하던 이스라엘을 돌이키시기 위해 엘리야와 엘리사를 보내시어 경고하셨으나 잘 듣지 않자 이제는 사랑의 선지자인 호세아의 가정사를 통해서 당신의 사랑을 나타내셨습니다. 그리하여 호세아 선지자에게 "...너는 가서 음란한 아내를 맞이하여 음란한 자식들을 낳으라..."(호 1:2)고 명령하셨습니다. 이러한 하나님의 명령은 호세아에게 있어서는 매우 뜻밖이었을 것입니다. 왜냐하면 이 세상의 어떤 남자도 음란

하고 부정한 창기 같은 여자를 아내로 맞이하고 싶은 사람은 하나도 없을 것이기 때문입니다. 그러나 호세아는 조금도 지체하지 않고 즉시 디블라임의 딸 고멜을 취하여 아내를 삼고 삼남매를 두었습니다. 이것은 바로 호세아의 철저한 자기 포기요, 하나님의 말씀에 대한 순종이었습니다. 그러므로 우리들도 호세아처럼 철저하게 나 자신을 포기하고 하나님의 말씀에 무조건 순종해야 합니다. 왜냐하면 그것이 사는 길이요, 축복 받는 일이기 때문입니다.

둘째, 고멜이 호세아를 배신했습니다.

고멜은 호세아 선지자와 결혼하여 세 명의 자녀까지 두었습니다. 그런데 그 세 명의 자녀 중에서도 두 명은 호세아의 친자식이 아니었다고 합니다. 그녀는 또다시 창기였던 옛 생활을 청산하지 못하고 남편과 삼남매를 버리고 정부를 따라 도망갔습니다(호 2:5). 그녀는 하나님께서 허락하신 귀한 축복을 거역하고 발로 차버린 참으로 한심한 여자였습니다. 그러나 그녀는 얼마 못 가서 정부에게 버림을 받고 창녀로 다시 팔려가게 되었습니다. 한마디로 비참한 신세가 된 것이었습니다. 그렇습니다. 하나님의 은혜를 저버리고 배신의 삶을 사는 인간은 이렇게 불행한 인간으로 전락될 수밖에 없습니다. 그러므로 우리들은 하나님께서 우리에게 주신 은혜를 감사하고 날마다 신실한 삶을 살아야겠습니다.

셋째, 배신한 고멜을 다시 사왔습니다.

하나님께서 호세아에게 "... 너는 또 가서 타인의 사랑을 받아 음녀가 된 그 여자를 사랑하라..."(호 3:1)고 하셨습니다. 이에 호세아는 하나님의 명령을 받은 즉시 고멜에게 가서 "...은 열다섯 개와 보리 한 호멜 반..."(호 3:2)의 값을 치르고 고멜을 다시 데려왔습니다. 그는 참으로 훌륭한 선지자요, 사랑의 사람이었습니다. 호세아가 고멜을 데려오기 위해 지불한 돈은 총 30세겔로서 일반 노동자의 120일의 품삯에 해당하는 거금이었습니다. 이 30세겔은 당시 고대근동지방에서 여종 한 사람을 살 수 있는 액수였습니다. 그러나 호세아는 고멜을 사랑했기 때문에 그 큰돈을 지불하고 다시 데려온 것이었습니다. 그리고 그는 고멜에게 "...너는 많은 날 동안 나와 함께 지내고 음행하지 말며 다른 남자를 따르지 말라..."(호 3:3)고 사랑으로 권면했습니다. 참으로 아름답고 따뜻한 사랑의 모습이었습니다.

사랑하는 여러분!
우리들도 하나님의 명령에 무조건 순종합시다. 또한 우리들은 그 어떠한 이유로도 배신하는 불행한 삶을 살지 맙시다. 그리고 누구든지 너그럽게 이해하고 용납하는 넉넉한 삶을 살아야겠습니다.

3. 민족을 사랑했습니다.

첫째, 여호와를 힘써 알자고 했습니다.
호세아는 이스라엘이 타락하여 남편된 하나님을 배신하고 우상 신랑을 섬긴 것은 여호와를 잘 몰랐기 때문이라고 규정하고 이스라엘 백성들에게 "우리가 여호와를 알자 힘써 여호와를 알자..."(호 6:3)라고 외쳤습니다. 그렇습니다. 이스라엘이 여호와가 어떤 분이라는 사실을 분명히 알았다고 하면 그들이 하나님을 배신하고 우상을 섬기지 않았을 것입니다. 또한 우리들도 마찬가지입니다. 우리 성도들의 신랑되신 예수 그리스도를 분명히 알고 있었다고 하면 세상이라는 신랑을 사랑하는 불행한 일은 절대로 없었을 것입니다. 그러나 우리의 구주가 되시는 예수 그리스도에 대한 확실한 믿음과 신뢰가 없었기 때문에 이 세상을 사랑한 것이었습니다. 그러므로 우리 모두는 지금 이 시간에도 살아 역사하시는 하나님을 분명히 알고 그분만 믿어야 합니다.

둘째, 여호와께로 돌아오라고 했습니다.

하나님의 지시를 받은 호세아는 "이스라엘아 네 하나님 여호와께로 돌아오라..."(호 14:1)고 외쳤습니다. 왜냐하면 범죄한 이스라엘이 사는 길은 여호와 앞에 돌아오는 길밖에 없었기 때문이었습니다. 이것은 바로 범죄한 이스라엘 민족에게 회개를 촉구한 것이었습니다. 그렇습니다. 우리가 사는 길은 지은 죄를 회개하고 하나님께로 돌아오는 것입니다. 우리 가정이 사는 길도 회개하고 하나님께로 돌아오는 것입니다. 이 나라가 사는 길도 지은 죄를 회개하고 하나님께로 돌아오는 것입니다. 그래서 호세아가 이스라엘 민족에게 여호와께로 돌아오라고 한 것이었습니다. 그러므로 우리 모두는 이 세상의 모든 사람들에게 이 복음을 열심히 전파해야 합니다.

셋째, 여호와의 사랑을 전했습니다.

호세아는 이스라엘 백성들이 여호와께로 돌아오기만 하면 여호와께서 그들의 패역을 고치시고 사랑하시며 무성하게 하시고 풍성한 축복을 주신다고 했습니다(호 14:4-8). 그렇습니다. 우리 하나님께서는 누구든지 지은 죄를 회개하고 하나님께로 돌아오기만 하면 죄는 용서해주시고 큰 사랑으로 맞아주십니다. 문제는 해결시켜주시고 소원은 응답해 주십니다. 질병은 치료해주시고 건강은 회복시켜주십니다. 가난은 물리쳐 주시고 풍성함을 주십니다. 그러므로 우리 모두는 여호와의 도를 힘써 행하는 멋진 신앙인들이 되어야 합니다.

사랑하는 여러분!

우리들의 생사화복을 주장하시는 여호와를 분명히 알고 믿읍시다. 또한 지은 죄를 회개하고 여호와께로 돌이킵시다. 하나님의 사랑이 우리들의 삶의 현장 위에 넘치게 될 것입니다.

 # 훌

[출 17:8-16]

그 때에 아말렉이 와서 이스라엘과 르비딤에서 싸우니라 모세가 여호수아에게 이르되 우리를 위하여 사람들을 택하여 나가서 아말렉과 싸우라 내일 내가 하나님의 지팡이를 손에 잡고 산 꼭대기에 서리라 여호수아가 모세의 말대로 행하여 아말렉과 싸우고 모세와 아론과 훌은 산 꼭대기에 올라가서 모세가 손을 들면 이스라엘이 이기고 손을 내리면 아말렉이 이기더니 모세의 팔이 피곤하매 그들이 돌을 가져다가 모세의 아래에 놓아 그가 그 위에 앉게 하고 아론과 훌이 한 사람은 이쪽에서, 한 사람은 저쪽에서 모세의 손을 붙들어 올렸더니 그 손이 해가 지도록 내려오지 아니한지라 여호수아가 칼날로 아말렉과 그 백성을 쳐서 무찌르니라 여호와께서 모세에게 이르시되 이것을 책에 기록하여 기념하게 하고 여호수아의 귀에 외워 들리라 내가 아말렉을 없이하여 천하에서 기억도 못하게 하리라 모세가 제단을 쌓고 그 이름을 여호와 1)닛시라 하고 이르되 2)여호와께서 맹세하시기를 여호와가 아말렉과 더불어 대대로 싸우리라 하셨다 하였더라

> 훌은 동명이인이 3명이 있습니다. 이 시간에는 모세의 협력자로서 이스라엘이 아말렉과 싸울 때에 아론과 함께 모세의 손을 붙들어 주었던 훌에 대해 말씀드리겠습니다. 역사가 요세푸스에 의하면 그는 모세의 누나인 미리암의 남편일 것이라고 했습니다. 여하튼 그는 모세의 뜻을 따라 산 위에 올라가서 모세를 도와주는 조력자로서 이스라엘이 아말렉과의 전투에서 승리할 때까지 최선을 다해 협력했습니다.

1. 아말렉의 이스라엘 침략

첫째, 아말렉은 에서의 후손이었습니다.

아말렉 족속은 에서의 손자 아말렉의 후손으로서 유목민이요, 약탈자들이었습니다(창 36:12). 발람은 "…아말렉은 민족들의 으뜸이나 그의 종말은 멸망에 이르리로다"(민 24:20)라고 예언했습니다. 그러나 이스라엘 역사에서 자주 나타나는 에서 계열의 베두인 족속인 아말렉은 당시 상황에 주변의 열강들과 비교해 볼 때에 강국이라고 표현할 수 없었습니다. 그런데도 발람이 아말렉을 "민족들의 으뜸"이라고 한 것은 출애굽한 이스라엘 민족을 최초로 괴롭힌 족속이었기 때문이었습니다. 그들은 끊임없이 이스라엘을 괴롭힌 적대국으로서 하나님의 심판의 대상이었습니다.

둘째, 이스라엘이 모세를 원망했습니다.
모세의 인도로 출애굽한 이스라엘 백성들은 하나님의 은혜로 홍해를 건너 광야를 횡단하고 있었습니다. 그들은 여호와의 명령대로 신 광야를 떠나 르비딤에 장막을 쳤습니다. 그런데 백성들이 마실 물이 없었습니다(출 17:1). 때문에 백성들이 모세에게 "우리에게 물을 주어 마시게 하라… 당신이 어찌하여 우리를 애굽에서 인도해 내어서 우리와 우리 자녀와 우리 가축이 목말라 죽게 하느냐"(출 17:2,3)고 불평했습니다. 그러나 그것은 곧 하나님을 향한 불평이었습니다. 하나님께서는 언제나 당신의 종들에 대해 불평하거나 괴롭힐 때에는 바로 당신에 대한 불평과 괴롭힌 것으로 간주하셨습니다. 이에 모세는 하나님께 간구하여 하나님의 지시를 받아 반석을 쳐서 백성들에게 물을 마시게 한 다음 그 곳 이름을 '맛사 또는 므리바'라고 했습니다. '맛사'는 시험하다요, '므리바'는 비난하다는 의미였습니다. 왜냐하면 이스라엘 백성들이 하나님을 대적하고 시험했으며 모세를 비난했기 때문이었습니다.

셋째, 아말렉이 이스라엘을 공격했습니다.
아말렉 사람들은 에돔 사람들로부터 갈라져 나와 시내반도에서 그 세력을 뻗치며 유랑하던 유목민들이었습니다(창 36:11,12). 그런데 출애굽한 이스라엘 백성들이 홍해를 건너 르비딤에 이르자 아말렉은 자신들이 이미 점유하고 있는 영토에 대한 침해를 두려워한 나머지 이스라엘이 피곤한 틈을 타서 공격한 것이었습니다(신 25:17,18). 하나님께서는 이스라엘 백성들에게 "...너는 천하에서 아말렉에 대한 기억을 지워버리라..."(신 25:19)라고 분부하셨습니다. 왜냐하면 그들이 광야에서 이스라엘을 최초로 공격했기 때문이었습니다. 그러므로 우리들은 그 어떤 이유로도 성도들을 괴롭히는 일이 없어야 합니다.

사랑하는 여러분!
우리들은 절대로 이웃에 대해 불평하는 일이 없어야 합니다. 또한 다른 사람을 원망하지 맙시다. 그리고 우리들의 언행심사를 통해서 남을 공격하는 불행한 일이 없어야겠습니다.

2. 아론과 훌이 협력함

첫째, 모세가 여호수아에게 전투를 명했습니다.
아말렉의 침략을 받은 모세는 여호수아에게 "우리를 위하여 사람들을 택하여 나가서 아말렉과 싸우라..."(출 17:9)고 명령했습니다. 다시 말하면 모세는 여호수아를 이스라엘 군의 지휘관으로 세워 아말렉과 전쟁하도록 명령한 것이었습니다. 당시 아말렉은 강대한 족속으로서 전쟁에 아주 익숙한 자들이었습니다. 그러나 이스라엘을 출애굽한지 얼마 안되었기 때문에 전쟁에 대비한 훈련을 한 번도 해본 적이 없었습니다. 더욱이 전쟁에 대한 무기나 경험도 전혀 없었습니다. 또한 백성들은 오랫동안의 광야 생활에 의해 피곤하여 지친 상태였습니다. 그러나 여호수아는 모세의 명령에 즉시 순종했습니다. 이것은 바로 그가 모세의 뒤를 이을 이스라엘의 지도자로서 위치를 굳게 세운 것이었습니다. 그렇습니다. 하나님께서는 언제나 순종하는 자에게 당신의 일을 맡기십시오.

둘째, 아론과 훌이 모세와 함께 동행했습니다.

여호수아에게 사람들을 선택하여 아말렉과 싸우라고 명령한 모세는 "...내일 내가 하나님의 지팡이를 손에 잡고 산꼭대기에 서리라"(출 17:9)고 했습니다. 다시 말하면 모세는 여호수아를 지휘관으로 세워 선택된 병사들을 전쟁터에 보낸 후 그들을 위하여 산으로 기도하러간 것이었습니다. 다시 말하면 당시 이스라엘군은 훈련이나 전투경험이 전혀 없었으며 변변한 무기 하나 없는 비정규군으로서 맨손의 민병대원들이었습니다. 인간적인 안목으로 생각해본다면 승산이 전혀 없는 아주 무모한 전쟁이었습니다. 때문에 모세는 하나님의 능력과 도우심의 상징인 지팡이를 들고 하나님 앞에 나아가 기도하겠다는 것이었습니다. 그런데 모세는 혼자 가지 않고 동역자인 아론과 훌을 데리고 올라갔습니다. 민족의 운명을 놓고 산꼭대기에 올라가서 외로운 영적전투를 벌여야 하는 모세에게 동역자인 아론과 훌이 동행했다는 것은 다행한 일이요, 큰 축복이었습니다.

셋째, 아론과 훌이 모세를 도왔습니다.

산에 올라간 "모세가 손을 들면 이스라엘이 이기고 손을 내리면 아말렉이 이기..."(출 17:11)었습니다. 이스라엘 민족을 출애굽 시킨 모세였지만 그도 연약한 인간인지라 피곤하여 손이 내려왔습니다. 때문에 아론과 훌이 돌을 가져다가 모세를 앉힌 다음 모세의 양팔을 좌우에 잡아 붙들어 올려 해가 질 때까지 내려오지 않도록 했습니다. 그러므로 우리들도 기도와 협력으로 지도자를 도와야 합니다. 그가 마음놓고 주의 일을 할 수 있도록 서로 간에 끝까지 도와야 합니다. 그것이 바로 하나님이 인정하시는 최고의 충성입니다. 그리하여 아론과 훌은 이스라엘로 하여금 승리케 했습니다. 그래서 손 들고 기도한 다윗은 모든 전쟁에서 한 번도 패한 적이 없었습니다(시 28:2). 성경은 구스 인들에게도 하나님을 향하여 신속히 손을 들라고 했습니다(시 68:31). 에스라는 "... 나의 하나님 여호와를 향하여 손을 들고"(스 9:5)라고 했습니다. 왜냐하면 손을 드는 것은 철저한 자기 포기요, 회개를 의미합니다. 그래서 나 자신과 모든 것을 하나님께 맡기는 것입니다. 때문에 시편 기자는 하나님의 교회에서 성도들이 손을 들고 여호와를 송축하면 시온을 통해서 복을 주신다고 했습니다(시 134:1-3). 그래서 우리는 손을 들고 기도합니다.

사랑하는 여러분!
우리들도 여호수아처럼 무조건 순종합시다. 또한 이 세상과 싸우는 십자군으로 언제나 함께 하는 동역자들이 되시기 바랍니다. 그리고 손을 들고 기도하여 때마다 일마다 승리하시기 바랍니다.

3. 이스라엘을 승리케 함

첫째, 여호수아가 아말렉을 파했습니다.
아론과 훌이 피곤해진 모세의 양팔을 붙들어주어 해가 질 때까지 기도의 손이 내려오지 않도록 하자 "여호수아가 칼날로 아말렉과 그 백성을 쳐서 무찌르니라"(출 17:13) 고 했습니다. 이것은 바로 하나님의 능력에 의한 이스라엘의 승리였습니다. 또한 모세와 여호수아의 승리였으며, 아론과 훌의 승리였습니다. 이 승리는 바로 모세의 기도의 결과였습니다. 그리고 피곤한 모세의 손이 내려오지 않도록 양팔을 붙잡아준 아론과 훌의 협력을 귀하게 보신 하나님의 은혜였습니다. 그러므로 전능하신 하나님의 능력 아래 있는 우리들은 그 어떠한 상황에서도 두려움이 없이 자신 있게 살아갈 수 있습니다.

둘째, 역사로 기록하여 기념하라고 하셨습니다.
하나님께서는 모세에게 "...이것을 책에 기록하여 기념하게 하고 여호수아의 귀에 외워 들리라 내가 아말렉을 없이하여 천하에서 기억함도 못하게 하리라"(출 17:14)고 하셨습니다. 이것은 바로 전쟁에 대한 승리의 비결은 오직 하나님의 도우심에 의한 것이므로 하나님만 의지하라는 것입니다. 또한 여호수아로 하여금 뒤에서 기도한 모세와 모세로 하여금 기도할 수 있도록 협력한 아론과 훌이 있었음을 생각하라는 것입니다. 그리고 여호수아가 이끄는 이스라엘 군대로 하여금 장차 가나안 정복 전쟁에서 승리할 수 있도록 하기 위함이셨습니다. 뿐만 아니라 다음 세대로 하여금 이러한 협력의 승리에 대해 가르치시기 위함이었습니다. 그러므로 우리들도 철저하게 사명을 감당해야 합니다.

셋째, 제단을 쌓고 여호와 닛시라고 했습니다.

모세는 르비딤에 제단을 쌓고 "그 이름을 여호와 닛시"(출 17:15)라고 했습니다. 다시 말하면 그는 이스라엘로 하여금 아말렉과의 전쟁을 승리로 이끌게 해주신 하나님께 감사의 제사를 드렸습니다. '여호와 닛시'는 '여호와는 나의 깃발(군기)'이라는 뜻입니다. 그렇습니다. 여호와만이 나의 승리의 깃발이 되십니다. 그러므로 우리는 날마다 그분께 예배드리며 그분의 은혜에 감사해야 합니다. 여호와께서는 언제나 당신을 믿고 의지하며 따르는 자들과 함께 하시고 승리의 깃발이 되어 주십니다. 그러므로 우리들도 여호수아처럼 여호와만 섬겨야겠습니다.

사랑하는 여러분!

우리들도 주님의 이름으로 자신 있게 나아가 이 세상을 정복합시다. 전능하신 하나님의 역사하심을 이 세상 만민에게 전파합시다. 그리고 하나님의 은혜에 감사하고 때마다 일마다 여호와 닛시의 승리를 이루시기 바랍니다.

히람

[왕상 5:7-12]

히람이 솔로몬의 말을 듣고 크게 기뻐하여 이르되 오늘 여호와를 찬양할지로다 그가 다윗에게 지혜로운 아들을 주사 그 많은 백성을 다스리게 하셨도다 하고 이에 솔로몬에게 사람을 보내어 이르되 당신이 사람을 보내어 하신 말씀을 내가 들었거니와 내 백향목 재목과 잣나무 재목에 대하여는 당신이 바라시는 대로 할지라 내 종이 레바논에서 바다로 운반하겠고 내가 그것을 바다에서 뗏목으로 엮어 당신이 지정하는 곳으로 보내고 거기서 그것을 풀리니 당신은 받으시고 내 원을 이루어 나의 궁정을 위하여 음식물을 주소서 하고 솔로몬의 모든 원대로 백향목 재목과 잣나무 재목을 주매 솔로몬이 히람에게 그의 궁정의 음식물로 밀 이만 고르와 맑은 기름 이십 고르를 주고 해마다 그와 같이 주었더라 여호와께서 그의 말씀대로 솔로몬에게 지혜를 주신 고로 히람과 솔로몬이 친목하여 두 사람이 함께 약조를 맺었더라

> 히람(존귀한 자의 형제란 뜻)은 후람 또는 히롬이라고도 합니다. 그는 두로의 왕으로서 다윗과 우호관계를 맺고 있었으며 다윗이 궁궐을 지을 때에 다윗이 요구한대로 목수와 석공, 레바논의 목재를 보내어 협력했습니다. 또한 그는 다윗이 죽고 솔로몬이 왕위에 오르자 솔로몬에게 특사를 보내 여호와께서 이스라엘 백성을 사랑하여 당신을 왕으로 세우셨다고 축하했습니다. 그리고 그는 솔로몬이 성전을 지을 때에도 적극적으로 도왔습니다. 한마디로 그는 다윗과 솔로몬의 훌륭한 동역자였습니다.

1. 두로의 왕

첫째, 두로는 지중해 연안의 도시국가였습니다.

이 두로는 시돈과 함께 베니게의 주요 도시국가 중의 하나로서 지중해 연안에 위치하고 있었습니다. 이곳은 여호수아가 가나안을 정복한 후 아셀 지파에게 분배해 준 땅이었습니다. 그곳은 특별히 바위가 많은 작은 섬으로서 원래는 육지와 연결되어 있지 않았던 곳입니다. 이 두로는 시돈과의 경계지역이었으며 아셀 지파의 국경선에 근접해 있었습니다. 그래서 이사야는 두로와 시돈을 함께 묶어서 책망하기도 했습니다(사 23:1-7). 이 두로는 바위가 많았기 때문에 외침에 대한 방어가 아주 용이한 천혜의 요새지였습니다. 솔로몬 당시의 두로는 베니게의 수도였는데 도시국가 형태를 취하고 있었기 때문에 때로는 베니게를 총칭하는 표현으로 사용되기도 했습니다.

둘째, 두로는 히람에 의해 널리 알려졌습니다.

두로는 원래 지중해와 험한 산 사이에 위치한 바위섬으로서 아주 열악한 지역이었습니다. 그런데 히람이 주전 10세기경에 길이가 약 897m이며, 폭이 약 9.8m인 방파제를 건설하여 동부 지중해에서 가장 크고 훌륭한 항구도시로 만들었습니다. 그 때부터 이 두로는 무역거래가 활발한 항구도시로 크게 발전하게 되었습니다. 그리하여 작은 도시국가였던 두로가 대단한 무역국가로 성장하게 되었습니다(사 23:2). 특별히 두로의 물감은 세계적으로 유명하여 엄청난 무역거래가 이루어졌습니다. 또한 히람은 주변의 해안들을 계속 답파하여 자원을 개발했습니다. 그리고 풍성한 고급 목재들을 수출하여 부족한 식량을 충당했습니다. 때문에 당시 두로의 백성들은 대단한 부요를 누리게 되었습니다(겔 27:1-7). 후에 히람은 솔로몬으로부터 20개의 성읍을 사서 국토를 확장하기도 했습니다(왕상 9:10-14). 이 모두는 다 히람의 선정에 의한 것이었습니다.

셋째, 이웃을 괴롭힌 적이 없는 왕이었습니다.

히람은 다윗과 솔로몬 시대의 사람으로서 상업과 공업기술이 발달하여 아주 부요한 두로의 왕이었습니다. 그러나 그들은 블레셋 사람들처럼 이스라엘이나 주변나라들을 괴롭히거나 침략한 적이 없었습니다. 때문에 하나님께서 여호수아를 통해 가나안을 정복하고 진멸할 것을 명하실 때에 여러 족속들을 열거하셨지만 두로는 포함시키지 않으셨습니다. 이것은 바로 두로가 이스라엘과 좋은 우호관계를 조성해 주었기 때문이었습니다. 그래서 다윗 왕과 솔로몬 왕 때까지 계속 좋은 관계를 유지하게 된 것이었습니다.

사랑하는 여러분!
우리들도 나 자신의 현실이 제 아무리 어렵다고 할지라도 믿음으로 아름답게 가꾸어 갑시다. 또한 우리 사회가 특히 우리 믿는 사람들에 의해 믿음의 나라, 살기 좋은 나라가 되게 합시다. 그리고 언제나 모든 사람들과 아름다운 우호관계를 갖고 은혜로운 삶을 살아가시기 바랍니다.

2. 우호의 삶

첫째, 다윗과 우호의 삶을 살았습니다.
두로는 이스라엘과 동맹관계에 있었던 B.C. 10세기 경이 두로의 제일 황금기였습니다. 때에 다윗은 왕궁을 건축했습니다. 그런데 두로 왕 히람이 "다윗에게 사신들과 백향목과 석수와 목수를 보내어 그의 궁전을 건축하게 하였..."(대상 14:1)습니다. 이스라엘 땅은 대부분이 건조한 사막지대였기 때문에 좋은 나무나 석재가 생산되지 않았습니다. 또한 백성들의 삶은 대부분이 유목민 생활을 했습니다. 때문에 건축자재도 없었고 건축기술도 발달할 수 없었습니다. 그래서 이러한 이스라엘의 형편을 잘 아는 히람이 건축기술자인 목수와 석수 등 숙련된 건축기술자들을 건축자재와 함께 보내어 다윗의 왕궁 건축을 도운 것이었습니다. 이것은 바로 히람과 다윗이 변함 없이 우정을 가지고 있었기 때문입니다(왕상 5:1). 우리들도 서로 간에 이러한 우정의 관계를 맺고 서로 도와가며 살아야 합니다.

둘째, 솔로몬과도 우호의 삶을 살았습니다.

다윗이 죽고 솔로몬이 이스라엘의 왕으로 즉위하자(왕상 5:1) 히람은 이전에 다윗과 깊은 우정의 관계를 가졌던 것처럼 솔로몬과도 여전히 돈독한 우정의 관계를 유지했습니다. 이것은 바로 완전한 우정의 대물림이었습니다. 때에 솔로몬은 여호와의 이름을 위하여 성전을 짓기로 결심하고(대하 2:1) 히람에게 "당신도 알거니와 내 아버지 다윗이 사방의 전쟁으로 말미암아 그의 하나님 여호와의 이름을 위하여 성전을 건축하지 못하고 여호와께서 그의 원수들을 그의 발바닥 밑에 두시기를 기다렸나이다"(왕상 5:3)라고 그동안 다윗이 전쟁 때문에 여호와의 성전을 건축하지 못했음을 설명하고 구체적으로 도움을 요청했습니다(왕상 5:4-6). 이에 히람은 크게 기뻐하고 솔로몬이 원하는 대로 다 보냈습니다(왕상 5:8-10). 그리고 솔로몬도 "히람에게 그의 궁정의 음식물로 밀 이만 고르와 맑은 기름 이십 고르를 주고 해마다 그와 같이 주었..."(왕상 5:11)습니다. 왜냐하면 두로에는 이스라엘에 비해 식량이 부족했기 때문이었습니다. 참으로 아름다운 상부상조의 우호관계였습니다.

셋째, 하나님의 일을 도왔습니다.

히람은 이스라엘보다 작은 나라인 두로의 왕이었습니다. 그러나 그는 자기 나라에 있는 백향목과 잣나무, 석재 등 건축자재와 함께 숙련된 건축기술자들을 이스라엘에 보내어 다윗왕을 위해서는 왕궁을 건축하게 했고 솔로몬을 위해서는 하나님의 성전을 건축하게 했습니다. 이 모두는 다 하나님께서 원하시고 기뻐하시는 일이었습니다. 우리들도 일평생 동안 하나님께서 기뻐하시는 일을 해야겠습니다.

사랑하는 여러분!

우리 모두는 히람과 같이 하나님께서 나에게 주신 모든 것들을 가지고 다른 사람을 돕는 삶을 삽시다. 또한 모든 사람들에 대해 차별 없이 선을 행하는 넓은 마음을 가집시다. 그리고 특별히 하나님의 선한 사업에 생명을 거는 사명자들이 되시기 바랍니다.

3. 값진 삶

첫째, 축하하고 기뻐했습니다.

세계 어디서든지 국경을 맞대고 있는 나라는 상대국가가 잘 되고 번성하는 것을 그렇게 좋아하지 않습니다. 왜냐하면 서로 경쟁의 위협이 있기 때문입니다. 그래서 우리나라의 주변국들인 일본이나 중국, 러시아들은 경쟁국들이기 때문에 우리나라가 정치, 경제, 사회, 문화, 종교 등 모든 면에서 발전하는 것을 좋아하지 않습니다. 왜냐하면 국력이 튼튼해지기 때문입니다. 당시 이스라엘은 통일 이스라엘을 이루어 국력이 대단히 강성했기 때문에 주변국들이 꼼짝 못하고 있을 때였습니다. 그런데도 히람은 솔로몬이 그의 부친 다윗의 뒤를 이어 자기 나라보다 훨씬 더 큰 이스라엘 나라의 왕으로 즉위했다는 소식을 듣고도 특사를 보내어 축하했습니다(왕상 5:1). 또한 솔로몬의 도움 요청을 받은 히람은 "...크게 기뻐하여 이르되 오늘 여호와를 찬양할지로다 그가 다윗에게 지혜로운 아들을 주사 그 많은 백성을 다스리게 하셨도다"(왕상 5:7)라고 진심으로 기뻐하고 하나님께 영광을 돌렸습니다.

둘째, 배려하는 삶입니다.

솔로몬의 요청을 받은 히람은 솔로몬에게 "...당신이 사람을 보내어 하신 말씀을 내가 들었거니와 내 백향목 재목과 잣나무 재목에 대하여는 당신이 바라시는 대로 할지라 내 종이 레바논에서 바다로 운반하겠고 내가 그것을 바다에서 뗏목으로 엮어 당신이 지정하는 곳으로 보내고 거기서 그것을 풀리니…"(왕상 5:8,9)라고 했습니다. 히람은 모든 것을 자신이 원하는 대로 하지 않고 솔로몬이 바라는 대로 보냈습니다. 또한 그는 물자를 자기 편리한 곳으로 보내지 않고 솔로몬이 지정하는 곳으로 보냈습니다. 참으로 남을 생각하고 배려하는 멋진 삶입니다. 이러한 삶의 자세는 오늘날처럼 이기적인 세상에서는 그 무엇보다도 우선적으로 필요한 삶의 자세인 것입니다.

셋째, 화목의 삶입니다.

만약에 히람이 블레셋과 같이 다른 나라를 침략하는 근성을 가지고 있었다고 하면 하나님께서는 분명히 두로를 멸절 시키라고 명령하셨을 것입니다. 그러나 하나님께서는 두로에 대해서는 전혀 언급하시지 않으셨습니다. 또한 두로가 침략성을 가지고 있었다고 하면 당시 근동지방의 최강국이었던 이스라엘이 두로를 가만히 놔둘 리가 없었을 것입니다. 그러나 두로의 히람이 주변국들과 화목의 정책을 펼쳤기 때문에 환경이 열악한 바위섬의 작은 도시국가였지만 근동지방 최고의 부요를 누리게 된 것이었습니다. 그는 하나님의 의를 이룬 사람이었습니다. 하나님의 사람들을 도운 사람이었습니다. 하나님을 찬양한 사람이었습니다. 이 모두는 다 화목한 사람만이 누릴 수 있는 최고의 축복입니다.

사랑하는 여러분!

우리들도 다른 사람들의 잘됨을 진심으로 축하하고 기뻐하는 삶을 삽시다. 또한 다른 사람을 배려할 줄 아는 넉넉한 마음을 가집시다. 그리고 언제나 모든 사람들과 화목하게 지내는 은혜로운 삶을 삽시다. 이것이 바로 예수님의 삶이었습니다.

 # 히스기야

[왕하 18:1-8]

이스라엘의 왕 엘라의 아들 호세아 제삼년에 유다 왕 아하스의 아들 히스기야가 왕이 되니 그가 왕이 될 때에 나이가 이십오 세라 예루살렘에서 이십구 년간 다스리니라 그의 어머니의 이름은 아비요 스가리야의 딸이더라 히스기야가 그의 조상 다윗의 모든 행위와 같이 여호와께서 보시기에 정직하게 행하여 그가 여러 산당들을 제거하며 주상을 깨뜨리며 아세라 목상을 찍으며 모세가 만들었던 놋뱀을 이스라엘 자손이 이때까지 향하여 분향하므로 그것을 부수고 1)느후스단이라 일컬었더라 히스기야가 이스라엘 하나님 여호와를 의지하였는데 그의 전후 유다 여러 왕 중에 그러한 자가 없었으니 곧 그가 여호와께 연합하여 그에게서 떠나지 아니하고 여호와께서 모세에게 명령하신 계명을 지켰더라 여호와께서 그와 함께 하시매 그가 어디로 가든지 형통하였더라 저가 앗수르 왕을 배반하고 섬기지 아니하였고 그가 블레셋 사람들을 쳐서 가사와 그 사방에 이르고 망대에서부터 견고한 성까지 이르렀더라

> 히스기야(여호와께서 힘을 주셨다는 뜻)는 유다 왕 아하스의 아들로서 25세에 유다 왕으로 즉위하여 29년 간 치리하다가 54세를 일기로 이 세상을 떠났습니다. 그는 악하고 나약했던 부친 아하스 왕과는 전혀 다른 사람으로서 여호와 하나님을 진심으로 믿고 의지하였으며 기도하는 사람이었습니다. 때문에 유다의 왕들 중에서는 다윗 이래로 가장 훌륭한 왕으로 평가받고 있습니다.

1. 신앙

첫째, 하나님만 믿고 의지했습니다.

솔로몬 사후에 그동안 태평성대를 누리던 이스라엘은 북왕국 이스라엘과 남왕국 유다로 분열되었습니다. 그런데 북왕국 이스라엘의 왕들은 예후를

제외하고는 모두가 다 악한 왕들이었습니다. 또한 남왕국 유다의 20명의 왕들 중에서도 일곱 명의 왕들은 그런 대로 선정을 펼쳤으나 나머지는 모두가 다 악한 왕들이었습니다. 그러나 히스기야는 "여호와께 연합하여 그에게서 떠나지 아니"(왕하 18:6上)했습니다. 바로 이러한 신앙이 올바른 신앙입니다. 또한 그는 "여호와께서 모세에게 명령하신 계명을 지켰…"(왕하 18:6下)습니다. 다시 말하면 언제나 하나님의 말씀대로 살았습니다. 그리고 그는 엎드려 하나님을 경배했습니다(대하 29:29,30). 항상 몸을 깨끗이 하고 풍성한 제물로 감사제를 지냈습니다(대하 29:31-36). 참 좋은 신앙인이었습니다.

둘째, 기도의 사람이었습니다.

히스기야는 앗수르 왕 산헤립의 1차 유다 침입 때에 유다의 46개 성읍이 점령당하고 예루살렘 성마저 포위 당하자 앗수르의 압력에 못 이겨 이사야 선지자의 권고에도 불구하고 앗수르가 요구하는 조건들을 수락했습니다(왕하 18:14-16). 이것은 바로 그의 연약함과 불신앙적인 처사였습니다. 그러나 그는 곧 이어진 앗수르의 2차 침입에서는(왕하 18:17-37) 이사야 선지자의 충고대로 여호와를 의지했습니다. 그는 앗수르의 침략소식을 듣고 옷을 찢고 굵은 베옷을 입고 여호와의 전에 들어가서 앗수르의 왕이 보낸 협박편지를 여호와 앞에 펴놓고 "여호와여 귀를 기울여 들으소서 여호와여 눈을 떠서 보시옵소서…"(왕하 19:16)라고 부르짖어 기도했습니다. 그리하여 하나님께서 그의 기도를 응답해주시고 완전한 승리를 이루어주셨습니다(왕하 19:20, 31-37). 그렇습니다. 믿음의 기도는 언제나 승리케 합니다.

셋째, 정직한 사람이었습니다.

히스기야는 "그의 조상 다윗의 모든 행위와 같이 여호와께서 보시기에 정직하게 행"(왕하 18:3)했습니다. 성경에서 "정직하게 행했다"라고 기록된 유다 왕들이 몇 명 있었지만 '다윗과 같이' 정직히 행했다고 표현된 사람은 유다 왕들 중에서 여호사밧과 히스기야, 요시야뿐이었습니다. 다시 말하면 히스기야는 여호와 하나님께 인정받은 신앙인이었습니다.

사랑하는 여러분!
전능하신 하나님만 믿고 의지합시다. 또한 히스기야처럼 기도하는 사람이 됩시다. 그리고 여호와께서 보시기에 정직히 행하는 멋진 성도들이 되시기 바랍니다. 반드시 승리할 것입니다.

2. 선 정

첫째, 우상을 제거했습니다.
히스기야의 부친인 아하스는 "...이방 사람의 가증한 일을 따라 자기 아들을 불 가운데로 지나가게 하며 또 산당들과 작은 산 위와 모든 푸른 나무 아래에서 제사를 드리며 분향..."(왕하 16:3, 4)했습니다. 또한 그는 바알들의 우상을 만들었습니다(대하 28:2). 그리고 "곤고할 때에 더욱 여호와께 범죄하여 자기를 친 다메섹 신들에게 제사하여 이르되 아람 왕들의 신들이 그들을 도왔으니 나도 그 신에게 제사하여 나를 돕게 하리라..."(대하 28:22, 23)고 우상을 숭배했습니다. 그는 결국 패망하고 말았습니다(대하 28:23). 그것은 바로 그가 믿는 우상이 그를 구원하지 못한 것이었습니다. 그런데 그의 아들인 히스기야는 "여러 산당들을 제거하며 주상을 깨뜨리며 아세라 목상을 찍으며 모세가 만들었던 놋뱀을 이스라엘 자손이 이때까지 향하여 분향하므로 그것을 부수고 느후스단이라 일컬었..."(왕하 18:4)습니다. 여기에서 '느후스단' 이란 단순한 놋 조각이란 뜻입니다.

둘째, 성전 문을 열었습니다.
아하스는 이방나라의 왕과 이방신들을 믿고 의지했으나 그 어떤 도움도 받지 못하고 실패하게 되자, 그는 더욱 완악해져서 "하나님의 전의 기구들을 부수고 또 여호와의 전 문들을 닫고 예루살렘 구석마다 제단을 쌓고 유다 각 성읍에 산당을 세워 다른 신에게 분향하여 그의 조상들의 하나님 여호와를 진노하게..."(대하 28:24,25)했습니다. 그러나 히스기야는 즉위 "첫째 해 첫째 달에 여호와의 전 문들을 열고 수리하고 제사장들과 레위 사람들을 동쪽 광장에 모으고 그들에게 이르되 레위 사람들아 내 말을 들으라 이제 너희는 성결하게 하고 또 너희 조상들의 하나님 여호와의 전을 성결하게 하여 그 더러운 것을 성소에서 없애라 우리 조상들이 범죄하여 우리 하나님 여호와 보시기에 악을 행하여 하나님을 버리고 얼굴을 돌려 여호와의 성소를 등지고 또 낭실 문을 닫으며 등불을 끄고 성소에서 분향하지 아니하며 이스라엘의 하나님께 번제를 드리지 아니하므로 여호와께서 유다와 예루살렘에 진노하시고 내버리사 두려움과 놀람과 비웃음거리가 되게 하신 것..."(대하 29:3-8)이라고 했습니다. 그리고 그는 여호와의 전을 깨끗하게 수리하고 그동안 끊어졌던 하나님께 드리는 제사를 회복하고(대하 29:15-33) 유월절을 지켰습니다.

셋째, 자주국방을 실현했습니다.
아하스는 앗수르 왕에게 "...나는 왕의 신복이요 왕의 아들이라 이제 아람 왕과 이스라엘 왕이 나를 치니 청하건대 올라와 그 손에서 나를 구원하소서 하고 아하스가 여호와의 성전과 왕궁 곳간에 있는 은금을 내어다가 앗수르 왕에게 예물로 보냈..."(왕하 16:7, 8)습니다. 일국의 왕으로서 도저히 용납할 수 없는 비굴한 처신이었습니다. 때문에 아하스가 통치하던 유다는 주변국에 의해 계속 짓밟혔습니다. 북이스라엘과 다메섹에게 패했으며(대하 25:8), 에돔에게도 패했고, 블레셋에게는 많은 지역을 빼앗겼습니다(대하 28:17,18). 한마디로 아하스가 통치하던 유다는 가장 비참한 상태였습니다. 그러나 히스기야는 앗수르의 예루살렘 침략을 막기 위해 성밖의 모든 물 근원을 막았으며 퇴락한 성을 중수하고 망대를 높이 쌓았습니다(대하 32:1-5).

또한 다윗 성의 밀로(요새)를 견고케 하고 병기와 방패를 많이 만들었습니다
(대하 32:5). 그리고 철저한 정신무장까지 시켰습니다(대하 32:6-8). 한마디
로 철저한 자주 국방을 실현했습니다.

사랑하는 여러분!
우리들도 내 안에 있는 우상을 철저하게 제거합시다. 또한 그 어떤 이유로
도 예배를 등한히 하지 맙시다. 그리고 이 세상 그 무엇도 의지하지 말고 오
직 전능하신 하나님만 의지하시기 바랍니다.

3. 받은 복

첫째, 여호와께서 함께 하셨습니다.
하나님께서는 온 우주와 삼라만상을 창조하신 전능하신 분이십니다. 또한
우리 인간들을 당신의 형상대로 만들어주셨습니다. 그리고 우리 인간의 생
사화복을 친히 주장하십니다. 그러므로 하나님께서 우리와 함께 하신다는
것이 최고의 복입니다.

둘째, 어디로 가든지 형통했습니다.
전능하신 하나님께서 히스기야와 함께 하심으로 "...그가 어디로 가든지 형
통하였..."(왕하 18:7)습니다. 다시 말하면 하나님께서 히스기야와 함께 해주
심으로 그가 국내적으로는 종교개혁을 단행하여 성공했으며 국외적으로는
블레셋을 정복했습니다(왕하 18:8). 또한 기도로 앗수르와 싸워 대승을 거두
었습니다(왕하 19:35). 그리고 자주국방의 토대를 원활하게 마무리지었습니
다(대하 32:3-8). 한마디로 하나님께서는 히스기야가 무슨 일을 하든지 형통
케 하셨습니다.

셋째, 생명을 연장 받았습니다.

이 세상의 모든 인간은 다 하나님께서 허락하신 한 생애를 살다가 죽게됩니다. 때문에 하나님의 은혜로 범사에 형통한 복을 누렸던 히스기야에게도 예외 없이 죽을병이 찾아왔습니다. 이에 이사야 선지자는 히스기야에게 "...여호와의 말씀이 너는 집을 정리하라 네가 죽고 살지 못하리라"(왕하 20:1)고 했습니다. 이 말씀은 바로 죽기 전에 모든 일을 깨끗하게 정리하라는 것이었습니다. 이에 히스기야는 자신의 "낯을 벽으로 향하고..."(왕하 20:2) 간절히 기도했습니다. 히스기야의 기도를 들으신 하나님께서는 이사야를 통해서 "...내가 네 기도를 들었고 네 눈물을 보았노라 내가 너를 낫게 하리니 네가 삼일 만에 여호와의 성전에 올라가겠고 내가 네 날에 십오 년을 더할 것이며 내가 너와 이 성을 앗수르 왕의 손에서 구원하고 내가 나를 위하고 또 내 종 다윗을 위하므로 이 성을 보호하리라"(왕하 20:5,6)고 하셨습니다. 참으로 놀라운 하나님의 은혜였습니다. 또한 하나님께서는 히스기야에게 이 기간에 아들까지 주셨습니다. 그런데 히스기야는 이 연장 받은 삶을 보다 값지고 보람 있게 살지 못했습니다. 그것은 바로 바벨론에서 문안 온 사람들에게 하나님의 영광을 드러내지 않고 자신의 소유한 지위와 명예, 부와 권세를 자랑했습니다. 이로 인해 자신이 과신했던 보물들을 바벨론에게 다 빼앗겼습니다. 그래서 이 세상에 의인은 없나니 하나도 없습니다.

사랑하는 여러분!

우리들도 여호와 하나님께서 함께 하시는 삶을 살아야 합니다. 또한 어디로 가든지 무슨 일을 하든지 하나님의 은혜로 형통하시기 바랍니다. 그리고 하나님께서 허락하신 복을 감사하면서 변함없이 충성하시기 바랍니다.

 # 힐기야

[왕하 22:3-13]

요시야 왕 열여덟째 해에 왕이 므술람의 손자 아살리야의 아들 서기관 사반을 여호와의 성전에 보내며 이르되 너는 대제사장 힐기야에게 올라가서 백성이 여호와의 성전에 드린 은 곧 문 지킨 자가 수납한 은을 계산하여 여호와의 성전을 맡은 감독자의 손에 넘겨 그들이 여호와의 성전에 있는 작업자에게 주어 성전에 부서진 것을 수리하게 하되 곧 목수와 건축자와 미장이에게 주게 하고 또 재목과 다듬은 돌을 사서 그 성전을 수리하게 하라 그러나 그들의 손에 맡긴 은을 회계하지 말지니 이는 그들이 진실하게 행함이니라 대제사장 힐기야가 서기관 사반에게 이르되 내가 여호와의 성전에서 율법책을 발견하였노라 하고 힐기야가 그 책을 사반에게 주니 사반이 읽으니라 서기관 사반이 왕에게 돌아가서 보고하여 이르되 왕의 신복들이 성전에서 찾아낸 돈을 쏟아 여호와의 성전을 맡은 감독자의 손에 맡겼나이다 하고 또 서기관 사반이 왕에게 말하여 이르되 제사장 힐기야가 내게 책을 주더이다 하고 사반이 왕의 앞에서 읽으매 왕이 율법책의 말을 듣자 곧 그의 옷을 찢으니라 왕이 제사장 힐기야와 사반의 아들 아히감과 미가야의 아들 악볼과 서기관 사반과 왕의 시종 아사야에게 명령하여 이르되 너희는 가서 나와 백성과 온 유다를 위하여 이 발견한 책의 말씀에 대하여 여호와께 물으라 우리 조상들이 이 책의 말씀을 듣지 아니하며 이 책에 우리를 위하여 기록된 모든 것을 행하지 아니하였으므로 여호와께서 우리에게 내리신 진노가 크도다

> 힐기야(여호와는 나의 분깃 또는 유업이란 뜻)는 성경에 동명이인이 8명이 있습니다. 그 중에서도 오늘 이 시간에는 유다 왕 요시야 때의 대제사장으로서 요시야 왕의 명을 받아 성전을 보수하는 일을 하다가 성전에서 율법책을 발견하여 요시야의 종교개혁에 지대한 공을 세운 살롬의 아들인 힐기야에 대해 말씀드리겠습니다.

1. 성전보수 책임자

첫째, 요시야 왕의 신앙을 지도했습니다.

요시야는 유다 왕 아몬의 아들로서 아몬이 즉위 2년 만에 부하에게 암살 당하자 8세의 어린 나이였음에도 불구하고 곧바로 유다의 16대 왕으로 즉위하여 유다를 31년 간이나 통치했습니다. 그는 우상을 섬기고 학정을 펼쳤던 조부 므낫세 왕이나 부친 아몬 왕과는 달리 여호와께서 보시기에 정직히 행했으며 다윗의 길로 행하고 좌우로 치우치지 않았습니다(왕하 22:2). 역대의 많은 왕들이 여호와의 법을 어기고 타락의 길을 걸었지만 그는 다윗 왕의 전통적인 신앙을 본받아 시종이 여일하게 자신의 신앙을 잘 지켰습니다. 참으로 훌륭한 왕이었습니다. 그런데 이 요시야 왕의 신앙을 지도한 사람이 바로 대제사장 힐기야였습니다.

둘째, 요시야 왕을 도와 성전을 수리했습니다.

요시야 왕 이전의 통치자였던 므낫세와 아몬의 우상숭배 정책으로 인해 성전 문은 폐쇄되고 성전 내부는 완전히 무너져 있었습니다(왕하 16:14-18). 이에 요시야 왕은 서기관 사반과 대제사장 힐기야를 중심으로 감독자 등 책임자를 세워서 그들로 하여금 무너진 성전을 수리하게 했습니다. 당시 성전을 관리하는 일의 책임은 대제사장이었습니다. 그런데 므낫세와 아몬의 우상정책에 의해 성전이 무너진 것이었습니다. 때문에 요시야의 성전수리에 대한 사역에는 힐기야의 역할이 매우 중요하고 컸을 것입니다. 힐기야의 책임 하에 이루어진 요시야 왕의 성전수리공사는 하나님의 은혜 가운데 아름답게 진행되었습니다. 마찬가지로 우리들도 성령의 전인 자신의 관리에도 최선을 다해야 할 것입니다.

셋째, 성전중심의 신앙생활을 해야 합니다.

성전은 하나님의 집이요, 주님의 몸으로서 성도들이 하나님께 예배드리는 처소입니다. 우리 인류가 하나님께 예배드린 것을 보면 인간이 범죄하기 전에는 하나님과 직접 대화했습니다. 그러나 인간이 범죄한 이후로부터는 제단을 쌓고 그곳에서 제사를 드리므로 하나님과 관계를 맺었습니다. 또한 이스라엘이 출애굽한 이후부터는 모세가 지은 성막에서 제사를 드렸습니다. 그리고 가나안 땅에 들어간 후 솔로몬 왕 이후부터는 성전에서 제사를 드림으로 하나님과 교제했습니다. 그러다가 예수님께서 승천하신 후 오순절 날에 성령을 보내심으로 인해 초대의 교회가 탄생되었습니다. 그 때부터 우리 성도들은 교회에서 예배드림으로 하나님께 영광을 돌리게 되었습니다. 그러므로 우리 성도들은 주님의 몸된 교회에서 예배드리고 말씀을 상고하며 신령한 교제를 가져야 합니다. 분명한 것은 언제나 교회 중심적인 신앙인들이 신령한 삶을 살게 된다는 것입니다.

사랑하는 여러분!
우리들도 힐기야처럼 다른 사람의 신앙생활을 잘 지도하는 사람이 됩시다. 또한 언제나 주님의 성전을 깨끗하고 아름답게 잘 가꿉시다. 그리고 항상 교회중심의 신앙생활을 하는 신실한 성도들이 되시기 바랍니다.

2. 율법책을 발견함

첫째, 성전에서 율법책을 발견했습니다.
성전수리의 책임을 맡은 힐기야는 성전을 수리하다가 여호와의 전에서 율법책을 발견했습니다(왕하 22:8). 그런데 성경은 "무리가 여호와의 전에 헌금한 돈을 꺼낼 때에 힐기야가 모세가 전한 여호와의 율법책을 발견…"(대하 34:14)했다고 했습니다. 아마도 이 율법책은 므낫세와 아몬의 학정 때에 누가 몰래 헌금궤 안에 숨겨두었던 것으로 보입니다. 왜냐하면 므낫세와 아몬은 우상숭배에 혈안이 되어 하나님의 성전을 훼파하고 하나님께 드리는 제사를 폐했습니다. 또한 율법책을 다 불태우고 없애려고 했기 때문입니다. 그래서 여호와 하나님에 대한 신앙이 돈독한 성도가 몰래 숨겨두었을 것입니다. 이 모두는 다 유다를 사랑하시는 하나님의 역사요, 은혜인 것이었습니다. 그러므로 우리 모두는 하나님의 말씀을 늘 사모하고 그 말씀대로 살아야 합니다.

둘째, 율법은 하나님의 말씀입니다.

율법은 하나님께서 모세를 통해서 선민인 이스라엘 백성들에게 주신 삶의 규범입니다. 다시 말하면 이 율법이 규정하는 방법대로 하나님을 섬기며 예배해야 합니다. 또한 인간관계도 말씀대로 이루어가야 합니다. 그리고 이 세상을 다스리고 정복해야 합니다. 뿐만 아니라 자신을 잘 다스려야 합니다. 한마디로 이 율법은 우리 성도들의 삶의 지침서입니다. 그래서 모세는 이 율법책을 반드시 언약궤와 함께 하도록 했습니다. 이것은 바로 시시 때때로 하나님을 거역한 패역한 이스라엘 백성들로 하여금 하나님의 말씀인 율법책을 늘 곁에 두고 그 말씀을 기억하면서 살아가라는 분부이신 것입니다. 그러므로 우리들은 언제나 살아 계신 하나님의 현현을 의식하면서 살아야 합니다. 거기에서 바로 성도다운 참된 삶이 이루어질 수 있습니다.

셋째, 하나님의 말씀대로 살아야 합니다.

하나님의 말씀은 우리 영혼의 양식입니다. 우리의 육신이 음식을 먹어야 생명이 유지될 수 있듯이 우리가 하나님의 말씀을 먹어야 우리의 영혼이 살 수 있습니다. 왜냐하면 이 말씀 안에 생명이 있기 때문입니다. 이 말씀 안에 사는 길이 있습니다(딤후 3:15). 이 말씀 안에 능력이 있습니다(마 8:8). 이 말씀 안에 위로와 격려가 있습니다. 이 말씀 안에 축복과 행복이 있습니다. 이 말씀은 "하나님의 감동으로 된 것으로 교훈과 책망과 바르게 함과 의로 교육하기에 유익하니 이는 하나님의 사람으로 온전하게 하며 모든 선한 일을 행할 능력을 갖추게 하려 함이라"(딤후 3:16)고 하셨습니다. 다시 말하면 이 말씀대로 살면 성숙한 그리스도인이 될 수 있습니다. 그러므로 우리 성도들은 이유 여하를 막론하고 하나님의 말씀대로 살아야 합니다. 바로 거기에 행복이 있습니다.

사랑하는 여러분!
우리들은 그 어떤 이유로도 성경말씀을 소홀히 하는 죄를 범하지 맙시다. 또한 하나님의 말씀인 성경책을 늘 우리 곁에 두고 열심히 읽고 묵상하는 삶을 삽시다. 그리고 하나님께서 우리들에게 명하신 대로 살아갑시다. 반드시 승리하게 될 것입니다.

3. 개혁의 동역자

첫째, 개혁의 기준을 제시한 것이었습니다.
요시야가 유다 백성들의 신앙회복을 위해 자신의 선친인 므낫세와 아몬이 세운 우상들을 제거하는 종교개혁을 단행했지만 하나님의 말씀인 율법책이 없었기 때문에 온전한 하나님의 뜻을 알 수 없었습니다. 다시 말하면 어떻게 종교개혁을 이루어야 할지 그 기준을 알 수 없었습니다. 그러니 요시야의 마음이 그 얼마나 답답했겠습니까? 그런데 힐기야가 율법책을 발견함으로 인해 요시야는 그 율법책에서 명하시는 대로 종교를 개혁할 수 있게 되었습니다. 참으로 행복한 일이었습니다. 그래서 요시야는 종교개혁에 박차를 가했습니다. 우리들도 마찬가지입니다. 성도들의 삶의 지침서인 성경말씀이 없었다고 하면 참으로 답답할 것입니다. 하나님은 어떻게 섬기는지? 예배는 어떻게 드리는지? 인생은 어떻게 사는지? 자신은 어떻게 관리하는지 알 수 없기 때문에 참으로 답답할 것입니다. 그러므로 우리들에게 특별계시인 성경말씀을 주신 하나님께 감사해야 합니다.

둘째, 요시야의 종교개혁을 도왔습니다.

요시야는 힐기야가 발견한 율법책을 통해 하나님의 뜻을 깨닫고 힐기야와 함께 성전정화에 박차를 가했습니다. 므낫세와 아몬이 성전 안에 설치한 바알과 아세라 목상들의 기물들을 기드론 밭으로 옮긴 후에 그곳에서 모두 불태우도록 했습니다(왕하 23:4-19). 다시 말하면 요시야의 종교개혁은 성전정화에서부터 시작되었습니다. 또한 유다 전역에 있는 모든 우상들을 제거했습니다. 그리고 므낫세와 아몬이 우상의 제단에 세워 분향하도록 한 제사장들까지도 완전히 제거했습니다. 그것은 바로 그동안 백성들이 섬겼던 우상숭배를 완전히 뿌리뽑기 위해서였습니다. 뿐만 아니라 이방 사람들의 가증한 일들까지도 깨끗하게 제거했습니다. 참으로 완전한 종교개혁이었습니다. 이것은 바로 요시야가 힐기야의 영향을 받았기 때문이었습니다.

셋째, 개혁의 삶을 살도록 했습니다.

요시야는 힐기야가 발견한 율법책을 사반에게 읽게하여 감동을 받고 우선 자기 자신이 옷을 찢으며 회개했습니다(왕하 22:11). 또한 그는 "...우리 조상들이 이 책의 말씀을 듣지 아니하며 이 책에 우리를 위하여 기록된 모든 것을 행하지 아니하였으므로 여호와께서 우리에게 내리신 진노가 크도다"(왕하 22:13)라고 신하들을 깨우쳤습니다. 그리고 그는 백성들에게 이 율법을 지키도록 명령했으며 백성들 또한 모두 다 그 언약을 따르기로 했습니다(왕하 23:2,3). 이 모두는 다 요시야가 대제사장 힐기야의 신앙지도를 잘 받았기 때문이었습니다. 그러므로 우리들도 이 세상의 모든 사람들에게 힐기야처럼 아름다운 영향력을 끼쳐야겠습니다.

사랑하는 여러분!

우리들에게 삶의 기준인 말씀을 주신 하나님께 감사합시다. 또한 우리들이 이 세상의 개혁의 주도자들이 됩시다. 그리고 이 세상 사람들이 말씀대로 살 수 있도록 최선을 다하시기 바랍니다.

구약인물 설교 (Ⅱ)

- 초판인쇄 | 2016년 12월 28일
- 재판인쇄 | 2024년 05월 01일

- 지 은 이 | 김 요 셉
- 발 행 인 | 김 요 셉
- 발 행 처 | 도서출판 선교횃불(ccm2u)
  전화:02-2203-2739 팩스:02-2203-2738
- 등 록 일 | 1999년 9월 21일 제54호
- 등 록 처 | 서울 송파구 백제고분로27길 12(삼전동)
- 이 메 일 | ccm2you@gmail.com
- 홈페이지 | www.ccm2u.com

- 파본은 교환해 드립니다.
- 이 출판물은 저작권법의 보호를 받는 저작물이므로
  무단전재와 무단복제를 금합니다.